STARK

ABITUR-TRAINING

Sozialwissenschaften

Tobias Bock · Peter Jürgensen

STARK

Autoren

Tobias Bock unterrichtet seit 2008 die Fächer Politik/Wirtschaft, Sozialwissenschaften, Philosophie und Deutsch am Pascal-Gymnasium in Grevenbroich. Seit Mai 2013 ist er als Fachleiter für Sozialwissenschaften am Zentrum für schulpraktische Lehrerausbildung (ZfsL) in Mönchengladbach tätig.

Peter Jürgensen ist seit 2004 Lehrer für die Fächer Politik/Wirtschaft, Sozialwissenschaften und Biologie an einem Grevenbroicher Gymnasium. Seit 2007 ist er als Fachleiter in der fachlichen (Sozialwissenschaften) und überfachlichen Ausbildung am Zentrum für schulpraktische Lehrerausbildung (ZfsL) in Mönchengladbach tätig.

www.stark-verlag.de
1. Auflage 2016

Inhalt

Autoren: Tobias Bock, Peter Jürgensen

Vorwort

Liebe Schülerinnen und Schüler,

das Abitur-Training Sozialwissenschaften enthält den **prüfungsrelevanten Unterrichtsstoff** der **Schwerpunktthemen** für das **Abitur 2019** und **2020**. Damit unterstützt Sie dieser Band bei der optimalen Vorbereitung auf den Unterricht während der Qualifikationsphase, auf Klausuren und besonders auf die schriftliche Abiturprüfung.

Selbstverständlich darf sich eine gute Abiturvorbereitung nicht nur auf die Schwerpunktthemen beschränken. Gerade in Hinsicht auf das Fach Sozialwissenschaften, wo Prüfungsaufgaben oftmals aktuelle Geschehnisse aufgreifen, ist etwa zu empfehlen, die Tagespresse zu verfolgen.

- Ein kurzes Einstiegskapitel gibt Ihnen einen Überblick über die abiturrelevanten **Operatoren** und die Anforderungsbereiche, welchen diese zugeordnet sind, sowie über wesentliche **Arbeitstechniken** und schult so Ihre **Methodenkompetenz**.
- Zahlreiche **Tabellen, Grafiken und Diagramme** veranschaulichen die Inhalte und erleichtern das Lernen.
- Die starke **Vernetzung der Inhalte** wird immer wieder durch Querverweise innerhalb des Bandes deutlich gemacht.
- Abwechslungsreiche **Aufgaben** im Anschluss an jedes Kapitel ermöglichen Ihnen, das erworbene Wissen anzuwenden und zu überprüfen.
- Mit dem umfangreichen **Lösungsteil** können Sie Ihren Lernerfolg direkt selbstständig kontrollieren.
- Umfangreiche **Internetlinks** unterstützen Sie bei vertiefenden und weiterführenden Recherchen zu jedem Teilkapitel.
- Das abschließende **Stichwortverzeichnis** ermöglicht ein gezieltes Nachschlagen und hilft Ihnen, Wissenslücken effizient zu schließen.

Viel Erfolg in Ihren Prüfungen wünschen Ihnen

Tobias Bock und Peter Jürgensen

Strategien und Hinweise zum Lösen von Prüfungsaufgaben

1 Überblick über die Operatoren

Arbeitsaufträge, die Sie in Prüfungen im Fach Sozialwissenschaften erhalten, lassen sich drei verschiedenen Anforderungsbereichen zuordnen. Welche Leistung jeweils von Ihnen erwartet wird, können Sie anhand der Operatoren erkennen, die den jeweiligen Anforderungsbereichen zugeordnet sind.

1.1 Anforderungsbereich I: Wiedergabe von Kenntnissen

Hier sollen Sie Ihr Fachwissen zeigen: Wichtig ist dabei die angemessene und präzise Verwendung von Fachbegriffen sowie die möglichst strukturierte Darstellung einer Theorie oder eines Konzepts in ihrem jeweiligen Zusammenhang. Es kann vorkommen, dass von Ihnen verlangt wird, in Ihren Ausführungen einen Textbezug herzustellen. Auf eigene Analysen oder Bewertungen sollten Sie in diesem Anforderungsbereich verzichten.

Damit die Gliederung Ihrer Darstellung deutlich wird, sollten Sie sich in einem ersten Schritt überlegen, wie Sie Ihre Lösung aufbauen wollen. Notieren Sie sich hierzu Stichpunkte, wichtige Begriffe etc. Erst im Anschluss sollten Sie damit beginnen, einen Text auszuformulieren.

Operatoren für den Anforderungsbereich I (Reproduktion)

benennen	Sachverhalte, Strukturen und Prozesse begrifflich präzise aufführen (auch AFB II)
beschreiben, darstellen	wesentliche Aspekte eines Sachverhaltes im logischen Zusammenhang unter Verwendung der Fachsprache wiedergeben (auch AFB II)
nennen	Kenntnisse (Fachbegriffe, Daten, Fakten, Modelle) und Aussagen in komprimierter Form unkommentiert darstellen (auch AFB II)

1.2 Anforderungsbereich II: Anwendung von Kenntnissen

Generell sollen Sie bei Arbeitsaufträgen des Anforderungsbereichs II erfassen, welche besondere Sichtweise der Verfasser eines Textes zu einem bestimmten Thema hat. Bei der Erarbeitung des Ihnen vorliegenden Materials sollen Sie zentrale Aussagen klären und Hintergründe und Zusammenhänge verdeutlichen. Achtung: Sie sollten eine „kommentierende Distanz" zum Material bewahren und keine Nacherzählung oder Inhaltsangabe eines Textes anfertigen. Stattdessen muss immer deutlich gemacht werden, wessen Position wiedergegeben wird. Eigene Bewertungen sollten Sie in diesem Anforderungsbereich ebenfalls abgeben.

Operatoren für den Anforderungsbereich II (Reorganisation und Transfer)

analysieren	Materialien oder Sachverhalte kriterienorientiert oder aspektgeleitet erschließen, in systematische Zusammenhänge einordnen und Hintergründe und Beziehungen herausarbeiten
auswerten	Daten oder Einzelergebnisse zu einer abschließenden Gesamtaussage zusammenführen
charakterisieren	Sachverhalte in ihren Eigenarten beschreiben und diese dann unter einem bestimmten Gesichtspunkt zusammenführen
einordnen	eine Position zuordnen oder einen Sachverhalt in einen Zusammenhang stellen
erklären	Sachverhalte durch Wissen und Einsichten in einen Zusammenhang (Theorie, Modell, Regel, Gesetz, Funktionszusammenhang) einordnen und deuten
erläutern	wie erklären, aber durch zusätzliche Informationen und Beispiele verdeutlichen (auch AFB III)
ermitteln, erschließen, herausarbeiten	aus Materialien bestimmte Sachverhalte herausfinden, auch wenn sie nicht explizit genannt werden, und Zusammenhänge zwischen ihnen herstellen
interpretieren	Sinnzusammenhänge aus Materialien erschließen (auch AFB III)
überprüfen	Inhalte, Sachverhalte, Vermutungen oder Hypothesen auf der Grundlage eigener Kenntnisse oder mithilfe zusätzlicher Materialien auf ihre sachliche Richtigkeit bzw. auf ihre innere Logik hin untersuchen (auch AFB III)
vergleichen	Sachverhalte gegenüberstellen, um Gemeinsamkeiten, Ähnlichkeiten und Unterschiede herauszufinden (auch AFB III)
widerlegen	Argumente anführen, dass Daten, eine Behauptung, ein Konzept oder eine Position nicht haltbar sind (auch AFB III)

Hilfreich ist es hier, die folgenden Strategien anzuwenden:

- Verwendung des Konjunktivs („Dieser Gesetzesvorschlag sei ...“),
- paraphrasierendes Zusammenfassen („Nach Meinung des Autors ist ...“, „Laut dem Autor ist ...“, „..., so der Verfasser“, „Der Autor sieht ... als Problem“),
- Einbauen von Zitaten („...“, Z. 27 f.).

Typischer Verlauf einer Analyse

Erstens sollen klare Einleitungssätze formuliert werden, die auf folgende Aspekte Bezug nehmen: die Quelle des Materials, eine Einordnung des Autors (z. B. Bedeutsamkeit) und eine Einordnung des Materials (z. B. Kommentar, Zeitungsartikel, Rede, Interview, Karikatur). Unter Umständen ist auch von Bedeutung, wo der Text, die Karikatur oder die Statistik erschienen ist.

Anschließend findet eine Hinführung zum Thema statt: Hierbei wird das Problem, welches im Text behandelt wird, verdeutlicht und das Hauptanliegen des Autors knapp dargestellt.

Nun wird die Position/Intention/These des Autors ausführlicher erläutert und gründlich anhand von Textstellen, Zahlenbeispielen einer Statistik oder Elementen einer Karikatur belegt. Liegt Ihnen ein Text vor, sollten Sie auch dessen Argumentationsstruktur beachten. Diese lässt sich zumeist anhand folgender Leitfragen herausarbeiten:

- Was ist der Anlass/Ausgangspunkt/historische Kontext des Textes (z. B. „Diagnose“ einer Krise)?
- Welche Merkmale/„Symptome“ werden genannt?
- Welche Herausforderungen/Probleme/Rahmenbedingungen werden dargestellt (z. B. Globalisierung, politisches System der EU, politische Ziele)? Welche Perspektiven/Lösungsmöglichkeiten werden aufgezeigt?
- Wie wird argumentiert (z. B. These/Gegenthese – Begründung der These, Expertenmeinungen, Studien, Beispiele, Pro-/Kontra-Argumente aus der politischen Auseinandersetzung)?
- Welches Fazit zieht der Autor?

Zudem ist es zu empfehlen, auf ungewöhnliche Metaphern, Überschriften oder Statements zu achten. Arbeiten Sie diese heraus und ordnen Sie sie in den Zusammenhang ein. Bei der Analyse einer politischen Rede etwa sollten sprachliche Mittel in ihrer Funktionsweise gedeutet werden. Stellen Sie auch heraus, wo die Argumentation einseitig oder lückenhaft wirkt.

1.3 Anforderungsbereich III: Problembezogenes Denken und Urteilen

Hier soll eine eigenständige gedankliche Auseinandersetzung mit einem Aspekt erfolgen, der sich aus dem Material ergibt (z. B. die Position des Autors). Dabei sollten Sie zeigen, dass Sie zu einem Thema oder Problem sachbezogen, argumentativ schlüssig und unter Offenlegung eigener Wertbezüge eine Position beziehen können.

Operatoren für den Anforderungsbereich III (Reflexion und Problemlösung)

begründen	zu einem Sachverhalt komplexe Grundgedanken unter dem Aspekt der Kausalität argumentativ und schlüssig entwickeln
beurteilen	den Stellenwert von Sachverhalten oder Prozessen in einem Zusammenhang bestimmen, um kriterienorientiert zu einem begründeten Sachurteil zu gelangen
bewerten, Stellung nehmen	wie beurteilen, aber zusätzlich mit Reflexion individueller und politischer Wertmaßstäbe, die Pluralität gewährleisten und zu einem begründeten eigenen Werturteil führen
entwerfen	ein Konzept in seinen wesentlichen Zügen erstellen
entwickeln	zu einem Sachverhalt oder zu einer Problemstellung ein konkretes Lösungsmodell, eine Gegenposition, ein Lösungskonzept oder einen Regelungsentwurf begründend skizzieren
erörtern	zu einer vorgegebenen Problemstellung eine reflektierte, kontroverse Auseinandersetzung führen und zu einer abschließenden, begründeten Bewertung gelangen
gestalten	Produktorientierte Bearbeitung von Aufgabenstellungen. Dazu zählen u. a. das Entwerfen von eigenen Reden, Strategien, Beratungsskizzen, Karikaturen, Szenarien, Spots und von anderen medialen Produkten sowie das Entwickeln von eigenen Handlungsvorschlägen und Modellen.
problematisieren	Widersprüche herausarbeiten, Positionen oder Theorien begründend hinterfragen
prüfen	Inhalte, Sachverhalte, Vermutungen oder Hypothesen auf der Grundlage eigener Kenntnisse oder mithilfe zusätzlicher Materialien auf ihre sachliche Richtigkeit bzw. auf ihre innere Logik hin untersuchen
sich auseinandersetzen, diskutieren	zu einem Sachverhalt, zu einem Konzept, zu einer Problemstellung oder zu einer These etc. eine Argumentation entwickeln, die zu einer begründeten Bewertung führt

Typischer Verlauf einer sozialwissenschaftlichen Erörterung

Sie sollten zeigen, dass Sie das zu erörternde Problem erkannt haben und sollten es klar benennen. Es kann durchaus eine „Zuspitzung" (pointierte Darstellung) erfolgen.

Darauf folgt eine strukturierte eigene Urteilsbildung. Es geht hier also darum, sich begründet mit dem Problem bzw. den zuvor dargestellten Argumenten auseinanderzusetzen. Ihre eigene Meinung müssen Sie immer als solche kenntlich machen.

In einem letzten Abschnitt sollen plausible Lösungsvorschläge erarbeitet und begründet werden. Nach Möglichkeit sollten Beispiele gegeben und weitere Fragestellungen zum Thema entwickelt werden.

Sozialwissenschaftliche Gestaltungsaufgabe (im Abitur 2017 noch nicht relevant)

Gestaltungsaufgaben wurden neu in die Überprüfungsformen aufgenommen. Dabei steht die eigenständige Produktion von Texten im Vordergrund. Es bieten sich Reden, Blog-Beiträge, Gutachten, Leserbriefe usw. an.

2 Das Arbeiten mit sozialwissenschaftlichen Materialien

2.1 Tabellen und Grafiken

In den Sozialwissenschaften werden häufig Tabellen oder Diagramme eingesetzt, um statistische Informationen in komprimierter und übersichtlicher Form zu präsentieren. Im Folgenden wird die Analyse eines Diagramms am Beispiel von M 1 beschrieben.

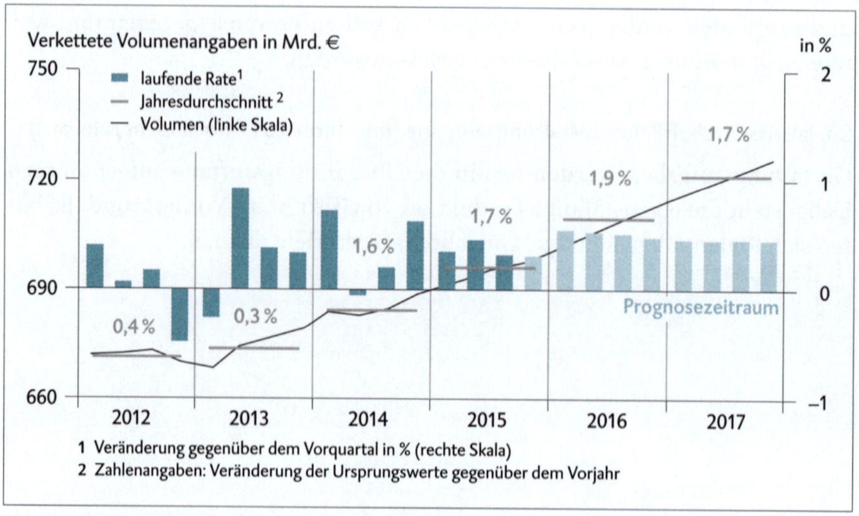

M 1: Reales Bruttoinlandsprodukt in Deutschland – Saison- und kalenderbereinigter Verlauf (Ifo Konjunkturprognose, Dezember 2015, Daten nach: Statistisches Bundesamt, Wiesbaden)

Einleitung

- Titel
- Herausgeber/Verfasser
- Erscheinungsort, Quelle
- Datum
- Thema

Die Grafik „Reales Bruttoinlandsprodukt in Deutschland – Saison- und kalenderbereinigter Verlauf" wurde im Dezember 2015 vom Ifo-Institut veröffentlicht und basiert auf Zahlenwerten des Statistischen Bundesamtes. Sie stellt die wirtschaftliche Entwicklung der letzten Jahre bzw. die Konjunkturprognose des Instituts für die kommenden Jahre dar.

Hauptteil

Beschreibung:

- Form der Darstellung: Tabelle, Art des Diagramms
- Untersuchungszeitraum
- dargestellte Kategorien
- Art der angegebenen Werte: Indexwerte, absolute Zahlen, Prozentangaben und deren Bezugswert
- Verlauf des Diagramms: Anstieg, Abnahme, Stagnation (ggf. Vergleich mehrerer Diagramme)
- signifikante Werte: Spitzen-, Tiefst-, Durchschnitts- oder Ausreißerwerte

Bei der Grafik handelt es sich um die Kombination eines Säulen- und eines Kurvendiagramms. Die Säulen geben für die Quartale der Jahre 2012–2017 das (ab dem 4. Quartal 2015 geschätzte) Bruttoinlandsprodukt (BIP) im prozentualen Vergleich zum Vorquartal an. Die Kurve dagegen zeigt das BIP in verketteten Volumenangaben, gemessen in Mrd. €. Diese Werte sind saison- und kalenderbereinigt. Schließlich wird pro Jahr die relative Veränderung des durchschnittlichen BIP im Vergleich zum Vorjahr ausgewiesen.

In fast allen Quartalen ist das BIP gestiegen. Lediglich in drei Quartalen (4/2012, 1/2013 und 2/2014) nahm das BIP geringfügig ab. Im Prognosezeitraum sind kaum Schwankungen zwischen den Quartalen zu verzeichnen.

Die relative Veränderung des BIP im Vergleich zum Vorjahr schwankt im Bereich von 0,4 % und 1,9 %. Seit dem Jahr 2014 bis zum Ende des Prognosezeitraums wird eine nahezu konstante relative Veränderung vorhergesagt.

In absoluten Werten steigt das BIP von 2012 bis in den Prognosezeitraum hinein nahezu ununterbrochen an; nur in den Quartalen 4/2012 und 1/2013 ist ein geringfügiges Absinken der Kurve zu erkennen.

Interpretation:

- Kernaussagen und Besonderheiten
- Tendenzen und Trends
- sachlich-thematische Zusammenhänge
- Ursache-Wirkungs-Zusammenhänge

Aus der Grafik geht hervor, dass das BIP in Deutschland nach einem kurzen Rückgang der laufenden Veränderungsraten Ende 2012/Anfang 2013 ein stetiges Wachstum verzeichnen konnte: Diese Entwicklung ist zum einen auf die gute Auftragslage der deutscher Unternehmen zurückzuführen, in deren Folge sich der Arbeitsmarkt ausgesprochen positiv entwickeln konnte. Andererseits hat sich die Binnenkonjunktur durch Reallohnsteigerungen (Lohnsteigerungen in vielen Branchen bei gleichzeitig niedriger Inflation) in Deutschland stabilisiert. Durch die generelle Nachfragesteigerung der Bevölkerung konnten dem Handel weitere Wachstumsimpulse beschert werden. Die traditionelle Exportorientierung Deutschlands könnte die weiteren optimistischen Prognosen (Jahre 2016/2017) erklären. Zwar wird evtl. die Arbeitslosigkeit – z. B. durch die Herausforderung der Neuintegration von Migranten in den Arbeitsmarkt – leicht ansteigen und eine sich abkühlende Weltkonjunktur den Exportsektor etwas bremsen; dennoch wird die stabile Binnenkonjunktur in Kombination mit anhaltend niedrigen Zinsen für weiteres Wachstum sorgen.

Kritische Beurteilung:

- fehlende Informationen
- mögliche Verfälschung der Aussage der Statistik durch die Darstellungsform, die Auswahl oder die Erhebung der Daten
- Einordnung des Herausgebers/Verfassers: Ist die Veröffentlichung möglicherweise interessengeleitet? Wem nutzt oder schadet die Quelle?

Die insgesamt transparente und nachvollziehbare Darstellung weist durchaus einige Ungenauigkeiten, Mängel bzw. darstellerische „Schachzüge“ auf, die im Rahmen einer Interpretation zu berücksichtigen sind.

Als Beschriftung der y-Achse wurde eine Einteilung von 660 bis 750 Mrd. € gewählt. Der Anstieg des verketteten Volumens erscheint dadurch steiler, als wenn eine Einteilung in Achsenabschnitte von 0 bis 800 Mrd. € erfolgt wäre.

Der Kurvenverlauf des BIP ist fast durchgehend positiv. Allerdings ist der Untersuchungszeitraum auch stark begrenzt. Die Jahre, in denen es zu einem massiven Einbruch in der wirtschaftlichen Entwicklung gekommen war (2008 und 2009), sind nicht mehr enthalten. Durch die Auswahl des Untersuchungszeitraums wird also eine insgesamt hervorragende Entwicklung des deutschen BIP suggeriert.

Das Ifo-Institut geht davon aus, dass sich das BIP in Deutschland bis zum Jahr 2017 weiter positiv entwickeln wird. Dies ist sicherlich möglich, allerdings bleibt unklar, inwiefern zahlreiche Risiken in die Prognose miteinbezogen wurden: Wie werden sich die Weltwirtschaft und damit die Exportchancen Deutschlands entwickeln? Wie sieht die Preisentwicklung auf wichtigen Rohstoffmärkten aus? Die Pauschalität der Prognose wird durch die erwartete Veränderungsrate der Quartale noch unterstrichen, da diese kaum Schwankungen aufweisen.

Schluss:

- Zusammenfassung in wenigen Sätzen
- Schlussfolgerung, Fazit

Zusammenfassend ist festzustellen, dass die Grafik eine insgesamt positive Entwicklung des BIP zeigt; auch künftig wird eine moderat positive Entwicklung des deutschen BIP erwartet. Durch eine Reihe darstellerischer Mittel wird jedoch insgesamt ein zu positives Bild der wirtschaftlichen Lage vermittelt.

2.2 Karikaturen

Bei der Arbeit mit Karikaturen (vgl. M 2) ist es von großer Bedeutung, diese auf mehreren Ebenen zu analysieren. Nur so kann ihre Aussage bzw. die Position des Karikaturisten vollständig erfasst werden.

Inhaltsebene

Hier hat eine **detaillierte Beschreibung** aller Bild- und Textelemente zu erfolgen. Es müssen die Besonderheiten der Darstellung von Personen benannt und alle Textelemente (Untertitel, Sprechblasen etc.) sowie relevante Gegenstände miteinbezogen werden.

Auf der unbetitelten Karikatur des Karikaturisten Klaus Stuttmann, die am 18.9.2012 erschienen ist, ist ein Adler zu sehen, der auf der Straße sitzt und vor sich ein Schild aufgestellt hat. Auf dem Schild steht: „Bitte, bitte, keine großen Scheine von den Reichen – nur ein paar Groschen von den Armen!!“, wobei der erste Teil des Satzes unterstrichen ist. Davor steht ein Hut mit etwas Kleingeld. Der Adler sagt zudem: „In aller Bescheidenheit …!“

Bedeutungsebene

Sie müssen die **Bildsprache** (Symbole, Stereotypen, Länderklischees, Länderchiffren) **entschlüsseln**. Diese Interpretation muss immer in Verbindung zu dem politisch-sozialen Kontext der Zeit, in der die Karikatur erschienen ist, gesetzt werden. Letztlich findet hier das eigentliche Erfassen des Bedeutungskerns der Karikatur statt.

M 2: In aller Bescheidenheit, Klaus Stuttmann, 18. 9. 2012

Bei dem Adler handelt es sich um den Bundesadler, der als Bundeswappen etwa an der Stirnwand des Deutschen Bundestags zu sehen ist und sinnbildlich für die deutsche Demokratie steht. Der Adler wird hier aber nicht stolz (in aufrechter Pose), sondern sitzend an eine Mauer gelehnt dargestellt. Vor seinen staksigen Beinen steht ein klassischer Bettlerhut im Bildvordergrund: Der deutsche Staat bettelt um „ein paar Groschen". Der Schriftzug auf dem Schild steht allerdings im Widerspruch zur Notlage des Staates, da hier ausdrücklich (unterstrichen) nicht nach Beiträgen von den vermögenden Bürgern, sondern nach ein bisschen Kleingeld von „den Armen" gefragt wird. Betont wird dieses Ansinnen noch durch die Aussage des Adlers, dass er in aller Bescheidenheit bettele. Hiermit wird Bezug auf die politische Debatte genommen, in der – vor dem Hintergrund verschiedener Gerechtigkeitsbegriffe – immer wieder die Höhe und Verteilung von Abgaben und Steuern diskutiert wird. Dabei geht es vor allem um die Frage, ob der Staat Geringverdiener zu stark belaste und stattdessen den Anteil, den Besserverdienende und Unternehmer leisten müssen, erhöhen solle. In diese Diskussion werden Veröffentlichungen wie etwa des Armuts- und Reichtumsberichts der Bundesregierung oder Statistiken der Vermögens(ungleich)verteilung und der Einkommensspreizung miteinbezogen. Der Karikaturist greift hier Forderungen nach einer Erhöhung von Erbschaftssteuern und nach einer Veränderung des Einkommenssteuertarifs auf.

Bewertungsebene

Hier gehen Sie über die Darstellung und Interpretation hinaus und beziehen die **Wirkung auf den Betrachter** bzw. das Publikum mit ein.

Es ist zu vermuten, dass die Karikatur eine in der Bevölkerung verbreitete Stimmung aufgreift: Das Gefühl der Unter- und Mittelschicht, ungerecht behandelt zu werden, wird oft in den Medien artikuliert. Zugleich wird an das Gerechtigkeitsgefühl appelliert, da die Karikatur zuspitzend mit einem Schwarz-Weiß-Schema (Reich/Arm) arbeitet. Es wird deutlich, dass der Karikaturist eine staatliche Vermögensumverteilung als dringend geboten ansieht. Die Karikatur ist damit ein Spiegel ihrer Entstehungszeit, der dazu ermutigt, sich mit diesem Thema näher auseinanderzusetzen.

2.3 Methodische Strukturierungshilfen

Mindmaps sind ein gutes Mittel für ein schnelles und platzsparendes Brainstorming. Eine Mindmap geht von einem zentralen Begriff aus und ist von innen nach außen/vom Allgemeinen zum Speziellen aufgebaut (vgl. M 3). Begriffe werden hier spontan verkettet, sodass das assoziative und kreative Denken stimuliert wird. Mindmaps sind zum Lernen im Fach Sozialwissenschaften vielseitig einsetzbar:

- zur Planung des Lernprozesses, indem alle anstehenden Schritte übersichtlich geordnet und ggf. ergänzt werden können,
- zur Strukturierung komplexer Themengebiete, indem die zentralen Fachbegriffe übersichtlich geordnet und durch Unterkategorien ergänzt werden können,
- zur Prüfungsvorbereitung, indem relevante Begriffe übersichtlich angeordnet und logisch verknüpft werden. Da Mindmaps niemals mehr als sieben (Unter-)Kategorien aufweisen sollten, wird die Merkfähigkeit erleichtert.

Der Nachteil besteht darin, dass nicht-hierarchische Querverbindungen zwischen Begriffen nicht aufgegriffen werden können.

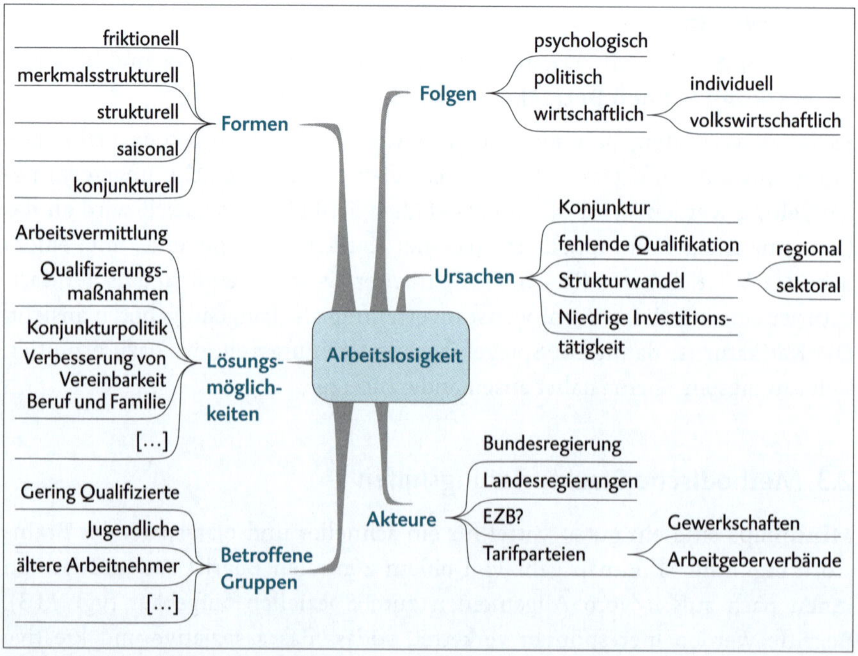

M 3: Mindmap zum Begriff Arbeitslosigkeit

Eine weitere Methode, um Zusammenhänge differenziert festzuhalten, das eigene Wissen auf Vollständigkeit zu überprüfen und die Merkleistung zu verbessern, sind **Conceptmaps**. Sie dienen der Visualisierung von mehreren Begriffen (Concepts) und deren Zusammenhängen und fördern auf diese Weise das analysierende und reflektierende Denken über den Themenbereich (vgl. M 4). Allerdings ist das Erstellen einer Conceptmap komplexer und dauert dementsprechend länger als das Zeichnen einer Mindmap. Bei der Erstellung einer Conceptmap sind mehrere Schritte zu beachten:

1. **Begriffe sammeln:** Stellen Sie alle im Unterricht behandelten Fachbegriffe eines Themengebiets zusammen. Dabei empfiehlt es sich, diese zuerst auf kleinen Klebezetteln zu notieren.
2. **Strukturierung:** Ordnen Sie die Begriffe auf einem großen Blatt (möglichst DIN A3) entsprechend ihrer Beziehung zueinander an: Welche Begriffe stehen in enger/direkter/entfernter Beziehung?
3. **Zusammenhänge herstellen:** Fügen Sie etwa Pfeile zwischen den Begriffen ein und beschriften Sie diese.
4. **Überprüfung der Vollständigkeit:** Nehmen Sie bei der Durchsicht Ihrer Unterrichtsmitschriften und Ihres Schulbuchs Ergänzungen vor. Welche Fachbegriffe müssen Sie ergänzen? Welche neuen Zusammenhänge (Pfeile) tun sich auf? Wo bestehen Ursache- und Wirkungsbeziehungen? Wo bestehen Hierarchien?
5. **Überarbeitung:** Versuchen Sie auf Grundlage des ersten Begriffsnetzes eine möglichst symmetrische (übersichtliche) Conceptmap herzustellen.
6. **Einüben:** Verbessern Sie Ihre Merkleistung, indem Sie die Conceptmap noch einmal aus dem Gedächtnis aufzeichnen.
7. **Verbalisieren:** Insbesondere bei der Vorbereitung von mündlichen Prüfungen sollten Sie üben, die eigene Conceptmap anderen Personen zu erklären.
8. **Austausch:** Vor allem durch den Austausch mit anderen wird deutlich, wo das Wissensnetz bereits akzeptabel entwickelt ist und wo es noch Lücken aufweist.

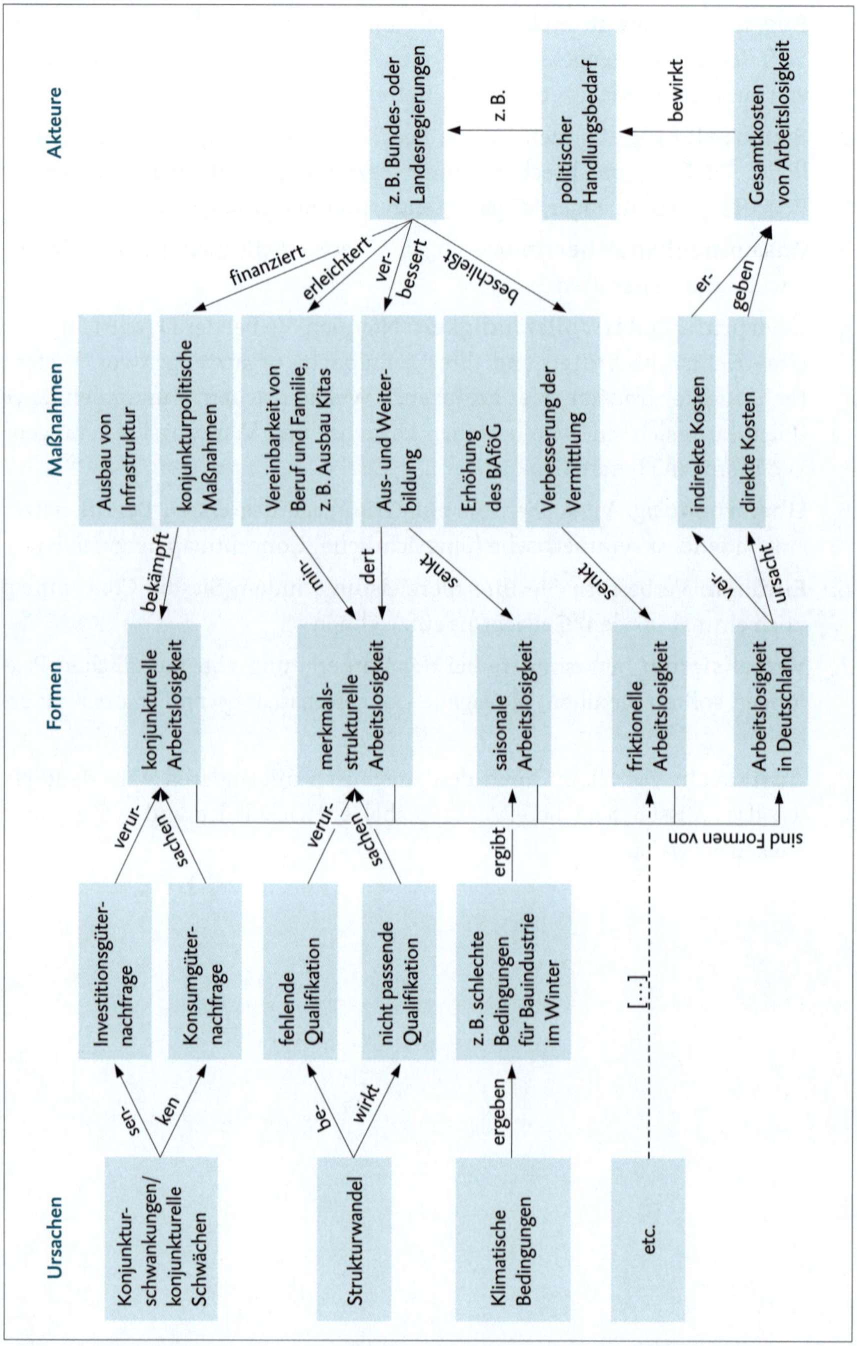

M 4: Conceptmap: Ursachen, Formen und Maßnahmen zur Bekämpfung von Arbeitslosigkeit

2.4 Urteilsbildung

Im Kern geht es im Prozess der Urteilsbildung um eine strukturierte Auseinandersetzung mit Pro- und Kontra-Argumenten im Rahmen einer an Kriterien orientierten Abwägung. Eigene Sachargumente oder Argumente eines Textes werden erarbeitet oder selbst entwickelten Kriterien zugeordnet, mit Belegen gestützt und Gegenargumente – zumindest im Ansatz – entkräftet.
Es gibt mehrere Konzepte, um methodisch strukturiert einen Meinungsbildungsprozess zu beginnen und letztlich eine sozialwissenschaftliche Sachfrage zu beurteilen. Ein sehr praxistaugliches Konzept stellt der „Prozess der Urteilsbildung" von der Universität Münster (vgl. M 5) dar, da dieser zwar eine klare Struktur vorgibt, aber die nötigen Freiräume zu einer Beurteilung gewährt.

Zunächst ist es wichtig, dass jede Beurteilung auf zwei Ebenen stattfindet:

- **Kriterien (normative Ebene):** Bei der Aufstellung der Beurteilungskriterien können – hier einem Ansatz von Peter Massing folgend – zwei Oberkategorien mit mehreren Unterkategorien unterschieden werden:
  - **Kategorie Effizienz:** Wirksamkeit, Realisierbarkeit, Zweckmäßigkeit, Wirtschaftlichkeit, Nützlichkeit, Schnelligkeit, Genauigkeit, Ergiebigkeit, Durchsetzbarkeit etc.
  - **Kategorie Legitimität:** Gerechtigkeit, Zumutbarkeit, Rechtmäßigkeit, Akzeptanz, Nachhaltigkeit, Transparenz, Sozialverträglichkeit, Umweltverträglichkeit etc.
- **Sachverhalte (deskriptive Ebene):** Um eine Sachfrage beurteilen zu können, müssen die dafür relevanten Aussagen auf ihre sachliche Richtigkeit – auf ihren Wahrheitsgehalt – hin überprüft werden. Es muss sozusagen eine Art „Beweisaufnahme" durchgeführt werden: Werden in der Region xy die Menschenrechte verletzt? Was sind die konkreten ökonomischen Folgen des Vertrages xy? Usw. In Auseinandersetzung mit diesem Sachwissen können durchaus neue Beurteilungskriterien entstehen.

Eine weitere Differenzierung der Argumentation kann die Orientierung an drei Bereichen leisten:
Es kann unterschieden werden, ob sich ein Argument

1. auf den **Akteur** (in der Regel den Handelnden),
2. den **Adressaten** (das Ziel einer Maßnahme, also z. B. eine Person) oder
3. das **System** (einen Funktionszusammenhang, z. B. eine Institution, ein politisches oder ökonomisches System)

beziehen lässt.

Um zu einer sozialwissenschaftlichen Beurteilung zu kommen, sind die folgenden Schritte durchzuführen:

1. Aufstellen einiger Spontanurteile und Ermittlung von (normativen) Kriterien,
2. Prüfung der Kriterien an der Realität (Materialanalyse),
3. ggf. Erweiterung der Kriterienliste oder Erweiterung der Beweisaufnahme (Realitätsprüfung),
4. Fällen eines Detailurteils zu jedem Kriterium unter Berücksichtigung der ermittelten Fakten,
5. Gewichtung der Kriterien nach subjektiven Wertüberzeugungen (Die Kriterien werden in eine Rangfolge gebracht, die Detailurteile dann zu einem Gesamturteil verdichtet.),
6. Diskutieren des Urteils: Durch eine Offenlegung der jeweiligen Kriterien und deren Gewichtung wird eine normative Diskussion entfaltet, bei der ggf. festzustellen ist, dass es z. B. noch weitere wichtige Kriterien gibt oder sich die Gewichtung der Kriterien noch verändern muss. Ebenso kann Faktenwissen ausgetauscht werden und offene Fragen können formuliert werden, sodass der Beurteilungsprozess mit ggf. neuen Kriterien und neuen Fragen an die Wirklichkeit erneut beginnen kann. So kann ein noch komplexeres Gesamturteil entstehen.

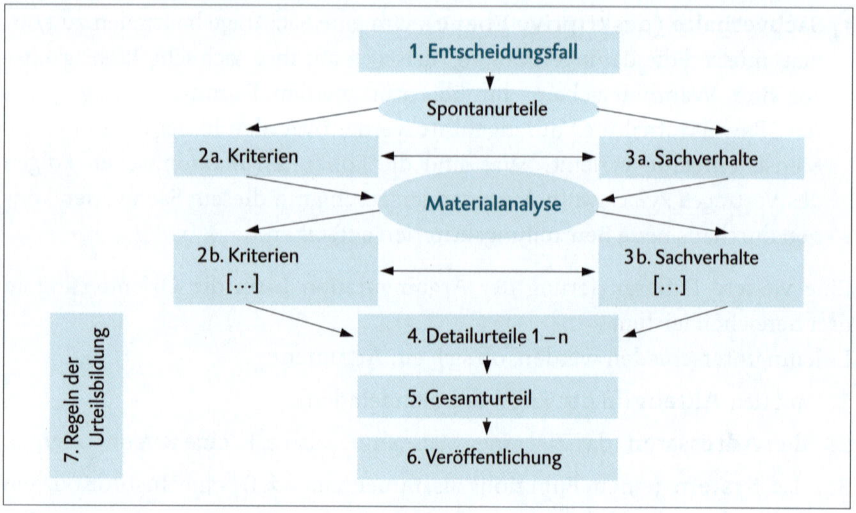

M 5: Der Prozess der Urteilsbildung

Wirtschaftspolitik

1 Legitimation staatlichen Handelns im Bereich der Wirtschaftspolitik

1.1 Stabilitäts- und Wachstumsgesetz

Generell wäre es denkbar, dass der Staat im Rahmen einer **„Laissez-faire-Ökonomie“** grundsätzlich auf Eingriffe verzichtet, jedoch wäre dann mit Auswirkungen wie Marktversagen, der Nicht-Bereitstellung öffentlicher Güter oder dem Auftreten externer Effekte zu rechnen, die den effizienten Umgang mit knappen Ressourcen zur Erzielung von Wohlstand unterlaufen würden.

Aus diesem Grund haben vier Ziele für die Wirtschaftspolitik in der Bundesrepublik eine derart herausgehobene Bedeutung, dass sie im **Stabilitäts- und Wachstumsgesetz** (StabG, 1967) verankert wurden. Das übergeordnete Ziel des Gesetzes ist es, ein **gesamtwirtschaftliches Gleichgewicht** zu schaffen. Der Hintergrund dieses Gesetzes war eine „Überhitzung“ der Wirtschaft, die in den Jahren 1965/1966 mit starken Preissteigerungen einherging. Gefordert war daher eine aktive, eingreifende Wirtschaftspolitik.

Neben den Zielsetzungen sind im Gesetz **Informationsinstrumente** sowie Koordinationsinstrumente enthalten. So informieren der Jahreswirtschaftsbericht, das Gutachten des Sachverständigenrats zur Begutachtung der gesamtwirtschaftlichen Lage – die sogenannten fünf Wirtschaftsweisen – und der Subventionsbericht alle am Wirtschaftsprozess Beteiligten umfassend über die wirtschaftliche Situation Deutschlands. Als **Koordinierungsinstrument** dient der Konjunkturrat, der sich aus dem Bundeswirtschafts- und dem Bundesfinanzminister, Vertretern der Länder und Gemeinden sowie einem Mitglied der Bundesbank zusammensetzt und sich insbesondere mit dem Kreditbedarf der Volkswirtschaft befasst.

§ 1 StabG

Bund und Länder haben bei ihren wirtschafts- und finanzpolitischen Maßnahmen die Erfordernisse des gesamtwirtschaftlichen Gleichgewichts zu beachten. Die Maßnahmen sind so zu treffen, dass sie im Rahmen der marktwirtschaftlichen Ordnung gleichzeitig zur **Stabilität des Preisniveaus**, zu einem **hohen Beschäftigungsstand** und **außenwirtschaftlichem Gleichgewicht** bei **stetigem und angemessenem Wirtschaftswachstum** beitragen.

Ob alle Ziele des Gesetzes gleichzeitig erreichbar sind, ist umstritten und es existieren unterschiedliche Zielbeziehungen, die sich zwischen Neutralität, Komplementarität und Inkompatibilität bewegen (vgl. S. 43 f.). Da das gleichzeitige Erreichen aller vier Ziele quasi „magisch" wäre, werden die Zielbeziehungen des StabG bisweilen als sogenanntes **Magisches Viereck** dargestellt.

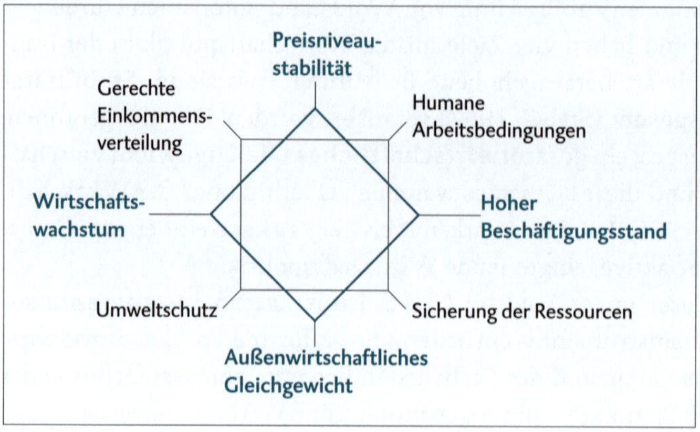

M 6: Das Magische Viereck und seine möglichen Erweiterungen

Daneben gibt es weiterführende Ziele der Wirtschaftspolitik, die als bedeutende und grundlegende Ziele der Politik immer wieder diskutiert werden. So können verteilungspolitische Maßnahmen (Distribution), das Schaffen einer lebenswerten Umwelt, humaner Arbeitsbedingungen und intergenerationaler Gerechtigkeit (z. B. durch Begrenzung der Staatserschuldung, vgl. S. 63 f.) sowie die Sicherung der Ressourcen das Viereck etwa zu einem Sechseck oder Achteck erweitern.

1.2 Grundgesetz

Grundsätzlich ist im **deutschen Grundgesetz** im Wortlaut keine spezifische Wirtschaftsform vorgeschrieben. Dennoch zeigen sich deutliche Unvereinbarkeiten mit einem strikten System staatlicher Planung (wie z. B. dem einer Zentralverwaltungswirtschaft/Planwirtschaft), sofern die wichtigsten Grundrechte des Grundgesetzes Beachtung finden sollen.

Diese **Grundrechte** umfassen unter anderem:

- Schutz der Menschenwürde (Art. 1)
- Handlungsfreiheit (Art. 2)
- Gleichheit vor dem Gesetz (Art. 3)
- Vereinigungsfreiheit (Art. 9)
- Freizügigkeit (Art. 11)
- Berufsfreiheit (Art. 12)
- Privateigentum (Art. 14)

In einer **Zentralverwaltungswirtschaft** sind bereits die freie Wahl des Berufes und je nach Planentscheidung auch die Wahl des Wohnortes nicht umfassend gesichert. Darüber hinaus müsste auch die Vereinigung zu freien Interessensgruppen verhindert werden. Dies zeigt, dass das GG wirtschaftspolitisch nicht neutral ist, sondern in der Tendenz eine **offene Marktwirtschaft mit freiem Wettbewerb** fordert.

Diese Forderung wird im GG um die wichtige Komponente des sozialen Ausgleichs ergänzt: Mit Art. 28 Abs. 1 wird ein sozialer Rechtsstaat vorgeschrieben, der sich über den Art. 20 – die sogenannte „Verfassung in Kurzform“ – mit der expliziten Forderung der **Sozialstaatlichkeit** verbindet. Art. 14, der die Sozialpflichtigkeit des Eigentums enthält, und der Artikel zur **Herstellung gleichwertiger Lebensverhältnisse** zwischen den Bundesländern (Art. 72) stehen ebenfalls für die soziale Komponente.

Der Rechtsrahmen in Deutschland erlaubt sowohl staatliche Korrekturen des Marktprozesses (z. B. Eingriffe über das Bundeskartellamt zur Sicherung des freien Wettbewerbs, regionale Wirtschaftsförderung zur Angleichung der Lebensbedingungen) als auch sozialpolitische Entscheidungen (z. B. progressives Steuersystem, Existenz einer sozialen Grundsicherung, vgl. S. 173 ff.).

Somit verdichten sich beide Komponenten letztlich zur Forderung einer **Sozialen Marktwirtschaft,** also der Existenz eines freien und wettbewerblich organisierten Marktes bei gleichzeitigem sozialen Ausgleich und Sozialstaatlichkeit.

Weiterführende Internetlinks

- https://beck-online.beck.de
  → Datenbank, u. a. Gesetzestext des Gesetzes zur Förderung der Stabilität und des Wachstums der Wirtschaft
- www.bundestag.de/bundestag/aufgaben/rechtsgrundlagen/grundgesetz/gg_01/245122
  → Informationen des deutschen Bundestages zu den Grundrechten
- www.gesetze-im-internet.de/bundesrecht/stabg/gesamt.pdf
  → Gesetz zur Förderung der Stabilität und des Wachstums der Wirtschaft
- www.gesetze-im-internet.de/gg/BJNR000010949.html
  → Grundgesetz für die Bundesrepublik Deutschland
- www.kas.de/
  → Website der Adenauer-Stiftung; Informationen u. a. zu Planwirtschaft, und sozialer Marktwirtschaft

2 Zielgrößen der gesamtwirtschaftlichen Entwicklung in Deutschland

2.1 Stetiges und angemessenes Wirtschaftswachstum

Das wirtschaftspolitische Ziel, angemessenes und stetiges Wachstum zu erzeugen, folgt der – durchaus umstrittenen (vgl. S. 46 ff.) – Überzeugung, dass ökonomisches Wachstum im Kern eine Verbesserung der menschlichen Lebensbedingungen zur Folge habe, also **Wohlstand** erzeuge. Wirtschaftswachstum soll hierbei z. B. den Beschäftigungsstand erhöhen, internationale Konkurrenzfähigkeit gewährleisten und damit indirekt durch eine angemessene Einkommens- und Vermögenserwirtschaftung und -verteilung helfen, den sozialen Frieden zu sichern.

Die wichtigsten Determinanten des Wirtschaftswachstums sind die quantitative Ausweitung oder qualitative Verbesserung der klassischen **Produktionsfaktoren** Arbeit, Boden, Kapital und Humankapital (technisches, organisatorisches, fachliches Know-how etc.). Diese Entwicklungen ermöglichen eine Ausweitung der Produktionskapazitäten auf Betriebsebene und in der Summe eine Anhebung der volkswirtschaftlichen Produktionsmöglichkeiten.

Das Wachstum einer Volkswirtschaft wird vor allem durch das **Sozialprodukt** gemessen, das sich in folgende Maßgrößen aufgliedern lässt:

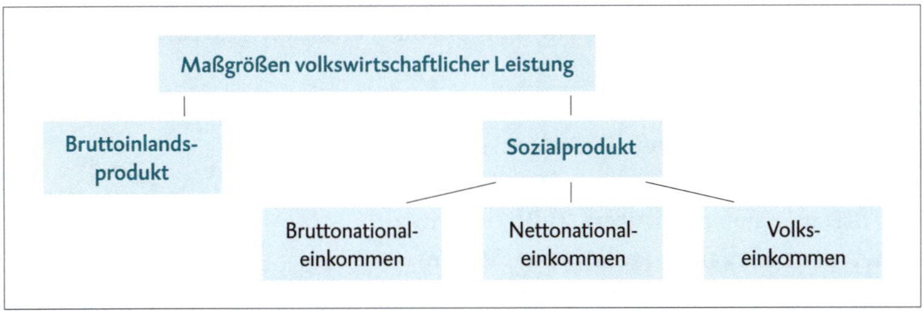

M 7: Maßgrößen des Wirtschaftswachstums

Für internationale Vergleiche hat sich das **Bruttoinlandsprodukt** (BIP) als statistische Maßzahl durchgesetzt.

Definition des Bruttoinlandsprodukts

Das BIP lässt sich als die Summe aller Marktpreise der in einem bestimmten Zeitraum (zumeist ein Jahr) in einem Land für den Endverbrauch produzierten Waren und Dienstleistungen definieren.

Das BIP folgt hiermit dem **Inlandskonzept**. Danach wird unabhängig von der Nationalität der Personen, die wirtschaftliche Transaktionen tätigen, der Wert berechnet, der innerhalb der Landesgrenzen erwirtschaftet wurde. Somit fließt der im Inland von Ausländern produzierte Wert in das BIP mit ein, das von deutschen Staatsbürgern im Ausland Erwirtschaftete jedoch nicht. Das Gegenteil ist beim **Inländerkonzept** der Fall.

Bruttonationaleinkommen
– Auslandseinkommen von Inländern
+ Inlandseinkommen von Ausländern

= Bruttoinlandsprodukt

Als **Wachstum** wird die positive Veränderung des BIP zwischen zwei Wirtschaftsperioden bezeichnet. Hierbei geht es oftmals um einen Jahresvergleich, der sich wie folgt darstellen lässt:

$$\text{Wachstumsrate} = \frac{\text{BIP (Jahr 2)} - \text{BIP (Jahr 1)}}{\text{BIP (Jahr 1)}} \cdot 100$$

Darstellung des Bruttoinlandsprodukts

Das BIP lässt sich etwa **räumlich**, **zeitlich** oder **sektoral** differenzieren. So ist eine Darstellung nach Quartalen oder nach Bundesländern (vgl. M 8) möglich. Ebenso kann das BIP in Bezug zur Bevölkerungszahl gesetzt und so **„pro Kopf"** dargestellt werden.

Zur Analyse des Konjunkturverlaufs (vgl. S. 55 ff.) sind zwei Darstellungsmodi von besonderer Bedeutung: Die Angabe des BIP in einer **absoluten Zahl** oder in seiner **prozentualen (relativen) Veränderung** zum Vorjahr. Dabei kann es in jeweiligen Preisen oder in einer preis-, saison- und/oder kalenderbereinigten Form dargestellt werden (vgl. M 1).

Zu einer sozialwissenschaftlichen Analyse wird in der Regel auf die **preisbereinigte (reale) Variante** zurückgegriffen, da ein **nominales Wachstum** des BIP auch allein auf Preisanstiege zurückzuführen (d. h. preisinduziert) sein kann.

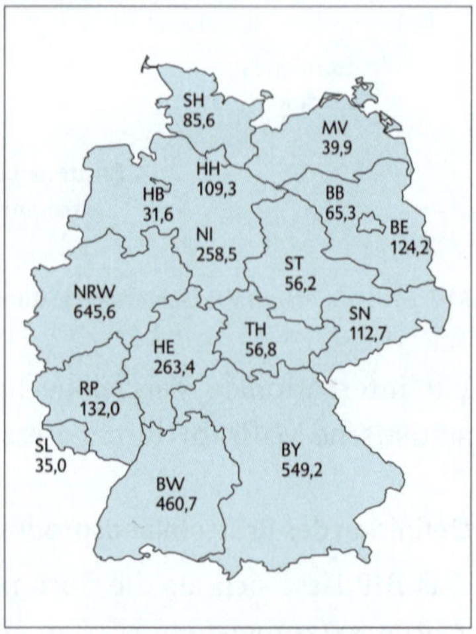

M 8: BIP 2015, jeweilige Preise, in Mrd. €

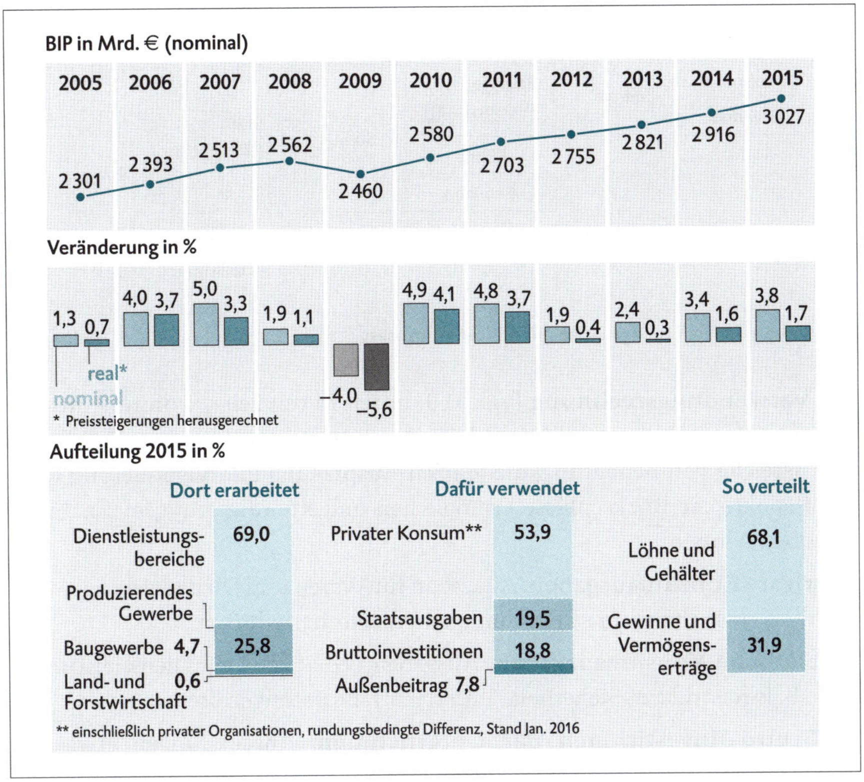

M 9: BIP in Deutschland (Entstehung, Verwendung und Verteilung: 2015)

Berechnung des Bruttoinlandsprodukts

Das BIP kann auf drei verschiedene Arten ermittelt werden: durch die Entstehungs-, die Verwendungs- und die Verteilungsrechnung.

Die **Entstehungsrechnung** (vgl. M 9, unten links) ermittelt die Bruttowertschöpfung (Produktionswert eines Unternehmens abzüglich der in Anspruch genommenen Vorleistungen, vgl. M 10) der einzelnen Wirtschaftsbereiche. Vorleistungen werden dabei abgezogen, da im Preis des Endprodukts die Kosten für die Vorleistungen enthalten sind. Die Bruttowertschöpfung der einzelnen Wirtschaftsbereiche wird anschließend addiert.

Interessant ist vor allem die langfristige Veränderung der ökonomischen Leistungsfähigkeit einzelner Branchen oder Sektoren im Verhältnis zueinander, da hierbei der grobe Strukturwandel einer Volkswirtschaft beobachtet werden kann. Der Wandel z. B. von einer Agrar- zur Industriegesellschaft oder eine beginnende **Tertiarisierung**, also die Verschiebung von einer Industrie- zur Dienstleistungsgesellschaft, sind strukturpolitisch von Interesse.

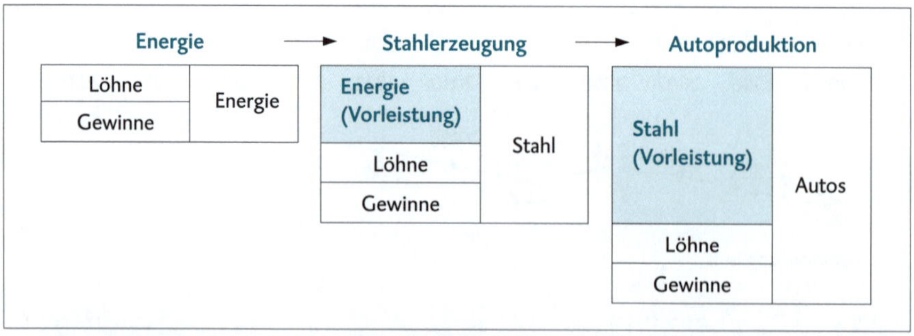

M 10: Beispiel für Vorleistungen in einem Produktionsprozess

Die **Verwendungsrechnung** (vgl. M 9, unten Mitte) zeigt, wofür die ins BIP eingeflossenen Waren und Dienstleistungen verwendet wurden. Dabei sind vier Bereiche von Bedeutung, die je nach Ausprägung und Veränderung wirtschaftspolitische Rückschlüsse ermöglichen und Koordinierungsmaßnahmen anstoßen können:

- **private Konsumausgaben:** Ausgaben für Waren und Dienstleistungen von Privathaushalten und selbstständigen Einzelunternehmern,
- **staatliche Konsumausgaben:** Ausgaben des Staates für Dienstleistungen (z. B. Infrastruktur, Sicherheit, Unterricht), Beamtengehälter etc.,
- **(Brutto-)Investitionen der Unternehmen:** Anschaffungen etwa von Geräten, Software und Strom sowie Bauleistungen von Unternehmen,
- der **Außenbeitrag:** die Differenz zwischen Exporten und Importen von Waren und Dienstleistungen (Nettoexporte).

So kann man beispielsweise ermitteln, inwieweit ein Staat besonders anfällig für Veränderungen des globalen Handels ist (bei hoher Exportquote) oder in der Binnenkonjunktur schwächelt. Aus einer solchen Diagnose können wiederum wirtschaftspolitische „Therapien“ entwickelt werden.

Die **Verteilungsrechnung** (vgl. M 9, unten rechts) gibt an, aus welchen Bestandteilen des Einkommens sich das BIP zusammensetzt:

BIP = Lohneinkommen + Gewinn- und Vermögenseinkommen

Das Statistische Bundesamt nimmt diese Berechnung des BIP nicht vor, gibt aber die Werte des Arbeitnehmerentgelts und der Unternehmens- und Vermögenseinkommen an. Die Verteilungsrechnung lässt Rückschlüsse auf die Einkommens- und Vermögensverteilung zu. Auf dieser Grundlage können dann entsprechende politische Entscheidungen getroffen werden.

2.2 Preisniveaustabilität

Das wirtschaftspolitische Ziel der Preisniveaustabilität zu verfolgen, heißt, einen Preisanstieg **(Inflation)** oder einen Preisverfall **(Deflation)** auf breiter Front, also im Durchschnitt aller Preise, zu verhindern.

Die Bedeutung der Preisniveaustabilität ist zu verstehen, wenn man sich die zentralen **Funktionen des Preises** in einer marktwirtschaftlich orientierten Wirtschaftsordnung vergegenwärtigt (vgl. M 12).

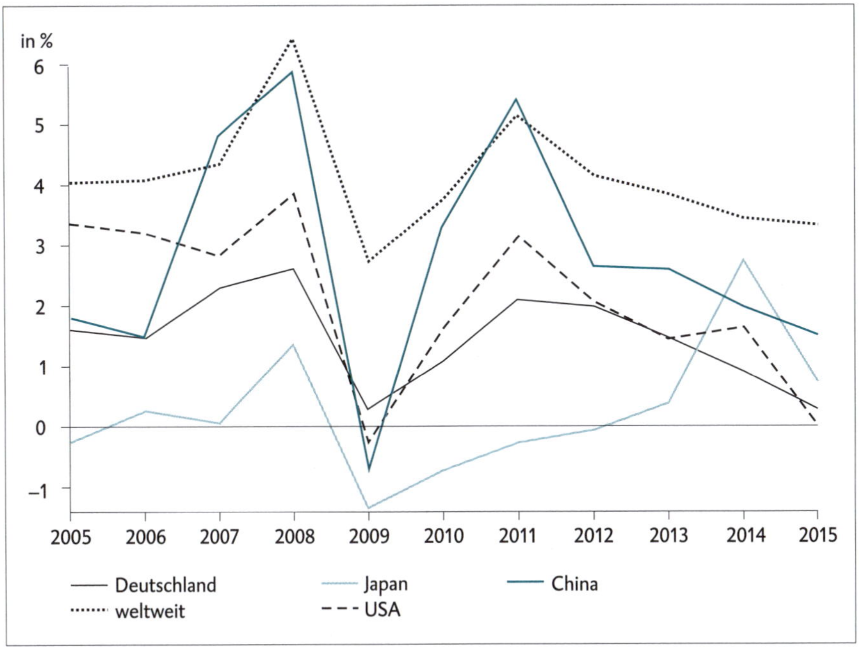

M 11: Inflationsraten im internationalen Vergleich (Preisniveauveränderung zum Vorjahr)

Signal-/Indikatorfunktion	Preise signalisieren Knappheiten und stimmen in einem Preisbildungsprozess Angebot und Nachfrage aufeinander ab.
Allokationsfunktion	Ein hoher Preis für ein bestimmtes Produkt animiert Unternehmen, dieses verstärkt zu produzieren. Die einzelnen (knappen) Produktionsfaktoren (Arbeit, Boden, Kapital, Humankapital) werden zum effizientesten Verwendungsort gelenkt. So lösen steigende Preise z. B. verstärkte Investitionen aus.
Selektions-/Ausschaltungsfunktion	Unternehmen, die nicht zu einem wettbewerbsfähigen Preis anbieten können, werden vom Markt verdrängt. Konsumenten, die Marktpreise nicht aufbringen können oder wollen, verlassen ebenso den Markt.
Messfunktion	Preise machen unterschiedliche Güter vergleichbar.

M 12: Preisfunktionen

Sind diese Preisfunktionen gestört, ist der Dreh- und Angelpunkt der Ökonomie außer Funktion gesetzt und massive Störungen der wirtschaftlichen Prozesse sind die Folge. Dies wirkt sich auch auf die **Funktionen des Geldes** aus, welche jedoch von den Preisfunktionen zu unterscheiden sind. **Geld** stellt dabei in materieller oder immaterieller Form ein Zwischentauschmittel dar.

Zahlungsmittelfunktion	Geld dient dem Handel von Waren und Dienstleistungen und ermöglicht als Zwischengut den Tausch zweier Güter. Gut A wird dabei gegen Geld getauscht, das Geld anschließend gegen Gut B.
Wertaufbewahrungsfunktion	Geld ermöglicht eine langfristige Wertspeicherung jenseits von natürlichen Zerfallsprozessen, die mit einer Lagerung von Waren oftmals verbunden wären.
Rechenmittelfunktion	Geld ermöglicht die Bewertung von Gütern in Geldeinheiten. Dies erleichtert Preisvergleiche. Der Wert einer Geldeinheit macht die **Kaufkraft** des Geldes aus.

M 13: Geldfunktionen

Definition einer Inflation

Der Begriff „**Inflation**" hat seinen Ursprung im lateinischen „inflare" (= aufblähen, hineinblasen), womit auf eine zentrale Ursache dieses Phänomens hingewiesen wird: Eine inflationäre Preissteigerung hat das Absinken der Kaufkraft zur Folge; es handelt sich also um einen Prozess der **Geldentwertung**. Die Europäische Zentralbank (EZB) spricht bei einer anhaltenden Preisniveausteigerung ab 2 % von einer problematischen Inflationsrate (vgl. S. 31).

Nach ihrer Stärke können inflationäre Prozesse in folgende Typen unterschieden werden:

- **Schleichende Inflation:** Die Preise steigen langsam, fast unmerklich über einen langen Zeitraum hin im Rahmen von ca. 3–5 % jährlich an.
- **Trabende** (auch: „beschleunigte“) **Inflation:** Die Preise steigen jährlich um ca. 10–20 %.
- **Galoppierende Inflation:** Die Preissteigerungsrate ist mit ca. 20–50 % jährlich sehr hoch und nimmt laufend zu. Sie liegt auch über dem Zinssatz für langfristige Geldanlagen.
- **Hyperinflation:** Die Inflationsrate liegt über 50 % im Jahr. Das Verhalten der Wirtschaftssubjekte ändert sich deutlich (Hortungsprozesse, Flucht in Sachwerte, Aufbau von Parallelwährungen, ein „Run“ auf die Banken).

Ursachen einer Inflation

In der deutschen Geschichte kam es mehrfach zu massiven inflationären Prozessen. Die **Hyperinflation 1923** etwa hatte sogar einen **Währungsschnitt** zur Folge: Am 15. 11. 1923 wurde die Papiermark durch die Rentenmark ersetzt, nachdem die Preise sich zuvor innerhalb von 10 Tagen verzehnfacht hatten und ein US-Dollar schließlich dem Wert von 4,2 Billionen Mark entsprach. Die Ursachen für diese Inflation waren maßgeblich

- die Ausweitung der Geldmenge durch den Staat, um die Staatsschulden zu beseitigen,
- die vermehrte Ausgabe von Kriegsanleihen im Ersten Weltkrieg („Gold für Eisen“) zur Deckung des Militärbedarfs und zur Einschränkung der Kaufkraft der Bevölkerung, um der Schwarzmarktbildung entgegenzuwirken; hier bestand die Hoffnung, die Anleihen nach einem gewonnenen Krieg durch Reparationszahlungen ablösen zu können,
- das vermehrte Drucken von Papiergeld, um die Versailler Kriegsschulden nach dem verlorenen Krieg begleichen zu können.

M 14: Historische Geldentwertung

Es gibt sowohl monetäre als auch **nicht monetäre Inflationsursachen**. Zu letzteren zählen angebots- und nachfrageseitige Inflationsursachen sowie die importierte Inflation.

Angebotsinflationen (angebotsinduzierte Inflationen) werden aus dem Verhalten von Unternehmen und Gewerkschaften erklärt. So entsteht die **Kostendruckinflation**, wenn die Kosten der Unternehmen steigen, also die Produktionsfaktoren teurer werden (z. B. höhere Rohstoffpreise, höhere Tariflöhne, höhere Steuern), und die Unternehmen darauf reagieren, indem sie ihre Preise anheben. Eine **Gewinndruckinflation** kann entstehen, wenn Unternehmen aufgrund fehlenden Wettbewerbs über solch eine Marktmacht verfügen, dass von einem monopolistisch oder oligopolistisch strukturierten Markt gesprochen werden kann. Unternehmen können dann Preise und damit ihre Gewinne weitgehend unabhängig erhöhen. Dies kann zu einer **Lohn-Preis-Spirale** führen, wenn Gewerkschaften in der Lage sind, Lohnerhöhungen durchzusetzen, die wiederum den Kostendruck für die Unternehmen erhöhen.

Nachfrageinflationen (nachfrageinduzierte Inflationen) entstehen im Fall eines Nachfrageüberhangs, wenn also die gesamtwirtschaftliche Nachfrage das gesamtwirtschaftliche Angebot übersteigt. Als Marktreaktion darauf erfolgt eine Anhebung der Preise.

Wird eine ausländische Inflation auf das Inland übertragen, spricht man von einer **importierten Inflation**. Diese kann z. B. zustande kommen, wenn durch eine Inflation erhöhte Rohstoffpreise die Kosten der Importeure anheben. Von 2009 bis 2014 sind beispielsweise die Rohölpreise stark gestiegen (vgl. M 15). Indirekt kann eine solche Inflation auch dann entstehen, wenn durch niedrigere Preise im Inland die Exporte steigen. Dadurch sinkt die Gütermenge im Inland und die Geldmenge steigt, was zu einem Anstieg der Preise im Inland führt.

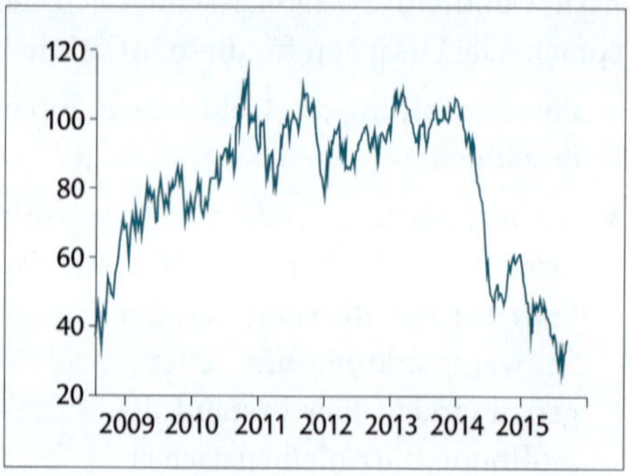

M 15: Entwicklung des Rohölpreises (in €/Barrel)

Die **monetäre Inflationstheorie** geht von einem proportionalen Zusammenhang zwischen Geld- und Gütermenge aus **(Quantitätstheorie)**.

$X \cdot P = M \cdot U$

$\frac{\text{reale Produktion}}{\text{Handelsvolumen}} \cdot \text{Preisniveau} = \text{Geldmenge} \cdot \text{Umlaufgeschwindigkeit des Geldes}$

Ein Anstieg der Geldmenge muss also einem Anstieg der Gütermenge entsprechen. Ist dies nicht der Fall, spricht man von einer **geldmengeninduzierten Inflation**. Bei der zuvor genannten zweiten Form der importierten Inflation (vgl. S. 28) handelt es sich demnach um eine geldmengeninduzierte importierte Inflation. Das Verhalten der Konsumenten wird wesentlich von der wahrgenommenen Höhe der Inflation beeinflusst. Diese **gefühlte Inflation** kann von der statistisch erhobenen Preisniveauveränderung abweichen, da Konsumenten etwa Preissteigerungen bei Produkten, die sie häufig kaufen, stärker bemerken. Im Warenkorb werden diese jedoch mit einer festen Gewichtung erfasst, die vom individuellen Kaufverhalten abweichen kann.

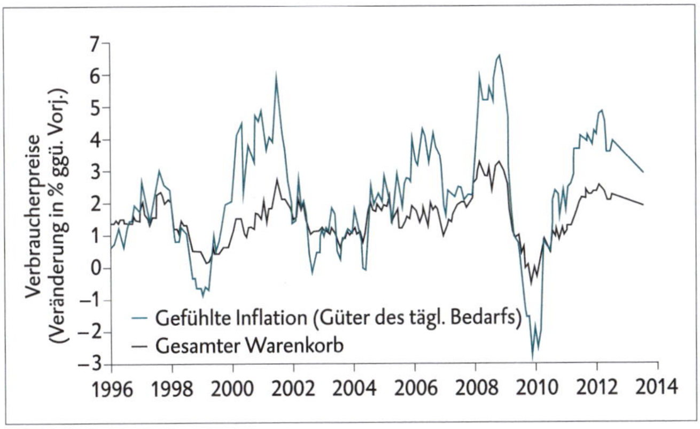

M 16: Abweichen der gefühlten von der amtlich gemessenen Inflation in Deutschland

Berechnung des Preisniveaus

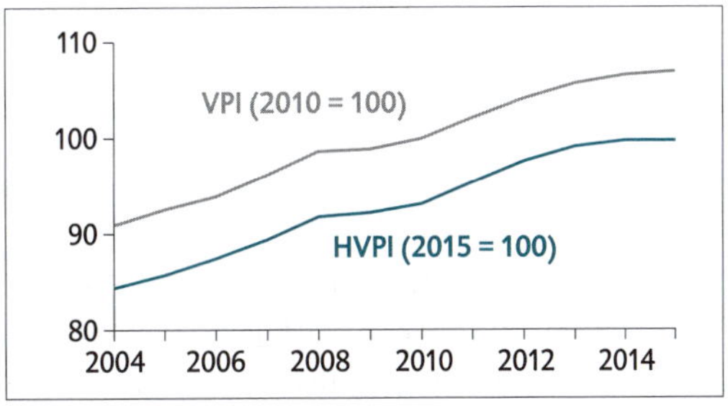

M 17: VPI und HVPI in Deutschland

Die Berechnung von Preisniveauveränderungen orientiert sich an den Verbrauchsgewohnheiten der Bevölkerung und den Preisen der hiermit verbundenen Güter. Jedes Land ermittelt dazu auf Grundlage eines Warenkorbs und eines Wägungsschemas einen **Verbraucherpreisindex** (VPI). In der EU wird zudem nach einheitlichen Methoden für alle Mitgliedstaaten der Harmonisierte Verbraucherpreisindex (HVPI, vgl. M 17/M 53) berechnet.

Der **Warenkorb** enthält typische Waren und Dienstleistungen, die in einem Durchschnittshaushalt nachgefragt werden. Die Preise der konkreten Produkte werden monatlich erhoben. Etwa alle fünf Jahre wird die Zusammensetzung des Warenkorbs angepasst, sodass langfristig nicht mehr nachgefragte Güter (z. B. Kassettenrekorder) dann nicht mehr erfasst und neue Güter (z. B. Digitalkamera) aufgenommen werden. Der lange Zeitraum ermöglicht eine bessere Vergleichbarkeit des Preisniveaus während dieser Zeit. Die Preisveränderungen werden dazu gegenüber dem Jahr der Zusammenstellung des Warenkorbs (Basisjahr = 100) angegeben. Ein Preisindex von 104 bedeutet also eine Teuerungsrate (Inflationsrate) von 4 % gegenüber dem Basisjahr. Zur Berechnung werden die einzelnen Güter (rund 750 Stück) in Gruppen eingeteilt, die entsprechend einem bestimmten **Wägungsschema** (vgl. M 18) gewichtet werden. Hierzu wird der Anteil einer Gütergruppe an den Gesamtausgaben eines Privathaushalts ermittelt.

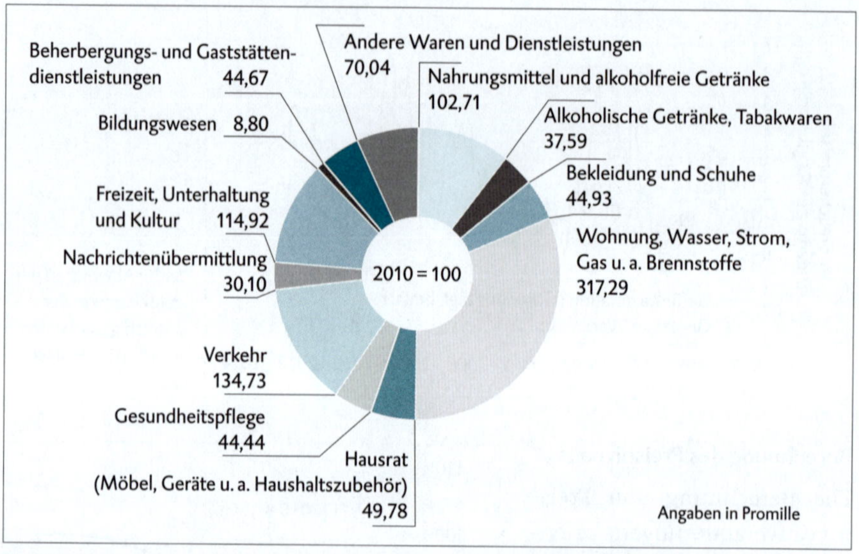

M 18: Wägungsschema zum deutschen Verbraucherpreisindex (Basisjahr 2010, festgelegt 2013)

Schwierig ist es, **echte** von **unechten Preisveränderungen** zu unterscheiden, weil z. B. auch mengenmäßige Veränderungen oder qualitative Verbesserungen von Gütern eine indirekte Preissteigerung oder -senkung bedeuten können. Des Weiteren ist das Verhalten der privaten Konsumenten vom Versuch geprägt, teure durch gleichwertige, billigere Produkte zu ersetzen **(Gütersubstitution)**, was schwierig in einen Verbraucherpreisindex „hineinzurechnen" ist.

Folgen einer Inflation

Konsequenzen einer deutlichen Erhöhung des allgemeinen Preisniveaus sind eine Störung der **Signalfunktion** von Preisen, wodurch es zu einer **Fehlallokation** der Ressourcen kommen kann. Das heißt, Produktionsmittel werden falsch verwendet und Fehlinvestitionen werden getätigt.

Verlierer einer Inflation	Gewinner einer Inflation
• **Sparer** und Besitzer von längerfristigen Geldanlagen (Festgeldanlagen etc.), die Kaufkraft verlieren oder sogar einen realen Vermögensverlust verzeichnen, wenn die Zinsen unter der Inflationsrate liegen → abnehmende Sparneigung, bevorzugte Investition in Sachgüter • **Bezieher fester Einkommen** (Arbeitsentgelte, soziale Transferleistungen, Renten), deren Bezüge erst mit einer gewissen Verzögerung an die Inflation angepasst werden • **Gläubiger** von langfristigen Forderungen, die Vermögen verlieren, da die Kaufkraft der Rückzahlungsbeträge ihrer Schuldner abnimmt • **Importeure**, deren Währung langfristig gegenüber den Währungen der Lieferanten abgewertet wird, da die Handelsgüter für sie teurer werden	• **Besitzer** von Sachvermögen (Unternehmer, Hausbesitzer etc.), welches keinem inflationär bedingten Wertverlust unterliegt • **Schuldner** langfristiger Kredite, die „billigeres" Geld zurückzahlen, als sie erhalten haben • der **Staat**, der sich als größter Schuldner schleichend entschulden kann und erhöhte Einnahmen zu verzeichnen hat • **Exporteure**, die in Länder mit stärkeren Währungen exportieren, da ihre Produkte durch den für die Käufer günstigen Wechselkurs an Attraktivität gewinnen

M 19: Verlierer und Gewinner einer Inflation

Durch die „Flucht in Sachwerte" kann es zu einer weiteren Erhöhung der Preise kommen. Letztlich sind durch eine hohe Inflation der Wohlstand der Bevölkerung, die soziale Sicherheit und damit auch der soziale Frieden gefährdet. Die EZB strebt eine Inflation von unter, aber nahe 2 % an, denn in dieser Höhe kann eine Preisniveausteigerung sogar stimulierend auf die Volkswirtschaft wirken, da die Sparneigung sinkt und von der erhöhten Nachfrage Impulse für den Arbeitsmarkt ausgehen (vgl. S. 43 f.).

Definition und Folgen einer Deflation

Das spiegelbildliche Phänomen zur Inflation, also ein Verfall des Preisniveaus bzw. eine Zunahme des Geldwerts, nennt sich **Deflation**. Diese hat zunächst einmal genau die entgegengesetzten Auswirkungen wie eine Inflation. In der Folge stagniert die Nachfrage, da Investitions- und Kaufentscheidungen in der

Hoffnung auf weiter sinkende Preise aufgeschoben werden. Dies führt zu einer sinkenden Kapazitätsauslastung, eingeschränkter Kreditvergabe und mehr Unternehmensinsolvenzen, was mit einer Zunahme von Entlassungen und daher mit einem Sinken der Einkommen und Preise verbunden ist. Diese **Abwärtsspirale** hat letztlich ähnlich schwerwiegende negative Folgen wie eine Geldentwertung. Dies macht den hohen Stellenwert des wirtschaftspolitischen Ziels der Preisniveaustabilität deutlich.

2.3 Hoher Beschäftigungsstand

Dieses Ziel des Magischen Vierecks wird oftmals auch als **Vollbeschäftigungsziel** bezeichnet. Dabei ist jedoch offen, wo die Grenze zur Vollbeschäftigung angesetzt wird. Die Bundesregierung spricht etwa bei einer Arbeitslosenquote von unter 4 % von Vollbeschäftigung (also bei ca. 1,6 Mio. Arbeitslosen). Wirtschaftswissenschaftler gehen dagegen zum Teil von maximal 1 Mio. Arbeitsloser aus. Entsprechend gilt eine Arbeitslosenquote nahe der definierten Vollbeschäftigung als hoher Beschäftigungsstand.

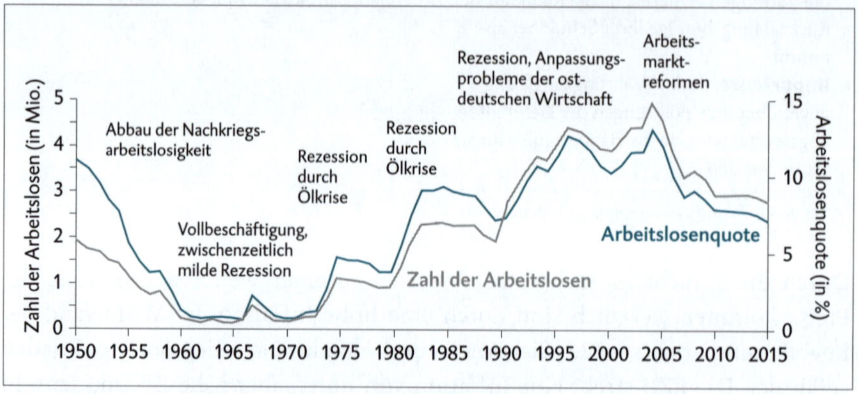

M 20: Arbeitslosigkeit in Deutschland, 1950–2015

Definitionen und Berechnungen von Arbeitslosigkeit

Um Arbeitslosigkeit statistisch erheben zu können, muss zunächst definiert werden, wer als arbeitslos gilt und demnach statistisch erfasst wird. Unterschiede werden z. B. bei einem Vergleich der Definitionen der Bundesagentur für Arbeit (BA) mit denen von Eurostat, also des Statistischen Amts der EU, deutlich (vgl. M 21). Erstere verfährt nach den Vorgaben des Sozialgesetzbuchs (SGB), letztere aus Gründen der internationalen Vergleichbarkeit nach den Grundlagen der Internationalen Arbeitsorganisation (IAO, engl. ILO).

Definition der BA (SGB III)

Arbeitslose sind Personen zwischen 15 und 65 bzw. 67 Jahren, die

- weder Schüler oder Student sind,
- vorübergehend nicht in einem Beschäftigungsverhältnis stehen oder
- eine Beschäftigung von weniger als 15 Stunden wöchentlich ausüben,
- eine versicherungspflichtige Beschäftigung suchen und dabei den Vermittlungsbemühungen der BA zur Verfügung stehen,
- sich bei der BA arbeitslos gemeldet haben,
- sich bemühen, ihre Beschäftigungslosigkeit zu beenden,
- in der Bundesrepublik Deutschland wohnen.

Definition von Eurostat (ILO-Konzept)

Arbeitslose sind Personen zwischen 15 und 74 Jahren, die

- während der Berichtswoche ohne Arbeit waren, d. h. weniger als eine Stunde in der Woche gearbeitet haben,
- innerhalb der nächsten zwei Wochen eine abhängige Beschäftigung oder eine selbstständige Tätigkeit aufnehmen können,
- nach eigenen Angaben innerhalb der letzten vier Wochen aktiv auf Arbeitssuche waren.

M 21: Vergleich verschiedener Begriffe von Arbeitslosigkeit

Für eine klarere Unterscheidung zwischen den beiden Statistiken wird bei den Daten, die nach dem ILO-Konzept erhoben wurden, auch von **Erwerbslosigkeit** gesprochen (vgl. M 22). Diese wird durch eine Stichprobenbefragung ermittelt, die Arbeitslosigkeit dagegen durch die Registrierung arbeitsloser Personen bei der BA. Daher wird diese Arbeitslosenzahl z. B. zur Abgrenzung gegen alternative Konzepte auch als **registrierte Arbeitslosigkeit** bezeichnet.

Doch letztlich spiegeln beide Definitionen nicht das gesamte Ausmaß der Arbeitslosigkeit wider. So zeigt die oben stehende Definition der BA, dass folgende Personenkreise in der Arbeitslosenstatistik nicht erfasst werden:

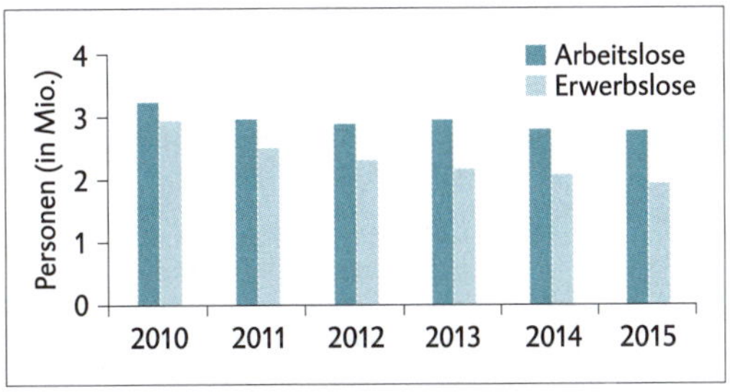

M 22: Arbeitslosen- und Erwerbslosenzahlen in Deutschland im jeweiligen Jahresdurchschnitt

- Personen, die an arbeitsmarktpolitischen Maßnahmen teilnehmen, z. B. Fortbildungen der Arbeitsagentur, Arbeitsgelegenheit mit Mehraufwandsentschädigung (ehemalige „Ein-Euro-Jobber"),
- Personen, die durch alternative Träger betreut werden, z. B. Teilnehmer von privat/unternehmerisch organisierten Kursen, die mit der Arbeitsagentur kooperieren,

- die sogenannte **Stille Reserve**, (Dies sind Personen, die sich z. B. selbst als zu chancenlos für eine Tätigkeit wahrnehmen oder etwa über den Ehepartner ausreichend abgesichert sind und deshalb ungemeldet bleiben. Ihre Zahl wurde im Jahr 2015 auf rund 800 000 Personen[1] geschätzt.)
- Personen, die aus Altersgründen oder wegen Krankheit als arbeitsunfähig gelten,
- „Aufstocker", die zwar 15 Stunden in der Woche oder mehr arbeiten und deshalb nicht als arbeitslos gelten, aber zusätzlich Arbeitslosengeld II (vgl. S. 178) erhalten, weil ihr Einkommen zum Lebensunterhalt nicht ausreicht.

Eine Annäherung an das nicht ausgeschöpfte **Erwerbspotenzial** zeigt ein Blick auf die sogenannte **Unterbeschäftigung**. Sie übersteigt die offizielle Arbeitslosenzahl zumeist um mehrere Hunderttausend (vgl. M 23).

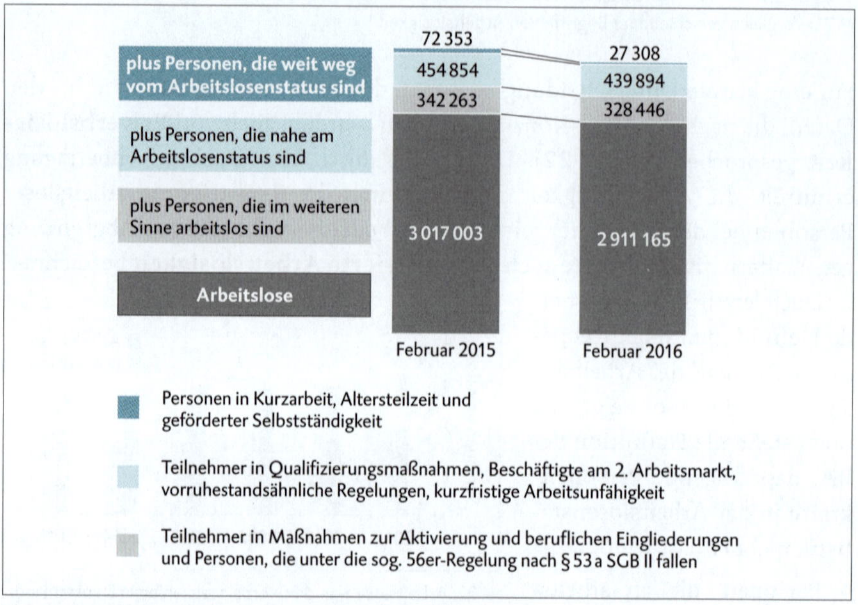

M 23: Arbeitslosigkeit und Unterbeschäftigung in Deutschland

Neben der absoluten Zahl von Arbeitslosen wird in der Arbeitslosenstatistik die **Arbeitslosenquote** herangezogen (vgl. M 20), welche das Verhältnis der Arbeitslosen zu den **Erwerbspersonen** angibt.

1 IAB-Kurzbericht 7/2015

$$\text{Arbeitslosenquote} = \frac{\text{registrierte Arbeitslose}}{\text{Erwerbstätige + registrierte Arbeitslose}} \cdot 100\ \%$$

Die Zahl der **Erwerbstätigen** kann sich dabei entweder nur auf Arbeitnehmer (Arbeiter, Angestellte, Beamte, geringfügig Beschäftigte, Soldaten) oder auch auf Selbstständige und mithelfende Familienangehörige beziehen.

Typen und Ursachen von Arbeitslosigkeit

Arbeitslosigkeit kann viele Ursachen haben, die – entgegen verbreiteten Klischees – wenig mit der persönlichen Motivation, eine Tätigkeit aufzunehmen, zu tun haben. **Langzeitarbeitslosigkeit** liegt dabei laut § 18 SGB III dann vor, wenn eine Person 12 Monate oder sogar länger arbeitslos ist.

Typen von Arbeitslosigkeit	Beschreibung/Ursachen	Beispiele für politische Maßnahmen/Handlungsoptionen
Friktionelle Arbeitslosigkeit (auch „Such-“ oder „Fluktuationsarbeitslosigkeit“)	• besteht beim Übergang von einer Arbeitsstelle zur nächsten • ist normalerweise nur von relativ kurzer Dauer • tritt unabhängig von konjunkturellen Boom-/Rezessionsphasen auf • hat nur einen geringen Anteil an der Gesamtarbeitslosigkeit	• eine effektive Arbeitsvermittlung, die dazu führt, dass Arbeitsangebot und -nachfrage schnell und passend zueinander finden • Sanktionierung bei Ablehnung einer angebotenen Stelle
Saisonale Arbeitslosigkeit	• ist bedingt durch den Jahreszeitenverlauf • Beispiel: erhöhte Arbeitslosigkeit im Baugewerbe im Winter • ist von kurzer bis mittlerer Dauer (bis zu neun Monate)	• Ausbau der Infrastruktur • Staatsaufträge im Winter • Verbesserung des Kündigungsschutzes • tarifliches Überbrückungsgeld
Konjunkturelle Arbeitslosigkeit	• geht zurück auf Konjunkturschwankungen: Abnahme von Investitionen/Produktion und Nachfrage • kann entsprechend der Dauer eines Konjunkturzyklus ca. ein bis drei Jahre anhalten	nachfrageorientierte Maßnahmen (vgl. S. 61 ff.): • staatliche Ausgabenprogramme (Konjunkturpakete) • fiskalische Vergünstigungen besonders unterer Einkommensgruppen angebotsorientierte Maßnahmen (vgl. S. 65 ff.): • Flexibilisierung des Arbeitsmarkts: Einführung neuer Arbeitsformen (z. B. Leiharbeit, Zeitarbeit) oder Lockerung gesetzlicher Regelungen (z. B. im Kündigungsschutz)

Strukturelle Arbeitslosigkeit	geht über konjunkturelle Arbeitslosigkeit hinaus Untergliederung in • **regionale Arbeitslosigkeit:** Abwanderung eines großen Unternehmens aus einer Region, Immobilität der Arbeitnehmer • **sektorale Arbeitslosigkeit:** Strukturwandel (vgl. S. 23) durch Veränderung von Nachfrage und Technologien oder durch Weltmarktentwicklung • **institutionelle Arbeitslosigkeit:** aufgrund arbeits- und sozialrechtlicher Regelungen • merkmalsstrukturelle/personen- oder qualifikationsspezifische Arbeitslosigkeit (auch „**Mismatch-Arbeitslosigkeit**"): Angebot an Arbeitskräften und offene Stellen passen nicht zusammen	regionale Maßnahmen: • Mobilitätshilfen (z. B. Kilometerpauschale) • staatliche Investitionen in wirtschaftlich schwachen Regionen • Abkehr von Flächentarifverträgen sektorale Maßnahmen: • Eingliederungszuschüsse (z. B. Lohnzuschüsse) bei langfristiger Einstellung von Arbeitslosen • Marktschutz durch Zölle oder Subventionen • politische Erschließung neuer Märkte (z. B. internationale Abkommen) institutionelle Maßnahmen: • Arbeitszeitflexibilisierung • (Lebens-)Arbeitszeitverkürzung merkmalsstrukturelle Maßnahmen: • Qualifizierung der Arbeitsuchenden

M 24: Typen von Arbeitslosigkeit

Durch **Mismatch-Arbeitslosigkeit** kann es dazu kommen, dass trotz einer relativ großen Anzahl offener Stellen eine hohe Arbeitslosenzahl vorliegt.

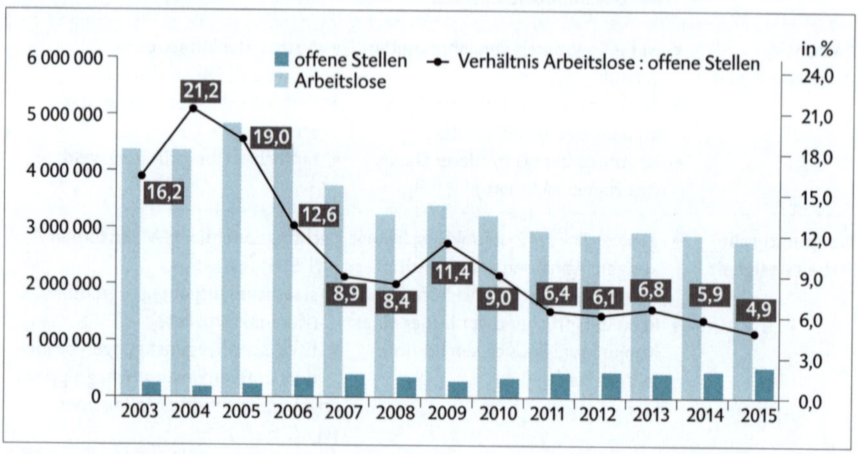

M 25: Arbeitslose und offene (der BA gemeldete) Arbeitsstellen am Ersten (d. h. regulären, nicht staatlich geförderten) Arbeitsmarkt

Folgen von Arbeitslosigkeit

Arbeitslosigkeit hat Auswirkungen sowohl auf den einzelnen Betroffenen als auch auf die Gesellschaft insgesamt.

Individuelle Folgen, welche von Ökonomen oftmals ausgeblendet werden, sind zunächst einmal **psychosozialer Art:**

- Verlust von Routinen durch eine Veränderung der Zeitstrukturen,
- Verschlechterung der wahrgenommenen eigenen Zukunftsperspektive,
- Verlust sozialer Kontakte (z. B. Arbeitskollegen),
- Verringerung des wahrgenommenen gesellschaftlichen Status; dadurch eine Verringerung des Selbstwertgefühls,
- Verringerung innerfamiliärer Autorität (z. B. beeinträchtigte Funktion als „Ernährer"),
- Erlebnis der Abhängigkeit gegenüber Institutionen und einzelnen Personen,
- Zunahme von Gesundheitsrisiken und damit von Krankheiten.

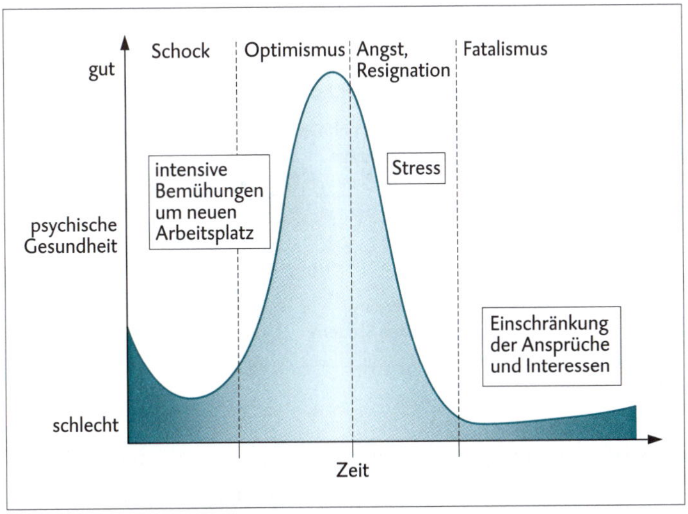

M 26: Phasen der Arbeitslosigkeit nach Eisenberg/Lazarsfeld

Doch mit der Dauer der Arbeitslosigkeit wächst auch die **finanzielle Belastung** der Betroffenen, welche die obigen Effekte noch verstärkt. So erhält ein Arbeitsloser, der zuvor mindestens 12 Monate lang versicherungspflichtig beschäftigt war, je nach seinem Alter und nach Dauer der vorherigen Beschäftigung für sechs bis 24 Monate **Arbeitslosengeld**. Das Transfereinkommen beträgt dabei in der Regel 60 % des ehemaligen Bruttolohns (nach einigen Abzügen). Anschließend erhalten die Betroffenen Arbeitslosengeld II, das sogenannte Hartz IV: eine Grundsicherung (Regelsatz für einen alleinstehenden Erwachsenen 2016: 404 €, 2017: 409 €) sowie die Übernahme der Wohnungs-, Neben- und Heizungskosten (vgl. M 117). Lang anhaltende Arbeitslosigkeit ist daher der Hauptgrund für die **Überschuldung** privater Haushalte. Zudem gelten zwei Drittel der Arbeitslosen als von **Armut** (vgl. S. 135 f.) bedroht. Als **politische Folgen** der Arbeitslosigkeit sind etwa die Zunahme von Politikverdrossenheit oder die Tendenz zu politischer Radikalisierung (z. B. Ausländerfeindlichkeit) festzustellen.

Zu den individuellen addieren sich **volkswirtschaftliche und gesellschaftliche Folgen**. So führt das Institut für Arbeitsmarkt- und Berufsforschung (IAB) regelmäßig Untersuchungen durch, die die gesamtfiskalischen Kosten der Arbeitslosigkeit in Deutschland beziffern sollen. Dazu werden einerseits die **Mehrausgaben** der sozialen Sicherungssysteme und der öffentlichen Haushalte (z. B. Steuerzuschüsse in die Sozialversicherungssysteme), andererseits die **Mindereinnahmen** bei Sozialabgaben und Steuern (besonders Lohn- und Einkommenssteuer) betrachtet. Beides schränkt die Handlungsfähigkeit des Staates ein.

Kosten pro Arbeitslosem:

2010: 18 500 €
2011: 18 900 €
2012: 18 700 €
2013: 19 000 €
2014: 19 600 €

Struktur der Kosten (in %):

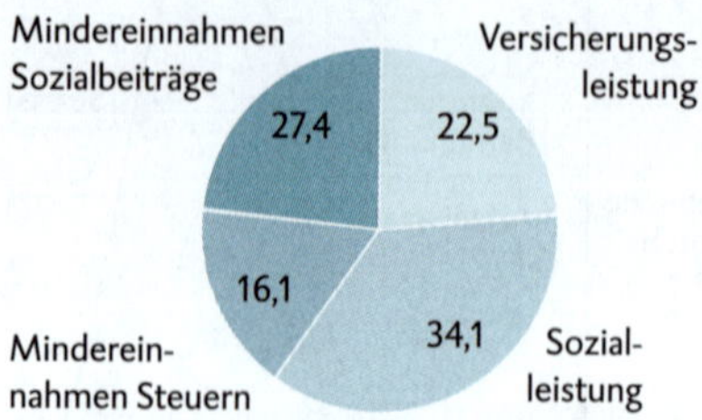

M 27: Die wahren Kosten der Arbeitslosigkeit (2014)

Doch auch hierbei sind noch einige Faktoren wie etwa die Kosten der aktiven Arbeitsmarktpolitik (vgl. S. 186 ff.), die Kosten des gestiegenen Gesundheitsrisikos von Arbeitslosen sowie der Verlust an Humankapital durch die **Dequalifikation** der Arbeitslosen ausgeblendet. Laut einer Schätzung des IAB entlastet ein Rückgang der Arbeitslosigkeit um 100 000 Personen den Staat um etwa 2 Mrd. €.

Nahezu alle politischen Parteien überbieten sich daher besonders in Wahlkämpfen mit Versprechungen, die Arbeitslosenzahlen effektiver als der jeweilige politische Gegner senken zu können (zu Gerechtigkeitstheorien vgl. S. 180 ff.).

2.4 Außenwirtschaftliches Gleichgewicht

Der **Außenhandel** eines Staates umfasst den Austausch von Waren, Dienstleistungen und Kapital mit anderen Staaten. **Ursachen** für diese Austauschprozesse können etwa die ungleiche Verteilung von Rohstoffen oder das Vorhandensein unterschiedlicher klimatischer Bedingungen oder verschiedener Technologiestandards sein.

Exkurs: Absolute und relative Kostenvorteile

Adam Smith

In seinem 1776 erschienenen Werk „Der Wohlstand der Nationen“ entwickelte der schottische Moralphilosoph **Adam Smith** die Theorie, dass sich internationale Arbeitsteilung und Handel für alle beteiligten Länder lohnt, wenn sich jedes Land auf die Produktion der Güter spezialisiert, bei denen es einen **absoluten Kostenvorteil** besitzt, d. h. die es kostengünstiger als andere produzieren kann.

Dieser Ansatz wurde im Jahr 1817 von dem britischen Ökonomen **David Ricardo** erweitert. In seinem Hauptwerk „Über die Grundsätze der Politischen Ökonomie und Besteuerung“ legte er dar, dass sich Spezialisierung und internationaler Handel für ein Land auch dann lohnen, wenn seine Arbeitsproduktivität höher ist als die seiner Handelspartner. Nach dieser Theorie der **komparativen (relativen) Kostenvorteile** entstehen die Außenhandelsgewinne durch das Verhältnis der Arbeitsproduktivität in beiden Ländern.

David Ricardo

Beispiel: Land A kann mit einer Arbeitseinheit entweder 10 Autos oder 60 Schränke produzieren. Um ein weiteres Auto herstellen zu können, müsste es also auf die Produktion von 6 Schränken verzichten. Land B dagegen kann mit einer Arbeitseinheit entweder 15 Autos oder 80 Schränke herstellen. Die Produktion eines zusätzlichen Autos „kostet“ Land B also 5,3 Schränke. Die Herstellung von Autos ist in Land B demnach vergleichsweise günstiger, die Herstellung von Schränken dagegen in Land A.

Der entscheidende Faktor sind hier die **Opportunitätskosten**, also die Erlöse, die einem Handelspartner entgehen, wenn er eine Möglichkeit zur Nutzung vorhandener Ressourcen nicht wahrnimmt.

M 28: Außenhandelstheorien von Adam Smith und David Ricardo

Definition und Messung des außenwirtschaftlichen Gleichgewichts

Es gibt verschiedene Definitionen dafür, wann ein außenwirtschaftliches Gleichgewicht vorliegt, z. B.

- wenn die **Leistungsbilanz** eines Landes (d. h. alle Ausgaben und Einnahmen einer Volkswirtschaft, inklusive der Importe und Exporte von Gütern) langfristig ausgeglichen ist, oder
- wenn der **Außenbeitrag** (d. h. der Saldo zwischen Güterexporten und -importen) den Saldo der laufenden Übertragungen (d. h. internationale Zahlungen ohne direkte Gegenleistung) langfristig ausgleicht.

Position	2008	2010	2012	2014
I. Leistungsbilanz				
1. Warenhandel	+184,5	+161,1	+196,6	+229,3
2. Dienstleistungen (Saldo)	−31,6	−27,5	−35,9	−39,1
3. Erwerbs-/Vermögenseinkommen (Saldo)	+24,9	+51,1	+66,8	+66,9
4. Laufende Übertragungen (Saldo)	−34,5	−39,7	−40,1	−37,4
Saldo der Leistungsbilanz	+143,3	+145,1	+187,3	+219,7
II. Vermögensänderungsbilanz (Saldo)	−0,9	+1,2	+1,4	+2,8
III. Kapitalbilanz				
Zunahme (+) oder Abnahme (−) an Nettoauslandsvermögen	+121,3	+92,8	+157,5	+243,8
darunter Währungsreserven	+2,0	+1,6	+1,3	−2,6
IV. Statistisch nicht aufgliederbare Transaktionen	−21,1	−,53,6	−31,3	+21,3

M 29: Wichtige Posten der Zahlungsbilanz Deutschlands, in Mrd. €

Vor allem für internationale Vergleiche der Defizite bzw. Überschüsse wird oftmals auch nur die (Außen-)Handelsbilanz oder nur der Außenbeitrag dargestellt. In jedem Fall muss zur Ermittlung des außenwirtschaftlichen Gleichgewichts auf die Werte der **Zahlungsbilanz** zurückgegriffen werden, die vom Statistischen Bundesamt und der Deutschen Bundesbank ermittelt werden. Darüber sind Rückschlüsse auf die internationale Verflechtung der Finanz- und Gütermärkte möglich (vgl. S. 232 ff.). Da die einzelnen Teilbilanzen so gut wie immer Defizite oder Überschüsse aufweisen (vgl. M 29), stellt sich die Frage, welche Zielgröße als Gleichgewicht angestrebt werden soll. In diesem Zusammenhang wird zumeist ein Außenbeitrag von ca. 2 % des BIP als „gesund“ angesehen.

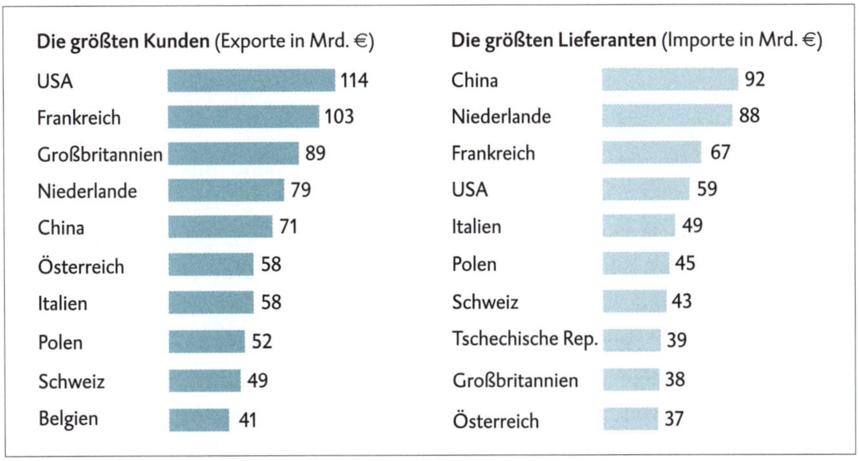

M 30: Deutscher Außenhandel 2015 – Die wichtigsten Partner (Zahlen: Statistisches Bundesamt)

Ursachen eines außenwirtschaftlichen Ungleichgewichts

Länder, die regelmäßig einen Handelsbilanzüberschuss aufweisen, sind wie Deutschland **exportorientierte Volkswirtschaften:** Hier werden relativ billige Rohstoffe importiert, um diese zu hochwertigen Endprodukten weiterzuverarbeiten. Anschließend werden die Produkte zu einem Preis verkauft, der die Rohstoffkosten übersteigt. Werden die Güter exportiert – etwa wenn die Produktion die inländische Nachfrage übersteigt –, übertrifft ihr Wert den Wert der importierten Waren, wodurch die Handelsbilanz deutlich positiv wird.

Weitere Gründe für einen Handelsbilanzüberschuss können umfangreiche Rohstoffvorkommen im betroffenen Land oder eine besonders hohe qualitative oder preisliche Wettbewerbsfähigkeit sein.

Entsprechend den oben genannten Definitionen (vgl. S. 40) liegt ein außenwirtschaftliches Ungleichgewicht dann vor, wenn diese Überschüsse nicht durch Defizite im Bereich der Dienstleistungen aus dem Ausland (z. B. durch Tourismus) oder im Bereich der Übertragungen aus dem Ausland (z. B. durch Entwicklungshilfe) ausgeglichen werden.

Folgen eines außenwirtschaftlichen Ungleichgewichts

Da ein dauerhaftes außenwirtschaftliches Ungleichgewicht für alle beteiligten Staaten, aber auch für Unternehmen und Privathaushalte, Nachteile bedeutet, wird ein Gleichgewichtszustand angestrebt.

Die Gefahr für **Überschussländer** wie Deutschland oder China besteht darin, dass durch den Überschuss der zufließenden Devisen (d. h. Zahlungsmittel in fremder Währung) gegenüber den abfließenden Gütern eine importierte Inflation entstehen kann (vgl. S. 28). **Defizitländer** wie die USA oder Griechenland häufen Schulden im Ausland an, da der Import, der den eigenen Export übersteigt, durch ausländische Kredite finanziert werden muss. Im Falle eines dauerhaften Defizits können diese Länder sogar in die Zahlungsunfähigkeit geraten. Innerhalb des Landes nimmt zudem die Wettbewerbsfähigkeit ab und die Arbeitslosigkeit zu, da zu wenig im Land selbst produziert wird.

Vonseiten der Exportländer werden moderate Exportüberschüsse allerdings durchaus als fördernd für das Wirtschaftswachstum begrüßt:

- Durch die ausländische Nachfrage kann es zur Schaffung neuer Arbeitsplätze kommen, wenn zuvor eine fehlende Kapazitätsauslastung bestand.
- Die Transaktion von Fremdkapital ins Inland kann notwendig sein, wenn viele Personen im Inland Geld ins Ausland transferieren (z. B. die sogenannten Gastarbeiter in Deutschland an ihre Familien in der Heimat), da ansonsten zu viel Kapital abfließt.

Die Debatte über die deutschen Exportüberschüsse

Deutschland führte im Jahr 2015 Waren im Wert von 1 195,9 Mrd. € aus und lag damit 6,4 % über dem Vorjahresniveau. Nach Verrechnung mit den Importen schloss Deutschland die Außenhandelsbilanz mit einem Überschuss von 247,9 Mrd. € ab.

Doch dieser Überschuss – im Inland als Beleg für die **Wettbewerbsfähigkeit** der deutschen Industrie gefeiert – missfällt zum Teil den ausländischen Handelspartnern. So wird Deutschland vorgeworfen, seine Binnennachfrage zu wenig zu stärken und einseitig auf den Export zu setzen, was letztlich anderen Ländern schade. Dort komme es zu Leistungsbilanzdefiziten, die zu einer hohen Auslandsverschuldung führten.

Das bedeutet, auch exportstarke und ökonomisch gesunde Länder können ein Ursache für eine zukünftige ökonomische Instabilität Europas sein. Ein Gedanke, der von der EU-Politik ernst genommen wird: So trat 2011 ein Gesetzespaket (das sogenannte **Sixpack**) zur Vermeidung ökonomischer Ungleichgewichte in Kraft (vgl. S. 111 f.). Danach können auch EU-Staaten mit Sanktionen belegt werden, die zu hohe Leistungsbilanzüberschüsse aufweisen. Ein Überschuss von mehr als 6 % des BIP wird von der EU-Kommission dabei als **stabilitätsgefährdend** eingestuft.

Doch Verteidiger der deutschen Exportwirtschaft argumentieren: Gerade einige der Länder mit großen Leistungsbilanzdefiziten (wie Griechenland und Portugal) wiesen erhebliche Haushaltsdefizite auf, die sich auf „hausgemachte" Ursachen zurückführen ließen. Zudem entwickelten sich Exportüberschüsse aus den freiwilligen Kaufentscheidungen der ausländischen Käufer. Des Weiteren sei eine wirtschaftspolitische Kontrolle der Exportwirtschaft nicht auf der Grundlage einer marktwirtschaftlichen, freiheitlichen Wirtschaftsordnung mit Tarifautonomie möglich, da die Preisbildung für den Faktor Arbeit (Löhne) nicht in der Macht der staatlichen Akteure liege.

2.5 Zielbeziehungen

Die Ziele des Magischen Vierecks stehen in unterschiedlichen Beziehungen zueinander (vgl. S. 18). Während sich einige Ziele gegenseitig ergänzen **(Zielharmonie)**, schließen sich andere Ziele gegenseitig aus **(Zielkonflikte)** oder haben – zumindest in Abhängigkeit von der jeweiligen wirtschaftlichen Ausgangslage – keinen messbaren Einfluss aufeinander **(Zielneutralität)**.

Zielharmonie (Komplementarität)

Ein **außenwirtschaftliches Gleichgewicht** hat einen positiven Einfluss auf die **Preisniveaustabilität**. Wenn das außenwirtschaftliche Gleichgewicht gestört ist, z. B. wenn eine Volkswirtschaft mehr exportiert als importiert, nimmt die Geldmenge gegenüber der Gütermenge im Land zu, sodass es zu einer Inflation kommen kann (vgl. S. 26 ff.). Herrscht dagegen ein außenwirtschaftliches Gleichgewicht, sichert dies die Preisniveaustabilität.

Auch ein **hoher Beschäftigungsstand** und **Wirtschaftswachstum** haben einen positiven Einfluss aufeinander. Wächst die Wirtschaft, so müssen die Unternehmen zusätzliche Arbeitnehmer einstellen, um die steigende Nachfrage zu befriedigen. Gleichzeitig wird der Produktionsfaktor Arbeit besser genutzt: Eine größere Anzahl Erwerbstätiger produziert mehr, sodass das BIP steigt.

Zielkonflikte (Zielkonkurrenz)

Ist der **Beschäftigungsstand hoch**, steigt die gesamtgesellschaftliche Nachfrage. Kann diese aufgrund einer Knappheit der nachgefragten Güter nicht befriedigt werden, kommt es zu einer **Preissteigerung** (vgl. S. 27 ff.). Gleichzeitig können die Arbeitnehmer höhere Löhne durchsetzen, sodass die Produktionskosten für Unternehmen steigen. Diese wälzen die Kosten dann in Form höherer Preise auf die Konsumenten ab, wodurch das Preisniveau ebenfalls steigt.

Da der Beschäftigungsstand bzw. der Wohlstand in einem Land bei **hohem Wirtschaftswachstum** besonders hoch ist, kann auch dieses eine Ursache für eine fehlende **Preisniveaustabilität** sein.

Zielneutralität

Nicht in allen konjunkturellen Phasen ist eine Zielbeziehung messbar. So hat in einer **Rezession** die Förderung des Ziels „hoher Beschäftigungsstand" aufgrund der insgesamt geringen Kapazitätsauslastung kaum Einfluss auf die Preisniveaustabilität. Der Konflikt zwischen diesen beiden Zielen tritt daher zumindest bei einer zeitlich beschränkten wirtschaftspolitischen Maßnahme in den Hintergrund.

Auch zwischen anderen gesellschaftlichen Zielen und den Zielen des Magischen Vierecks (vgl. M 6) besteht zum Teil eine grundsätzliche Neutralität. Nur in Bezug auf konkrete Maßnahmen ist zu beurteilen, wie sich etwa ein verbesserter **Umweltschutz** auf die wirtschaftspolitischen Ziele auswirken kann:

- Um den Umweltschutz zu verbessern, fördert ein Staat die Produktion von Windkraftanlagen. Mithilfe der Subventionen können die Unternehmen ihre Produktion ausweiten. Neue Mitarbeiter werden eingestellt; die Wirtschaft wächst. Dadurch wird die Preisniveaustabilität gefährdet.
- Um den Umweltschutz zu verbessern, macht der Staat den Unternehmen neue Auflagen zur Reduzierung des CO_2-Ausstoßes. Fahren die Unternehmen aufgrund der gestiegenen Kosten ihre Produktion zurück, werden Wirtschaftswachstum und ein hoher Beschäftigungsstand gefährdet, während diese Maßnahme der Preisniveaustabilität nutzt.

Weiterführende Internetlinks

- www.arbeitsagentur.de/web/content/DE/BuergerinnenUndBuerger/Arbeitslosigkeit/Arbeitslosengeld/index.htm
  → Informationen der Bundesagentur für Arbeit zum Arbeitslosengeld
- www.bmas.de/SharedDocs/Downloads/DE/PDF-Publikationen-DinA4/a721-soziale-sicherung-gesamt.pdf
  → Informationen des Bundesministeriums für Arbeit und Soziales zur sozialen Sicherung
- www.bmwi.de/DE/Themen/Wirtschaft/soziale-marktwirtschaft,did=248042.html
  → Erläuterungen des Bundesministeriums für Wirtschaft und Energie zur sozialen Marktwirtschaft
- www.ecb.int/ecb/educational/pricestab/html/index.de.html
  → Zeichentrickfilm der EZB über Preisstabilität
- www.iab.de
  → Statistiken und weitere Forschungen rund um den Arbeitsmarkt vom Institut für Arbeitsmarkt- und Berufsforschung
- www.imf.org/external/pubs/ft/fandd/basics/inflat.htm
  → Informationen des Internationalen Währungsfonds (IMF) zur Inflation (engl.)
- www.iwkoeln.de
  → Informationen u. a. zu Arbeitsmarkt und Wirtschaftswachstum vom Institut der deutschen Wirtschaft Köln
- http://library.fes.de/pdf-files/wiso/08171.pdf
  → Priewe, Jan: Die Weltwirtschaft im Ungleichgewicht, hrsg. von der Friedrich Ebert Stiftung
- www.sachverstaendigenrat-wirtschaft.de
  → Website des Sachverständigenrats zur Begutachtung der gesamtwirtschaftlichen Entwicklung
- http://statistik.arbeitsagentur.de/Navigation/Startseite/Startseite-Nav.html
  → Statistiken und methodische Erläuterungen der Bundesagentur für Arbeit

3 Qualitatives Wachstum und nachhaltige Entwicklung

3.1 Das Bruttoinlandsprodukt als Wohlstandsindikator?

Zwar kann Wachstum durch die Erhöhung der Erwerbseinkommen z. B. dafür sorgen, dass die Grundlagen der sozialen Sicherung erhalten bleiben und Arbeitslosigkeit reduziert wird, was die subjektive Zufriedenheit erhöht. Doch die Gleichung „**Wachstum = Wohlstand**" wird heute zunehmend hinterfragt. So wurde 2011 in Deutschland eine Enquete-Kommission mit dem Titel „Wachstum, Wohlstand, Lebensqualität" eingesetzt, welche die Aufgabe hatte, einen ganzheitlichen Wohlstands- und Fortschrittsindikator zu entwickeln. Dazu war eine Auseinandersetzung mit den **Schwächen des BIP** notwendig.

Basiseffekt	Je nach Höhe des Basiswerts fällt eine prozentuale Veränderung in absoluten Zahlen unterschiedlich groß aus. So sind hohe Wachstumsraten für sich noch entwickelnde Volkswirtschaften deutlich leichter zu erzielen als für weiter entwickelte Volkswirtschaften. Die deutsche Wirtschaft etwa musste 1985 lediglich um 9,5 Mrd. € zulegen, damit sie ein Wachstum von 1 % erreichte. Im Jahr 2015 bedeutete derselbe prozentuale Anstieg bereits ein Wachstum um 29 Mrd. €.
Marktferne Leistungen	Mit Ausnahme von gemeldeten und bezahlten Haushaltskräften tauchen die privaten Haushalte nicht als Produzenten von Waren oder Dienstleistungen im BIP auf (z. B. Haus- oder Pflegearbeit). Nach Schätzungen wäre das BIP Deutschlands um bis zu 30 % höher, wenn diese Leistungen erfasst würden. Auch die Schwarzarbeit (Schattenwirtschaft) würde das deutsche BIP um 12,2 % (Schätzung 2015) erhöhen.
Verteilung	Das BIP lässt keine Rückschlüsse auf die Verteilung von Wohlstand zu. Auch der Darstellungsmodus pro Kopf ist eine rein mathematische Größe. Bei einer ungerechten Verteilung kann sich der Wohlstand auf eine kleine Gruppe von Menschen konzentrieren, während der Rest der Gesellschaft in Armut lebt.
Reparaturleistungen/ „social costs"	Im BIP sind auch Reparaturleistungen enthalten: die Chemotherapie zur Bekämpfung eines Krebsleidens, die Reparaturen nach einem Wirbelsturm etc. All diese Gegebenheiten erhöhen das BIP, obwohl sie keinen zusätzlichen Nutzen generieren, sondern lediglich verursachte Schäden reparieren.
Materielles Maß	Das BIP bemisst ausschließlich den quantitativen Anstieg der Güter. Es differenziert nicht zwischen Güterqualitäten, sodass z. B. die Produktion einer giftigen Chemikalie in das BIP einfließt, die Qualität einer Ausbildung jedoch nur begrenzt (Gehalt des Lehrpersonals, Reparaturen an Gebäuden usw.).

M 31: Kritik am BIP als Wohlstandsindikator

Aufgrund dieser Schwächen soll der Indikator um ökologische, soziale und kulturelle Kriterien ergänzt werden. Mögliche Perspektiven einer neuen Wohlstandsmessung zeigt ein Blick auf die Vielzahl an Faktoren und bereits bestehenden Indikatoren aus den gesellschaftlichen Teilbereichen, die bei einem **umfassenden Wohlstandsbegriff** zu berücksichtigen wären:

Gesamtwirtschaft	Einkommen & Vermögen	Bildung
• Außenwirtschaftliches Gleichgewicht • Bruttosozialprodukt • Investitionsquote • Produktivitätszuwachs • Konjunkturprognosen • Steuer- und Abgabenquote • Inflations-, Geldmengen- und Preisentwicklung • Lebenshaltungskosten, auch im regionalen Vergleich	• Geld- und Sachvermögen privater Haushalte • Kaufkraft • Spar- und Konsumquote privater Haushalte • Wertentwicklung gängiger Vermögensanlagen • Armutsquote • Familien-, Haushalts-, Realeinkommen • (frei) verfügbares Einkommen pro Kopf	• Verteilung von Schul-/Berufsabschlüssen • PISA-Ergebnisse • Bildungsbeteiligung, -quote, -teilhabe • Schulabbrecherquote • Zahl der Lehrstellen und Studienplätze • Fachkräftepotenzial • Analphabetenquote • Zugang zu Bildung nach gesellschaftlichen Gruppen
Arbeitsmarkt	**Soziales**	**Demografie & Gesundheit**
• Beschäftigungsquote, -stand • Fachkräftebedarf der Wirtschaft • offene Stellen • Durchschnittslöhne • Zahl der ALG-II-Bezieher und „Aufstocker" • Lohn- und Gehaltsentwicklung, auch in Bezug auf die Inflation	• Sozialindex • sozialer Zusammenhalt • soziale Gerechtigkeit • gesellschaftliche Ausgrenzung, Teilhabemöglichkeiten • soziale Ungleichheit	• Geburtenrate • Altersaufbau der Bevölkerung • Wanderungssaldo • Lebenserwartung • Bevölkerung im Alter unter 25 Jahren • Suizide • Gesundheitssituation, Volksgesundheit
Verteilung	**Nachhaltigkeit**	**(soziale) Infrastruktur**
• Einkommens- und Vermögensverteilung, Verteilung von Arm und Reich z. B. regional • Verteilungsgerechtigkeit • Gini-Koeffizient • Wohlstandsverteilung	• Ressourcen- und Energieverbrauch, Energieerzeugung • ökologisch-soziale Folgekosten • Grad der Flächenversiegelung • externe Effekte	• Zugang zu Kultur, Gesundheits-, Wohnraumversorgung • Zugang zu Kinderbetreuung • Zugang zu sozialen Diensten allgemein • öffentliche Infrastrukturausgaben

M 32: Faktoren und Indikatoren, die bei einer umfassenden Wohlstandsmessung zu berücksichtigen sind

Bei der Entwicklung einer **Alternative zum BIP** wird oftmals die Bewertung von Kriterien zum Problem: Wie soll z. B. eine intakte Umwelt oder ein gutes Schulsystem gemessen werden? Doch es gibt bereits eine Reihe von Indikatoren, die versuchen, einige der oben genannten Bereiche in einer konkreten Maßzahl abzubilden. Einige von diesen wurden auch im Abschlussbericht der Enquete-Kommission 2013 als alternative Modelle dargestellt.

Big-Mac-Index	Der Big-Mac-Index gibt – umgerechnet in US-$ – den **Preis für einen Big Mac** in einem Land an, also für ein standardisiertes Produkt, das es fast überall auf der Welt gibt. Dadurch kann es zum Vergleich des landesüblichen Preisniveaus und der Kaufkraft herangezogen werden.
EDI	Der **Economic Diversification Index** (Index der ökonomischen Verteilung) misst die ökonomische Stärke eines Landes anhand folgender Kriterien: • Anteil des industriellen Sektors am BIP, • Zahl der Erwerbstätigen in der Industrie, • Stromverbrauch pro Kopf, • Exportorientierung (Überschüsse der Außenhandelsbilanz).
Engel-Koeffizient	Diese Maßzahl basiert auf dem **Engelschen Gesetz**, nach dem mit steigendem Einkommen der Anteil der Ausgaben für Lebensmittel an den Gesamtausgaben eines Haushalts sinkt. Hieran kann ein über die bloße Existenzsicherung hinausgehender Wohlstand abgelesen werden. Der Koeffizient gibt den Anteil des Einkommens an, der für die Basisernährung ausgegeben wird. Ein hoher Wert verweist auf einen niedrigen Wohlstand.
GPI	Der **Genuine Progress Indicator** (Echter Fortschrittsindikator) berücksichtigt u. a. die Einkommensverteilung, unbezahlte Hausarbeit, den Ressourcenverbrauch und den Grad der Umweltverschmutzung. Ausgaben für die Folgen von Umweltschäden, Autounfällen etc. werden hier im Gegensatz zum BIP als Kosten einberechnet.
HDI	Der **Human Development Index** (Index menschlicher Entwicklung, vgl. M 142) wird von der UNO genutzt, um den Wohlstand eines Landes oder Gebiets möglichst umfassend zu ermitteln. Hier werden neben • dem Bruttonationaleinkommen (BNE) pro Kopf auch • der Grad der Alphabetisierung (Bildungsgrad) und • die Lebenserwartung berücksichtigt. Der HDI nimmt Werte zwischen Null und Eins an, wobei Eins die höchste menschliche Entwicklung ausdrückt.
HPI	Der **Happy Planet Index** ist ein Maß für die ökologische Effizienz einer Gesellschaft bei der Erzeugung von Zufriedenheit. Der Berechnung liegen folgende Faktoren zugrunde: • Lebenszufriedenheit, • Lebenserwartung, • ökologischer Fußabdruck.

M 33: Auswahl alternativer Indikatoren zum BIP

Das Statistische Bundesamt mit Sitz in Wiesbaden hat ein sogenanntes Satellitensystem entwickelt, das die Berechnung der Standardmaßzahlen in der **Volkswirtschaftlichen Gesamtrechnung** (VGR), also vor allem BIP und BNE, um eine **Umweltökonomische** (UGR) und eine **Sozio-ökonomische Gesamtrechnung** (SGR) ergänzt. Die UGR fasst Maßzahlen zusammen, die die Auswirkungen der Wirtschaft auf die Umwelt zeigen sollen wie Treibhausgasemissionen, Siedlungs- und Verkehrsfläche, Gütertransportintensität etc. Die SGR bezieht insbesondere die unentgeltlich erbrachten Leistungen in privaten Haushalten mit ein.

3.2 Das alternative Konzept der ökosozialen Marktwirtschaft

Im Folgenden wird eine Konzeption vorgestellt, die sich aus der Kritik am Konzept des materiellen Wachstums ergibt. Es handelt sich um Reinterpretationen der Sozialen Marktwirtschaft und der ihr innewohnenden Mechanismen, vor allem der Preisbildung und der Nutzung der Preisfunktionen (vgl. S. 26): die **ökosoziale Marktwirtschaft**.

Das Konzept der ökosozialen Marktwirtschaft ist entscheidend mit der Kritik des **Wachstumsparadigmas** verbunden. Das Wirtschaftswachstum im Sinne einer materiellen Wohlstandsmehrung – vor allem durch technologischen Fortschritt – führt derzeit dazu, dass das weltweite **ökologische System** zu stark belastet wird: Sowohl die Ressourcenentnahme als auch die Absorptionsfähigkeit des ökologischen Systems werden überdehnt, d. h., die **natürlichen Kapazitäten** der Erde werden überschritten, womit letztlich die Grundlagen des bisherigen Wohlstands gefährdet werden.

Ökologischer Fußabdruck und Earth Overshoot Day

Die Organisation **Global Footprint Network** hat mit dem Ökologischen Fußabdruck (vgl. M 34, M 35) und dem Earth Overshoot Day Konzepte entwickelt, um das fehlende Gleichgewicht von Ressourcenverbrauch und -erzeugung messbar zu machen, besser veranschaulichen zu können und so nachhaltige Entwicklung (vgl. M 36) zu fördern.

Der **Ökologische Fußabdruck** misst, wie viele Ressourcen ein Mensch, ein Staat, ein Unternehmen etc. verbraucht. Dazu wird etwa entstehender Abfall in Lagerfläche und entstehendes CO_2 in eine dieses Aufkommen absorbierende Waldfläche umgerechnet. Ausgedrückt wird der Fußabdruck in „global hectare“ (gha). Diese Maßeinheit gibt an, wie viel Biokapazität auf der Erde in einem Jahr durchschnittlich produziert werden kann.

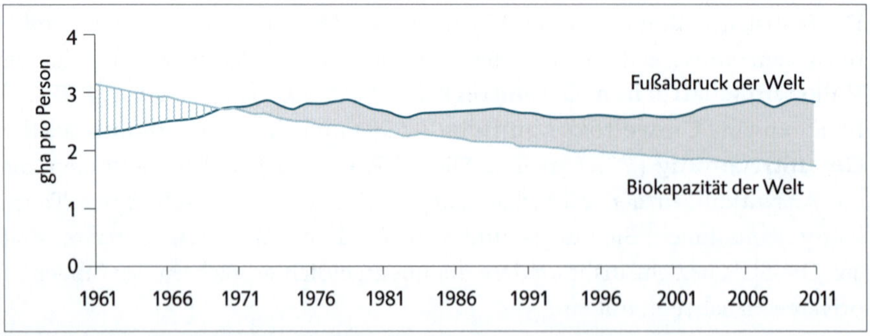

M 34: Ökologischer Fußabdruck im weltweiten Durchschnitt (Stand: 2011)

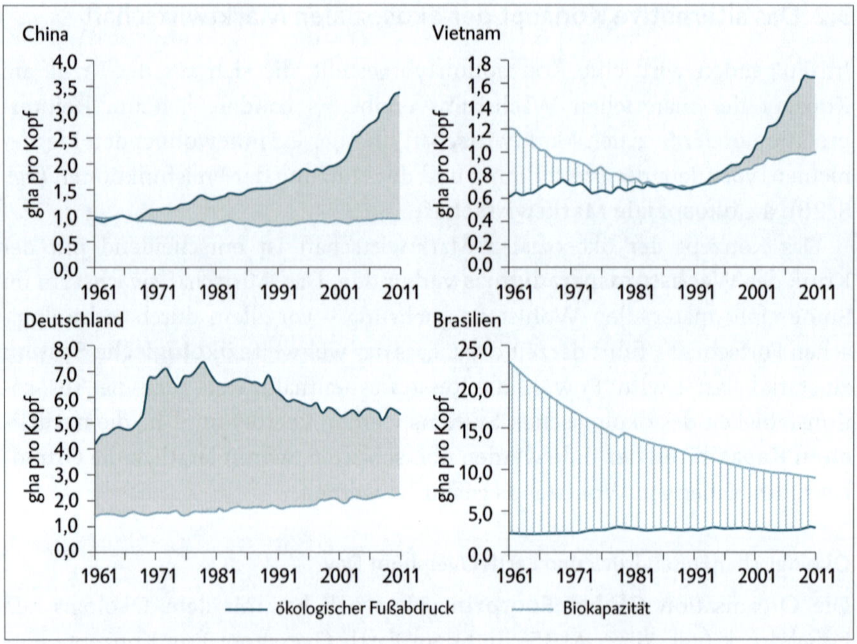

M 35: Differenz zwischen Biokapazität und Ökologischem Fußabdruck in einzelnen Ländern

So lässt sich auch darstellen, zu welchem Zeitpunkt im Jahr die während dieses Jahres produzierte Biokapazität bereits verbraucht wurde. Um weiter (materiell) konsumieren zu können, müsste daher ab diesem Zeitpunkt im Grunde eine weitere Erde zur Verfügung stehen. Seit Mitte der 1970er-Jahre überschreitet der menschliche Verbrauch an natürlichen Ressourcen regelmäßig die Reproduktionskapazität der Erde. Fiel der **Earth Overshoot Day** 1987 noch auf den 13. Dezember, war er 2016 bereits am 8. August.

Nachhaltigkeit in der ökosozialen Marktwirtschaft

Eine **ökosoziale Marktwirtschaft** beinhaltet wirtschafts-, umwelt- und gesellschaftspolitische Zielvorstellungen, die sich im „Dreieck der **Nachhaltigkeit**" (vgl. M 36) wiederfinden. Sie strebt einen permanenten Ausgleich zwischen ökonomischen, ökologischen und sozialen Zielen an.

Grundsätzlich ökonomisch orientiert, versteht die ökosoziale Marktwirtschaft Umweltprobleme als **Knappheitsphänomene**, wozu auf das Konzept der **öffentlichen Güter** zurückgegriffen wird: Von der „Nutzung" etwa einer intakten Umwelt, des Friedens oder der Straßenbeleuchtung kann niemand ausgeschlossen werden (Nicht-Ausschließbarkeit). Zugleich können mehrere Individuen gleichzeitig diese Güter „konsumieren" (Nicht-Rivalität).

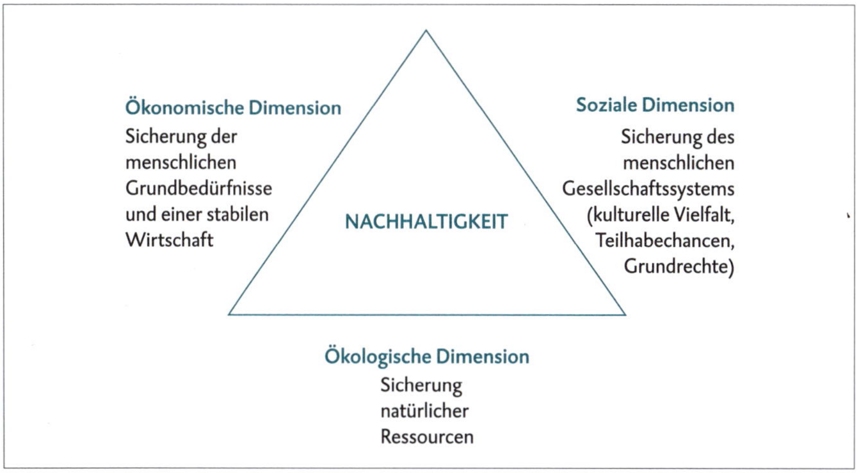

M 36: Dreieck der Nachhaltigkeit

Das bedeutet, dass auch Unternehmen grundsätzlich kostenneutral auf öffentliche Güter zurückgreifen, mit denen sie dann Gewinne erwirtschaften können. Vor allem in Bezug auf Umweltgüter (z. B. Luft) wird dies als problematisch angesehen. Daher zielt die ökosoziale Marktwirtschaft darauf ab, einen Markt für öffentliche Güter zu schaffen: Um in den Genuss eines Gutes zu kommen, muss dafür ein Preis gezahlt werden. Hierzu existieren verschiedene Strategien.

Individualpolitischer Ansatz (moral suasion): Es wird angenommen, dass die Wirtschaftssubjekte ihr Handeln an die ihnen zur Verfügung stehenden Informationen anpassen. Somit wird die Funktion des Staates in der „Aufklärung" gesehen. Die Verpflichtung zu klaren Produktdeklarationen (vergleichbare Angaben etwa zur Herkunft der verwendeten Ressourcen, den Arbeitsbedingungen in den produzierenden Unternehmen etc.) kann ein Umdenken der Wirtschaftssubjekte auslösen. Konsumenten- und Produzentensouveränität mit ihren Einflüssen auf Angebot und Nachfrage sind hier das ökonomische Steuerungsinstrument.

Ordnungsrechtlicher Ansatz: Der Staat fungiert als administrative Instanz, die Nutzungsrechte für Ressourcen vergibt. Dadurch werden Verbote hinsichtlich der Ausbeutung von Ressourcen oder der Verschmutzung der Umwelt gesetzt. Hierbei gilt der Grundsatz einer Durchsetzung des Verursacherprinzips (polluter pays).

Marktwirtschaftlicher Ansatz: Eine Verknappung von Umweltgütern wird durch Preissignale angezeigt, wozu es verschiedene Berechnungsweisen gibt.

- **Preislösung:** Hierbei sollen **externe Effekte** (d. h. die Auswirkungen ökonomischer Entscheidungen auf Unbeteiligte) in die betriebliche Kostenrechnung des Verursachers miteinbezogen werden. So erhält die Umweltnutzung einen Preis, der auch die Folgekosten des Verbrauchs wiedergibt. Mögliche Maßnahmen sind erhöhte Steuern auf Ressourcennutzung oder entsprechende Ausgleichszahlungen.
  Ein Beispiel der **Monetarisierung** natürlicher Ressourcen (d. h. der Berechnung des echten Preises von Umweltgütern) stammt von Frederic Vester aus den 1980er-Jahren (vgl. M 37).

Materialwert eines Singvogels		ökologischer Wert eines Singvogels (pro Jahr)	
Skelett (Phosphor, Kalzium, Fluor etc.)	0,70 Pf.	Materialwert	0,03 DM
+ Fleisch	1,80 Pf.	+ Leistungen für:	
+ Blut	0,10 Pf.	Gemüt	30,00 DM
+ Federkleid	0,30 Pf.	Insektenvertilgung	60,00 DM
+ Mineralstoffe	0,20 Pf.	Pflanzen	20,00 DM
	3,10 Pf.	Warnrolle	100,00 DM
		Symbiose	36,50 DM
		Bionik	1,60 DM
		Erholung	12,00 DM
		Artenvielfalt	8,00 DM
		Politische Entscheidung	0,50 DM
		Umweltentlastung	10,00 DM
		Finanzierung	3,00 DM
		Regeneration	1,50 DM
		Stabilitätsfaktor (5 Pf./Tag)	18,25 DM
			301,38 DM

M 37: Der ökonomische Wert eines Singvogels (amtlicher Umrechnungskurs €/DM: 1 € = 1,96 DM)

- **Mengenlösung:** Hierbei wird zunächst eine bestimmte Gesamtschadstoffmenge festgeschrieben, die emittiert werden darf. Im Folgenden wird eine begrenzte (ggf. immer weiter absinkende) Summe von Verschmutzungsrechten ausgegeben und handelbar gemacht. Diese **Emissionsrechte** werden also, ähnlich dem Aktienhandel, von den Akteuren zu wechselnden Marktpreisen erworben und weiterverkauft. Die Folge ist ein marktinterner Anreiz zur Einsparung der Lizenzen, da diese Kostenfaktoren für die Unternehmen darstellen (vgl. S. 228).

Weiterführende Internetlinks

- www.denkwerk-demokratie.de
  → Website des Denkwerks Demokratie (Verein, der sich für eine soziale, ökologische und demokratische Zukunftsgestaltung einsetzt)
- www.diw.de/documents/publikationen/73/diw_01.c.416405.de/13-9-1.pdf
  → Artikel zur alternativen Wohlstandsmessung (Deutsches Institut für Wirtschaftsforschung)
- www.footprintnetwork.org/de
  → Informationen der Organisation Global Footprint Network u. a. zum Earth Overshoot Day
- www.oekosozial.at/index.php?id=13333
  → Informationen des Ökosozialen Forums Österreich zu Themen wie Nachhaltigkeit, ökosoziale Marktwirtschaft und Entwicklungspolitik
- www.tab-beim-bundestag.de/de/publikationen/berichte/ab099.html
  → Projekt des Büros für Technikfolgen-Abschätzung beim Deutschen Bundestag zu nachfrageorientierter Innovationspolitik

4 Konjunktur- und Wachstumsschwankungen

4.1 Mikroökonomie – Makroökonomie

In der Volkswirtschaftslehre unterscheidet man die beiden Teilgebiete Mikroökonomie und Makroökonomie.

Die **Makroökonomie** setzt sich mit gesamtwirtschaftlichen Vorgängen auseinander und versucht dabei herauszufinden, welchen Einfluss verschiedene Schlüsselvariablen wie z. B. die Arbeitslosenquote, das Wachstum der Gesamtwirtschaft oder die Inflation aufeinander haben. Als Grundlage dienen hier bestimmte Größen, die sich aus einer sehr großen Anzahl von Einzelgrößen zusammensetzen, sogenannte aggregierte Größen. Für die Berechnung der Inflation wird beispielsweise die Preisentwicklung sehr vieler verschiedener Einzelprodukte eines **Warenkorbes** über einen längeren Zeitraum ermittelt und anschließend aggregiert (vgl. S. 30).

Durch makroökonomische Betrachtungen können die jeweiligen Wechselwirkungen der Stellgrößen des magischen Vierecks untersucht werden, also wie sich zum Beispiel eine Erhöhung des Leitzinses durch die EZB auf das Beschäftigungsniveau auswirkt.

Die **Mikroökonomie** beschäftigt sich im Gegensatz dazu mit dem wirtschaftlichen Verhalten einzelner Wirtschaftssubjekte, also einer Bank, eines Haushalts oder eines Unternehmens. Um eine wissenschaftliche Untersuchung zu ermöglichen, werden diese jedoch modellhaft vereinfacht. Das bekannteste Beispiel für ein solches Modell ist der **Homo oeconomicus**.

Diese beiden Untersuchungsebenen der Volkswirtschaftslehre sind eng miteinander verwoben und lassen sich in vielen Fällen nicht trennen. Zum Beispiel hat eine Zinssenkung durch die Europäische Zentralbank (Makroebene) Einfluss auf den realen Bankenzins und damit auf das Investitionsverhalten von Unternehmen. Diese werden das durch die Leitzinssenkung „billige" Kapital verstärkt nachfragen und nutzen, um z. B. ihre Produktionskapazitäten zu erweitern, ausstehende Ersatzinvestitionen zu tätigen oder in Forschung und Entwicklung zu investieren. Hierdurch können mehrere Prozesse ausgelöst werden:

Vorprodukte anderer Unternehmen könnten beispielsweise verstärkt nachgefragt und Neueinstellungen getätigt werden. Infolgedessen erhöhen die Produzenten der Vorprodukte vermutlich ebenfalls ihre Produktion. Dies kann dazu führen, dass auch dort die direkte Nachfrage nach Humankapital steigt. Außerdem kann durch eine erhöhte Produktion der Bedarf nach weiteren Krediten steigen.

Des Weiteren haben die genannten Prozesse unter Umständen ein erhöhtes **Steueraufkommen** zur Folge. Vorausgesetzt die Unternehmen haben ihre Kapazitäten mit Erfolg vergrößert, so konnten sie auch ihre **Gewinne** steigern. Außerdem sind durch Neueinstellungen mehr Personen in „Lohn und Brot" und somit ggf. von Empfängern staatlicher Hilfen zu Steuerzahlern geworden. Das erhöhte Steueraufkommen wiederum kann den Effekt haben, dass sich die Staatsinvestitionen ausweiten oder die Neuaufnahmen von Staatsschulden reduzieren lassen. Durch dieses Beispiel wird deutlich, inwiefern sich ein makroökonomischer Impuls (EZB) auf die Ebenen der einzelnen Akteure und wiederum auf den Staat als Akteur auswirken kann.

Geht man auf der anderen Seite von der Mikroebene als Ausgangspunkt aus, lässt sich ebenfalls eine Wirkungskette darstellen: Die Summe aller **Investitionsentscheidungen** bildet (akkumuliert) die Investitionsgüternachfrage, also eine der vier Komponenten der Gesamtnachfrage (vgl. M 41), die damit auch die Höhe des Wirtschaftswachstums (gemessen als BIP) beeinflusst. Zudem können sich die Entscheidungen der einzelnen Akteure auf der Mikroebene auch auf die Zinsentwicklung auswirken. Eine gestiegene Nachfrage nach Krediten sorgt z. B. dafür, dass sich die Spielräume für Zinserhöhungen seitens der Geschäftsbanken erhöhen. Mittelfristig wird die EZB (Makroebene) vermutlich ebenfalls ihren Zinssatz erhöhen, damit sich das erhöhte Geldvolumen nicht in einer zu starken Inflation niederschlägt.

4.2 Der Konjunkturzyklus

Bei der langfristigen Beobachtung des Wirtschaftswachstums (vgl. S. 21, M 9) sind **zyklische Schwankungen** in Bezug auf die Auslastung des Produktionspotenzials einer Volkswirtschaft auszumachen. Diese werden auch als **Konjunkturzyklen** bezeichnet. Jeder Zyklus lässt sich modellhaft in vier Phasen einteilen (vgl. M 38), die in der Realität fließend ineinander übergehen.

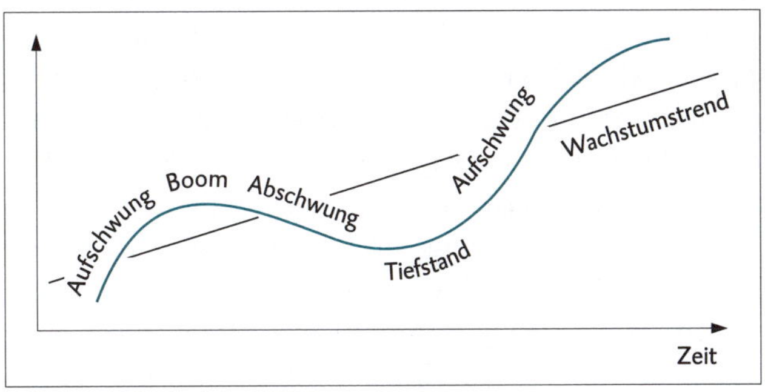

M 38: Die Phasen des Konjunkturzyklus

Daten / Konjunkturphase	Aufschwung	Boom	Abschwung	Tiefstand
Produktion/Kapazitätsauslastung	steigend	hoch (Vollauslastung)	sinkend	niedrig (Stilllegungen)
Beschäftigung	langsam zunehmend (noch hohe Arbeitslosenzahl)	hoch (Überstunden)	abnehmend (Kurzarbeit)	deutlich abnehmend (Massenentlassungen)
Absatz	steigend	hoch (Lieferfristen)	sinkend	Absatzstau (hohe Lagerbestände)
Einkommen	schwach steigend	stärker steigend	noch steigend	sinkend/ Stagnation
Preise	geringe Steigerung	stark steigend	zuerst langsam, dann stärker sinkend	niedrig
Investitionsneigung	steigend	Höchststand	sinkend	niedrig
Zinsniveau	leicht steigend	stark steigend	langsam sinkend	niedrig
Privater Verbrauch	steigend	hoch	langsam sinkend	niedrig
Steueraufkommen	zunehmend	hoch	sinkend	niedrig

M 39: Entwicklung gesamtwirtschaftlicher Daten während eines Konjunkturzyklus

Während eines **Aufschwungs (Expansion)** nimmt die Produktion zu, bis im **Boom** die ebenfalls gestiegene Gesamtnachfrage die Produktionskapazität der Unternehmen überschreitet. Dadurch entstehen Engpässe, auf die die Unternehmen nicht mehr mit Produktionssteigerungen reagieren können, sodass sie stattdessen die Preise für ihre Produkte anheben. Reagieren die Konsumenten auf diese Entwicklung mit einer geringeren Nachfrage, geht das BIP zurück, sodass ein **Abschwung (Rezession)** beginnt. Aufgrund der sinkenden Gesamtnachfrage können Unternehmen ihre Produktionsstätten nicht voll auslasten und reagieren nach einiger Zeit mit Entlassungen, um auf diese Weise ihre laufenden Kosten zu drosseln. Wegen sinkender Einkommen nimmt der Konsum weiter ab. Für Unternehmen bestehen geringe Investitionsanreize, da sie nur geringe Gewinne erzielen. Der **Tiefstand** ist dann erreicht, wenn die geringste Zunahme des realen BIP zu verzeichnen ist. Zum Teil wird hier auch von einer **Depression** gesprochen. Dieser Begriff beschreibt jedoch genau genommen eine dauerhafte Wirtschaftskrise, in der die Wirtschaft über einen ungewöhnlich langen Zeitraum in einem Tiefstand verharrt.

Da in einer Rezession Gelder gespart statt investiert werden bzw. weniger konsumiert wird, nehmen die Einlagen der Banken zu, sodass Geschäftsbanken Geld zu günstigeren Zinsen anbieten. Um ihre Produktion aufrechtzuerhalten und aufgeschobene Investitionen nachzuholen, greifen die Unternehmen auf das Kreditangebot zurück. Für private Haushalte nimmt gleichzeitig die Attraktivität von Sparanlagen aufgrund des gesunkenen Zinsniveaus ab, sodass auch sie – z. B. in Form eines Hauskaufs – ebenfalls investieren bzw. konsumieren. Die Wirtschaft wächst wieder.

Soweit das Modell; in der Realität sind jedoch niemals alle Branchen einer Volkswirtschaft gleichermaßen von bestimmten konjunkturellen Entwicklungen betroffen. Andererseits haben gesamtwirtschaftliche Entwicklungen auf die einzelnen wirtschaftlichen Faktoren durchaus unterschiedliche Auswirkungen (vgl. M 39).

Die verschiedenen **Einflussfaktoren** auf die Konjunktur lassen sich in vier Bereiche unterteilen:

- **Wirtschaftspolitische Maßnahmen:** z. B. Verabschiedung eines Konjunkturpakets, Erweiterung der EU (Vergrößerung des gemeinsamen Binnenmarkts) → Steigerung der Gesamtnachfrage;
- **Bevölkerungsentwicklung:** z. B. Zunahme der Bevölkerungszahl → größere Konsumnachfrage und Zunahme der Arbeitnehmerzahl → Produktionssteigerung → Zunahme des BIP;
- **Präferenzverschiebungen** (Veränderung von Käuferwünschen): z. B. Entwicklung eines völlig neuen Produkts (Smartphone) → Steigerung der Gesamtnachfrage;
- **Psychologische Faktoren:** z. B. pessimistische Zukunftserwartungen der Konsumenten/(möglicherweise unbegründete) Erwartung einer Rezession → Anstieg der Angst vor Arbeitslosigkeit → Abnahme des Konsums/ Zunahme der Sparquote → Rückgang der Nachfrage → Drosselung der Produktion durch Unternehmen → Entlassungen.

4.3 Theoretische Erklärungsansätze von Konjunkturschwankungen

Für das Entstehen von Konjunkturschwankungen existieren unterschiedliche theoretische Erklärungsansätze **(Konjunkturtheorien)**. Je nachdem, worin die zentrale Ursache für die Konjunkturschwankungen gesehen wird, unterscheidet man **exogene** und **endogene Konjunkturtheorien**.

Exogene Konjunkturtheorien gehen davon aus, dass auf Märkten eine grundsätzliche Tendenz zum Ausgleich von Angebot und Nachfrage besteht, die Ursachen für Konjunkturschwankungen also in äußeren Ursachen begründet sind (z. B. Änderung der Bevölkerungsstruktur durch Zuwanderung).

Endogenen Konjunkturtheorien machen Einflüsse innerhalb des Wirtschaftsprozesses für Schwankungen verantwortlich (z. B. Investitionsgüternachfrage).

Auch exogene Faktoren rufen allerdings letztendlich eine Reaktion in der Wirtschaft hervor, nur der Impuls kommt von außen. Seit Mitte des 20. Jh. ist klar, dass die Schwankungen normalerweise nicht auf nur eine Ursache zurückzuführen sind, sondern ein komplexes Zusammenspiel stattfindet. Folgende Erklärungsansätze sind besonders bekannt:

- **Rein monetäre Theorie:** Nimmt die Geldmenge in einer Volkswirtschaft gemessen am Wachstum des BIP überproportional zu, ergeben sich Zinssenkungen. Auf diese Weise wird nicht nur die Konsumgüternachfrage der Verbraucher, die sich aufgrund der günstigen Kreditkonditionen z. B. eher ein neues Auto anschaffen, sondern auch die Investitionsgüternachfrage der Unternehmen stimuliert, sodass das Bruttoinlandsprodukt stärker steigt. Steigende Zinsen haben dann wiederum den gegenteiligen Effekt.
- **Unterkonsumtionstheorie:** Schwankungen von N_{ges} infolge einer ungünstigen Einkommensverteilung und -verwendung führen zu einer Nachfragelücke (zu hohe Spar-/zu niedrige Konsumquote), die über negative Multiplikatorprozesse einen Abschwung auslöst.
- **Überinvestitions-/Überproduktionstheorie:** Beispielsweise Zinssenkungen führen zur übermäßigen Ausweitung der Produktions(kapazität), der keine Nachfragesteigerung gegenübersteht. Das Ungleichgewicht resultiert in ungeplanter Lagerhaltung mit negativen Multiplikatorprozessen.
- Theorie von **Joseph A. Schumpeter** (1883–1950), der im technischen Fortschritt eine zentrale Ursache für langfristige Konjunkturschwankungen erkannte: Eine Erfindung wird von einem Unternehmen verwertet, sodass es aufgrund dieser Pionierleistung in kurzer Zeit große Marktanteile erobert. Dadurch werden die konkurrierenden Unternehmen gezwungen,

sich durch Preisanpassungen, Investitionen und die Umstellung der Produktion an diesen Fortschritt anzupassen, bis es auf dem Markt wieder zu einem Ausgleich von Angebot und Nachfrage kommt. Dieser Prozess der **„schöpferischen Zerstörung"** löst eine ständige Verbesserung aus.

4.4 Konjunkturindikatoren

Damit sie ggf. rechtzeitig reagieren können, lassen sich Wirtschaftspolitiker von Ökonomen über den Stand der konjunkturellen Entwicklung informieren. Hierfür sind vor allem die sogenannten Fünf Wirtschaftsweisen des Sachverständigenrats zuständig, die dazu auf bestimmte **Indikatoren** (= Anzeiger) zurückgreifen. Diese Größen sollen die **Analyse** (aktueller Konjunkturstand) sowie die **Prognose** des Zyklus abdecken.

	Frühindikatoren	Gegenwartsindikatoren	Spätindikatoren
Kennzeichen	• bilden gemeinsam das Frühwarnsystem in der Konjunkturprognose • sind mit Ungenauigkeiten verbunden	beschreiben den gegenwärtigen Zustand der Volkswirtschaft	beschreiben die Folgen einer Entwicklung und dienen damit der Bestätigung früherer Einschätzungen
Beispiele	Auftragseingänge der Industrie, Zahl der Baugenehmigungen, Stimmungen und Erwartungen der Unternehmen, Aktienkurse	BIP, aktuelle Auftragslage, Preise, Löhne, Konsum- und Investitionsgüternachfrage, Zinssätze, Unternehmensgewinne	Arbeitslosenzahl, Konkurszahl, Zahl der Privatinsolvenzen

M 40: Konjunkturindikatoren zur Analyse und Prognose

Weiterführende Internetlinks

- www.boeckler.de/index_imk.htm
  → Website des Instituts für Makroökonomie und Konjunkturforschung
- www.bundesfinanzministerium.de/Web/DE/Service/Publikationen/publikationen.html
  → Publikationen des Bundesministeriums der Finanzen u. a. zur Finanz-, Wirtschafts- und Haushaltspolitik Deutschlands und der EU
- www.destatis.de/DE/ZahlenFakten/Indikatoren/Indikatoren.html
  → Informationen zu Konjunkturindikatoren vom Statistischen Bundesamt

5 Wirtschaftspolitische Konzeptionen

Bei der Entscheidung, wie die Wirtschaftsprozesse zu steuern seien, stehen sich zwei Denkansätze **(wirtschaftspolitische Schulen)** gegenüber. Je nachdem, welche Marktteilnehmer im Mittelpunkt der Theorie stehen, wird zwischen **angebots-** und **nachfrageorientierter Politik** unterschieden.

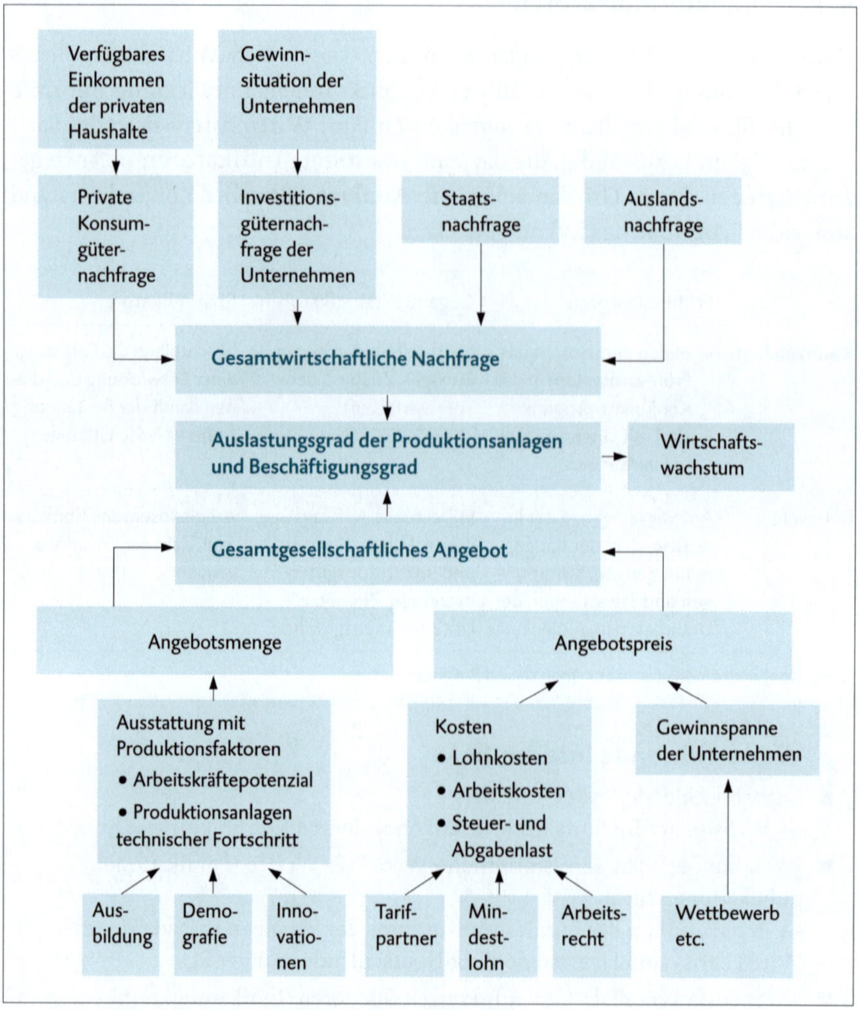

M 41: Einflussfaktoren auf die gesamtwirtschaftliche Entwicklung

5.1 Nachfrageorientierte Wirtschaftspolitik

M 42: John Maynard Keynes

Als nachfrageorientierte Politik bzw. **Nachfragepolitik** bezeichnet man einen wirtschaftspolitischen Ansatz, der die Wirtschaft durch eine Stärkung der Nachfrage, also der Konsumenten, fördern will.

Dieses Konzept geht auf die Theorie von **John Maynard Keynes** zurück, welcher 1936 in seinem Werk „The General Theory of Employment, Interest and Money“ (dt.: „Allgemeine Theorie der Beschäftigung, des Zinses und des Geldes“) Grundannahmen der neoklassischen Wirtschaftstheorie infrage stellte.

Der Hauptauslöser wirtschaftlicher Probleme ist seiner Ansicht nach eine Schwäche der **Nachfrageseite:** Wenn private Haushalte zu wenig Geld zur Verfügung haben, werden entsprechend weniger Konsumgüter nachgefragt. Auf die geringere Nachfrage reagieren Unternehmen mit einer Drosselung ihrer Produktion, der Verringerung der Investitionsgüternachfrage (z. B. Maschinen) und der Entlassung von Mitarbeitern. Dadurch wird die Nachfrageseite weiter geschwächt, da die privaten Haushalte entweder weniger Geldmittel zur Verfügung haben oder aufgrund der schlechteren wirtschaftlichen Erwartung ihr Geld „auf die hohe Kante“ legen. Zudem sinken Preise und Löhne nicht beliebig (z. B. aufgrund von Monopolen und Tarifverträgen), sodass der Markt nicht automatisch zu einem neuen Gleichgewicht führt.

Das Verhalten von Unternehmen und Haushalten trägt somit zur Verstärkung einer Krise bei. Da die Nachfrage des Auslands nicht wirklich beeinflusst werden kann, bleibt der **Staat** als einzige der Komponenten gesamtgesellschaftlicher Nachfrage (vgl. M 41) übrig, um zielgerichtet Einfluss auf die wirtschaftliche Entwicklung zu nehmen.

Nach Keynes sollte der Staat in einer Krise Kredite aufnehmen **(deficit spending)**, um die Ausgaben des öffentlichen Sektors zu erhöhen. Vertreter der Nachfragepolitik versprechen sich von

- der Steigerung der **staatlichen Investitionen** (z. B. Bau von Straßen und öffentlichen Gebäuden) sowie
- der **Entlastung privater Haushalte** durch Senkung direkter (z. B. Einkommenssteuer) und indirekter Steuern (z. B. Mehrwertsteuer) oder Anheben von Transferzahlungen (z. B. Renten, Kinder-, Arbeitslosengeld)

eine Stimulierung der gesamtwirtschaftlichen Nachfrage. Nimmt diese wieder zu (Expansion/Boom), sollen die Kredite des Staates mithilfe der nun ebenfalls steigenden Steuereinnahmen zurückgezahlt werden **(surplus saving)**.

Mit dem StabG wurde der Kerngedanke dieser keynesianischen **Globalsteuerung** in der wirtschaftspolitischen Konzeption der Bundesrepublik verankert (vgl. S. 18).

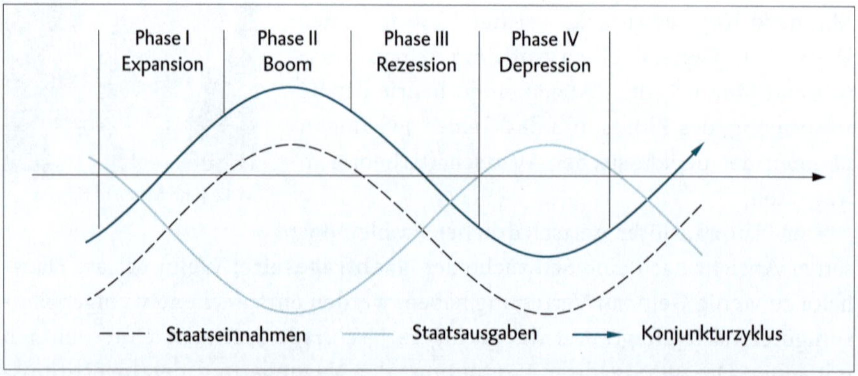

M 43: Staatliche Einnahmen und Ausgaben bei nachfrageorientierter/antizyklischer Haushaltspolitik

Kritik an der Nachfragepolitik

Schlechtes Schuldenmanagement hat in den vergangenen Jahrzehnten in vielen Industriestaaten zu wachsenden Haushaltsdefiziten geführt. Den Regierungen ist es eben nicht gelungen, die Schulden in Zeiten höherer Steuereinnahmen zurückzuzahlen **(fehlende Ausgabendisziplin)**.

Steigende Staatsquoten (d. h. das Verhältnis zwischen Staatsausgaben und BIP, vgl. M 45 2007 bis 2009) führen zu einer größeren Abgabenlast für Unternehmen und private Haushalte (mehr Ausgaben → mehr Schulden → mehr Steuern etc.). Gleichzeitig schränkt die hohe Staatsverschuldung (vgl. M 44) den staatlichen Handlungsspielraum ein, worunter notwendige Strukturreformen leiden.

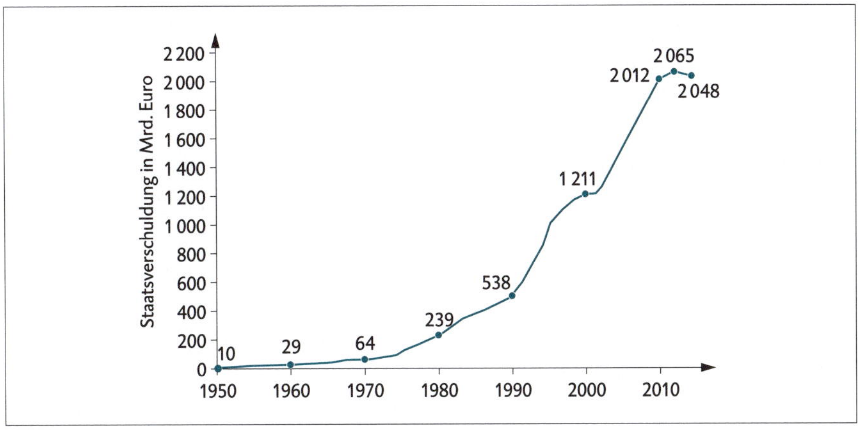

M 44: Staatsverschuldung in Deutschland 1950–2014

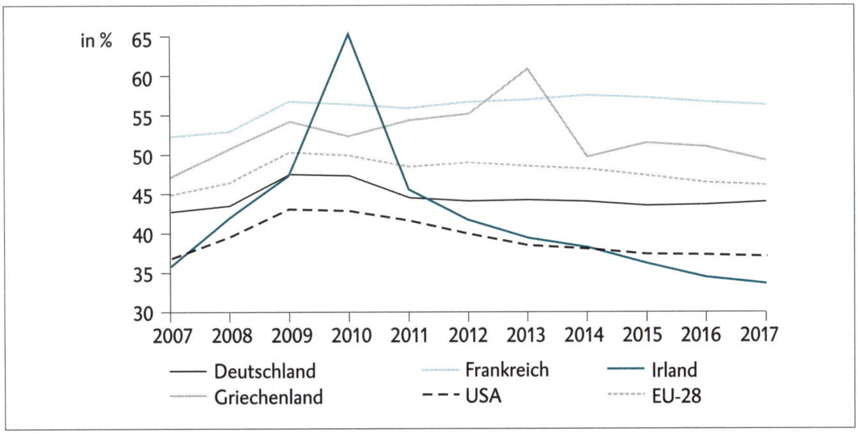

M 45: Staatsquoten im internationalen Vergleich

Die Schuldenbremse

Deutschland hat deshalb mit der Schuldenbremse den rettenden Anker geworfen. Um die Staatsverschuldung Deutschlands zu begrenzen, wurde 2009 eine Regelung ins Grundgesetz aufgenommen, die die **Neuverschuldung** des Bundes und der Länder begrenzt.

Art. 109 Abs. 3 GG
Die Haushalte von Bund und Ländern sind grundsätzlich **ohne Einnahmen aus Krediten** auszugleichen […].

So darf die strukturelle jährliche Kreditaufnahme des Bundes maximal 0,35 % des BIP betragen (§§ 109, 115 GG). Für die Länder ist die Kreditaufnahme grundsätzlich ausgeschlossen. Ausnahmen sind dabei Situationen, die aufgrund von Naturkatastrophen oder schweren Rezessionen (d. h. konjunkturbedingt) eine Neuverschuldung notwendig erscheinen lassen. Die Regelung der Defizitgrenze für den Bund muss spätestens 2016 befolgt werden; das Verschuldungsverbot für die Länder tritt im Jahr 2020 in Kraft.

Mit diesen Regelungen wird eine **Schuldentilgung** in konjunkturell guten Zeiten angestrebt, ohne den Staat aber zu dieser Vorgehensweise zu zwingen. Dieses Modell wurde inzwischen auf viele EU-Länder übertragen (vgl. S. 107 ff.)

Kritisch wird auch die grundsätzliche praktische Durchführbarkeit der Nachfragepolitik gesehen, weil die staatlichen Akteure mit einem zielgenauen, antizyklischen Handeln überfordert seien. Dadurch besteht die Gefahr **prozyklischer Auswirkungen** einer eigentlich antizyklisch angelegten Haushaltspolitik durch sogenannte **time lags** (dt.: zeitliche Verzögerungen) bei

- der Diagnose der wirtschaftlichen Entwicklung,
- der Ausarbeitung konjunkturpolitischer Programme,
- der Koordinierung der Akteure (Regierung, Zentralbank, Tarifvertragsparteien, staatliche Ebenen in föderalistischem System) sowie
- dem Einsatz der Maßnahmen (Handlungs- und Wirkungslags).

In einer solchen Situation nimmt laut den Kritikern der Nachfragepolitik die Gefahr von **Crowding-out-Effekten** zu: Investitionstätigkeiten von Unternehmen werden von „künstlichen" öffentlichen Investitionen verdrängt, da Kredite für die Unternehmen durch die staatliche Kreditnachfrage zu teuer sind. Gleichzeitig trägt die **Stop-and-go-Politik** des Staates Unruhe in die Wirtschaft, die durch die fehlende Planbarkeit verunsichert ist und von Investitionen abgehalten wird.

5.2 Angebotsorientierte Wirtschaftspolitik

M 46: Milton Friedman

Die angebotsorientierte Politik oder **Angebotspolitik** basiert auf der Ansicht, dass die Marktkräfte mittel- bis langfristig automatisch zum Gleichgewicht tendieren. Diese Annahme folgt dem **Say'schen Theorem** (1803), dass sich jedes Angebot seine Nachfrage selbst schaffe: Das durch Produktion und Verkauf von Gütern (Angebot) verdiente Geld wird wiederum zum Kauf anderer Güter (Nachfrage) eingesetzt. Daher solle der Staat auf kurzfristige Eingriffe verzichten. Stattdessen sei es seine Aufgabe, die notwendigen **Rahmenbedingungen** für einen freien Markt zu schaffen.

Bekanntester Vertreter der Angebotstheorie ist **Milton Friedman**, der als Vertreter der **Chicago School of Economics** besonders die Vorteile einer freien Marktwirtschaft sowie die Gefahren ständiger staatlicher Eingriffe in die Wirtschaft hervorhob (z. B. in „Capitalism and Freedom", 1962; dt.: „Kapitalismus und Freiheit"). Friedman kritisierte die Maßnahmen der nachfrageorientierten Wirtschaftspolitik (vgl. Kritik an der Nachfragepolitik, S. 62 f.) und widerlegte etwa Keynes' These vom „Angstsparen": Die Konsumquote hinge nicht vom aktuellen, sondern vom erwarteten Einkommen ab; die privaten Haushalte handelten also durchaus langfristig orientiert.

Gefordert wird von Angebotstheoretikern eine Senkung der **Staatsausgaben** und eine auf Preisstabilität ausgerichtete **Geldpolitik**. Da letzterer hier eine wesentliche Rolle beigemessen wird, wird dieser Ansatz auch als **Monetarismus** bezeichnet: Einer Inflation (vgl. S. 26 ff.) könne durch Kontrolle der Geldmenge begegnet werden, indem die Geldmengenpolitik sich an der Wertschöpfung in der Realwirtschaft orientiert (vgl. M 47). Diese Aufgabe wird von der Bundesbank bzw. der EZB übernommen (vgl. S. 77 ff.). Die Finanzierung einer nachfrageorientierten Wirtschaftspolitik dagegen sei kontraproduktiv, da sie immer nur kurzfristig wirke. Durch einen Abbau der Staatsverschuldung könne das Zinsniveau gesenkt werden, was die Kapitalbeschaffung für notwendige Investitionen der **Unternehmen** erleichtere.

Doch angebotsorientierte Wirtschaftspolitik umfasst wesentlich mehr als nur geldpolitische Aspekte, sodass hier auch von **Neoliberalismus** oder **Neoklassik** gesprochen wird. Eine entsprechende Ordnungs- und Wettbewerbspolitik etwa soll mit dem Ziel der Stärkung des Marktes unternehmerische Tätigkeiten fördern. Dazu dienen Bürokratieabbau, die Deregulierung der Märkte sowie der Abbau von Handelsbeschränkungen. Der Wettbewerb soll durch die Privatisierung von Staatsunternehmen gesteigert werden, Unternehmen sollen steuerlich begünstigt werden und von den Tarifparteien wird gefordert, moderate Lohnabschlüsse zu vereinbaren und die Arbeitszeitregelungen zu flexibilisieren. Infolge optimierter Wettbewerbsfähigkeit und Investitionsbedingungen werden die Bedingungen für die Angebotsseite des Marktes so verbessert, dass durch einen Produktionsanstieg Wirtschaftswachstum und Beschäftigung zunehmen.

In Deutschland hielt die angebotsorientierte Wirtschaftspolitik in den 1970er-Jahren Einzug. So wurde sie vom Sachverständigenrat (vgl. S. 17, S. 59) in dessen Jahresgutachten 1976 explizit als neue Strategie ausgeführt.

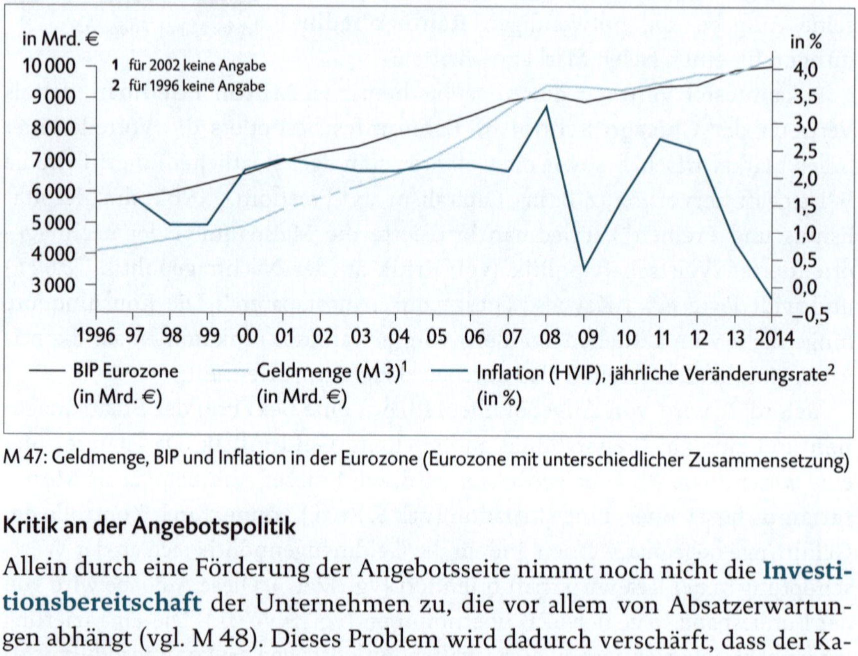

M 47: Geldmenge, BIP und Inflation in der Eurozone (Eurozone mit unterschiedlicher Zusammensetzung)

Kritik an der Angebotspolitik

Allein durch eine Förderung der Angebotsseite nimmt noch nicht die **Investitionsbereitschaft** der Unternehmen zu, die vor allem von Absatzerwartungen abhängt (vgl. M 48). Dieses Problem wird dadurch verschärft, dass der Kapitalmarkt alternative Finanzierungsmöglichkeiten bietet.

Kritiker werfen den Angebotstheoretikern vor, dass sie **Löhne** vor allem als Kostenfaktor für die Unternehmen sehen und die Nachfragewirkung vernachlässigen: Steigende Löhne bedeuten nicht nur mehr Kosten für die Unternehmen, sondern auch eine zunehmende (Gesamt-)Nachfrage. Zudem entzieht sich die Lohnpolitik in Deutschland aufgrund der Tarifautonomie größtenteils dem direkten Einfluss des Staates.

Aufgrund der starken Ausrichtung an einer Senkung der Staatsquote (vgl. M 45), werden **sozial- und wohlfahrtsstaatliche Strukturen** gefährdet. So kann es z. B. zu einer Umverteilung der Einkommen zugunsten der Besitzer von Produktivvermögen kommen.

Infolge des Bürokratieabbaus kann es etwa zu einer Vernachlässigung der Belange des **Umweltschutzes** (umweltverträgliche Produkte und Produktionsverfahren) kommen. Dieser Aspekt spielt vor dem Hintergrund der globalen Bewältigung von Umweltrisiken eine besondere Rolle. Die **Globalisierung** trägt auch dazu bei, dass eine **Flexibilisierung** des Arbeitsmarkts nicht unbedingt zu einer höheren Beschäftigungsquote und zu höheren Einkommen führt.

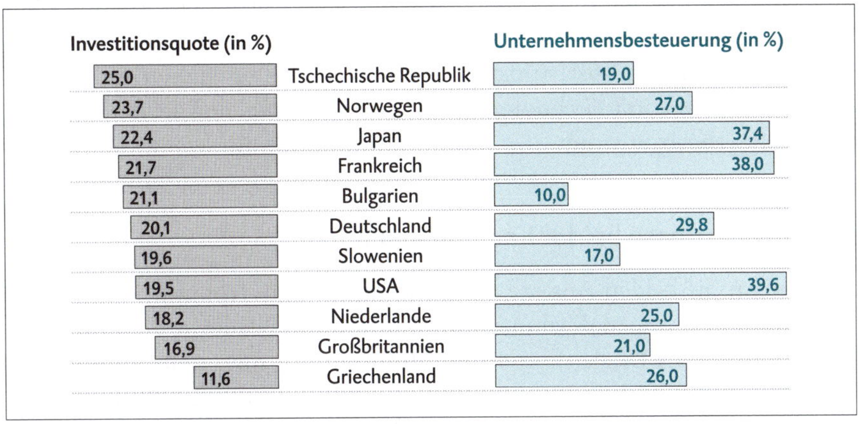

M 48: Investitionen (Bruttoanlageinvestitionen in % des BIP) und Unternehmensbesteuerung im internationalen Vergleich (2014)

5.3 Zuordnung der wirtschaftspolitischen Akteure zur Nachfrage- und Angebotstheorie

In verteilungs- und wirtschaftspolitischen Debatten lassen sich beide Ansätze weitgehend bestimmten wirtschaftspolitischen Akteuren zuordnen.

Von Seiten der **Gewerkschaften** wird in der Regel nachfragetheoretisch argumentiert. Dabei wird die Bedeutung der Beschäftigungsentwicklung sowie der Lohnhöhe für die gesamtwirtschaftliche Betrachtung in den Mittelpunkt der Diskussion gestellt.

Aufgrund eines unterstellten Marktversagens bei der Preisfindung für Löhne im Tarifkonflikt wird ein Mindestlohns befürwortet. Von der flächendeckenden und branchenübergreifenden Einführung eines Mindestlohns versprechen sich die **Arbeitnehmervertreter** einen Nachfrageeffekt für die gesamtwirtschaftliche Entwicklung. Der Mindestlohn sollte dabei nach Einschätzung der Gewerkschaften so hoch angesetzt werden, dass sich für den Einzelnen die Aufnahme einer Tätigkeit im Vergleich zum Bezug von Sozialleistungen lohnt und die Tätigkeit das eigenständige Auskommen einer Familie sichert. Damit werden auch sozialpolitische Aspekte für den Mindestlohn angeführt, sodass diese Argumentation auch von vielen Kirchenvertretern und Sozialverbänden geteilt wird.

Dagegen argumentieren **Arbeitgeberverbände** in der Regel auf der Grundlage der Angebotstheorie. Hier wird die Lohnhöhe in erster Linie als Kostenfaktor für die Unternehmen betrachtet, der nicht durch staatliche Interventionen künstlich verteuert werden dürfe. Die Einführung eines Mindestlohns stellt aus dieser Perspektive eine solche Intervention dar. Die Einführung eines Mindestlohns mache Kosteneinsparungen bei den Unternehmen erforderlich, sodass diese verstärkt Technologien einsetzen würden und letztendlich Beschäftigung abgebaut würde.

5.4 Eine Synthese beider Konzeptionen

Auch wenn die beiden Ansätze unterschiedliche Schwerpunkte in Bezug auf wirtschaftspolitische Maßnahmen setzen und unterschiedliche Begründungen für wirtschaftliche Ungleichgewichte liefern, sind sie nicht grundsätzlich unvereinbar miteinander. Dies zeigt sich in der politischen Praxis etwa beim Beschluss von Maßnahmenpaketen (vgl. M 49), die durch einen **Policy Mix** Lösungsansätze beider Konzeptionen miteinander kombinieren.

Zudem sind sich die Vertreter beider Schulen zum Teil einig darin, welche Maßnahmen ergriffen werden sollten, auch wenn sie diese unterschiedlich begründen. So können sich beide z. B. für eine Investition ins Bildungssystem aussprechen. Dabei würde ein höheres Ausbildungsniveau von nachfrageorientierten Politikern vor allem als langfristige Stärkung der gesamtwirtschaftlichen Nachfrage begrüßt (höhere Qualifikation → höheres Einkommen → mehr Konsum). Angebotspolitiker würden dagegen vor allem die bessere Qualifikation zukünftiger Arbeitnehmer als Gewinn für den Standort Deutschland betrachten (höhere Qualifikation → mehr Innovation → Standortfaktor für Unternehmen).

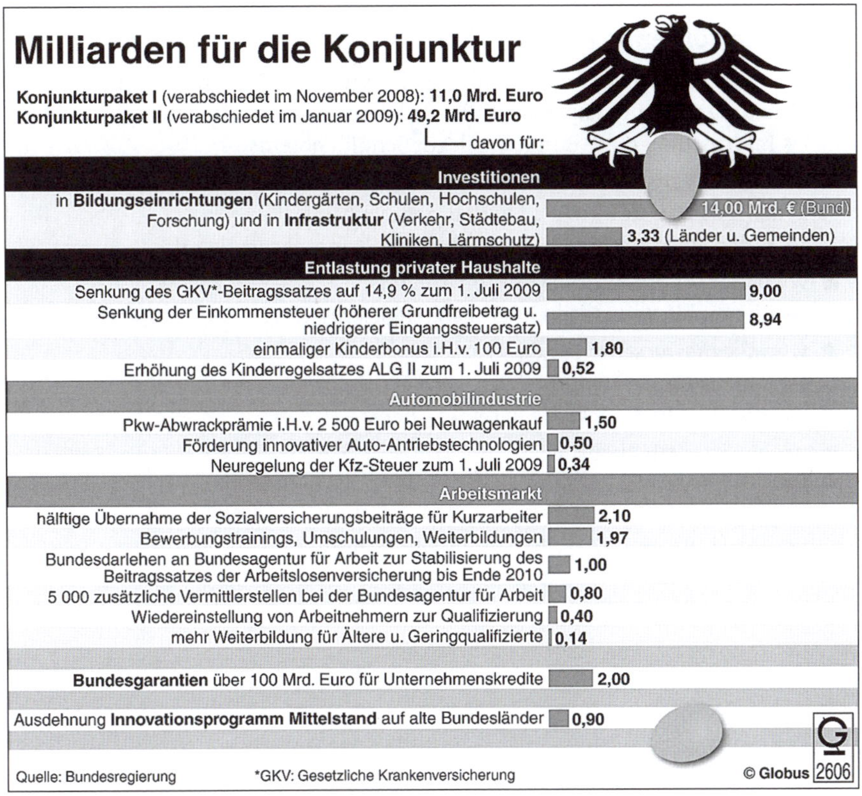

M 49: Ausgestaltung des Konjunkturpakets II

5.5 Alternative Konzepte der Wirtschaftspolitik

Den zuvor dargestellten wirtschaftspolitischen Theorien steht eine Reihe von Denkansätzen gegenüber, die alternative Erklärungen für ökonomische Prozesse liefern und daraus jeweils andere Schlussfolgerungen für deren Steuerung ziehen. Mitunter bilden solche Ansätze selbst die Grundlage für eine Wirtschaftsordnung. So mündeten etwa die Analysen des Marxismus in das ökonomische Ordnungssystem einer **Zentralverwaltungs- oder Planwirtschaft**.

Ein weiteres Alternativkonzept ist die **ökosoziale Marktwirtschaft**, die eine Reinterpretation der Sozialen Marktwirtschaft darstellt (vgl. S. 49 ff.).

Weiterführende Internetlinks

- www.bundesbank.de/Redaktion/DE/Downloads/Veroeffentlichungen/Monatsberichtsaufsaetze/2011/2011_10_schuldenbremse.pdf
  → Informationen der Bundesbank zur Schuldenbremse
- www.bundesregierung.de/Content/DE/Podcast/2009/2009-01-17-Video-Podcast/2009-01-17-video-podcast.html
  → Video-Podcast von Angela Merkel zum Konjunkturpaket II
- www.hoover.org/profiles/milton-friedman
  → Biographie von Milton Friedman (englisch)
- www.keynes-gesellschaft.de
  → Informationen rund um John Maynard Keynes, dessen Ansätze und spätere Weiterentwicklungen seiner Theorie
- www.wirtschaftsdienst.eu
  → aktuelle und (im Archiv) ältere Artikel u. a. zur Schuldenbremse in Deutschland und anderen EU-Ländern, zur Rolle der EZB sowie zur Staatsverschuldung und Wirtschaftspolitik in Europa

6 Bereiche und Instrumente der Wirtschaftspolitik

6.1 Bereiche und Instrumente

Die Wirtschaftstätigkeit ist ein existenzieller Teilbereich des menschlichen Zusammenlebens, da es hierbei um die Bereitstellung der wichtigsten Grundgüter unter Bedingungen tendenzieller Knappheit geht. Wirtschaftspolitik ist daher definierbar als Bündel aller Maßnahmen des Staates, die auf ebendieses Wirtschaften Einfluss nehmen sollen.

Wirtschaftspolitik kann man in Ordnungs- und Prozesspolitik differenzieren. **Ordnungspolitik** bezieht sich auf die rechtlichen Rahmenbedingungen, denen die einzelnen Wirtschaftssubjekte unterliegen, also die Wirtschaftsordnung eines Landes. **Prozesspolitik** nimmt dagegen direkt Einfluss auf Wirtschaftsprozesse, durch

- Konjunkturpolitik: Diese hat das Ziel, starke Konjunkturschwankungen, also etwa Inflationen und Rezessionen, zu vermeiden und die Wirtschaft im Gleichgewicht zu halten.
- Wachstumspolitik: Diese ist eher langfristig angelegt. Sie richtet sich auf die Grundlagen wirtschaftlichen Wachstums, wie z. B. die Investitionstätigkeit oder Umweltressourcen.
- Strukturpolitik: Hier sollen die Strukturen ganzer Branchen, Wirtschaftssektoren oder Regionen verbessert bzw. ausgeglichen werden.

Somit gibt es volkswirtschaftliche Bereiche, die sowohl von ordnungs- als auch von prozesspolitischer Seite bearbeitet werden, wie z. B. Arbeitslosigkeit.

6.2 Maßnahmen der Ordnungspolitik

Unter dem Begriff der **Ordnungspolitik** werden alle Gesetze, Regeln und Institutionen verstanden, die die marktwirtschaftliche Organisationsform gewährleisten und absichern sollen. Hierbei kommt dem Staat als Regel- und damit Rahmensetzer für wirtschaftliche Aktivitäten eine besondere Bedeutung zu. Grundsätzlich soll der Staat in der **Freien Marktwirtschaft** nur dann regulierend eingreifen, wenn Märkte in ihrer Funktion beeinträchtigt werden, also Fälle eines sogenannten **Marktversagens** drohen. Insbesondere die Entstehung von Marktmacht durch drohende Oligopole oder Monopole und Absprachen der Marktpartner untereinander (Kartellbildung) sind hierbei von großer Bedeutung. Außerdem spielen externe Effekte (vgl. S. 52) und die Bereitstellung öffentlicher Güter (Sicherheit, Infrastruktur, Rechtsrahmen, Verwaltungen) eine Rolle.

In einer **Sozialen Marktwirtschaft** (vgl. S. 19) ist der Staat außerdem dazu aufgefordert, das Marktergebnis in sozial gerechter Form zu verteilen; insofern unterliegt die Frage nach der Durchgriffstiefe und Reichweite des Staates ständig politischen Kontroversen, die von unterschiedlichen Auffassungen des „Gerechten" oder „Effizienten" geleitet werden. Als grundsätzlich anerkannt können in ordnungspolitischer Hinsicht aber die folgenden Maßnahmen angesehen werden:

- **Schutz des marktwirtschaftlichen Wettbewerbs** (Schutz vor Absprachen, Kartellen und Missbrauch einer marktbeherrschenden Stellung): Hierzu ist 1957 das „Gesetz gegen Wettbewerbsbeschränkungen" verabschiedet worden, welches Instrumente der Wettbewerbsaufsicht durch die Kartellbehörden begründete (vgl. S. 19).
- eine **Sozialpolitik**, die dem **Subsidiaritätsprinzip** folgt: Der Staat greift nur dann helfend ein, wenn die eigenen Kräfte der Betroffenen nicht ausreichen. Hierbei soll dem Prinzip der „Hilfe zur Selbsthilfe" gefolgt werden. Als Instrumente können beispielhaft die Reformen des Sozialsystems in Form der **Agenda 2010** und speziell der damit verbundenen **Hartz-Gesetze** angeführt werden (vgl. S. 186 ff.), die das Prinzip des „Förderns und Forderns" verwirklichen sollten, politisch in ihrer Ausgestaltung aber heftig umstritten waren.
- eine politisch **unabhängige Notenbank** (vgl. S. 76 ff.)
- die **Freiheit der Tarifverhandlungen** und die Mitbestimmung der Arbeitnehmer in Form von Betriebsräten

6.3 Maßnahmen der Prozesspolitik

Konjunkturpolitik

Im Kern werden hierunter die Instrumente der angebots- und nachfrageorientierten Wirtschaftspolitik (vgl. S. 61 ff.) verstanden. Hierbei werden fiskalpolitische und geldpolitische Instrumente angewendet.

Die **fiskalpolitischen Instrumente** wirken entweder durch die Erhöhung der staatlichen Investitionen oder die Verminderung der öffentlichen Einnahmen (Senkung von z. B. Steuersätzen) und sollen einen konjunkturell antizyklischen Impuls setzen, der eine entsprechende konjunkturelle Wirkung entfaltet. Entweder wird eine direkte (Staats-)Nachfrage erzeugt oder ein Anreiz für die (Konsum- oder private Investitions-)Nachfrage geschaffen. Dementsprechend werden diese Instrumente mehrheitlich von Nachfragetheoretikern befürwortet.

Die **geldpolitischen Instrumente** wirken hingegen nicht so unmittelbar wie die fiskalischen Impulse, sondern zeigen erst langfristiger ihre Wirkung. Im Wesentlichen sind es hier Änderungen des Zinssatzes/der Geldmenge, die dafür sorgen, dass letztlich auf das Ausgabenverhalten der Unternehmen und der privaten Haushalte Einfluss genommen wird. Über einen komplexen **Transmissionsmechanismus des Geldes** sollen hierbei durch eine Wirkungskette die Investitionen in die Realwirtschaft bzw. die Nachfrage auf den Gütermärkten erhöht oder gesenkt werden.

Wachstumspolitik

Im Wesentlichen ist mit **Wachstumspolitik** eine Politik gemeint, die das Niveau des **Pro-Kopf-Bruttoinlandsprodukts** positiv beeinflusst. Hierbei haben sich inzwischen durch empirische Studien (Ländervergleiche) einige weithin gültige Faktoren ergeben, die solche positiven Wachstumsbedingungen erzeugen. So haben sich diejenigen Länder, die eine Vielzahl der folgenden Merkmale aufwiesen, in ähnlicher Weise entwickelt und ihre Wachstumsraten steigern können:

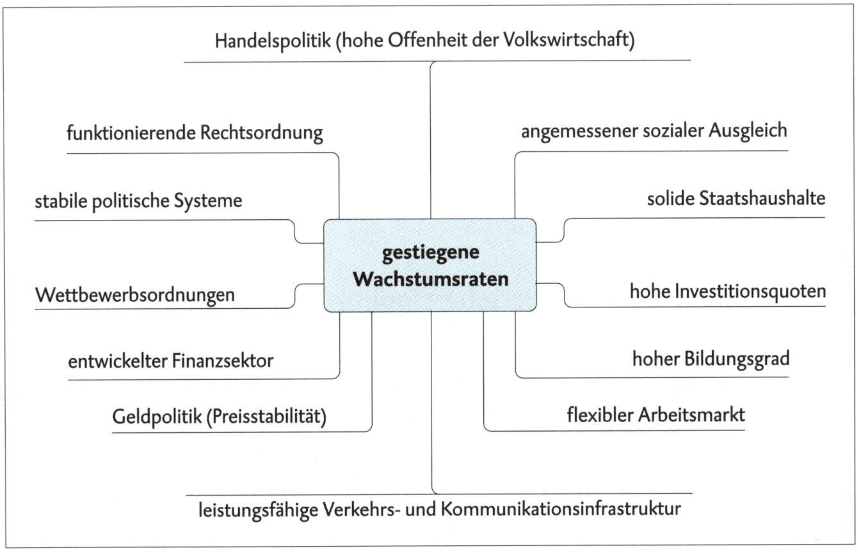

M 50: Merkmale der Länder mit gestiegenen Wachstumsraten

Strukturpolitik

Die Strukturpolitik gliedert sich in regionale und sektorale Strukturpolitik.

Die **regionale Strukturpolitik** soll vor allem die Nachteile ländlicher Gebiete verringern. Dabei stehen beispielsweise der Ausbau der Infrastruktur, also die Schaffung guter Verkehrswege, eine solide Energie- und Wasserversorgung und die Entwicklung spezieller Programme für die Gewerbegebiete in den Randregionen im Mittelpunkt. Möglich sind aber auch Investitionsanreize und Subventionen für einzelne Regionen. Hierbei ist für Deutschland z. B. der sog. „Solidaritätsbeitrag", der als ein prozentualer Anteil an der Einkommensteuer entrichtet wird, zu erwähnen: Dieser sollte nach dem „Mauerfall" (1989) eine ökonomische Belebung speziell der Großregion Ostdeutschland erreichen. Aber auch im Rahmen der EU-Politik gibt es viele regionale Förderprogramme und spezielle Förderungen grenzüberschreitender Projekte (z. B. der „Europäische Fonds für regionale Entwicklung").

Die **sektorale Strukturpolitik** soll den strukturellen Wandel der Wirtschaft begleiten und fördern: Der Strukturwandel soll sozial aufgefangen werden, indem z. B. absterbende Industriezweige gezielt subventioniert werden. Als Folge soll sich der strukturelle Wandel – der hier oftmals mit dem Abbau von Arbeitsplätzen verbunden ist – sozial ausgewogen vollziehen können. Dieses Beispiel ist eine vorwiegend **„nachsorgende" Variante** der sektoralen Strukturpolitik (z. B. der Kohlepfennig).

Eine **„vorausschauende" Strukturpolitik** versucht im Gegensatz dazu, die als zukunftsträchtig erkannten Sektoren zu fördern. Hier können Forschungssubventionen bewilligt, die Ausbildung von Fachkräften gefördert oder Entwicklungshemmnisse wie etwa Marktzugangsbeschränkungen oder staatliche Regulierungen abgebaut werden.

6.4 Die Reichweite der Wirtschaftspolitik

Im Jahr 2015 wurden ca. 40 Prozent aller in Deutschland erstellten Waren und Dienstleistungen mit einem Gesamtwert von 1 196 Milliarden Euro ins Ausland exportiert. Davon gingen allein 693 Milliarden Euro in die Mitgliedstaaten der EU. Im gleichen Zeitraum erhielt Deutschland Rohstoffe, Vorprodukte, Waren und Dienstleistungen im Wert von 948 Milliarden Euro aus dem Ausland. An diesen Zahlen wird deutlich, wie eng die deutsche Wirtschaft vor allem mit den Nachbarn in der Europäischen Union, aber auch mit anderen Wirtschaftsregionen der Welt vernetzt ist.

Daraus ergibt sich die Konsequenz, dass z. B. die Entwicklungen der Gesamtnachfrage bei wichtigen Handelspartnern oder die Preisentwicklung bei wichtigen Importrohstoffen wie Erdöl einen großen Einfluss auf die deutsche Wirtschaftsentwicklung haben.

Daher müssen auch die wichtigsten wirtschaftlichen Kennzahlen bei unseren Handelspartnern in die Analyse miteinbezogen werden und es wird deutlich, dass der Einfluss nationaler Wirtschaftspolitik angesichts der oben beschriebenen internationalen Vernetzung begrenzt bleiben muss.

Als Konsequenz ergibt sich, dass die Wirtschaftspolitik auf europäischer und internationaler Ebene weitergeführt werden muss.

Diese findet in den entsprechenden Gremien der EU (vgl. S. 92 ff.) bzw. in den internationalen wirtschafts- und geldpolitischen Institutionen, wie WTO, IWF und Weltbank statt (vgl. S. 135, 214, 234).

Weiterführende Internetlinks

- www.kas.de/wf/de/71.10253/
  → Informationen der Konrad-Adenauer-Stiftung zur Ordnungs- und Prozesspolitik
- www.welt.de/politik/deutschland/article124756848/NRW-warnt-Gabriel-vor-neuem-Kohlepfennig.html
  → Artikel zur Kritik an Neuauflage eines „Kohlepfennigs“

7 Europäische Wirtschafts- und Währungsunion sowie europäische Geldpolitik (EZB)

Den bedeutendsten Rahmen für die wirtschaftspolitische Zusammenarbeit in der EU bildet das Reglement der **Europäischen Wirtschafts- und Währungsunion** (EWWU). Dabei spielen Maßnahmen zur Sicherung der finanzpolitischen Stabilität in der **Eurozone** eine große Rolle. In diesem Kapitel stehen die **geldpolitischen Maßnahmen der EZB** in Form von Offenmarktgeschäften, ständigen Fazilitäten und Mindestreserven im Mittelpunkt. Der **Stabilitäts- und Wachstumspakt** (vgl. S. 107 ff.), der **Europäische Stabilitätsmechanismus** (vgl. S. 112 f.) und der **Europäische Fiskalpakt** (vgl. S. 114) werden im Kapitel „Europäische Union“ näher erläutert.

7.1 Die Europäische Wirtschafts- und Währungsunion

Der Grundstein für die bereits kurz nach dem Zweiten Weltkrieg begonnene westeuropäische Integration (vgl. S. 85 ff.) wurde mit der Schaffung einer Europäischen Gemeinschaft für Kohle und Stahl (EGKS), auch **Montanunion** genannt, gelegt. Nach einer Reihe weiterer vor allem wirtschaftlich orientierter Gemeinschaften und Verträge begann 1979 eine währungspolitische Zusammenarbeit in Form des **Europäischen Währungssystems** (EWS). Dieses basierte vor allem auf einer Beschränkung der Währungsschwankungen zwischen den Währungen der Mitgliedstaaten der Europäischen Wirtschaftsgemeinschaft (EWG). Mit dem **Vertrag von Maastricht** (1993) wurde das EWS dann in den Aufbau eines wirtschaftlichen Zusammenschlusses der EU-Länder eingebunden: eine in drei Stufen (vgl. M 51) zu erreichende EWWU.

Erste Stufe 1. Juli 1990	Zweite Stufe 1. Januar 1994	Dritte Stufe 1. Januar 1999
		Unwiderrufliche Festlegung der Umrechnungskurse
	Errichtung des Europäischen Währungsinstituts (EWI)	Einführung des Euro: erst Buchgeld – dann Bargeld
Verstärkte Zusammenarbeit der Zentralbanken	Verbot der Gewährung von Zentralbankkrediten an öffentliche Stellen	Inkrafttreten des Stabilitäts- und Wachstumspakts
Uneingeschränkter Kapitalverkehr	Koordinierung der Geldpolitik und Stärkung der wirtschaftlichen Konvergenz	Einrichtung des Wechselkursmechanismus II
Verbesserung der wirtschaftlichen Konvergenz	Prozess hin zur Unabhängigkeit der Zentralbanken	Durchführung einer einheitlichen Geldpolitik durch das Eurosystem

M 51: Die drei Stufen der EWWU

Diese Maßnahmen der EWWU sollten zu einem größeren Wirtschaftswachstum und dadurch u. a. zu einem höheren Beschäftigungsniveau sowie einem besseren sozialen Standard für alle EU-Bürger führen. Darüber hinaus sollte die EU in finanz- und wirtschaftspolitischen Fragen mit einer Stimme sprechen können und durch einen gemeinsamen Wirtschaftsraum gestärkt im globalen Wettbewerb stehen.

7.2 Die Geldpolitik der Europäischen Zentralbank

Die Aufgaben, Zielsetzungen und Instrumente der EZB ergeben sich aus ihrer Rolle im **Europäischen System der Zentralbanken** (ESZB).

Das Europäische System der Zentralbanken

Art. 127 AEU-Vertrag

(1) Das **vorrangige Ziel** des Europäischen Systems der Zentralbanken [...] ist es, die **Preisstabilität** zu gewährleisten. Soweit dies ohne Beeinträchtigung des Zieles der Preisstabilität möglich ist, unterstützt das ESZB die allgemeine **Wirtschaftspolitik** in der Union [...]. Das ESZB handelt im Einklang mit dem Grundsatz einer offenen Marktwirtschaft mit freiem Wettbewerb, wodurch ein effizienter Einsatz der Ressourcen gefördert wird [...].

(2) Die grundlegenden **Aufgaben** des ESZB bestehen darin,

- die **Geldpolitik** der Union festzulegen und auszuführen,
- Devisengeschäfte im Einklang mit Artikel 219[2] durchzuführen,
- die offiziellen **Währungsreserven** der Mitgliedstaaten zu halten und zu verwalten,
- das reibungslose **Funktionieren der Zahlungssysteme** zu fördern. [...]

(5) Das ESZB trägt zur reibungslosen Durchführung der von den zuständigen Behörden auf dem Gebiet der **Aufsicht über die Kreditinstitute** und der **Stabilität des Finanzsystems** ergriffenen Maßnahmen bei. [...]

Das ESZB setzt sich aus der EZB mit Sitz in Frankfurt sowie den nationalen Zentralbanken aller EU-Mitgliedstaaten zusammen. Hierin sind also auch die EU-Länder vertreten, die (noch) nicht Teil der Eurozone sind. Dagegen umfasst das **Eurosystem** neben der EZB nur die nationalen Zentralbanken der Euroländer. Die **Organe** des ESZB sind

- das **EZB-Direktorium**, welches sich aus dem Präsidenten und dem Vizepräsidenten der EZB sowie vier weiteren Mitgliedern, welche vom Europäischen Rat zu ernennen sind, zusammensetzt;

2 Art. 219 AEU-Vertrag spezifiziert die Wechselkurspolitik der EZB

- der **EZB-Rat**, welcher außer dem EZB-Direktorium die Präsidenten der nationalen Zentralbanken der Euroländer umfasst; Mit dem Beitritt Litauens zur Eurozone wurde 2015 im EZB-Rat das Rotationsprinzip als neues Abstimmungsverfahren eingeführt. Die Notenbankpräsidenten werden entsprechend der Wirtschaftskraft und Größe ihres Finanzsektors in zwei Gruppen eingeteilt. Die fünf größten Länder (Deutschland, Frankreich, Spanien, Italien und Niederlande) bilden die erste Gruppe. Auf sie entfallen vier Stimmrechte im EZB-Rat. Die Stimmen innerhalb der Gruppe rotieren monatlich. Jeden Monat hat einer dieser Präsidenten keine Stimme, er behält aber sein Teilnahme- und Mitspracherecht. Auf die restlichen Notenbanken entfallen insgesamt elf Stimmrechte, die ebenfalls im monatlichen Rhythmus rotieren. Die sechs Mitglieder des Direktoriums behalten ihr dauerhaftes Stimmrecht.
- der **Erweiterte Rat**, welcher aus dem Präsidenten und Vizepräsidenten der EZB sowie aus den Präsidenten der nationalen Zentralbanken aller EU-Mitgliedstaaten besteht.

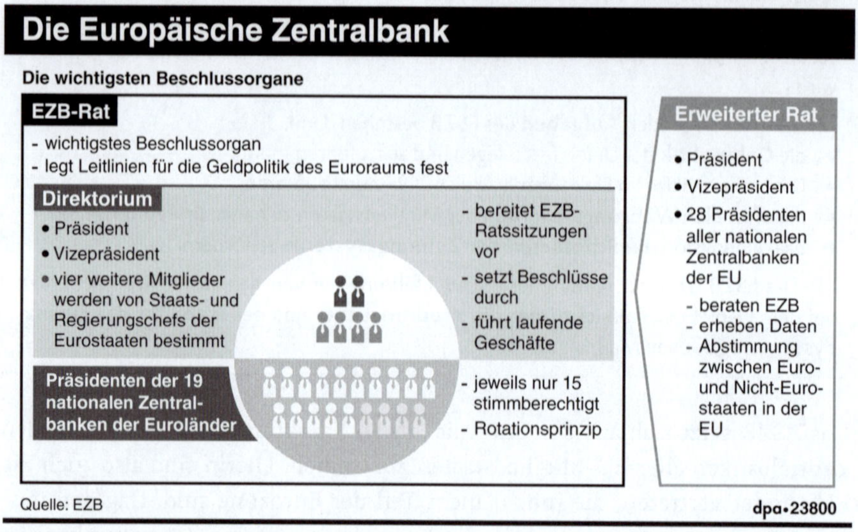

M 52: EZB im Überblick

Die **nationalen Zentralbanken** fungieren innerhalb des Eurosystems als Exekutivorgane der EZB, wobei sie völlig **unabhängig** von den Weisungen der nationalen Regierungen sind. Beim EZB-Rat handelt es sich um das höchste Entscheidungs- und Exekutivorgan des Eurosystems. Der Erweiterte Rat hat in diesem Rahmen keine Entscheidungsbefugnisse. Die **EZB** setzt die vom

EZB-Rat beschlossene Geldpolitik zur Gewährung der Preisstabilität (vgl. M 53) um und führt mit den ihr zur Verfügung stehenden Mitteln auch die sonstigen Aufgaben des ESZB aus. Zudem hat die EZB das Recht auf Anhörung zu allen sie betreffenden Rechtsvorschriften und kann Stellungnahmen abgeben.

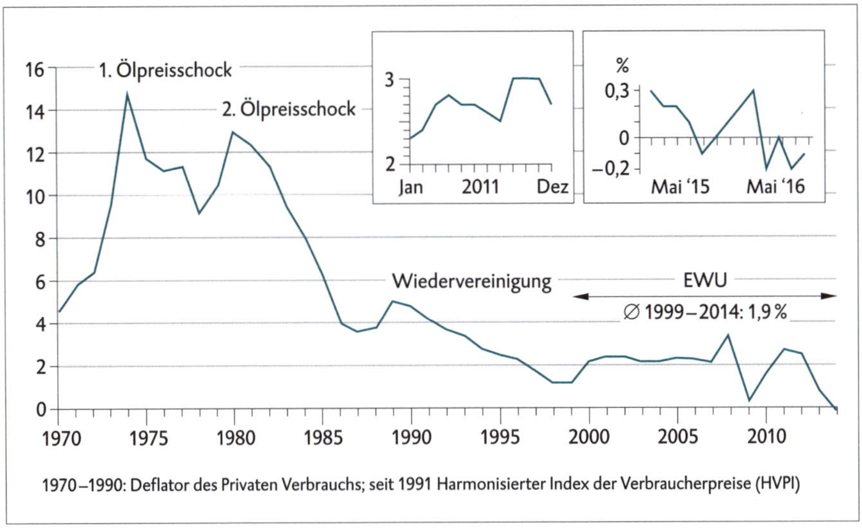

M 53: Preisentwicklung im Euroraum, Veränderungen gegenüber dem Vorjahr (Angaben in %)

Geldpolitische Instrumente der Europäischen Zentralbank

Die EZB dient als Spitze des Bankensystems in der EU quasi als „Bank der Banken": Die Geschäftsbanken verschaffen sich hier Zentralbankgeld, welches sie benötigen, um mit ihren Kunden Geschäfte abwickeln zu können **(Refinanzierung)**. Zudem können die Geschäftsbanken ihre eigenen überschüssigen Liquiditätsreserven – wie auf einem Girokonto – bei der EZB kurzfristig anlegen.

Um das Ziel der Preisniveaustabilität (vgl. S. 25 f.) zu erreichen, hat die EZB im Großen und Ganzen zwei Optionen: Sie kann entweder die **Menge an Liquidität**, also das in der Wirtschaft zur Verfügung stehende Geld (vgl. M 47), oder den Preis für diese Liquidität, also die **Zinssätze**, verändern. Zwar hat sie dabei nur auf die Zinsen gegenüber den Geschäftsbanken **(Notenbankzinsen)** direkten Einfluss. Doch da diese in der Regel die Finanzierungsbedingungen, denen sie selbst unterliegen, an ihre eigenen Kunden (andere Banken, Unternehmen, Privatpersonen) weitergeben, kommt es üblicherweise auch zu einer Veränderung der **Marktzinsen**. Um dies zu erreichen, hat die EZB vor allem drei Arten geldpolitischer Instrumente zur Verfügung.

Offenmarktgeschäfte: Im Rahmen ihrer **Offenmarktpolitik** kann die EZB Wertpapiere von Geschäftsbanken kaufen (dann steigt deren Liquidität) oder diesen festverzinsliche Wertpapiere verkaufen (dann reduziert sich deren Guthaben bei der Zentralbank, was einer Liquiditätssenkung entspricht). Zumeist handelt es sich bei diesen Geschäften um befristete Transaktionen, d. h., es wird eine bestimmte Laufzeit mit einer Rückkaufvereinbarung festgelegt.

Das wichtigste Mittel in diesem Bereich sind die **Hauptrefinanzierungsgeschäfte** (Haupttender). Hierbei wird den Geschäftsbanken einmal pro Woche in einer Auktion Zentralbankgeld mit einer Laufzeit von einer Woche angeboten, welches die bietenden Banken je nach Höhe ihres Gebots erhalten. Der zuvor von der EZB festgelegte Mindestbietungssatz (Hauptrefinanzierungssatz) ist der wichtigste **Leitzins** der EZB (vgl. M 54). Des Weiteren können längerfristige Refinanzierungsgeschäfte (Basistender, einmal im Monat für eine Laufzeit von drei Monaten), Feinsteuerungsoptionen und strukturelle Operationen (beide mit unregelmäßiger Durchführung) getätigt werden.

Erhöht die EZB ihre Zinssätze bzw. begrenzt sie die Geldschöpfung **(restriktive Geldpolitik)**, wird die Geldbeschaffung für Geschäftsbanken teurer, welche diese Verteuerung an ihre Kunden weitergeben. Dadurch nimmt die Nachfrage nach Krediten ab und es wird weniger investiert bzw. konsumiert. Stattdessen steigt aufgrund der höheren Sparzinsen die Bereitschaft, Geld bei Banken anzulegen. So sollen geldmengen- und nachfrageinduzierte Inflationen (vgl. S. 28 f.) bekämpft werden.

Eine Senkung der Zinssätze bzw. eine Erhöhung der Geldmenge **(expansive Geldpolitik)** hingegen soll als Wachstumsimpuls für die Wirtschaft dienen: Eine Kreditaufnahme ist attraktiver, mehr Investitionen werden getätigt, die gesamtwirtschaftliche Nachfrage wird erhöht.

Ständige Fazilitäten: Dieses Instrument spielt für den Markt der sehr kurzfristigen Liquidität eine wichtige Rolle. Dabei handelt es sich nicht nur um ein Steuerungs-, sondern auch um ein Informationsinstrument für die EZB, da sich an den Summen, die in diesem Bereich bewegt werden, der akute Liquiditätsbedarf bzw. -überschuss der Geschäftsbanken gut ablesen lässt.

Zur Geldbeschaffung „über Nacht“ greift das Instrument der **Spitzenrefinanzierungsfazilität**. Banken können sich hier Geld in nahezu unbegrenzter Menge, allerdings nur zu einem sehr hohen Zinssatz (Spitzenrefinanzierungssatz), verschaffen. Dieser markiert im Allgemeinen eine Zinsobergrenze für den Tagesgeldsatz: Wenn die Banken, z. B. von anderen Banken (Interbankgeschäft), billigeres Geld bekommen würden, würden sie nicht auf die Spitzenrefinanzierungsfazilität zurückgreifen.

Über die **Einlagefazilität** kann umgekehrt von Geschäftsbanken kurzfristig, d. h. bis zum nächsten Geschäftstag, Geld bei der EZB angelegt werden. Der hierfür von der EZB gezahlte Zinssatz bildet eine **Zinsuntergrenze** für das Tagesgeld am Geldmarkt, da eine Bank, die anderweitig höhere Zinsen erhalten könnte, ihr Geld nicht hier anlegen würde.

Auch die Zinssätze beider Ständigen Fazilitäten, welche einen sogenannten Zinskorridor um den Hauptrefinanzierungssatz bilden (vgl. M 54), werden somit als **Leitzinsen** bezeichnet.

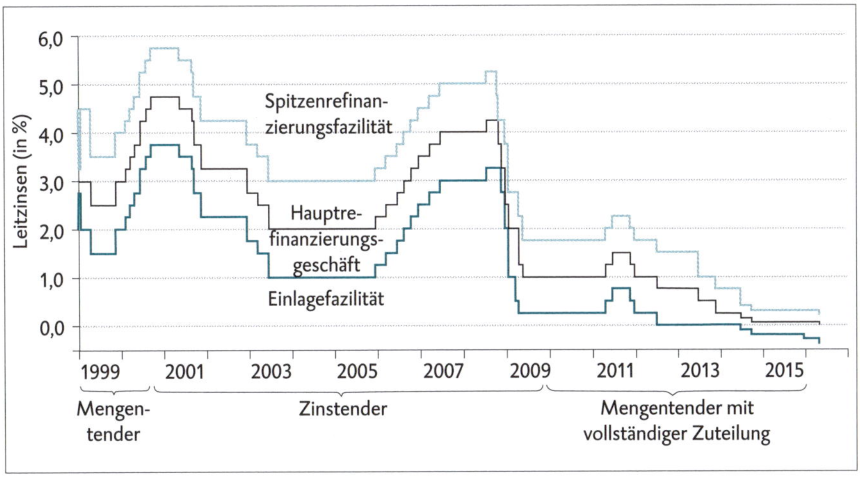

M 54: Entwicklung der Leitzinsen im Euroraum (Stand: März 2016)

Mindestreserven: Die EZB verpflichtet die Geschäftsbanken hiermit zu einer **Zwangseinlage** auf den Girokonten der jeweiligen nationalen Zentralbank, z. B. in Höhe von 1 % aller Einlagen und Schuldverschreibungen. Für die Mindestreserve erhalten die Banken Zinsen in Höhe des Hauptrefinanzierungssatzes. Bei Nichterfüllung können Strafzinsen verhängt werden und die entsprechende Bank kann von den Offenmarktgeschäften und den Ständigen Fazilitäten ausgeschlossen werden.

Dadurch soll eine Stabilisierung der Geldmarktzinsen und eine Liquiditätsverknappung der Geschäftsbanken erreicht werden. Da die Höhe der Mindestreserve in der Regel als Monatsdurchschnitt festgelegt wird, ergibt sich außerdem für Geschäftsbanken die Möglichkeit, kurzfristige Liquiditätsschwankungen über diese Einlage bei der EZB auszugleichen und flexibel z. B. auf Kreditanfragen zu reagieren.

Weiterführende Internetlinks

- http://dejure.org/gesetze/AEUV/127.html
  → Art. 127 des Vertrags über die Arbeitsweise der Europäischen Union zu Zielen, Aufgaben und Arbeitsweise des ESZB
- www.ecb.europa.eu/pub/pdf/other/monetarypolicy2011de.pdf?0651d17c4b69dd55f5d21d93aa600694
  → Ausführliche Publikation zur Geldpolitik der EZB
- www.ecb.int/ecb/html/index.de.html
  → Informationen über die EZB (Organisation, Aufgaben, Geschichte etc.)
- https://europa.eu/european-union/law/treaties_de
  → Informationen zu den Verträgen der EU (u. a. Vertrag von Maastricht)

Aufgaben

1 Fassen Sie die Inhalte des StabG zusammen.

2 Erläutern Sie, wieso das aus dem StabG abgeleitete Viereck als magisch gilt.

3 Benennen Sie mögliche wirtschaftspolitische Ziele, die das Viereck zum Vieleck erweitern können.

4 Formulieren Sie eine knappe Definition des BIP.

5 Stellen Sie die Entstehungs- und die Verwendungsrechnung des BIP dar.

6 Erörtern Sie, welche Chancen sich aus einem Wirtschaftswachstum ergeben.

7 Definieren Sie „Inflation".

8 Entwickeln Sie eine strukturierte Grafik, die einen Überblick über die verschiedenen Inflationsursachen gibt.

9 Erklären Sie die Entstehung einer importierten Inflation.

10 Erläutern Sie die Problematik, anhand eines Warenkorbs die Teuerungsrate zu bestimmen.

11 Benennen Sie die Gewinner und die Verlierer einer erhöhten Teuerungsrate.

12 Problematisieren Sie die Berechnung der Arbeitslosenquote durch die BA.

13 Ermitteln Sie konkrete Beispiele für die verschiedenen Arten struktureller Arbeitslosigkeit.

14 Erörtern Sie vor dem Hintergrund Ihrer Kenntnisse über die Folgen der Arbeitslosigkeit und über politische Handlungsoptionen die Auswirkungen von und mögliche Reaktionen auf Jugendarbeitslosigkeit.

15

2011	2012	2013	2014	2015
4,9	6,1	6,0	6,7	7,8

M 55: Außenbeitragsquote Deutschlands (Außenbeitrag in % des BIP)

Beurteilen Sie die deutsche Außenbeitragsquote der letzten Jahre.

16 Skizzieren Sie eine mögliche Wirkungskette der Beschäftigungsförderung.

17 Erklären Sie das Konzept des Earth Overshoot Days.

18 Erläutern Sie, welche Strategien eine ökosoziale Marktwirtschaft verfolgt.

19 Definieren Sie „Nachhaltigkeit“.

20 Erläutern Sie die Kritik am BIP-Konzept und nennen Sie Aspekte, die bei der Messung des Wohlstands einer Gesellschaft berücksichtigt werden müssten.

21 Ergänzen Sie M 39: Wie sieht die Entwicklung der Arbeitslosenzahl, des jährlichen BIP und der Lagerstände während eines Konjunkturzyklus aus?

22 Erläutern Sie den Begriff der Mikroökonomie.

23 Erläutern Sie den Begriff der Makroökonomie.

24 Schildern Sie in einer Wirkungskette einen typischen konjunkturellen Aufschwung/Abschwung. Starten Sie Ihre Gedankenkette bei einem starken Anziehen des Welthandels.

25 Entwickeln Sie jeweils eine Wirkungskette einer – im Sinne der Nachfragetheoretiker erfolgreichen – nachfrageorientierten Wirtschaftspolitik während einer Rezession sowie während eines konjunkturellen Aufschwungs.

26 Analysieren Sie M 45. Gehen Sie dabei insbesondere auf die deutsche Staatsquote ein.

27 Stellen Sie eine Folgekette angebotsorientierter Wirtschaftspolitik grafisch dar.

28 Problematisieren Sie die Annahmen bzw. Forderungen der Angebotstheorie vor dem Hintergrund von M 47.

29 Vergleichen Sie kriterienorientiert die Angebots- mit der Nachfragetheorie.

30 Ordnen Sie die wirtschaftspolitischen Maßnahmen des Konjunkturpakets II (vgl. M 49) begründet den beiden wirtschaftspolitischen Konzeptionen zu.

31 Beschreiben Sie den Unterschied zwischen Ordnungs- und Prozesspolitik.

32 Nennen Sie mindestens drei Beispiele für eine prozesspolitische Maßnahme und ordnen Sie diese einem Unterbereich zu.

33 Weshalb wird von einer „begrenzten Reichweite" nationaler Wirtschaftspolitik ausgegangen?

34 Beschreiben Sie die Vorgehensweise der EZB im Bereich der Hauptrefinanzierungsgeschäfte im Jahr 2011 (vgl. M 54). Begründen Sie mithilfe der Daten in M 53, warum die Entscheidungen seit Herbst 2011 in den Medien als „überraschend" bezeichnet wurden. Gehen Sie dabei auch auf die beabsichtigte Wirkung der Geldpolitik der EZB ein und erarbeiten Sie eine Erklärung.

Europäische Union

Bei der Europäischen Union (EU) handelt es sich um eine **supranationale Organisation**, d. h., ihre Beschlüsse sind nicht nur zwischenstaatlich, sondern auch innerhalb der Mitgliedstaaten bindend. Allerdings gilt das nur für die vereinbarten Politikfelder und nicht generell.

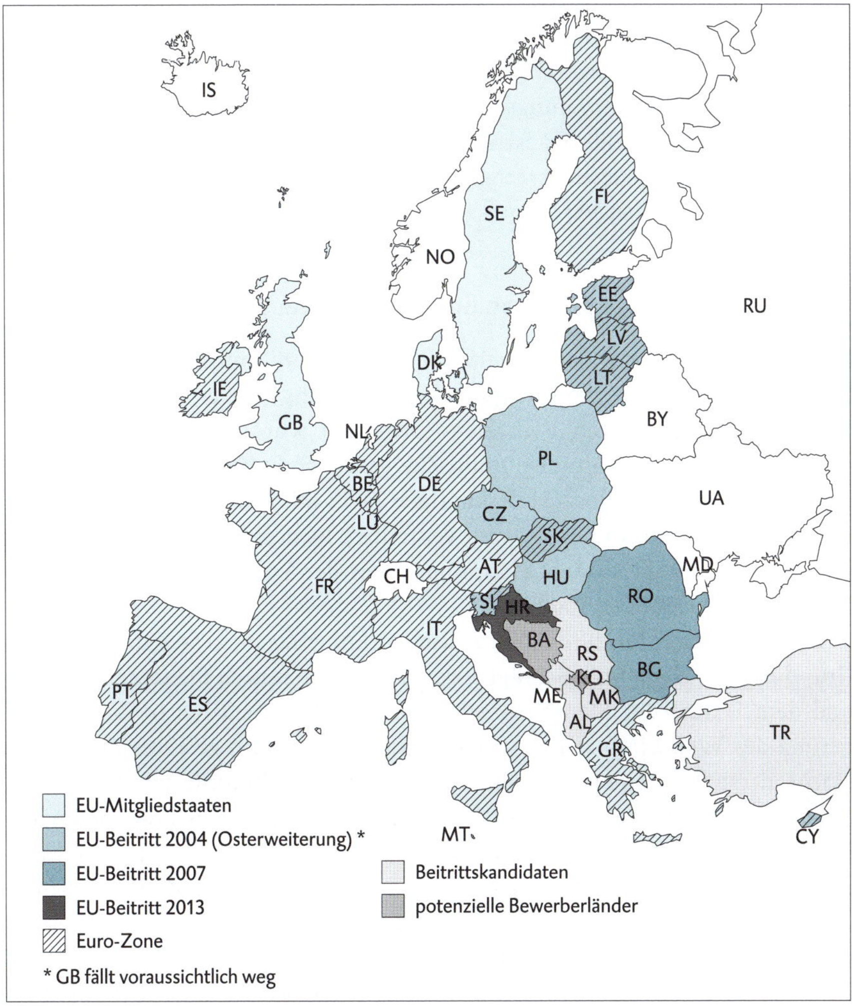

M 56: Die Europäische Union und die Eurozone

1 Historische Entwicklung der EU als wirtschaftliche und politische Union

Die Entstehung bzw. Entwicklung der EU, d. h. die **europäische Integration** von ursprünglich sechs und mittlerweile 28 Mitgliedern, ist ein besonderer Vorgang, der bislang einzigartig in den internationalen Beziehungen ist. Das liegt daran, dass nirgendwo sonst Mitgliedstaaten so viele Kompetenzen an eine **supranationale Institution** übertragen haben oder sie zumindest aufeinander abstimmen und gemeinsam ausüben. Die EU verfügt über supranationale Organe mit eigenständigen Rechten, über einen gemeinsamen europäischen Binnenmarkt (vgl. S. 103 f.), eine nach außen abgestimmte Handelspolitik und – zumindest teilweise – über eine gemeinsame Währung (vgl. S. 106). Europäische Regelungen greifen in nationales Recht ein und gehen ihm sogar vor. Aber die EU ist kein Staat. Dazu fehlen ihr u. a. das Gewaltmonopol, das Besteuerungsrecht und eine Verfassung. Souverän sind die Staaten, die sich in den Verträgen selbst binden, nicht das europäische Volk.

1.1 Motive des Europäischen Einigungsprozesses

Es gab zwar bereits vor dem Zweiten Weltkrieg Forderungen nach einem geeinten Europa (die sog. **paneuropäische Bewegung**), die unter dem Eindruck der Schrecken des Ersten Weltkriegs formuliert wurden. Dennoch machten die weitgehende ökonomische, politische und auch kulturelle Zerstörung Europas, der mit dem Holocaust verbundene Zivilisationsbruch der NS-Diktatur sowie der insgesamt in Europa weit verbreitete Nationalismus und Rassismus die Idee einer umfassenden Zusammenarbeit der Völker Europas nach dem zweiten Weltkrieg noch stärker.

Ein vorrangiges Motiv des Europäischen Einigungsprozesses und auch der Gründung der UNO (vgl. S. 203 ff.) war der Wunsch nach Sicherheit, Frieden und dem Schutz der Menschenrechte: Wo die Einzelstaaten in der Verhinderung des Weltkriegs kläglich versagt hatten, sollte ein geeintes Europa die Macht darstellen, einen solchen Flächenbrand in Zukunft zu verhindern. Außerdem hatten die Menschen über viele Jahre unter den kriegsbedingten Beschränkungen des Handels, aber auch des Personen- und Kapitalverkehrs gelitten, sodass der persönliche Wunsch nach Freiheit und Mobilität sich in dem Wunsch nach einem in Zukunft offenen Europa manifestierte. Natürlich war hieran angesichts der umfassenden Zerstörung Europas auch die Hoffnung auf ökonomischen Wohlstand – durch einen gemeinsamen offenen Binnenmarkt – verbunden. Ergänzt wurden die Motive durch die Hoffnung, dass die EU ein Machtfaktor in der Welt werden könne: Der sich bereits langsam abzeichnende **Kalte Krieg** brachte Europa in eine Grenzstellung zur UdSSR (Sowjetunion, heute: Russland). Durch einen Zusammenschluss der Staaten sollte dem Machtverlust, den Europa im Zuge des Krieges erfahren hatte, begegnet werden. Das Hauptmotiv der europäischen Idee – die Garantie von Sicherheit, dauerhaftem Frieden und dem Schutz der Menschenrechte – wird auch heute noch betont: So ist die Verleihung des **Friedensnobelpreises** an die Europäische Union (2012) eine Würdigung dieser Funktion.

1.2 Die Entstehung und Erweiterung der EU

Der vom französischen Außenminister Robert Schuman entwickelte Plan, den Zugang zu den Gütern der Montanindustrie (Bergbau, Eisen, Stahl) gemeinsam zu kontrollieren, mündete in die Gründung der **Europäischen Gemeinschaft für Kohle und Stahl** (EGKS, 1951; auch: **Montanunion**). Deren Mitglieder, Frankreich, Italien, Westdeutschland und die Benelux-Länder, kristallisierten sich damit als Kern der europäischen Einigung heraus.

1957 wurden von den sechs Staaten die **Römischen Verträge** unterzeichnet, mit denen die **Europäische Wirtschaftsgemeinschaft** (EWG) sowie die **Europäische Atomgemeinschaft** (EAG/Euratom) gegründet wurden. Nun gab es bereits eine Parlamentarische Versammlung, einen Ministerrat, eine Kommission und einen Gerichtshof.

1960 gründete Großbritannien zusammen mit Dänemark, Norwegen, Österreich, Portugal, Schweden und der Schweiz die **Europäische Freihandelszone** (EFTA), die die Zölle der Mitgliedstaaten untereinander abbaute, aber nicht wie die EWG einen gemeinsamen Markt mit einer Außenzollmauer darstellte und auch keine weitergehende Integration anstrebte.

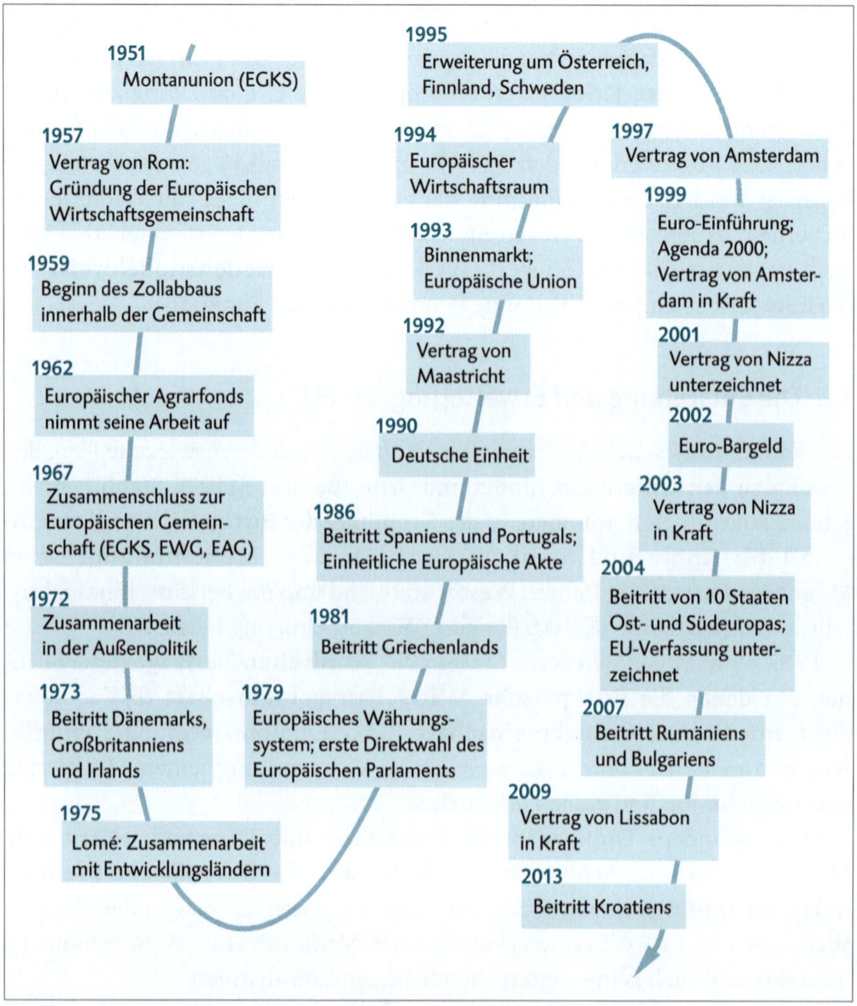

M 57: Etappen der Europäischen Einigung

1967 wurden die drei Gemeinschaften EGKS, EWG und EAG zu den **Europäischen Gemeinschaften** (EG) zusammengefasst und bald kam es zur Erweiterung der bisherigen Westintegration: Im Rahmen der ersten Erweiterung 1973 wurden Dänemark, das Vereinigte Königreich und Irland aufgenommen, 1981 Griechenland. 1986 folgten Portugal und Spanien (Süderweiterung), 1995 Finnland, Österreich und Schweden (Norderweiterung), 2004 dann Estland, Lettland, Litauen, Malta, Polen, die Slowakei, Slowenien, die Tschechische Republik, Ungarn und Zypern, 2007 Bulgarien und Rumänien und 2013 schließlich Kroatien.

1979 wurde das **Europäische Währungssystem** (EWS, vgl. S. 76 f.) ein- und die erste Direktwahl zum Europäischen Parlament durchgeführt. 1986 folgte die Einheitliche Europäische Akte (EEA), mit der der **europäische Binnenmarkt** (vgl. S. 103 f.) vollendet wurde.

1992 wurde der **Vertrag von Maastricht** geschlossen, der die Wirtschafts- und Währungsunion (EWWU), eine gemeinsame Außen- und Sicherheitspolitik (GASP) sowie die Zusammenarbeit in Fragen der Rechts- und Innenpolitik brachte. Mit den Verträgen von **Amsterdam** (1997) und **Nizza** (2001) vertieften die EU-Staaten ihre Zusammenarbeit und regelten die Zusammensetzung der Organe sowie das Stimmgewicht der Staaten innerhalb der Organe neu. Der 2004 verabschiedete Verfassungsvertrag scheiterte 2005 an Referenden in Frankreich und den Niederlanden, sodass statt einer Verfassung ein weiteres Vertragswerk nunmehr das aktuelle Organisationsstatut der EU darstellt: der **Vertrag von Lissabon**, der am 1. 12. 2009 nach der Annahme in allen Mitgliedstaaten in Kraft trat. Mit ihm werden die vorangehenden Verträge – anders als bei der ursprünglich geplanten Verfassung – nicht aufgehoben, sondern lediglich verändert.

Anhand der 1993 von der EU beschlossenen **Kopenhagener Kriterien** werden bei allen Beitrittskandidaten die politischen und wirtschaftlichen Voraussetzungen für einen EU-Beitritt geprüft bzw. die für eine Mitgliedschaft in der EU notwendigen Reformen festgelegt. Dazu zählen folgende Punkte:

- Die Beitrittskandidaten müssen über eine stabile Demokratie mit entsprechenden Institutionen verfügen **(politisches Kriterium)**. Hierzu gehören Rechtsstaatlichkeit, ein Mehrparteiensystem, die Sicherung von Grund- und Menschenrechten, ein plurales gesellschaftliches System sowie öffentliche und freie Diskussionen, z. B. mittels unabhängiger Medien.
- In den Staaten muss das System der Marktwirtschaft funktionieren. Hierzu gehören gesicherte Eigentumsgarantien, auch für Bürger der EU, ein freier Wettbewerb, ein stabiles Finanz- und Währungssystem **(wirtschaftliches Kriterium)**.
- Die Beitrittsstaaten müssen die Rechte und Pflichten aus den Rechtsgrundlagen der EU akzeptieren und in ihr eigenes Rechtssystem übernehmen **(Acquis-Kriterium)**.
- Die Staaten müssen den Binnenmarkt anerkennen und der EWWU beitreten **(EU-gemeinschaftliches Kriterium)**.

1.3 Zuständigkeiten der EU

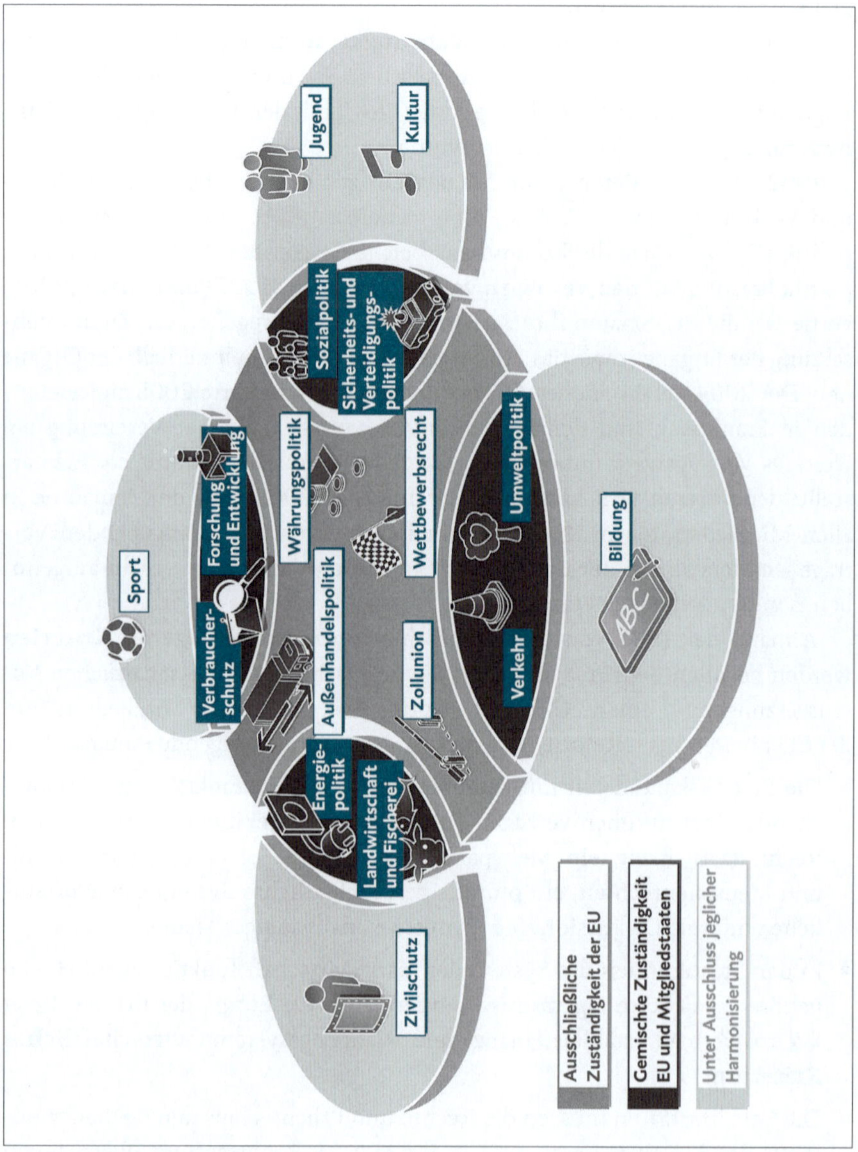

M 58: Kompetenzverteilung in der EU

Zuständigkeiten, die in den Verträgen nicht auf die EU übertragen wurden, verbleiben bei den Mitgliedstaaten. Doch in einer Reihe von Politikbereichen kann die EU tätig werden. Dabei gelten folgende Grundsätze:

- **begrenzte Einzelermächtigung:** die EU kann nur innerhalb der Grenzen der von den Mitgliedstaaten übertragenen Zuständigkeiten agieren;
- **Subsidiaritätsprinzip:** in Bereichen, in denen die EU nicht die ausschließliche Zuständigkeit besitzt, wird sie nur tätig, wenn die Probleme auf der Ebene der Mitgliedstaaten nicht (so gut) bewältigt werden können;
- **Verhältnismäßigkeitsprinzip:** die von der EU getroffenen Maßnahmen dürfen nur so weit gehen, wie zur Erreichung der gesetzten Ziele notwendig ist.

Weiterführende Internetlinks

- www.bundesregierung.de/Content/DE/StatischeSeiten/Breg/Europa/Artikel/2005-11-08-kriterien-beitrittskandidaten.html
  → Informationen der Bundesregierung zu den Bedingungen eines EU-Beitritts
- http://europa.eu/about-eu/eu-history/index_de.htm
  → ausführliche Informationen zur Geschichte der EU
- https://europa.eu/european-union/law/treaties_de
  → ausführliche Informationen zu den EU-Verträgen
- www.kas.de/wf/doc/kas_36756-544-1-30.pdf?140204133134
  → Analyse der Konrad-Adenauer-Stiftung zur Subsidiarität in Europa

2 EU-Normen, Interventions- und Regulationsmechanismen sowie Institutionen

2.1 Die Struktur der EU

Durch den **Vertrag von Lissabon** wurden die Kompetenzen der EU-Organe zum Teil neu definiert bzw. erweitert.

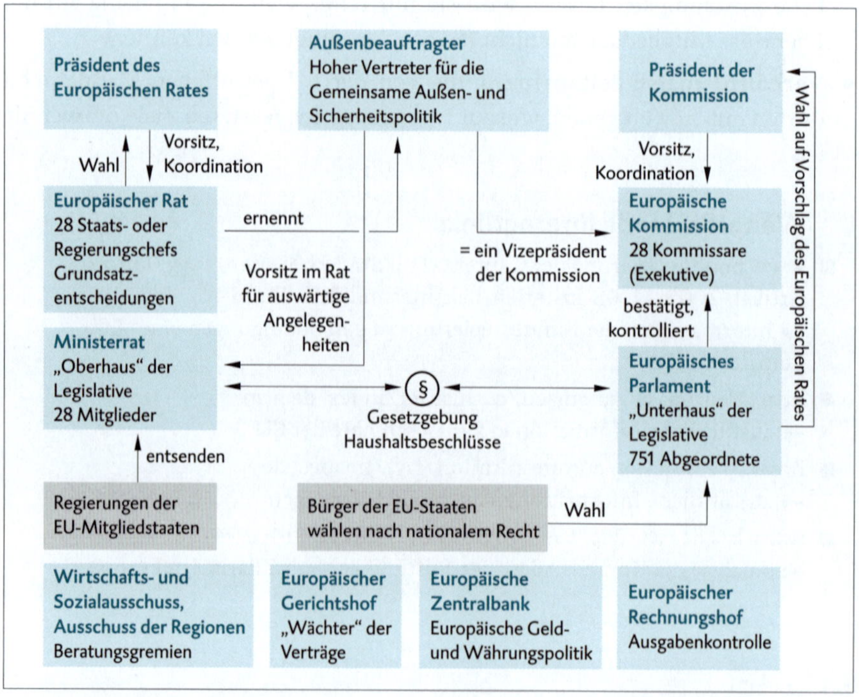

M 59: Das politische System der EU

Das Europäische Parlament

Das **Europäische Parlament** (auch: **Europaparlament**) wird alle fünf Jahre als einziges der EU-Organe von den Bürgern der Mitgliedstaaten direkt gewählt. Der Sitz des Parlaments ist Straßburg, es tagt aber auch regelmäßig in Brüssel und Luxemburg.

Jeder Mitgliedstaat verfügt im Parlament über mindestens sechs und höchstens 96 Sitze. Kleinere Mitgliedstaaten entsenden im Verhältnis zu ihrer Bevölkerungsgröße mehr Abgeordnete als große Staaten. Die Abgeordneten organisieren sich in Fraktionen, die sich an der politischen Ausrichtung ihrer jeweiligen nationalen Parteien orientieren. Nach dem Vertrag von Lissabon darf ab der Europawahl im Jahr 2014 die Gesamtzahl 751 Mitglieder (750 Abgeordnete und ein Präsident) nicht überschreiten.

Das Parlament hat durch den Vertrag von Lissabon eine wesentliche Aufwertung als **supranationale Institution** erfahren und ist für folgende Aufgaben verantwortlich:

Gesetzgebungsfunktion	Diese Aufgabe teilt sich das EU-Parlament mit dem Ministerrat. In den meisten Politikfeldern gilt das ordentliche Gesetzgebungsverfahren, nach dem diese beiden Institutionen gleichberechtigt sind. Sie können in einen Gesetzestext der EU-Kommission Änderungsvorschläge einbringen. Ein Initiativrecht besitzt das Parlament nicht. Die Kommission kann vom Parlament jedoch aufgefordert werden, zu einem bestimmten Gegenstand innerhalb von 12 Monaten einen Gesetzesvorschlag vorzulegen.
Budgetierungsfunktion	Gemeinsam mit dem Ministerrat kann das Parlament Änderungen für den Haushaltsentwurf der Kommission vorschlagen. Über diese beschließen dann allein Parlament und Ministerrat. Der jährliche Haushalt ist in einen mehrjährigen Finanzplan eingebunden. Dieser sieht für 2014–2020 Ausgaben in Höhe von 960 Mrd. € vor.
Wahlfunktion	Das Parlament wählt den vom Europäischen Rat vorgeschlagenen Präsidenten der EU-Kommission. Auch die vom Europäischen Rat nominierten Kandidaten für die Kommission muss das Parlament bestätigen. Es kann die Kommission jedoch nur als Ganzes ablehnen. Durch ein Misstrauensvotum (bei Zweidrittelmehrheit) kann das Parlament die Kommission zudem zum Rücktritt zwingen.
Kontrollfunktion	Das Parlament übt die parlamentarische Kontrolle gegenüber dem Ministerrat und der Kommission aus, indem es mündliche oder schriftliche Anfragen an diese Organe richten, Untersuchungsausschüsse einsetzen und Klage vor dem EuGH einreichen kann. Der Ministerrat, die Kommission und die EZB müssen dem Parlament regelmäßig Bericht erstatten.

M 60: Aufgaben des EU-Parlaments

Der Europäische Rat

In diesem Gremium treffen 28 Staats- und Regierungschefs der EU-Mitgliedstaaten, der Präsident des Europäischen Rates und der Kommissionspräsident zusammen. Letztere besitzen jedoch kein Stimmrecht. Daher handelt es sich beim Europäischen Rat um eine **intergouvernementale Institution** innerhalb des europäischen Institutionengefüges. Die sogenannten **EU-Gipfeltreffen** finden in der Regel viermal im Jahr in Brüssel statt.

Die Aufgabe des Europäischen Rates besteht darin, Impulse für die künftige Entwicklung der EU zu setzen und entsprechende Zielvorgaben zu formulieren. Er ist also nicht an der alltäglichen Rechtsetzung der EU beteiligt, die innerhalb des **institutionellen Dreiecks der EU** (EU-Kommission, Ministerrat, EU-Parlament) stattfindet. Allerdings werden im Europäischen Rat auf höchster Ebene Kompromisse gesucht, falls im Ministerrat in bestimmten Fragen keine Einigung erzielt werden konnte.

Darüber hinaus nominiert der Europäische Rat den Kommissionspräsidenten und ernennt den Hohen Vertreter der EU für die gemeinsame Außen- und Sicherheitspolitik (vgl. S. 96).

Der Präsident des Europäischen Rates, seit 2014 Donald Tusk, leitet die Sitzungen des Gremiums. Er wird für zweieinhalb Jahre gewählt und darf während seiner Amtszeit kein nationales Amt ausüben.

Die Europäische Kommission

Die **Europäische Kommission** mit Sitz in Brüssel entspricht in etwa einem Regierungskabinett auf nationalstaatlicher Ebene, es handelt sich also um einen Teil der **Exekutive** innerhalb der EU. Jedes Mitgliedsland stellt einen Kommissar, der für ein bestimmtes Ressort zuständig ist. Da die Kommissare in erster Linie die Interessen der EU zu vertreten haben und nicht als Repräsentanten ihres Herkunftslands agieren, ist die Kommission eine **supranationale Institution**.

Die EU-Kommission achtet darauf, dass die europäischen Richtlinien, Verordnungen etc. korrekt ausgeführt werden. Als **„Hüterin der Verträge"** kontrolliert sie, ob die Mitgliedstaaten ihre europarechtlichen Verpflichtungen einhalten. Um dies zu gewährleisten, steht ihr ein entsprechender Beamtenapparat zur Verfügung. Darüber hinaus hat die Kommission im Bereich der **Legislative** das alleinige Initiativrecht für Gesetzesvorhaben sowie das Vorschlagsrecht für den Haushalt.

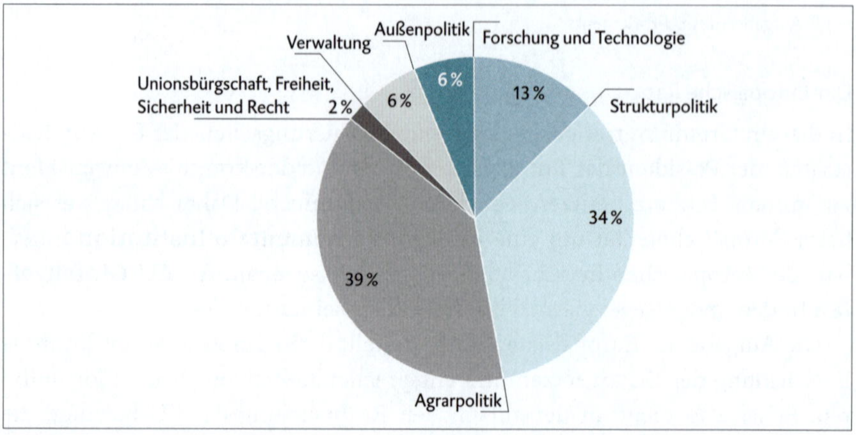

M 61: Der mehrjährige Finanzrahmen der EU 2014–2020, Anteile am Gesamtumfang

Der Rat der Europäischen Union (Ministerrat)

Sitz des **Ministerrats** ist Brüssel, Tagungen finden jedoch auch in Luxemburg statt. Der Ministerrat setzt sich aus den Fachministern der 28 EU-Mitgliedstaaten zusammen, sodass sich die Zusammensetzung je nach verhandeltem Politikbereich verändert. Es handelt sich um eine **intergouvernementale** EU-Institution. Um ein Minimum an Übersichtlichkeit und Kontinuität zu gewährleisten, wurde die Anzahl der Zusammensetzungen durch den Vertrag von Lissabon auf zehn begrenzt:

1. Allgemeine Angelegenheiten,
2. Auswärtige Angelegenheiten,
3. Wirtschaft und Finanzen (ECOFIN),
4. Justiz und Inneres,
5. Landwirtschaft und Fischerei,
6. Beschäftigung, Sozialpolitik, Gesundheit und Verbraucherschutz,
7. Wettbewerbsfähigkeit,
8. Umwelt,
9. Bildung, Jugend, Kultur und Sport,
10. Verkehr, Telekommunikation und Energie.

Der Vorsitz im Ministerrat wechselt halbjährlich nach einer festgelegten Reihenfolge zwischen den EU-Mitgliedstaaten. Der Ministerrat ist maßgeblich am Gesetzgebungsprozess in der EU beteiligt (vgl. M 60), bildet also einen Teil der **Legislative**. Er verabschiedet zudem gemeinsam mit dem EU-Parlament den EU-Haushalt und unterzeichnet internationale Übereinkünfte der EU mit anderen Staaten und Organisationen.

Die **Abstimmungsverfahren** im Ministerrat unterscheiden sich danach, was gerade verhandelt wird. In den meisten Politikbereichen gilt das ordentliche Gesetzgebungsverfahren. Hier ist eine qualifizierte Mehrheit notwendig.

Seit dem Vertrag von Lissabon gilt dabei das System der **doppelten Mehrheit:** Zustimmen müssen 55 % der Mitgliedstaaten, die mindestens 65 % der EU-Bevölkerung repräsentieren müssen. Dieses Prinzip wird zwar erst ab 2017 endgültig eingeführt, aber schon ab 2014 angewandt, solange kein Mitgliedstaat widerspricht.

Weitere Institutionen der EU

Sowohl der **Wirtschafts- und Sozialausschuss**, der aus Gewerkschaften, Arbeitgeberverbänden und anderen Interessengruppen gebildet wird, als auch der **Ausschuss der Regionen**, in dem Vertreter regionaler und kommunaler Gebietskörperschaften Europas vertreten sind, haben während des Gesetzgebungsprozesses eine beratende Funktion und müssen bei den sie betreffenden Fragen angehört werden.

Der **Europäische Gerichtshof** mit Sitz in Luxemburg ist das oberste rechtsprechende Organ der EU. Er stellt sicher, dass das europäische Recht in allen EU-Mitgliedstaaten einheitlich ausgelegt wird und ist zum Teil für Klagen der Mitgliedstaaten gegen die Kommission zuständig. Der **Europäische Rechnungshof** mit Sitz in Luxemburg achtet auf die korrekte Verwendung der Haushaltsmittel. Die **Europäische Zentralbank** (vgl. S. 76 ff.) mit Sitz in Frankfurt gehört ebenfalls zu den Organen der EU.

Der **Hohe Vertreter der EU für Außen- und Sicherheitspolitik** (auch EU-Außenbeauftragter genannt) ist der Vizepräsident der EU-Kommission und Vorsitzender im Auswärtigen Rat (d. h. dem Ministerrat für Auswärtige Angelegenheiten). Er vertritt die EU gemeinsam mit dem Präsidenten des Europäischen Rates nach außen. Dieses mit dem Vertrag von Lissabon geschaffene Amt hat seit 2014 Federica Mogherini inne.

Kritik am politisches System der EU

Von Kritikern des politischen Systems der Europäischen Union wird oft die mangelnde Legitimation bemängelt. Zur Begründung dieses vermeintlichen **Demokratiedefizits** wird angeführt, dass sowohl **Ministerrat** als auch die **EU-Kommission** erhebliche Entscheidungskompetenzen haben, im Gegensatz zum EU-Parlament aber nicht direkt demokratisch legitimiert seien. Demgegenüber habe das EU-Parlament, das von den EU-Bürgern direkt gewählt wird, nur eine **eingeschränkte Kontrollfunktion** und verfüge über kein eigenes Initiativrecht für Gesetze, was eigentlich eine Grundfunktion von Parlamenten in demokratischen Systemen sei.

Befürworter halten dem entgegen, dass sowohl Ministerrat als auch EU-Kommission **indirekt demokratisch** legitimiert seien. Die Mitglieder des Ministerrats gehören den Regierungen der Mitgliedsstaaten an, die ihrerseits von der jeweiligen Bevölkerung gewählt wurden und die Kommissionsmitglieder werden ebenfalls von den – jeweils demokratisch legitimierten – nationalen Regierungen vorgeschlagen. Die Rechte des EU-Parlaments entsprächen zwar noch nicht den Rechten der Parlamente in den Nationalstaaten, allerdings habe der Einfluss des EU-Parlaments insbesondere seit dem Vertrag von Lissabon erheblich zugenommen. Das fehlende Initiativrecht spiele in der politischen Praxis kaum eine Rolle, da die Kommission entsprechende Vorschläge des Parlaments fast immer aufgreife. Dieser Mangel habe also eher einen symbolischen Wert.

Damit weist das institutionelle Gefüge der EU nach Meinung der Befürworter kein eigentliches Demokratiedefizit auf. Die Regeln der EU werden von Kommission, Ministerrat und Parlament („Trilog") ausgehandelt, die entweder indirekt oder direkt demokratisch legitimiert sind. Aufgrund der größeren Macht des Ministerrats könne man allenfalls von einem parlamentarischen Defizit sprechen.

2.2 EU-Normen, Interventions- und Regulationsmechanismen

„Brüssel schreibt nicht nur vor, wie stark Gurken und Bananen gekrümmt sein dürfen, wie dick Äpfel und wo Traktorensitze angebracht sein müssen. Europa entscheidet auch, welcher Hersteller sein Produkt ‚Feta' nennen darf und welcher ‚Käse in Salzlake gereift' auf die Packung drucken muss. Die EU zwingt Firmen, deren Mitarbeiter Presslufthämmer bedienen, zu ‚Vibrationsminderungsprogrammen' und schreibt Grenzwerte für ‚Hand-, Arm- und Ganzkörperschwingungen' vor."

M 62: Lächerliche Verordnungen

Was in den obigen Beispielen zum Teil nicht direkt einsichtig erscheint, hat letztlich große Bedeutung. In das nationale Recht des Einzelstaates eingepflegte **Normen** regeln in vielfältiger Weise z. B. Aspekte des Verbraucherschutzes. Grenzwerte oder Kennzeichnungspflichten für bestimmte Inhaltsstoffe von Produkten dienen hier letztlich dem **Wohl der Konsumenten**. Technische Normierungen (z. B. Normierung von Gewinden oder Papiergrößen) vereinfachen außerdem ökonomische Austausch- und Produktionsprozesse im **EU-Binnenmarkt** und sichern den Warenhandel und die Passung innerhalb von Produktionsketten. EU-Normen stehen allerdings auch immer wieder in der Kritik, bestimmte Bereiche überzuregulieren und Freiräume unnötig einzuschränken. Typische Beispiele hierfür sind der inzwischen zurückgenommene Versuch, offene Ölkännchen in der Gastronomie zu verbieten, oder die immer wieder diskutierte „**Gurkenkrümmungs-Verordnung**", die de facto bereits 2009 außer Kraft gesetzt wurde. Aus diesem Grund werden die Normierungen der EU in regelmäßigen Abständen (i. d. R. alle 5 Jahre) geprüft und im Austausch mit nationalen Normierungsbehörden, Institutionen des Verbraucherschutzes und Vertretern der Wirtschaft auf ihre Zweckhaftigkeit geprüft.

Insgesamt lässt sich festhalten, dass einheitliche Normen und Standards den Anspruch erheben:

- den Handel und die Arbeit in der EU zu vereinfachen
- die Vergleichbarkeit von Produkten zu sichern
- die Eignung eines Produktes zu bewerten
- die Kompatibilität von Produkten zu gewährleisten
- durch die gleiche Geltung in jedem Staat der EU den Wettbewerb zwischen unterschiedlichen Anbietern zu sichern
- die Gesundheit, Sicherheit und Umwelt der Bürger zu schützen
- die Gewährleistung bei der Fehlerhaftigkeit zu regeln

Im Prozess der **Normierung** ist die Bedeutung der EU sehr groß: Inzwischen kommen ca. 90 Prozent aller Normungsvorhaben, die Deutschland betreffen, aus Europa, während noch in den achtziger Jahren eine ähnlich hohe Zahl in Deutschland selbst auf den Weg gebracht wurde.

Um Normen und Standards in konkretes Recht zu überführen, hat die EU zwei wesentliche Instrumente zur Verfügung: **Richtlinien** und **Verordnungen**.

Richtlinien sind im EU-Recht Rechtsakte der Union, die den Einzelstaaten gewisse Handlungsspielräume bei der Umsetzung innerhalb einer festgesetzten Frist einräumen. Mit dieser Umsetzung wird der Richtlinieninhalt Teil der nationalen Rechtsordnung.

Im Gegensatz hierzu sind EU-Verordnungen (Beschlüsse) unmittelbar wirksam und im Wortlaut verbindliches Recht. Sie müssen nicht durch nationale Rechtsakte von jedem Einzelstaat der EU in nationales Recht umgeformt werden. Man spricht in diesem Zusammenhang auch von der **Durchgriffswirkung** einer Verordnung.

Richtlinien und Verordnungen (Gesetzgebungsakte) werden in der Regel auf Vorschlag der Europäischen Kommission vom Rat der Europäischen Union und dem Europäischen Parlament nach dem **ordentlichen Gesetzgebungsverfahren** gemeinsam erlassen (vgl. S. 100).

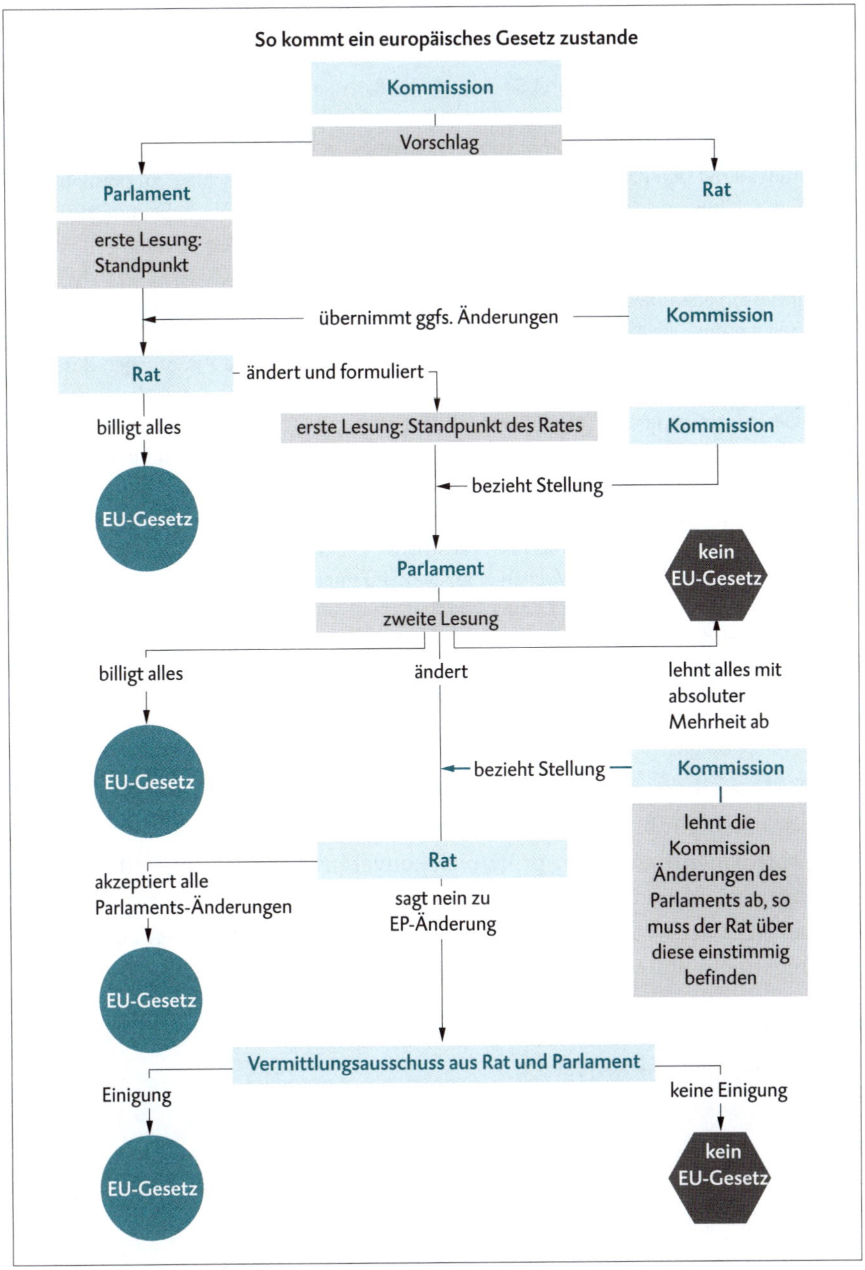

M 63: Der Weg zum EU Gesetz

Exkurs: Ordentliches Gesetzgebungsverfahren in der EU

Nationale Regierungen, der Europäische Rat, das Parlament, Medien, Lobbygruppen, Verbände oder Bürgerinitiativen tragen ein Anliegen an die EU heran. Nun ist es zunächst Aufgabe der Europäischen Kommission, nach internen Konsultationen und informellen Beratungen mit den nationalen Regierungen zur Sache einen „Vorschlag" zu präsentieren und an das Europäische Parlament und den Rat weiterzuleiten. Nach Beratungen in 1. Lesung formuliert das Parlament einen „Standpunkt" und leitet diesen dem Ministerrat zur Beratung in 1. Lesung zu. Stimmt der Ministerrat dem Standpunkt des Parlaments mit qualifizierter Mehrheit zu, ist er beschlossen und ein europäischer „Rechtsakt" kann erlassen werden. Weicht aber der Standpunkt des Ministerrates von dem des Parlaments ab, kommt es zunächst zu einer 2. Lesung im Parlament, in der die Änderungen des Rats mit einfacher Mehrheit angenommen werden können. Andernfalls kann das Parlament das Gesetz entweder mit absoluter Mehrheit scheitern lassen oder aber Änderungsvorschläge vorbringen, welche der Rat seinerseits billigen kann. Die Kommission gibt in diesem Prozess eine Stellungnahme ab.

Wird keine Einigung erreicht, kann ein Vermittlungsausschuss einberufen werden. Hier versuchen Vertreter des Rates und des Parlaments, auf Grundlage des vom Parlament geänderten Entwurfs binnen 6 Wochen einen gemeinsamen Entwurf zu entwickeln. Kommt dieser zustande, wird er in 3. Lesung von Parlament und Rat beschlossen. Gelingt dies nicht oder wird auch der neue Entwurf in 3. Lesung nicht angenommen, ist der Rechtsakt gescheitert.

M 64: Ordentliches Gesetzgebungsverfahren

Die Rechtsordnung der EU weist bereits starke Merkmale einer föderal-bundesstaatlichen Ordnung auf, sodass sich die Frage nach dem Verhältnis des nationalstaatlichen Rechts der prinzipiell souveränen Staaten im Verhältnis zur Durchgriffstiefe und dem überstaatlichen Regelungsanspruch der EU stellt: Hierbei ist festzustellen, dass die Mitgliedstaaten weiterhin einen eigenen Gestaltungsspielraum besitzen und den Integrationsprozess kontrollieren können.

Das Grundgesetz regelt hierzu auch grundlegend die **Übertragung von Hoheitsrechten** im Artikel 23.

Art. 23 GG

(1) Zur Verwirklichung eines vereinten Europas wirkt die Bundesrepublik Deutschland bei der Entwicklung der Europäischen Union mit, die demokratischen, rechtsstaatlichen, sozialen und föderativen Grundsätzen und dem Grundsatz der Subsidiarität verpflichtet ist und einen diesem Grundgesetz im wesentlichen vergleichbaren Grundrechtsschutz gewährleistet. Der Bund kann hierzu durch Gesetz mit Zustimmung des Bundesrates Hoheitsrechte übertragen. Für die Begründung der Europäischen Union sowie für Änderungen ihrer vertraglichen Grundlagen und vergleichbare Regelungen, durch die dieses Grundgesetz seinem Inhalt nach geändert oder ergänzt wird oder solche Änderungen oder Ergänzungen ermöglicht werden, gilt Artikel 79 Abs. 2 und 3.

(1a) Der Bundestag und der Bundesrat haben das Recht, wegen Verstoßes eines Gesetzgebungsakts der Europäischen Union gegen das Subsidiaritätsprinzip vor dem Gerichtshof der Europäischen Union Klage zu erheben. Der Bundestag ist hierzu auf Antrag eines Viertels seiner Mitglieder verpflichtet. Durch Gesetz, das der Zustimmung des Bundesrates bedarf, können für die Wahrnehmung der Rechte, die dem Bundestag und dem Bundesrat in den vertraglichen Grundlagen der Europäischen Union eingeräumt sind, Ausnahmen von Artikel 42 Abs. 2 Satz 1 und Artikel 52 Abs. 3 Satz 1 zugelassen werden.

(2) In Angelegenheiten der Europäischen Union wirken der Bundestag und durch den Bundesrat die Länder mit. Die Bundesregierung hat den Bundestag und den Bundesrat umfassend und zum frühestmöglichen Zeitpunkt zu unterrichten.

(3) Die Bundesregierung gibt dem Bundestag Gelegenheit zur Stellungnahme vor ihrer Mitwirkung an Rechtsetzungsakten der Europäischen Union. Die Bundesregierung berücksichtigt die Stellungnahmen des Bundestages bei den Verhandlungen. Das Nähere regelt ein Gesetz.

(4) Der Bundesrat ist an der Willensbildung des Bundes zu beteiligen, soweit er an einer entsprechenden innerstaatlichen Maßnahme mitzuwirken hätte oder soweit die Länder innerstaatlich zuständig wären.

(5) Soweit in einem Bereich ausschließlicher Zuständigkeiten des Bundes Interessen der Länder berührt sind oder soweit im Übrigen der Bund das Recht zur Gesetzgebung hat, berücksichtigt die Bundesregierung die Stellungnahme des Bundesrates. Wenn im Schwerpunkt Gesetzgebungsbefugnisse der Länder, die Einrichtung ihrer Behörden oder ihre Verwaltungsverfahren betroffen sind, ist bei der Willensbildung des Bundes insoweit die Auffassung des Bundesrates maßgeblich zu berücksichtigen; dabei ist die gesamtstaatliche Verantwortung des Bundes zu wahren. In Angelegenheiten, die zu Ausgabenerhöhungen oder Einnahmeminderungen für den Bund führen können, ist die Zustimmung der Bundesregierung erforderlich.

(6) Wenn im Schwerpunkt ausschließliche Gesetzgebungsbefugnisse der Länder auf den Gebieten der schulischen Bildung, der Kultur oder des Rundfunks betroffen sind, wird die Wahrnehmung der Rechte, die der Bundesrepublik Deutschland als Mitgliedstaat der Europäischen Union zustehen, vom Bund auf einen vom Bundesrat benannten Vertreter der Länder übertragen. Die Wahrnehmung der Rechte erfolgt unter Beteiligung und in Abstimmung mit der Bundesregierung; dabei ist die gesamtstaatliche Verantwortung des Bundes zu wahren.

Grundsätzlich müssen alle gesetzlichen Neuregelungen mit dem Wesensgehalt des deutschen Grundgesetzes vereinbar sein. Wenn also Personen oder Institutionen Zweifel an dieser Vereinbarkeit haben, können sie das Bundesverfassungsgericht (BVG) in Karlsruhe anrufen, das dann eine entsprechende Prüfung vornimmt. Damit kommt dem BVG eine bedeutende Kontrollfunktion im Gesetzgebungsprozess der EU zu.

Weiterführende Internetlinks

- www.bruessel-eu.diplo.de
  → Website der ständigen Vertretung der Bundesrepublik Deutschland bei der EU in Brüssel
- http://www.europarl.europa.eu/germany/de/die-eu-und-ihre-stimme/rat-der-eu
  → Website des Ministerrats
- http://de.strasbourg-europe.eu/europa-in-stra-burg,13849,de.html
  → Informationen zu den in Straßburg ansässigen EU-Institutionen
- www.dw.de/themen/europa/s-12322
  → Informationen der Deutschen Welle zu Europa
- http://ec.europa.eu/eurostat/
  → Eurostat – von der EU-Kommission erhobenene Statistiken zu Europa
- http://ec.europa.eu/index_de.htm
  → Website der EU-Kommission
- http://europa.eu/eu-law/index_de.htm
  → Informationen zum EU-Recht
- www.europarl.europa.eu/portal/de
  → Website des EU-Parlaments
- http://www.consilium.europa.eu/de/
  → Website des Europäischen Rates

3 Europäischer Binnenmarkt

Der **europäische Binnenmarkt** existiert unter dieser Bezeichnung seit 1993. Seine Grundlage bilden die sogenannten **vier Grundfreiheiten** (vgl. M 65).

Die vier Freiheiten

Freier Personenverkehr
- Wegfall der Grenzkontrollen
- Harmonisierung der Einreise-, Asyl-, Waffen-, Drogengesetze
- Niederlassungs- und Beschäftigungsfreiheit für EG-Bürger
- verstärkte Kontrollen an den EU-Außengrenzen

Freier Warenverkehr
- Wegfall der Grenzkontrollen
- Harmonisierung bzw. gegenseitige Anerkennung von Normen und Vorschriften
- Steuerharmonisierung

Freier Dienstleistungsverkehr
- Liberalisierung der Finanzdienste
- Harmonisierung der Banken- und Versicherungsaufsicht
- Öffnung der Transport- und Telekommunikationsmärkte

Freier Kapitalverkehr
- größere Freizügigkeit für Geld- und Kapitalbewegungen
- Schritte zu einem gemeinsamen Markt für Finanzleistungen
- Liberalisierung des Wertpapierverkehrs

M 65: Die vier Freiheiten im europäischen Binnenmarkt

Das Herzstück des gemeinsamen Wirtschaftsraums ist die **Zollunion**: die Abschaffung aller Ein- und Ausfuhrzölle zwischen den EU-Mitgliedstaaten. Ebenso werden sonstige staatliche Eingriffe in den Warenverkehr (z. B. mengenmäßige Beschränkungen) verboten. Vor allem hinsichtlich nicht tarifärer Handelsbeschränkungen (vgl. M 150), also nationaler Regelungen, die etwa zum Schutz der öffentlichen Gesundheit oder aus steuerlichen Gründen zum Teil weiterhin gelten, ist ein vollkommen **freier Warenverkehr** jedoch bis heute nicht vollständig realisiert.

Einen **freien Personenverkehr** im Sinne einer **Freizügigkeit der Unionsbürger** gibt es seit der Aufnahme der Schengener Abkommen (vgl. M 66) ins EU-Recht durch den Vertrag von Amsterdam (1999). Auch einige Nicht-EU-Staaten (z. B. Island, Norwegen, Schweiz) sind dem Abkommen beigetreten. Dagegen wenden die EU-Staaten Irland und Großbritannien nur einige Regelungen des Schengenrechts an. Im Zuge ansteigender Flüchtlingszahlen (2015) haben jedoch einige Länder wie im Schengener Abkommen vorgesehen wieder vorübergehende Personenkontrollen eingeführt. Insgesamt steht das Abkommen durch diese Entwicklungen auf dem Prüfstand.

Allgemein existieren eine **Arbeitnehmerfreizügigkeit** und eine **Niederlassungsfreiheit** für EU-Bürger. Demnach besteht ein freier Zugang zur Beschäftigung in jedem EU-Land, gleiche Entlohnung und sonstige Arbeitsbedingungen für alle EU-Bürger innerhalb eines Mitgliedstaates sowie das Recht für Selbstständige, in jedem EU-Land eine Erwerbstätigkeit aufzunehmen. Aufgrund anhaltender Diskussionen Großbritanniens über einen EU-Austritt wurde dem Land im Februar 2016 zugebilligt, Sozialleistungen für EU-Ausländer zu kürzen. Unter anderem dürfen Kindergeldzahlungen für Minderjährige, die nicht mit ihren Eltern in Großbritannien leben, an die Höhe im Herkunftsland angeglichen werden. Diese Regelung dürfen ab 2020 auch die anderen EU-Staaten anwenden. Kritiker sehen darin eine starke Einschränkung der Arbeitnehmerfreizügigkeit. In Bezug auf Großbritannien hat die Einführung dieser Regelung nicht zu einer Abstimmung zugunsten eines Verbleibs in der EU geführt.

Bei der **Dienstleistungsfreiheit** handelt es sich um das Recht jedes Unternehmens mit Niederlassung in einem EU-Mitgliedstaat, seine Dienstleistungen auch in anderen Mitgliedstaaten zu erbringen. Im Gegensatz zur Niederlassungsfreiheit bezieht sich dieses Recht auf eine vorübergehende Tätigkeit.

Die **Kapital- und Zahlungsverkehrsfreiheit** soll einen vereinheitlichten europäischen Kapitalmarkt schaffen. Der **Kapitalverkehr** umfasst z. B. Investitionen in Immobilien oder Wertpapiere, ADI (vgl. S. 223/240) und grenzüberschreitende Kredite. Beim internationalen **Zahlungsverkehr** handelt es sich um die Summe aller Zahlungsvorgänge zwischen verschiedenen Volkswirtschaften.

Exkurs: Die Schengener Abkommen

Hierbei handelt es sich um zwei internationale Übereinkommen, die eine Abschaffung der stationären Grenzkontrollen an den Binnengrenzen der teilnehmenden Staaten zum Ziel hatten.

1985 unterzeichneten die Bundesrepublik Deutschland, Frankreich, Belgien, Luxemburg und die Niederlande im luxemburgischen Ort Schengen ein erstes Abkommen zu einem schrittweisen Abbau der Kontrollen, das sogenannte **Schengener Übereinkommen**. 1990 wurden im **Schengener Durchführungsübereinkommen** konkrete Maßnahmen zur Umsetzung dieses Vorhabens beschlossen:

- Vereinheitlichung der Einreisevorschriften (Schengenvisum),
- Bestimmung des für einen Asylantrag zuständigen Staates,
- Maßnahmen gegen grenzüberschreitenden Drogenhandel,
- polizeiliche Zusammenarbeit,
- Zusammenarbeit im Justizwesen.

In Kraft gesetzt wurde dieses Übereinkommen jedoch erst 1995. Nachdem die Schengener Abkommen zuerst nur auf völkerrechtlicher Basis bestanden, wurden sie im Zuge des Vertrags von Amsterdam (vgl. S. 89) ins EU-Recht einbezogen.

Um das Anwendungsgebiet der Schengener Abkommen von dem Gebiet der EU-Mitgliedstaaten zu unterscheiden, wird oftmals vom **Schengen-Raum** oder den **Schengen-Staaten** gesprochen. Dabei gibt es jedoch eine Reihe nationaler Sonderregelungen, sodass in diesem Zusammenhang auch von **Voll- bzw. Teilanwenderstaaten** die Rede ist.

Im Herbst 2014 ist eine Reform des Schengenabkommens in Kraft getreten: Wenn sich im Rahmen einer Überprüfung durch die EU-Kommission herausstellt, dass ein Staat die Außengrenzen des Schengenraums nicht wirksam schützt, können im Rahmen eines „Notfallmechanismus“ vorübergehend wieder Grenzkontrollen an den Binnengrenzen des Schengenraums vorgenommen werden. Im Zuge der ansteigenden Flüchtlingszahlen (2015) steht das Abkommen auf dem Prüfstand und es wurden zeitweise wieder Grenzkontrollen eingeführt.

M 66: Schengener Abkommen: Die Abschaffung der Grenzkontrollen

Weiterführende Internetlinks

- https://www.auswaertiges-amt.de/de/einreiseundaufenthalt/visabestimmungen -node/schengen-node
  → Infos zum Schengener Abkommen vom Auswärtigen Amt
- http://ec.europa.eu/dgs/home-affairs/e-library/docs/schengen_brochure/ schengen_brochure_dr3111126_de.pdf
  → Beitrag der Europäischen Kommission zum Schengen-Raum
- www.tagesschau.de/ausland/schengen-117.html
  → Beitrag der Tagesschau zum Schengener Abkommen

4 Die Europäische Währung und Maßnahmen zur Stabilisierung

4.1 Die Eurozone

Im Gegensatz zur EWWU, in der sämtliche EU-Staaten automatisch Mitglied sind, gehören nur die Staaten, die den Euro als offizielle Währung eingeführt haben, also an der dritten Stufe der EWWU (vgl. M 51) teilnehmen, zur **Europäischen Währungsunion** (EWU). Zurzeit verwenden 19 EU-Länder (vgl. M 67) – und damit etwa 338 Mio. EU-Bürger – den Euro als Zahlungsmittel **(Eurozone)**. Zudem gibt es außereuropäische Gebiete (z. B. Kosovo, San Marino, Vatikan), die den Euro nutzen, und Staaten, deren Währung fest an den Euro gekoppelt ist (z. B. Bulgarien, Bosnien, Mali). Für die Sicherung des Euro ist das **Europäische System der Zentralbanken** (ESZB) zuständig (vgl. S. 76 ff.).

Mit dem Vertrag von Maastricht (vgl. S. 89) wurden die Grundlagen für die Einführung einer gemeinsamen Währung gelegt; daher spricht man hierbei auch von **Maastricht-Kriterien**, die ein Land erfüllen muss, um an der Währungsunion teilnehmen zu können. Bei diesen sogenannten **Konvergenzkriterien** (Konvergenz: Annäherung, Übereinstimmung) handelt es sich um:

- ein **stabiles Preisniveau:** Die Inflationsrate des Beitrittskandidaten darf maximal 1,5 Prozentpunkte über der Inflationsrate der drei preisstabilsten EU-Länder des Vorjahrs liegen.
- eine ausgeglichene **Finanzlage der öffentlichen Haushalte:** Das jährliche öffentliche Defizit (**Nettoneuverschuldung**) des Beitrittskandidaten darf nicht mehr als 3 % des nationalen BIP ausmachen und der gesamte **öffentliche Schuldenstand** darf nicht mehr als 60 % des nationalen BIP betragen.
- die **Teilnahme am Wechselkursmechanismus** des EWS II: Ein Beitrittskandidat muss zuvor Mitglied im Wechselkursmechanismus II (WKM II oder EWS II) gewesen sein, welcher 1999 an die Stelle des EWS trat (vgl. M 51) und mindestens zwei Jahre lang dessen Kriterien erfüllt haben: Die Währung eines WKM II-Mitglieds darf um nicht mehr als 15 % von einem festgelegten Leitkurs des Euro abweichen.
- die **Stabilität der langfristigen Zinssätze:** Der durchschnittliche langfristige Nominalzinssatz des Beitrittskandidaten darf maximal um 2 Prozentpunkte über dem Zinssatz der drei preisstabilsten EU-Länder des Vorjahrs liegen. Hierfür werden die Zinssätze der langfristigen Staatsanleihen im Vorjahr zur Prüfung herangezogen. Indirekt wird also die Bonität des betroffenen Staates gemessen.

4.2 Der Stabilitäts- und Wachstumspakt

Beim Stabilitäts- und Wachstumspakt (1997) handelt es sich um ein zentrales Instrument zur Sicherung der Funktionsfähigkeit der EWWU (vgl. S. 76). Gemeinsam mit der Geldpolitik der EZB (vgl. S. 77 ff.) sollen hiermit die Voraussetzungen für ein starkes **Wirtschaftswachstum** (vgl. M 47) und die **Stabilität der gemeinsamen Währung** Euro (vgl. M 53) gewährleistet werden.

Die Regelungen des Stabilitäts- und Wachstumspakts

Der Stabilitäts- und Wachstumspakt soll sicherstellen, dass sich die EU-Staaten auch nach Einführung des Euro an das Konvergenzkriterium **„ausgeglichene öffentliche Haushalte"** (vgl. S. 106) halten. Diese Regelung kam insbesondere auf Drängen der Bundesregierung hin zustande.

Die anderen Konvergenzkriterien sind dagegen nach dem Übertritt eines Landes in die dritte Stufe der EWWU (vgl. M 51) nicht mehr anwendbar: Für die Preisniveaustabilität ist hier die EZB zuständig; stabile Wechselkurse und das Niveau der langfristigen Zinssätze spielen nach der Einführung des Euro in dem jeweiligen Staat keine Rolle mehr.

Zudem müssen die Euroländer dem **ECOFIN-Rat** (vgl. S. 95, S. 110) jährlich ein **Stabilitätsprogramm** vorlegen. In Deutschland werden die Aktualisierungen des Stabilitätsprogramms vom Bundesministerium der Finanzen veröffentlicht.

Ursprünglich war vorgesehen, dass im Fall einer Überschreitung der Defizitgrenze von 3 % des BIP automatisch ein Verfahren zur **Sanktionierung** (z. B. Verhängen von Geldstrafen) eingeleitet wird. Doch bereits 2005 wurde der Pakt in dieser Hinsicht geändert. Nun wurde im Einzelfall geprüft, ob es sich etwa um eine vorübergehende Schwäche der Volkswirtschaft handelte oder ob wachstumsfördernde Maßnahmen finanziert worden waren. Traf dies zu, wurde kein **Defizitverfahren** mehr eingeleitet.

Bereits 2002 und 2003 hatten Deutschland und Frankreich gegen den Stabilitäts- und Wachstumspakt verstoßen. Doch da sie versprachen, bis 2005 ihre Neuverschuldung unter die 3 %-Grenze zu senken, setzte der ECOFIN-Rat die Verfahren aus. Vonseiten der Bundesregierung gab es die Befürchtung, dass sich ggf. Kürzungen der Staatsausgaben und die zwangsweise Durchführung von Sparmaßnahmen negativ auf die anstehende Bundestagswahl auswirken könnten.

	2003	2004	2005	2006	2007	2008	2009	2010	2011	2012	2013	2014	2015	Staatsverschuldung
EU-28	-3,2	-2,9	-2,6	-1,6	-0,9	-2,5	-6,7	-6,4	-4,5	-4,3	-3,3	-3,0	-2,4	85
Eurozone (Euro-19)	-3,2	-3,0	-2,6	-1,5	-0,6	-2,2	-6,3	-6,2	-4,2	-3,7	-3,0	-2,6	-2,1	92
Belgien*	-0,1	-0,1	-2,5	+0,4	-0,1	-1,0	-5,6	-3,8	-3,7	-3,9	-2,9	-3,1	-2,6	109
Bulgarien	-0,4	+1,9	+1,0	+1,9	+1,2	+1,7	-4,3	-3,1	-2,0	-0,8	-0,8	-5,3	-2,1	30
Dänemark	+0,1	+2,1	+5,2	+5,2	+4,8	+3,2	-2,7	-2,5	-1,8	-4,0	-1,3	-1,5	-2,1	40
Deutschland*	-4,2	-3,8	-3,3	-1,6	+0,2	-0,1	-3,1	-4,1	-0,8	+0,2	-0,1	+0,3	+0,7	71
Estland*	+1,7	+1,6	+1,6	+2,5	+2,4	-2,9	-2,0	+0,2	+1,2	-0,3	-0,1	+0,7	+0,5	10
Finnland*	+2,6	+2,5	+2,9	+4,2	+5,3	+4,4	-2,5	-2,5	-0,8	-1,9	-2,5	-3,3	-2,8	64
Frankreich*	-4,1	-3,6	-2,9	-2,3	-2,7	-3,3	-7,5	-7,1	-5,3	-4,8	-4,1	-3,9	-3,5	98
Griechenland*	-5,6	-7,5	-5,2	-5,7	-6,5	-9,8	-15,6	-10,7	-9,5	-10,0	-12,1	-3,6	-7,3	176
Großbritannien	-3,4	-3,5	-3,4	-2,7	-2,8	-5,1	-11,5	-10,2	-7,8	-6,3	-5,7	-5,7	-4,4	88
Irland*	+0,4	+1,4	+1,7	+2,9	+0,1	-7,4	-13,9	-30,8	-13,4	-7,6	-5,7	-3,9	-2,3	80
Italien*	-3,6	-3,5	-4,4	-3,4	-1,6	-2,7	-5,5	-4,5	-3,8	-3,0	-2,9	-3,0	-2,6	135
Kroatien	-4,5	-4,3	-4,0	-3,0	-2,5	-1,4	-4,1				-5,4	-5,6	-3,2	86
Lettland*	-1,6	-1,0	-0,4	-0,5	-0,4	-4,2	-9,8	-8,1	-3,6	-1,2	-0,9	-1,5	-1,3	39
Litauen*	-1,3	-1,5	-0,5	-0,4	-1,0	-3,3	-9,4	-7,2	-5,5	-3,2	-2,6	-0,7	-0,2	40
Luxemburg*	+0,5	-1,1	+0,0	+1,4	+3,7	+3,2	-0,8	-0,9	-0,2	-0,8	+0,7	+1,4	+1,2	22
Malta*	-9,0	-4,6	-2,9	-2,7	-2,3	-4,6	-3,7	-3,6	-2,8	-3,3	-2,6	-2,1	-1,5	65
Niederlande*	-3,1	-1,7	-0,3	+0,5	+0,2	+0,5	-5,6	-5,1	-4,5	-4,1	-2,4	-2,4	-1,8	65
Norwegen	+7,3	+11,1	+15,1	+18,5	+17,5	+18,8	+10,5	+11,1	+13,4	+13,9	+10,8	+9,1	+5,7	28
Österreich*	-1,5	-4,4	-1,7	-1,5	-0,9	-0,9	-4,1	-4,5	-2,5	-2,5	-1,3	-2,7	-1,2	87
Polen	-6,2	-5,4	-4,1	-3,6	-1,9	-3,7	-7,4	-7,9	-5,0	-3,9	-4,0	-3,3	-2,6	52
Portugal*	-3,7	-4,0	-6,5	-4,6	-3,1	-3,6	-10,2	-9,8	-4,4	-6,4	-4,8	-7,2	-4,4	129
Rumänien	-1,5	-1,2	-1,2	-2,2	-2,9	-5,7	-9,0	-6,8	-5,6	-2,9	-2,2	-1,4	-0,7	38
Schweden	-1,0	+0,6	+2,2	+2,3	+3,6	+2,2	-0,7	+0,3	+0,2	-0,5	-1,4	-1,7	0,0	42
Slowakei*	-2,8	-2,4	-2,8	-3,2	-1,8	-2,1	-8,0	-7,7	-5,1	-4,3	-2,6	-2,8	-3,0	52
Slowenien*	-2,7	-2,3	-1,5	-1,4	+0,0	-1,9	-6,2	-5,9	-6,4	-4,0	-15,0,	-5,5	-2,9	84
Spanien*	-0,3	-0,1	+1,3	+2,4	+1,9	-4,5	-11,2	-9,7	-9,4	-10,6	-6,9	-5,9	-5,1	101
Tschechien	-6,3	-2,8	-3,2	-2,4	-0,7	-2,2	-5,8	-4,8	-3,3	-4,4	-1,3	-1,9	-0,4	40
Ungarn	-7,3	-6,5	-7,9	-9,4	-5,1	-3,7	-4,6	-4,3	+4,3	-1,9	-2,5	-2,5	-2,0	77
Zypern*	-6,6	-4,1	-2,4	-1,2	+3,5	+0,9	-6,1	-5,3	-6,3	-6,3	-4,9	-8,9	-1,0	109

<-9 %	>100 %
-9--6,1 %	80-100 %
-6--3,1 %	60-80 %
-3--2,1 %	40-60 %
-2-0 %	20-40 %
>0 %	<20 %

weiß: keine Daten verfügbar;
*: Mitglied der Eurozone

M 67: Defizit (-)/Überschuss (+) europäischer Staaten und Gesamtschulden 2016 in % des BIP (Stand: 1. Quartal 2016)

Zwar entschied der **Europäische Gerichtshof** (EuGH) 2004, dass der Rat hier gegen EU-Recht verstoßen hatte, da er das Initiativrecht der EU-Kommission beim Verhängen von Sparauflagen gegen Defizitsünder nicht beachtet hatte. Doch im gleichen Jahr stellte auch die EU-Kommission das Verfahren gegen Deutschland ein, da es realistisch erschien, dass die Neuverschuldungsquote im Jahr 2005 weniger als 3 % betragen würde. Durch diesen **„Sündenfall“** der Stabilitätspolitik wurde der Stabilitäts- und Wachstumspakt politisch ausgehöhlt.

Vorschläge zur Reform des Stabilitäts- und Wachstumspakts

Infolge der globalen **Finanzkrise** ab 2007, welche sich aus einer US-Immobilienkrise entwickelt hatte, verstießen insgesamt 20 der damals 27 EU-Mitgliedstaaten gegen die Kriterien des Stabilitäts- und Wachstumspakts. Hierunter befanden sich auch Nicht-Euroländer wie Großbritannien.

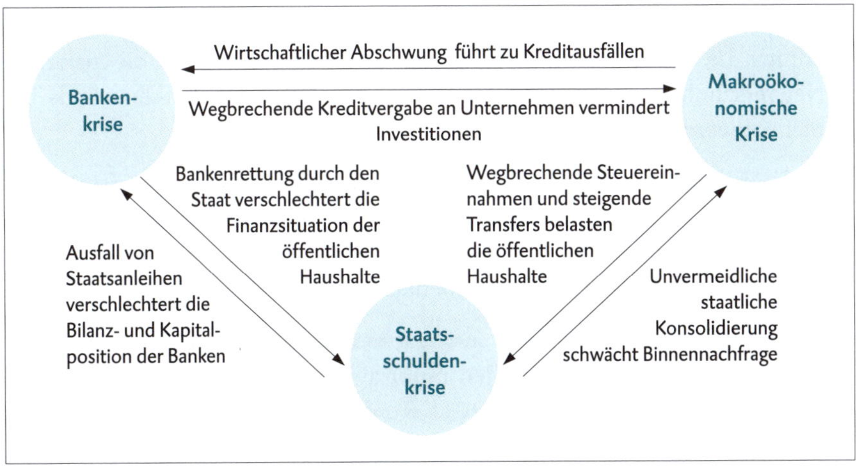

M 68: Der Teufelskreis der Banken-, Staatsschulden- und makroökonomischen Krise

Im Zuge dieser Krise wurden u. a. Maßnahmen zur Förderung der Konjunktur und zur „Rettung“ von Banken ergriffen. Letztere wurden aufgrund ihrer Größe und Vernetzung als zu relevant eingeschätzt, als dass ihre Zahlungsunfähigkeit in Kauf genommen werden könnte („too big to fail“). Diese Finanzierungslasten trugen dazu bei, dass die Verschuldung vieler Staaten massiv anstieg. Einige Euroländer konnten ihre **Staatsschulden** nur durch internationale Hilfskredite refinanzieren. Unter dieser sogenannten **Eurokrise** (vgl. M 68) hatten vor allem Portugal, Italien, Irland, Griechenland und Spanien zu leiden, wo es teils zu einer Reihe von Regierungswechseln kam. In den Medien wird von dieser Ländergruppe oftmals als **PIIGS-Staaten** gesprochen, da die Assoziierung mit engl. „pigs“ (Schweine) eine Schuldzuweisung nahelegt, welche bis ins Vorfeld der Finanzkrise reicht.

Da die Regelungen des Stabilitäts- und Wachstumspakts zur Bewältigung dieser Situation nicht mehr ausreichten, wurde eine Reihe von **Vorschlägen** zur Umgestaltung des Pakts diskutiert wie etwa:

- Staaten, die sich nicht mehr selbst am Kapitalmarkt refinanzieren können, sollten aus der Währungsunion ausgeschlossen werden.
- Ein größerer Automatismus bei den Sanktionsverfahren sollte (wieder) eingerichtet werden, damit diese nicht mehr so leicht zu umgehen sind.
- Da der ECOFIN-Rat sich aus den Finanz- und Wirtschaftsministern der EU-Staaten zusammensetzt, ist er als Gremium ungeeignet, um Sanktionsverfahren zu beschließen und zu überwachen. Mit dieser Aufgabe sollte eine andere Institution betraut werden.
- Die Festlegung des Defizitkriteriums sollte anders gestaltet werden. So könnte die 3 %- durch eine 4 %-Grenze ersetzt werden. Oder die maximale Neuverschuldung könnte in Abhängigkeit des Gesamtschuldenstands berechnet werden, statt in Abhängigkeit des BIP.

Je nach Ausgestaltung eines reformierten Pakts sind jedoch ein ggf. erhöhter bürokratischer Aufwand, möglicherweise andere negative wirtschaftliche Auswirkungen oder die ebenfalls fehlende wissenschaftlich belegte Wirksamkeit anderer Verschuldungsgrenzen zu bedenken.

Insgesamt wurde der Stabilitäts- und Wachstumspakt tatsächlich bereits einige Male überarbeitet. 2005 wurden unter anderem die **Überwachung und Koordinierung** gestärkt, im Jahr 2011 wurden die Regeln durch das **Sixpack** nochmals deutlich verschärft. Im Jahr 2015 legte die Europäische Kommission schließlich **Leitlinien** vor, in denen sie darstellte, wie sie die Regeln des Stabilitäts- und Wachstumspakts **flexibler** anwenden wird, um die Umsetzung von Strukturreformen zu fördern und Investitionen anzustoßen.

4.3 Das europäische Sixpack

Das EU-Parlament (vgl. S. 92 f.) und der Europäische Rat (vgl. S. 93 f.) haben auf Vorschlag der EU-Kommission (vgl. S. 94) 2011 ein „Paket“ von sechs Rechtsakten ausgehandelt. Hierdurch sollte der Stabilitäts- und Wachstumspakt hinsichtlich der **Haushaltsdisziplin** der Mitgliedstaaten und der Vermeidung **makroökonomischer Ungleichgewichte** optimiert werden.

Wenn ihr **Schuldenstand** mehr als 60 % des BIP beträgt, sind die Mitgliedstaaten zu dessen Abbau verpflichtet **(Defizitverfahren)**. Dies gilt auch bei einem jährlichen Defizit unter 3 % des BIP. Früher und konsequenter als bisher können **Sanktionen** gegen Euroländer verhängt werden. So gibt es Geldstrafen für verfälschte Statistiken und weitere Strafen im Falle einer Nichtbefolgung der Empfehlungen des ECOFIN-Rates im Zuge einer Frühwarnung.

Indikatoren für …		Schwellen-Grenzwert
… externe Ungleichgewichte und Wettbewerbsfähigkeit	Leistungsbilanzsaldo (Dreijahresdurchschnitt in % des BIP)	–4/+6 %
	Nettoauslandsvermögen (in % des BIP)	–35 %
	Realer effektiver Wechselkurs (Veränderung über einen Dreijahreszeitraum in %)	–/+5 % für Euroländer –/+11 % für Nicht-Euroländer
	Anteil an den weltweiten Ausfuhren (Veränderung über einen Fünfjahreszeitraum in %)	–6 %
	Nominale Lohnstückkosten (Veränderung über einen Dreijahreszeitraum in %)	+9 % für Euroländer +12 % für Nicht-Euroländer
… interne Ungleichgewichte	Immobilienpreise in Relation zum Verbraucherpreisindex (Veränderung gegenüber Vorjahr in %)	+6 %
	Kreditvergabe an den Privatsektor (in % des BIP)	+15 %
	Schuldenstand des Privatsektors (in % des BIP)	133 %
	Öffentlicher Schuldenstand (in % des BIP)	60 %
	Arbeitslosenquote (Dreijahresdurchschnitt in %)	10 %

M 69: Die Indikatoren des „Scoreboard“

Der **EU-Kommission** müssen mehr Informationen übermittelt werden als bisher vorgesehen und sie darf **Kontrollen** in den Mitgliedstaaten vornehmen. Dabei hat sie das Recht, auch in Mitgliedstaaten mit Handelsbilanzüberschuss (vgl. S. 41 f.) Untersuchungen durchzuführen. Anhand eines **Frühwarnsystems** sollen makroökonomische Ungleichgewichte festgestellt werden. Dazu wird die Einhaltung bestimmter Schwellenwerte in Bezug auf eine Reihe von Indikatoren **(Scoreboard)** in den Mitgliedstaaten überprüft (vgl. M 69).

Die Bewertungen des **Sixpack** sind recht unterschiedlich. So wird einerseits die Verschärfung des Stabilitäts- und Wachstumspakts und insbesondere die schnellere Handlungsfähigkeit der Entscheidungsträger befürwortet. Andererseits wird die Gefahr gesehen, dass eine Wachstumsförderung zu leicht aus den Augen verloren wird, da die Regelungen vor allem auf das Sparen des Staates setzen (vgl. Nachfrageorientierung vs. Angebotsorientierung, S. 61 ff.). Die Einordnung des Sixpack als Schritt zu einer gemeinsamen Wirtschaftsregierung und die Stärkung der Befugnisse der EU-Komission werden vor allem von grundsätzlich EU-kritischen Ländern als problematisch eingeschätzt.

4.4 Der Europäische Stabilitätsmechanismus

Am 27.9.2012 trat der **Europäische Stabilitätsmechanismus** (ESM) in Kraft, der die **Europäische Finanzstabilisierungsfazilität** (EFSF) ablöste, die 2013 auslief. Mithilfe dieses Mechanismus sollen überschuldete **Euroländer** zur Verhinderung ihrer Zahlungsunfähigkeit unterstützt werden.

Exkurs: Die Europäische Finanzstabilisierungsfazilität

Die EFSF war Teil des Maßnahmenpakets, das allgemein als **Euro-Rettungsschirm** bezeichnet wurde. Er bot den Euroländern eine Absicherung durch Garantien in Höhe von 780 Mrd. € sowie die Möglichkeit zur Vergabe von Krediten in Höhe von insgesamt ca. 440 Mrd. €. Unterstützt wurden während der Eurokrise Griechenland, Portugal und Irland u. a. durch die EFSF.

M 70: Einordnung der Europäischen Finanzstabilisierungsfazilität

Im Gegensatz zur EFSF handelt es sich beim ESM um eine dauerhaft eingerichtete internationale Organisation. Er kann etwa Staaten in finanziellen Schwierigkeiten mit **Krediten** und **Bürgschaften** aushelfen, die Rekapitalisierung von Finanzinstitutionen durch Kredite an Regierungen unterstützen und **Staatsanleihen** aufkaufen. Seit dem 1. Juli 2013 ist der Europäische Stabilitätsmechanismus (ESM) die einzige Institution für die finanzielle Unterstützung von Mitgliedstaaten des Euroraums. Seit diesem Tag ist die EFSF nicht mehr für die Finanzierung von Programmen oder neuen Kreditfazilitäten zuständig.

Vor dem Hintergrund der nationalen Schuldenbremse wurden in Deutschland Bedenken laut, ob der ESM mit dem Grundgesetz zu vereinbaren sei.

Kritisiert wird auch, dass aufgrund von vertraglichen Unklarheiten die Haftungsbegrenzung unklar sei. Zudem sei nicht ausreichend geregelt, inwiefern **private Gläubiger** ggf. an den Maßnahmen zu beteiligen sind. Die Tatsache, dass der ESM auf Dauer angelegt ist, wird einerseits als Sicherheit für die beteiligten Staaten, Investoren, Finanzinstitutionen etc. gesehen und als notwendige Voraussetzung für nachhaltige Stabilisierungsprogramme, andererseits wird bemängelt, dass aufgrund dieser Anlage kein Staat von seiner Mitgliedschaft zurücktreten kann.

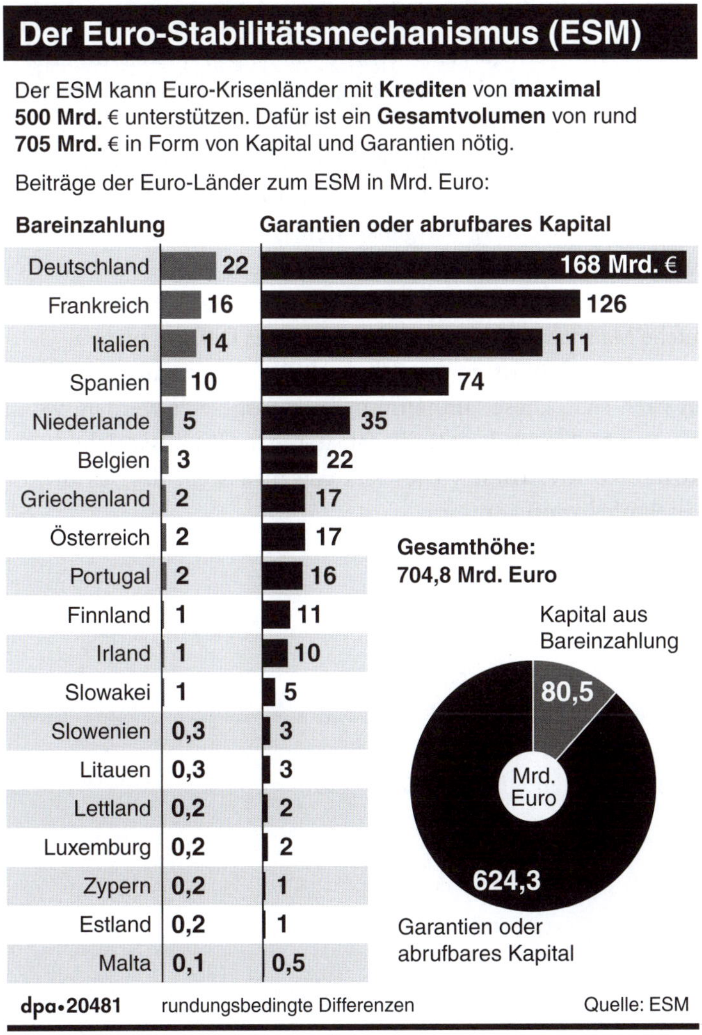

M 71: Aufbau und Funktion des ESM

4.5 Der Europäische Fiskalpakt

Wie der ESM wurde auch die Einrichtung eines fiskalpolitischen Pakts im Jahr 2011 von den Staats- und Regierungschefs der Eurozone vereinbart, um sich einer **Wirtschaftsunion** weiter anzunähern. In Kraft getreten ist dieser am 1. 1. 2013. Gegenüber dem Stabilitäts- und Wachstumspakt sollte nun mit dem Vertrag über Stabilität, Koordinierung und Steuerung in der Wirtschafts- und Währungsunion **(SKS-Vertrag)** die Sanktionierbarkeit von Verstößen gegen die Verschuldungsgrenzen verbessert werden.

Der allgemeine **Staatshaushalt** gilt dann als **ausgeglichen**, wenn das Defizit maximal 0,5 % des BIP beträgt. Falls der öffentliche Schuldenstand erheblich unter 60 % des BIP liegt, darf das Defizit bis zu 1 % des BIP ausmachen. Vorübergehende Abweichungen sind unter bestimmten Voraussetzungen jedoch möglich. Diese Regelung muss inklusive eines automatischen Korrekturmechanismus im Falle einer Abweichung in der **nationalen Verfassung** verankert werden. Bis zur Erreichung der genannten Grenzen müssen die Mitgliedstaaten Ausgaben und Schulden verringern. Zudem haben die betroffenen Länder der EU-Kommission und dem Europäischen Rat **Bericht** darüber zu erstatten, welche Maßnahmen sie zur Behebung ihres Defizits planen.

Eine Verletzung der Defizitgrenze von 3 % des BIP zieht nun **automatische Konsequenzen** nach sich. Diese können nur dann ausgesetzt werden, wenn sich eine qualifizierte Mehrheit der Mitgliedstaaten dagegen ausspricht **(umgekehrte qualifizierte Mehrheit)**. Dies soll gewährleisten, dass es in Zukunft wirklich zu **Sanktionen** kommt.

Weiterführende Internetlinks

- www.bundesfinanzministerium.de
→ Kurzfassung des deutschen Stabilitätsprogramms im Monatsbericht April des jeweiligen Jahres (unter „Monatsbericht")
- www.bundesfinanzministerium.de/Web/DE/Service/Publikationen/Einfach_erklaert/einfach_erklaert.html
→ Videos des Bundesministeriums der Finanzen u. a. zum ESM und zum Euro
- www.bundeshaushalt-info.de
→ animierte Grafiken, Erläuterungen und Dokumente zum aktuellen Bundeshaushalt
- www.diw.de/sixcms/detail.php?id=diw_01.c.79496.de
→ Nachrichten des Deutschen Instituts für Wirtschaftsforschung e. V. etwa zum ESM und zur Verschuldung in der Eurozone
- http://ec.europa.eu/europe2020/pdf/csr2015/sp2015_germany_de.pdf
→ Deutsches Stabilitätsprogramm, Aktualisierung 2015
- www.efsf.europa.eu/about/index.htm
→ Website des EFSF (englisch)
- www.esm.europa.eu
→ Website des ESM (englisch)
- www.fes.de
→ Publikationen und weitere Informationen der SPD-nahen Friedrich-Ebert-Stiftung zur Finanz-, Wirtschafts- und Eurokrise
- www.ifw-kiel.de/wirtschaftspolitik/konjunkturprognosen/glossar-schuldenkrise/ifw-glossar-zur-schuldenkrise
→ Glossar des Instituts für Weltwirtschaft an der Universität Kiel zur Schuldenkrise
- www.kas.de/wf/de/21.113
→ Nachrichten und weitere Publikationen der CDU-nahen Konrad-Adenauer-Stiftung zur internationalen Finanz- und Wirtschaftskrise

5 Weitere Strategien und Maßnahmen europäischer Krisenbewältigung

Die EU ist in einer Vielzahl von Politikbereichen aktiv. Im **wirtschaftlichen Bereich** ist sie etwa durch den Stabilitäts- und Wachstumspakt (vgl. S. 107 ff.) aktiv. Zudem betreibt sie u. a. eine Gemeinsame Handels- und eine Gemeinsame Agrarpolitik. In der **Außen- und Sicherheitspolitik** verfolgt sie eine Europäische Nachbarschaftspolitik und engagiert sich in der Entwicklungspolitik. Zudem ist die EU in Bereichen wie Justiz- und Innenpolitik, Bildungs- und Kulturpolitik, Sozial- und Beschäftigungspolitik, Umwelt- und Energiepolitik und Verkehrspolitik in unterschiedlichem Ausmaß tätig.

Im Zuge des Engagements in den genannten Politikbereichen befindet sich die Europäische Union in einem **Spannungsfeld**: Einerseits existiert der Anspruch, die Aktivitäten in den **einzelnen Politikfelder** möglichst für **alle Staaten** der EU einheitlich zu regeln und die allgemein anerkannten Ideale der EU in praktische Politik umzusetzen, andererseits existieren – je nach Handlungsfeld – unterschiedliche **nationalstaatliche Interessen**.

Die EU ist demnach ein politisches Konstrukt, das permanent einen praktikablen Weg zwischen **Gemeinschaftsinteressen** auf der einen Seite und **den Interessen der Nationalstaaten** andererseits ausloten muss. In Bezug auf die Grundwerte bedeutet dies auch, dass diese in der Realität ihrer konkreten Umsetzung immer wieder neu verhandelt werden müssen. So existieren in der EU immer gewisse Kräfte, die aus der **Reibung** zwischen nationalem Interesse und übergeordnetem Gemeinschaftsinteresse resultieren.

Eines der größten Probleme mit enormem Krisenpotential ist die **Staatsverschuldung**. Um diese in den Griff zu bekommen und Krisen zu verhindern, unternahm die EU einige Maßnahmen, die im Kapitel zur Europäischen Währung konkret dargestellt wurden (vgl. S. 106 ff.). An diesem Beispiel zeigt sich konkret der Gegensatz von nationalstaatlichen ökonomischen Einzelinteressen (z.B. die Höhe von Hilfsgeldern und Haftungsobergrenzen) und dem Ideal der Solidarität der Staaten, einem Grundpfeiler des Europäischen Gemeinschaftsinteresses.

Neben der **Staatsverschuldung** existieren aber noch einige **weitere Felder**, in denen eine gemeinsame europäische Krisenbewältigung nötig ist. Im Folgenden wird näher auf die **Migration** und mögliche **EU-Austritte** eingegangen.

5.1 Migration

Grundsätzlich ist zu unterscheiden zwischen **Migration** (vgl. S. 158 ff., 219 ff.) innerhalb der EU einerseits sowie Migration von Nicht-EU-Staaten (Drittstaaten) in die EU und umgekehrt andererseits. Lange Zeit überwog die Zuwanderung aus EU-Staaten solche aus Drittstaaten erheblich, von Januar bis September 2015 betrug der Anteil der Zugewanderten aus nicht EU-Staaten allerdings deutlich über die Hälfte.

	Ausländer gesamt			Staatsangehörige aus Nicht-EU-Staaten (= Drittstaatsangehörige)		
	Zuzüge	Fortzüge	Wanderungs-saldo	Zuzüge	Fortzüge	Wanderungs-saldo
2011	622 506	302 171	+320 335	265 728	140 665	+125 063
2012	738 735	317 594	+421 141	305 595	141 490	+164 105
2013	884 493	366 833	+517 660	362 984	146 040	+216 944
2014	1 149 045	472 315	+676 730	518 802	181 381	+337 421
2015 (Jan. bis Sept.)	1 228 470	399 404	+829 066	686 098	178 952	+507 146
nachrichtlich: 2014 (Jan. bis Sept.)	868 279	359 070	+509 209	368 155	140 008	+228 147

M 72: Zuzüge und Fortzüge von ausländischen Staatsangehörigen von 2011 bis 3. Quartal 2015

Die **Wanderungsbewegungen innerhalb der EU** wurden durch die vier Grundfreiheiten des Binnenmarkts (vgl. S. 103 f.) erheblich erleichtert. So wechseln z. B. zahlreiche Studierende und Auszubildende sowie Arbeitnehmer ihren Wohnort innerhalb der EU. Einerseits besteht vor allem in den west- und nordeuropäischen Ländern aufgrund des demografischen Wandels (vgl. S. 146 ff.) und der wirtschaftlichen Lage durchaus Bedarf an gut qualifizierten Arbeitnehmern aus dem Ausland. Andererseits wird hier die Gefahr gesehen, dass es zu einem Zuzug nicht ausreichend qualifizierter Personen kommen könnte, die zwar die Sozialsysteme belasten, aber keine Steuern und Abgaben in die Sozialversicherungssysteme einzahlen und die als Billiglohnkräfte etwa qualifizierte Handwerker vom Markt verdrängen. Aufgrund dieser Sorgen wurde die **Arbeitnehmerfreizügigkeit** (vgl. S. 103 f.) u. a. für Rumänien und Bulgarien nach deren EU-Beitritt für sieben Jahre – für Deutschland, Großbritannien und weitere EU-Länder – eingeschränkt. Diese Frist endete zum 1. 1. 2014, ein Hinweis auf eine „Welle" von Zuwanderern aus Rumänien und Bulgarien vor allem nach Deutschland gibt es jedoch nicht, auch wenn die Anzahl zugenommen hat. Insgesamt ist fraglich und innerhalb der EU umstritten, ob arbeitslose Zuwanderer automatisch Anrecht auf sozialstaatliche Versorgung haben. Besonders Großbritannien hatte sich hier eine Sonderstellung erarbeitet (vgl. 104). Kritiker sehen darin jedoch eine zu große Einschränkung der Arbeitnehmerfreizügigkeit.

Für die osteuropäischen Länder bedeutet die Auswanderung hoch qualifizierter Arbeitnehmer die Gefahr eines Braindrains (vgl. S. 152).

Die **Wanderungsbewegungen nach und aus Drittstaaten** spielen in der öffentlichen Diskussion vor allem in Bezug auf zwei Aspekte eine Rolle: Auch hier wird einerseits der Bedarf an gut qualifizierten Arbeitnehmern aus dem Ausland hervorgehoben. Andererseits wird in den Medien vor allem über **illegale Einwanderung** berichtet, d. h. irreguläre Migration, bei der gegen die Gesetze des Ziellandes verstoßen wird. Formen illegaler Einwanderung können etwa **Arbeitsmigration** (d. h. Einwanderung zum Zweck der Arbeitsaufnahme) oder Flucht (vgl. S. 219 f.) sein. Die Unterscheidung zwischen diesen beiden Migrationsformen ist in vielen Fällen jedoch nicht einfach. Zu **Flucht** kann es etwa aufgrund von Krieg oder Verfolgung kommen. Bei Versuchen illegaler Einwanderung in die EU kam es in jüngerer Vergangenheit immer wieder zu Toten und Verletzten. Auf der zentralen Mittelmeerroute zwischen Libyen und Italien kamen im Zuge der **Flüchtlingskrise 2015** über 2 700 Menschen ums Leben.

In Bezug auf den Umgang mit Migration in die EU sowie innerhalb der EU werden in der Politik vor allem die folgenden vier Ansatzpunkte diskutiert:

Bekämpfung der Fluchtursachen

Gerade in jüngerer Zeit ist die Anzahl der Flüchtlinge, die in den EU-Ländern mit EU-Außengrenzen eintreffen, von diesen Ländern allein kaum zu bewältigen. Daher wird von der EU angestrebt, den Herkunftsländern bei der Bewältigung der **Fluchtursachen** (zu Pushfaktoren der Migration vgl. M 138) stärker zu helfen. So können etwa Maßnahmen in den Bereichen Sicherheitspolitik, Wirtschaftsbeziehungen, Demokratieförderung, Bildung, Justiz und Gesundheitswesen dazu beitragen, die Lebensumstände für die Menschen in den betroffenen Ländern zu verbessern.

Steuerung der legalen Einwanderung

Bei der internationalen Konkurrenz um **qualifizierte Arbeitskräfte** befinden sich die Mitgliedstaaten der EU noch in einem Nachteil gegenüber klassischen Einwanderungsländern wie der USA oder Kanada, da dort ein anderer Umgang mit dem Thema qualifizierter Zuwanderung besteht. Doch die EU hat nicht nur im Hochlohn-, sondern auch im **Niedriglohnbereich** (z. B. bei saisonaler Beschäftigung als Erntehelfer) Nachholbedarf in Sachen Zuwanderung. Die EU kann zur Steuerung der legalen Einwanderung zwar die Bedingungen für die Einreise und den Aufenthalt von Drittstaatsangehörigen zum Zweck der **Erwerbstätigkeit**, des **Studiums** oder der **Familienzusammenführung** bestimmen, aber die zulässige Anzahl entsprechender Einwanderer können die EU-Mitgliedstaaten selbst festlegen.

Verhinderung der irregulären Einwanderung

Aus sicherheitspolitischen Gründen ist eine **Überwachung der EU-Außengrenzen** notwendig. Diese Aufgabe liegt eigentlich in den Händen der betroffenen EU-Staaten, doch sind diese damit zum Teil überfordert. Daher wurde 2004 die Europäische Agentur für die operative Zusammenarbeit an den Außengrenzen **(Frontex)** gegründet. Deren Aufgabe ist es u. a., mit den EU-Ländern bei Grenzkontrollen zusammenzuarbeiten, bei der Ausbildung der Grenzschutzbeamten mitzuwirken und die Kriminalitätsbekämpfung an den Grenzen zu unterstützen. Im Rahmen der Flüchtlingskrise wurde vor allem versucht, die Aktivitäten der Schlepper einzudämmen. Einige der Frontex-Operationen, wie z. B. auf dem Mittelmeer oder an der Grenze zwischen Griechenland und der Türkei, standen wiederholt in der Kritik, da es bei der Abwehr von Flüchtlingen immer wieder zu Menschenrechtsverletzungen kommt (vgl. M 157).

Vereinheitlichung der Asylgesetzgebung

Schon zwischen 2012 und 2014 nahm die Zahl der jährlichen **Asylanträge** in der EU um ca. 175 % zu. Im Jahr 2014 wurden 625 920 Anträge eingereicht. In der ersten Jahreshälfte 2016 steigerten sich die Zahlen erneut. Allein in Deutschland gingen 468 762 Erstanträge ein. Es gab bereits eine Reihe von Ansätzen, die Asylpolitik in der EU einheitlich zu gestalten, wie etwa die **Dublin-Verordnung**. Hiernach ist ein Asylsuchender dazu verpflichtet, in dem EU-Mitliedstaat, welchen er zuerst betreten hat, seinen Asylantrag zu stellen. Dieses System ist allerdings durch die vielen Flüchtlinge seit 2015 ins Wanken geraten.

Gerade in der krisenhaften Situation um die Flüchtlinge aus Syrien, Afghanistan und dem Irak (aber auch den Balkan-Staaten und dem Maghreb) treten hier die Gegensätze zwischen **nationalstaatlichen Eigeninteressen** und dem **Europäischen Gesamtinteresse** erneut scharf zu Tage: So werden durch die deutliche Überforderung der Länder an den EU-Außengrenzen das europäische Rechtssystem und die Grundideale der Gemeinschaft einer Belastungsprüfung unterzogen: Im Zuge der **Flüchtlingskrise** sind einige Staaten wieder zu Grenzkontrollen und Grenzbauten (z. B. Zölle) im eigentlich offenen Schengenraum übergegangen (vgl. S. 105); Flüchtlinge werden in teilweise entwürdigender Weise zwischen den Ländern hin- und hergeschoben, Flüchtlingskontingente bilateral (und nicht zentral) verhandelt und Einzelregelungen zum Status der Flüchtlinge in den Nationalstaaten getroffen. Es ist offenkundig, dass hierbei das Grundprinzip der Europäischen Solidarität inzwischen weitgehend den Abschottungsinteressen der Nationalstaaten gewichen ist. In einer Union, die real auf dem Prinzip der Gleichheit und der Solidarität der Staaten basieren würde, hätten die Grenzstaaten bereits frühzeitig Hilfe durch die anderen Staaten bekommen und es würde für eine faire Verteilung der Lasten – etwas durch einen zwischen den Staaten ausgehandelten Berechnungsschlüssel – gesorgt. Stattdessen haben etliche Regierungen fremdenfeindlichen Instinkten nachgegeben, die die Werte und Ideale von Freiheit, Gleichheit und einer offenen Gesellschaft – und damit die Grundwerte und Gemeinschaftinteressen der EU – deutlich infrage stellen.

Insofern wird die Flüchtlingspolitik der EU von Menschenrechtlern kritisiert, da sie mehr auf den **Schutz vor Flüchtlingen** als auf den Schutz der Flüchtlinge ausgerichtet zu sein scheint.

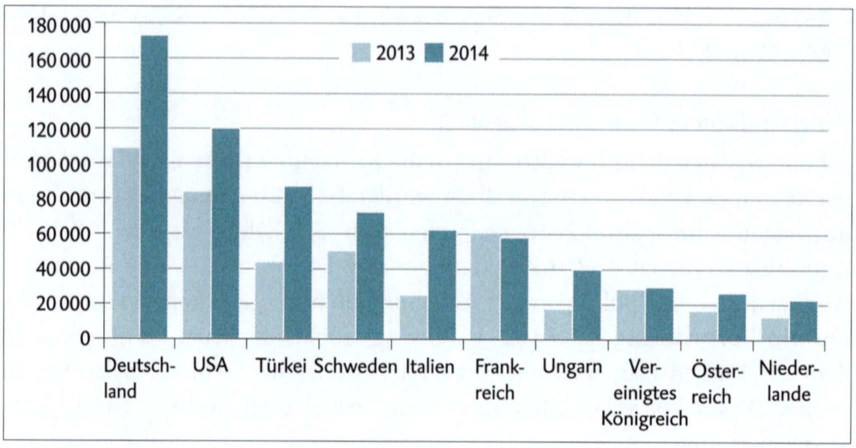

M 73: Eingereichte Asylanträge (Vergleich 2013/2014)

5.2 Maßnahmen zur Verhinderung eines EU-Austritts

In den vergangenen Jahren gab es immer wieder Situationen, in denen über den Austritt einzelner Länder aus der EU diskutiert wurde (z. B. **Grexit**). Bis zum Fall Großbritannien wurde jedoch immer der gemeinsame Weg bevorzugt und versucht, Lösungen zu finden, die unter anderem finanzielle Hilfsmaßnahmen für Krisenländer enthielten.

Zwei Beispiele, die im Hinblick auf einen drohenden Austritt der Briten aus der EU (sog. **Brexit**) diskutiert wurden, beziehen sich auf die Finanzierungsgrundlage der EU und den Aspekt der sozialstaatlichen Versorgung von Unionsbürgern im Ausland – dennoch stimmten die Briten am 23. 06. 2016 für einen Austritt.

Finanzierungsgrundlage der EU

Zum Haushalt der EU tragen die sog. **Eigenmittel** den größten Anteil bei. Es gibt hierbei drei Arten von Eigenmitteln:

- **Traditionelle Eigenmittel:** Dies sind vor allem Zölle auf Importe aus Nicht-EU-Staaten.
- **Auf der Mehrwertsteuer basierende Eigenmittel:** Auf die harmonisierte Mehrwertsteuer-Bemessungsgrundlage jedes EU-Landes wird ein einheitlicher Satz von 0,3 % angewandt. Diesen Anteil erhält die EU.
- **Auf dem Bruttonationaleinkommen basierende Eigenmittel:** Die EU erhält von jedem EU-Mitgliedstaat einen Standard-Prozentsatz des BNE.

Der letzte Punkt stellt inzwischen die wichtigste Einnahmequelle im EU-Haushalt dar und wird schon seit geraumer Zeit diskutiert: Den Briten wurde bereits seit den erfolgreichen Verhandlungen von M. Thatcher in den 1980er-Jahren ein sog. **Britenrabatt** zugestanden: Dies bedeutet, dass Großbritannien 66 % der Differenz zwischen seinen Beitragszahlungen und den Leistungen, die es aus dem EU-Haushalt erhält, zurückerstattet bekommt. Die Kosten dafür tragen die anderen EU-Länder gemeinsam.

Sozialstaatliche Versorgung von Unionsbürgern im Ausland

Die im EU-Recht verankerte Freizügigkeit erlaubt es Arbeitnehmern, in einem beliebigen EU-Land zu arbeiten und zu wohnen. Sie dürfen beim Zugang zu Beschäftigung, Arbeitsbedingungen und Sozialleistungen grundsätzlich nicht gegenüber den heimischen Beschäftigten benachteiligt werden. Auch in diesem Punkt konnte Großbritannien ein Zugeständnis erzielen – neu einreisenden EU-Ausländern Sozialleistungen zu verweigern **(Notbremse)**. Für den einzelnen Arbeitnehmer sollten die Regelungen maximal vier Jahre gelten und die Regelung sollte maximal sieben Jahre angewendet werden können. Gegen eine solche Begrenzung von Sozialleistungen gab es starke Bedenken seitens der osteuropäischen Staaten, da z. B. Polen eine hohe Zahl von Staatsbürgern als Arbeitskräfte nach Großbritannien entsendet hat.

Europa al la carte

Ein weiteres Zugeständnis – eine Art Sonderstatus **(Europa a la carte)** – erhielten die Briten durch den Wegfall der Verpflichtung, alle Integrationsschritte mitzumachen. Der Gegensatz von nationalstaatlichem Interesse (Interesse einer Reduzierung der Zahlungen an die EU oder an Bürger aus dem EU-Ausland) und dem Europäischen Gesamtinteresse (solide Finanzierung der Gemeinschaftsaufgaben, Erhalt bestimmter Bürgerrechte wie dem Anspruch auf Absicherung in der gesamten EU) wird am Beispiel des britischen Sonderwegs besonders deutlich.

Bei allen dargestellten Problemen und Gegensätzen zwischen den Einzelinteressen der Staaten und den Gesamtinteressen der EU hat die Ebene der EU aber auch eine (indirekt) stabilisierende Funktion für die Handlungsfähigkeit der Regierungen der Nationalstaaten:

Einerseits gewinnt die Ebene der EU – mitunter auch zu Lasten der nationalstaatlichen Politik – immer mehr an Gestaltungsmacht, andererseits ermöglicht die Existenz eines solchen Akteurs es aber auch, auf nationaler Ebene unpopuläre politische Entscheidungen besser durchzusetzen und mit dem Verweis auf die EU-Ebene zu legitimieren:

So können politische Entscheidungen entweder als schlichtweg unvermeidlich („Wir sind überstimmt worden") oder aus übergeordneten Gründen als sinnvoll („Zugeständnisse waren nötig, um in anderen Bereichen Zustimmung zu erreichen") dargestellt werden. Dem englischen Wort für Sündenbock entsprechend, wird diese Art von Politik auch als **scapegoating** bezeichnet. Gerade durch den Verweis auf den angesprochenen Widerspruch zwischen Europäischem Gesamtinteresse und nationalstaatlichem Einzelinteresse kann es also gelingen, politisch unbequeme Maßnahmen zu legitimieren und letztlich durchzusetzen.

Insgesamt kann es also zu der paradoxen Situation kommen, dass ein „Mehr" an EU zumindest indirekt auch ein „Mehr" an Nationalstaat bedeutet.

Weiterführende Internetlinks

- www.bundesregierung.de/Content/DE/_Anlagen/IB/2014-10-29-Lagebericht-lang.pdf?__blob=publicationFile&v=4
  → 10. Bericht der Beauftragten der Bundesregierung für Migration, Flüchtlinge und Integration über die Lage der Ausländerinnen und Ausländer in Deutschland
- www.bundesregierung.de/Webs/Breg/DE/Bundesregierung/BeauftragtefuerIntegration/beauftragte-fuer-integration.html
  → Informationen der Beauftragten für Migration, Flüchtlinge und Integration der Bundesregierung
- www.bundesregierung.de/Webs/Breg/DE/Themen/Fluechtlings-Asylpolitik/_node.html
  → Fakten der Bundesregierung zu Flucht, Migration, Integration
- http://fra.europa.eu/de
  → Agentur der EU für Grundrechte, abrufbar sind u. a. Informationen zum Thema Migration

6 Europäische Integrationsmodelle

In der politischen Diskussion haben sich im Wesentlichen **fünf Integrationsmodelle** herauskristallisiert:

- die EU als ein Bundesstaat (Föderalismus)
- die EU als ein Staatenbund (Intergouvernementalismus)
- die EU als Zusammenschluss relativ autonomer Regionen (Regionalismus)
- die EU der zwei (oder mehrfachen) Geschwindigkeiten
- die EU als „Variable Geometrie“

Das Leitbild einer föderalistisch strukturierten EU stellt sich als Zielrichtung der europäischen Integration die Form einer **bundesstaatlichen Ordnung** („Vereinigte Staaten von Europa“) vor. Europäisches Recht stünde dann prinzipiell über dem Recht der Einzelstaaten. Es wäre folglich auch konsequent, eine bundesstaatliche Verfassung zu realisieren. Die Einzelstaaten verlören sehr viele Kompetenzen, vergleichbar der Lage der deutschen Bundesländer. Die Diskussion um eine europäische Verfassung hat gezeigt, dass gegenwärtig und auch in absehbarer Zukunft ein solches Leitbild für einige EU-Staaten nicht akzeptabel ist.

Das Modell eines **EU-Staatenbundes** lebt vor allem von der Skepsis gegenüber einer zu starken Kompetenzübertragung an zentrale EU-Organe, verbunden mit einem Verlust an eigenstaatlicher Souveränität. Dieses Modell bevorzugt eine Integration mittels einer intensiven Zusammenarbeit der einzelnen Regierungen der EU-Staaten, während die zentralen EU-Organe geringere Kompetenzen erhalten und eher ausführend tätig werden sollen. Der Kern der Zusammenarbeit in der EU wären Ministerrat und Europäischer Rat. Die Wirklichkeit zeigt jedoch, dass sich die EU schon weit über das Stadium eines Staatenbundes hinaus entwickelt hat, was auch durch den Vertrag von Lissabon bestätigt wurde.

Das **regionalistische Modell** als Leitbild basiert letztlich auf dem **Subsidiaritätsprinzip**, also der Idee, so viele Kompetenzen wie möglich auf kommunaler bzw. regionaler Ebene zu belassen, weil sich vor Ort entstehende Probleme dort am besten lösen ließen und gleichzeitig ein Optimum an Mitarbeit und Engagement der betreffenden Bevölkerung erreicht werden könne. Dieses Modell ist folglich eine Absage an „Brüsseler Regelungswut“ und zu viele ortsfremde bürokratische Vorschriften. Die zentralen Organe der EU müssten dann erhebliche Zuständigkeiten an die Einzelstaaten und diese wiederum an ihre jeweiligen Untergliederungen abgeben. Die Verwirklichung einer solchen

Vorstellung scheint wenig realistisch. Schon in den Einzelstaaten besteht eine Tendenz, immer mehr Kompetenzen auf die zentrale Regierung zu verlagern. Allerdings kann dieses Konzept dazu beitragen, dass die EU nicht versucht, zu viele Kompetenzen zu zentralisieren.

Das Modell der **EU der zwei Geschwindigkeiten** findet insbesondere immer wieder dann Anhänger, wenn Einigungsbemühungen zwischen den Einzelstaaten scheitern. Ein Beispiel für dieses Modell ist die Einführung des Euro. Er ist bisher Zahlungsmittel in 19 der 28 EU-Staaten. Die restlichen EU-Länder sind zwar eng an den Euro gebunden, haben aber weiterhin ihre eigene Währung.

Das Modell der zwei Geschwindigkeiten ist auch die Grundlage der Idee der **„Variablen Geometrie"**. Danach würden sich jeweils unterschiedliche EU-Staaten in verschiedenen Politikbereichen enger zusammenschließen. Nach diesem Modell gäbe es je nach Sachgebiet ganz unterschiedlich integrierte Staaten, weil ein gemeinsamer Kernbestand an Integration bestehen bliebe.

Problematisch bei den beiden letzten Modellen könnte sein, dass es in der EU zu deutlich unterschiedlichen Strukturen kommt, sich einzelne Staaten schneller entwickeln und andere Staatengruppen relativ zurückfallen. Andererseits argumentieren die Befürworter beider Modelle, dass integrationswilllige Staaten nicht so lange auf weniger integrationswillige warten sollten, bis letztere diesbezügliche Vereinbarungen akzeptieren.

Weiterführende Internetlinks

- www.cap-lmu.de/publikationen/2003/cap_szenarien.php
  → EU-Szenarien des Centrums für angewandte Politikforschung an der LMU München
- www.kas.de/wf/doc/kas_8414-544-1-30.pdf?061213125925
  → Arbeitspapier der Konrad-Adenauer-Stiftung zu EU-Integrationsmodellen unterhalb der Mitgliedschaft

Aufgaben

35 Fassen Sie den Ablauf des Beitritts eines Nicht-EU-Landes zur Eurozone knapp zusammen (vgl. S. 89, Kopenhagener Kriterien; S. 106, Maastricht-Kriterien).

36 Geben Sie die zentralen Motive des Europäischen Einigungsprozesses in Stichworten wieder.

37 Stellen Sie anhand einer Zeitleiste die Erweiterung der EU den Verträgen zur Vertiefung der EU gegenüber.

38 Vergleichen Sie den Grad der Europäischen Integration heute mit dem Stand von 1970.

39 Nennen Sie einen Politikbereich, in dem der politische Integrationsprozess ins Stocken geraten ist.

40 Nennen Sie zwei Politikfelder, die in alleiniger Verantwortung der EU liegen.

41 Erläutern Sie die jeweilige Rolle der am Gesetzgebungsprozess beteiligten EU-Institutionen.

42 Nennen Sie zentrale Neuerungen, die sich aus dem Vertrag von Lissabon ergeben haben.

43 Erklären Sie den Unterschied der doppelten qualifizierten Mehrheit gegenüber einer „normalen" qualifizierten Mehrheit.

44 Erklären Sie, inwiefern Ministerrat und EU-Kommission indirekt demokratisch legitimiert sind.

45 Erläutern Sie, warum man im Hinblick auf die zahlenmäßige Zusammensetzung des Europäischen Parlaments nicht von einer Repräsentation im engeren Sinne sprechen kann. Begründen Sie, welche Vorteile das bestehende Prinzip hat.

46 Stellen Sie dem Aufbau des politischen Systems der Bundesrepublik die entsprechenden Institutionen der EU gegenüber.

47 Machen Sie Verbesserungsvorschläge für eine erfolgreiche Union.

48 Stellen Sie dar, was unter einer Norm zu verstehen ist.

49 Erklären Sie, wie eine EU-Norm entsteht und wie sie umgesetzt wird.

50 Stellen Sie heraus, welche Vorteile für die EU-Mitgliedstaaten durch den Wegfall der Binnenzölle entstanden sind.

51 Nennen Sie die vier Grundfreiheiten des europäischen Binnenmarkts.

52 Diskutieren Sie die Befürchtungen der „Defizitländer“ im Falle von durch die EU-Kommission erzwungenen Sparmaßnahmen.

53 Erklären Sie die Funktion der umgekehrten qualifizierten Mehrheit im europäischen Fiskalpakt.

54 Nennen Sie die vier Konvergenzkriterien von Maastricht.

55 Erläutern Sie, warum nur die beiden Schuldenstandskriterien nach einem Beitritt zur Eurozone weiter überwacht werden.

56 Erläutern Sie, warum die Einstellung des Sanktionsverfahrens gegen Deutschland einen „Sündenfall“ darstellte.

57 Erklären Sie, warum die Mitgliedstaaten einen möglichst niedrigen Schuldenstand von unter 60 % des Haushalts anstreben sollen.

58 Stellen Sie Chancen und Risiken eines Brexits aus Sicht Großbritanniens gegenüber.

59 Erläutern Sie, welches Interesse von Seiten der EU an einem Verbleib der Briten in der Europäischen Union bestand.

60 Analysieren Sie, auf welche Migrationsformen sich die aktuell von der EU diskutierten politischen Maßnahmen der Migrationspolitik schwerpunktmäßig konzentrieren.

61 Verdeutlichen Sie, warum die Europäische Union nicht als ein Staat bezeichnet werden kann, sich jedoch über den Status eines Staatesbundes hinaus entwickelt hat.

62 Legen Sie begründet dar, welches der fünf Modelle (S. 124 f.) für die zukünftige Entwicklung der EU Ihnen vor dem Hintergrund der aktuellen politischen Entwicklungen am wahrscheinlichsten erscheint.

Strukturen sozialer Ungleichheit, sozialer Wandel und soziale Sicherung

1 Erscheinungsformen und Auswirkungen sozialer Ungleichheit

Menschen leben seit jeher unter ungleichen Bedingungen und Voraussetzungen: Vom Wohnort bis hin zu den Charaktereigenschaften können Ungleichheiten beschrieben werden. **„Soziale Ungleichheit“** bezeichnet dabei die ungleiche Verteilung von Ressourcen in einer Gesellschaft. Daraus können sich ungleiche Chancen zur **sozialen Partizipation** (d. h. Möglichkeiten zur Teilhabe an der Gesellschaft) ergeben.

Entscheidend für die Realisierung von Lebenschancen ist der Besitz der in der jeweiligen Gesellschaft **als wertvoll erachteten Güter**. Dies können in einer Agrargesellschaft etwa Rinder, in einer Dienstleistungsgesellschaft z. B. Bildungsabschlüsse sein. Um herauszufinden, welche sozialen Gruppen größere Chancen haben als andere, diese Güter zu erlangen – wo also eine soziale Ungleichheit besteht –, wird die Gesellschaft nach bestimmten Merkmalen (z. B. Geschlecht, Beruf, Alter, ethnische Zugehörigkeit) differenziert. In Bezug auf Deutschland wird zumeist von vier **Dimensionen sozialer Ungleichheit** gesprochen, welche allesamt als berufsnah (d. h. verknüpft mit der Erwerbstätigkeit) gelten.

	Materieller Wohlstand	Bildung	Macht	Prestige
Indikatoren (Beispiele)	• Einkommen • Vermögen • Armut	• formaler Bildungsabschluss • soziale Herkunft	• berufliche Befugnisse • Einkommen • Vermögen	• Berufszugehörigkeit • soziale Herkunft

M 74: Dimensionen sozialer Ungleichheit in Deutschland

Im Folgenden werden die beiden Dimensionen „Materieller Wohlstand“ und „Bildung“ exemplarisch genauer erläutert.

1.1 Die Dimension „Materieller Wohlstand“

Materieller Wohlstand wird vor allem anhand der Indikatoren **Einkommen**, **Vermögen** und **Armut** gemessen. Wohlstand ist allgemein ein Mittel zur Realisierung von Vorstellungen und Wünschen: „Sich etwas leisten zu können“ bedeutet, über einen bestimmten Gestaltungsspielraum zu verfügen, welcher sich in einem verhältnismäßig höheren **Lebensstandard** ausdrückt.

Vermögen: Hierunter fallen sämtliche Güter, die sich im Eigentum einer Person oder Körperschaft befinden oder dieser zustehen. Das Vermögen besitzt hinsichtlich der sozialen Ungleichheit eine mehrfache Funktion:

- **Einkommensfunktion:** Vermögen bildet oftmals den Grundstein für Einkommen, z. B. durch Vermietung oder Verpachtung.
- **Nutzungsfunktion:** Sachvermögen (z. B. ein Haus) kann unmittelbar genutzt werden, sodass bestimmte Kosten (z. B. monatliche Miete) entfallen.
- **Sicherungsfunktion:** Vermögen kann als „Puffer“ eingesetzt werden, der eintretende Härtefälle (Krankheit, Arbeitslosigkeit etc.) abfedern kann.
- **Machtfunktion:** Der Besitz von Produktivvermögen (also Vermögen, welches im ökonomischen Prozess relevant ist) erhöht die wirtschaftliche und politische Gestaltungsmacht.

Indikatoren zur Feststellung von Unterschieden in der **Vermögensverteilung** sind vor allem das Durchschnittsvermögen sowie das mittlere Vermögen (Median, vgl. M 75) der Gesellschaft.

Exkurs: Median und arithmetisches Mittel

Zum Zwecke des Vergleichs (z. B. verschiedener Länder oder verschiedener sozialer Gruppen) und zur Beobachtung von Entwicklungen werden oftmals **Durchschnittswerte** ermittelt. In den Sozial- und Wirtschaftswissenschaften wird hierzu üblicherweise entweder das arithmetische Mittel (Mittelwert) oder der Median berechnet.
Wenn allgemein von einem „Durchschnitt“ die Rede ist, ist zumeist das **arithmetische Mittel** gemeint. Hierbei wird die Summe aller beobachteten Werte durch die Anzahl der beobachteten Werte geteilt.

Beispiel: $\frac{100+200+360}{3}=220$

Der **Median**, auch Zentralwert genannt, dient dazu, eine Auflistung von Werten in zwei Hälften zu teilen. Hierzu werden alle beobachteten Werte auf- oder absteigend in eine Reihenfolge gebracht und der mittlere Wert „abgezählt". Es befindet sich also immer die gleiche Anzahl Werte oberhalb wie unterhalb des Medians.
Beispiel: Von den vorliegenden Messwerten 100 + 200 + 360 ist der Median 200.
Im Gegensatz zum arithmetischen Mittel haben Ausreißer nach oben oder nach unten hier geringere Auswirkungen. Welcher Mittelwert herangezogen wird, d. h., welcher Wert aussagekräftiger ist, muss vor dem Hintergrund der jeweiligen Fragestellung entschieden werden.

M 75: Relevante Mittelwerte in den Gesellschaftswissenschaften

Eine Studie der Bundesbank hat entsprechende Daten durch Befragungen erhoben: Das **Durchschnittsvermögen** der privaten Haushalte betrug im Jahr 2014 brutto 240 200 € und netto 214 500 €. Dabei haben ca. 74 % der Haushalte in Deutschland ein unterdurchschnittliches Nettovermögen. Das Vermögen des „mittleren" Haushalts (Median) lag bei 77 200 € (Bruttovermögen) bzw. 60 400 € (Nettovermögen). Gliedert man die Werte zum Vermögen nach sozialen Gruppen auf, lassen sich Ungleichheiten zwischen diesen feststellen.

	Bruttovermögen		Nettovermögen	
	Mittelwert (in EUR)	Median (in EUR)	Mittelwert (in EUR)	Median (in EUR)
Soziale Stellung der Referenzperson				
• Selbstständige	817 600	261 000	748 200	187 700
• Beamte	344 400	268 700	284 300	174 700
• Angestellte	231 000	81 700	196 500	59 700
• Arbeiter	127 300	57 200	104 300	35 100
• Arbeitslose	57 900	2 500	46 900	1 400
• Nichterwerbstätige	198 600	62 900	189 200	58 600
darunter Rentner	208 400	87 400	202 400	83 300
darunter Pensionäre	356 600	291 300	338 800	289 900
Schulbildung der Referenzperson				
• ohne schulischen Abschluss	36 300	600	29 300	200
• Haupt-/Volksschule	185 500	49 600	173 100	44 900
• Realschule	217 800	81 300	189 500	57 900
• (Fach-)Hochschulreife	339 400	145 700	299 100	100 900
• ohne Angabe	108 300	2 000	89 400	1 400

M 76: Brutto- und Nettovermögen in Deutschland nach sozialer Stellung und Schulbildung, 2014

Einkommen: Die Einnahmen eines Privathaushalts sind ebenfalls ein Mittel zur Messung des Lebensstandards bzw. des wirtschaftlichen Wohlstands bestimmter sozialer Gruppen. Zumeist wird hierbei nicht das Einkommen jeder einzelnen Person, sondern ein sogenanntes **Haushaltseinkommen** berechnet. Dieses setzt sich zusammen aus

- Einkommen aus Erwerbsarbeit (Löhne, Gehälter, Einkommen aus unternehmerischer Betätigung),
- Besitzeinkommen/Vermögenseinkommen (Miete, Pacht, Zinsen, Kapitalgewinne) sowie
- Transfereinkommen (Kindergeld, Sozialhilfe, Wohngeld).

Nach Abzug von Steuern und Sozialabgaben ergibt sich das **Haushaltsnettoeinkommen**, also das **verfügbare Einkommen**, welches Rückschlüsse auf die Konsumgüternachfrage eines Haushalts zulässt.

Um Unterschiede im Einkommen zwischen verschiedenen sozialen Gruppen feststellen zu können, werden die Haushalte in Gruppen eingeteilt. Dies kann etwa nach ihrer Größe (Einpersonen-, Zweipersonenhaushalt etc.), nach der sozialen Stellung (Selbstständiger, Beamter, Angestellter etc.), dem Alter des Haupteinkommensbeziehers oder dem Haushaltstyp (Alleinlebende, Alleinerziehende, Paar etc.) erfolgen.

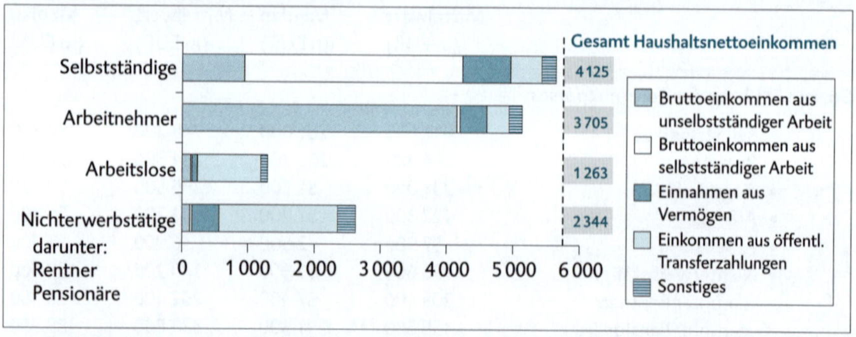

M 77: Haushaltsbrutto- und -nettoeinkommen nach der sozialen Stellung des Haupteinkommensbeziehers (2013, je Haushalt und Monat in €)

Vor allem für Vergleiche der Wohlstandsentwicklung zwischen verschiedenen Ländern wird ein **Pro-Kopf-Einkommen** – das jährliche Durchschnittseinkommen eines Einwohners des jeweiligen Landes – berechnet. Dazu wird etwa das BIP oder das Volkseinkommen durch die Bevölkerungszahl des Landes geteilt. Hierdurch können allerdings weder Aussagen über die Verteilung der Einkommen innerhalb eines Landes noch über den Lebensstandard der Einwohner des Landes getroffen werden: Ein Pro-Kopf-Einkommen von 600 € ermöglicht einem Single nur einen eingeschränkten Lebensstil, während eine 5-köpfige Familie mit 3 000 € schon besser wirtschaften kann. Schließlich benötigt sie nicht fünf Autos, verbraucht nicht die fünffache Menge an Strom etc. Zudem spielt das Alter von Kindern eine Rolle: Kleinkinder sind weniger kostenintensiv als Heranwachsende.

Eine höhere Aussagekraft über die Einkommensverteilung bzw. -ungleichheit hat das **bedarfsgewichtete Einkommen** je Haushaltsmitglied **(Äquivalenzeinkommen)**. Hierbei handelt es sich um das Einkommen, welches jedem Mitglied eines Haushalts, wenn dieses allein leben würde und erwachsen wäre, den gleichen Lebensstandard ermöglichen würde, wie es ihn innerhalb der Haushaltsgemeinschaft hat. Dazu wird das Einkommen des gesamten Haushalts addiert und entsprechend einer sogenannten Äquivalenzskala gewichtet. Welches „Gewicht" dem einzelnen Haushaltsmitglied dabei zukommt, richtet sich nach dessen Alter sowie nach der Anzahl der Haushaltsmitglieder.

Wenn vom Haushaltsnettoeinkommen ausgegangen wird, spricht man vom **Nettoäquivalenzeinkommen**. Zu dessen Berechnung gibt es von der Organisation für wirtschaftliche Zusammenarbeit und Entwicklung (OECD) zum Zwecke der internationalen Vergleichbarkeit eine einheitliche Skala:

	Berechnungsfaktor
erstes erwachsenes Haushaltsmitglied bzw. Haupteinkommensbezieher	1
je weiteres erwachsenes Haushaltsmitglied	0,5
je Kind (ab 14 Jahre)	0,5
je Kind (bis einschließlich 13 Jahre)	0,3

M 78: Neuere bzw. modifizierte Äquivalenzskala der OECD

Durch die Einteilung der Bevölkerung in gleich große Gruppen können Aussagen darüber getroffen werden, welchen Anteil am Einkommen ein bestimmter Bevölkerungsteil (z. B. die ärmsten 20 % der Einwohner) hat. Zumeist wird die Gesamtheit der Haushalte, Personen usw. hierfür in drei **(Terzile)**, fünf **(Quintile)** oder zehn Gruppen **(Dezile)** eingeteilt.

Mit der **Lorenzkurve** wird die ungleiche Verteilung vor allem von Vermögen oder Einkommen veranschaulicht: In einem Koordinatensystem wird auf der x-Achse der Anteil der Gesamtbevölkerung und auf der y-Achse der Anteil des Volkseinkommens abgetragen. Die Winkelhalbierende (schwarze Linie in

M 79) gibt die absolute Gleichverteilung des Gesamteinkommens an. Demgegenüber verfügten in Deutschland im Jahr 2007 die ärmsten 20 % der Bevölkerung über weniger als 10 % und die reichsten 20 % der Bevölkerung über ca. 40 % des gesamten Einkommens (vgl. M 79).

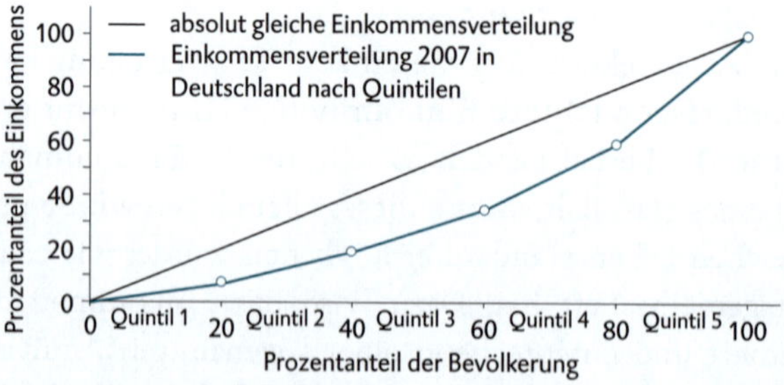

M 79: Lorenzkurve der Einkommensverteilung

Als Maßzahl der Ungleichheit und zur Analyse der internationalen Einkommensverteilung bzw. -konzentration wird oftmals der **Gini-Koeffizient** verwendet. Dieser ergibt sich, wenn man die Fläche zwischen der Diagonalen (Linie gleicher Verteilung) und der Lorenzkurve (blaue Linie in M 79) durch die Gesamtfläche unterhalb der Diagonalen teilt. Die hierbei entstehenden Werte zwischen 0 und 1 geben die **Konzentration der Einkommen** an. Je größer der Gini-Koeffizient ist (d. h. je weiter die Lorenzkurve von der Gleichverteilungsdiagonalen entfernt ist), umso stärker ist die Konzentration der Einkommen auf wenige Personen; je kleiner der Wert ist, desto gleichmäßiger sind die Einkommen in der Bevölkerung verteilt.

Oftmals wird in der politischen Diskussion von einer **Einkommensschere** gesprochen. Zum Teil wird hierunter die Differenz zwischen dem Einkommen des obersten Fünftels der Bevölkerung und dem Einkommen des untersten Fünftels der Bevölkerung verstanden. Teilweise wird hierzu jedoch auch die Differenz zwischen dem mittleren Einkommen (Median, vgl. M 75) und dem Durchschnittseinkommen herangezogen.

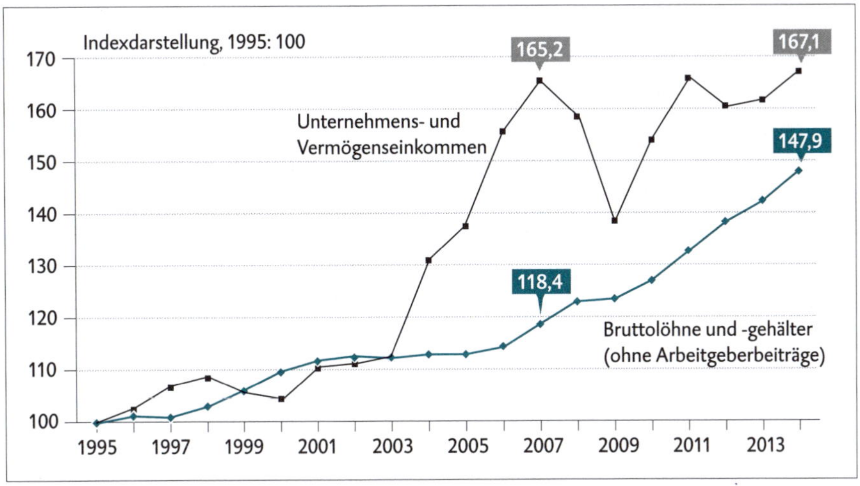

M 80: Entwicklung der Einkommen und Löhne/Gehälter in Deutschland

Armut: Aussagen darüber, welche Bevölkerungsteile wie viel mehr oder weniger als der gesellschaftliche Durchschnitt verdienen, dienen zumeist dem Vergleich von Armut zwischen Ländern oder zeitlichen Perioden. Hierbei spielen verschiedene **Armutsdefinitionen** und **Armutsgrenzen** eine große Rolle.

Menschen, die in **absoluter Armut** leben, können sich Lebensnotwendiges (Nahrung, Unterkunft) nicht mehr leisten. Die absolute Armutsgrenze liegt laut der Weltbank bei einem Einkommen von weniger als 1,90 US-$ pro Tag. Hierbei wird zugleich von **extremer Armut** gesprochen.

Da in den entwickelten Industrienationen die Frage der absoluten Armut (nach Weltbank-Definition) keine große Rolle mehr spielt, hat sich der Begriff der **relativen Armut** etabliert. Dabei wird eine Armutsgrenze angesetzt, die durch die Unfähigkeit zur gesellschaftlichen Teilhabe definiert ist. Es geht also darum, die Gefahr des Ausschlusses von der in der jeweiligen Gesellschaft üblichen Lebensweise durch einen Mangel an Ressourcen zu erfassen. Hierbei werden nicht nur ökonomische, sondern auch kulturelle und soziale Mängel (Deprivation) betrachtet. Je nach Festlegung der relativen Armutsgrenze bemisst sich unter Umständen auch das Recht auf sozialstaatliche Leistungen.

Eine Bevölkerungsgruppe, die sich kontinuierlich lediglich leicht oberhalb der Armutsgrenze bewegt, wird häufig als **Prekariat** bezeichnet (vgl. M 107).

In der EU wird zur Messung der Armut der Median des Nettoäquivalenzeinkommens (vgl. S. 133) herangezogen. Der Teil der Bevölkerung, dessen Einkommen weniger als 60 % dieses Schwellenwerts beträgt, gilt als **armuts-**

gefährdet (Armutsrisiko). Bei einer Unterschreitung von 50 % des Medians wird von relativer **Einkommensarmut** gesprochen. Die **Armutsquote** misst das Verhältnis der als arm definierten Bevölkerung zur Gesamtbevölkerung z. B. eines Landes. Armutsgefährdung, Armut und soziale Ausgrenzung lassen sich auch in Bezug auf bestimmte Bevölkerungsgruppen (z. B. durch Haushaltsgröße oder sozialen Status differenziert) erheben. So lässt sich feststellen, welche sozialen Gruppen eher armutsgefährdet sind als andere. Da die oben genannten Grenzwerte im Grunde eine Relation der Einkommen zueinander ausdrücken, handelt es sich auch um **Maße sozialer Ungleichheit**.

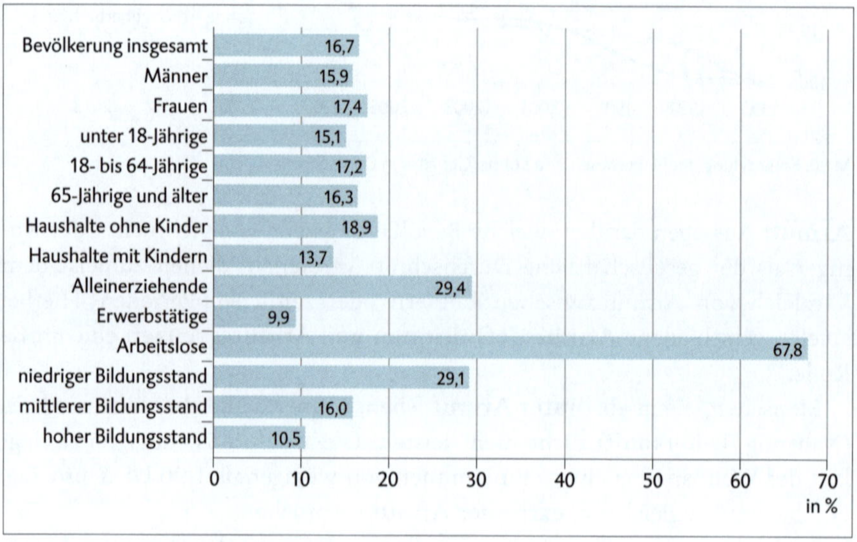

M 81: Ausgewählte Armutsgefährdungsquoten (60 % des Medians nach Sozialleistungen) Deutschl. 2014

Zusätzlich zu den genannten Armutsbegriffen werden Mangelzustände definiert, die eine detaillierte Differenzierung von Armutsformen zulassen. Diese sogenannten **Deprivationen** können in unterschiedlichen Lebensbereichen auftreten:

- **Bereich Wohnen:** kein ausreichender Wohnraum und Mängel in der Grundausstattung (funktionierende Heizung u. Ä.);
- **Bereich Konsum:** Mangel an gängigen Konsumgütern (z. B. Waschmaschine, Fernseher, Urlaub woanders als zu Hause) und fehlende Möglichkeit zu deren Reparatur;
- **Bereich Rücklagenbildung:** keine Möglichkeit, Vermögen (Ersparnisse) aufzubauen.

Je nachdem, welche Aspekte der Armut in einer Gesellschaft betont werden sollen, werden weitere Armutsbegriffe verwendet wie:

- **einseitige Armut:** lediglich Einkommensarmut oder ein Deprivationszustand ist vorhanden;
- **temporäre Armut:** Armut tritt abwechselnd mit Phasen des Wohlstands auf und wird als Risiko individueller Lebensläufe gesehen;
- **verfestigte Armut:** das Einkommen liegt dauerhaft unterhalb der Armutsgrenze.

1.2 Die Dimension „Bildung“

Das verfügbare Einkommen, die Armutsgefährdung (vgl. M 81), der soziale Status einer Person etc. hängen stark vom Bildungsabschluss dieser Person ab: Bildung gilt in Industrienationen und Dienstleistungsgesellschaften als Schlüsselfaktor für wirtschaftlichen Erfolg, soziale Teilhabe und soziales Ansehen. Im Regelfall bilden die in der **Schulzeit** erworbenen Qualifikationen die Grundlage für die gesamte weitere Ausbildung. Im Zuge veränderter Erwerbsbiografien (vgl. S. 146) spielt dabei zunehmend das **lebenslange Lernen**, also die ständige Weiterbildung, eine große Rolle.

Ungleichheiten innerhalb des Bildungsbereichs werden analysiert, um Zukunftschancen verschiedener sozialer Gruppen festzustellen und ggf. sozialstaatliche Konsequenzen (vgl. S. 173 ff.) daraus zu ziehen, wie das Einrichten von Förderungsmaßnahmen für bestimmte Gruppen oder eine Anpassung des Schulsystems. Chancengleichheit (vgl. S. 182) soll vor allem dort verbessert werden, wo Ungleichheiten nicht durch persönliche Leistung oder Fähigkeiten entstehen, sondern durch **zugeschriebene Merkmale** aufgrund der sozialen Herkunft, des Geschlechts, der Religion, des Wohnorts etc. So kann es etwa sein, dass Lehrer einen Schüler, welcher aus einem „ärmeren“ Stadtteil stammt, allein aufgrund dessen Herkunft (unbewusst) als weniger intelligent einschätzen, ihm weniger zutrauen und ihn tendenziell schlechter benoten.

Als Indikatoren werden zumeist **Bildungsabschlüsse** und die Zahl der **Gymnasiumsbesuche** herangezogen, welche in Bezug zu verschiedenen sozialen Gruppen gesetzt werden (vgl. M 83). So zeigt sich, dass nach wie vor wesentlich weniger Arbeiterkinder ein Studium aufnehmen als Kinder, deren Eltern selbst über einen akademischen Abschluss verfügen (vgl. M 82).

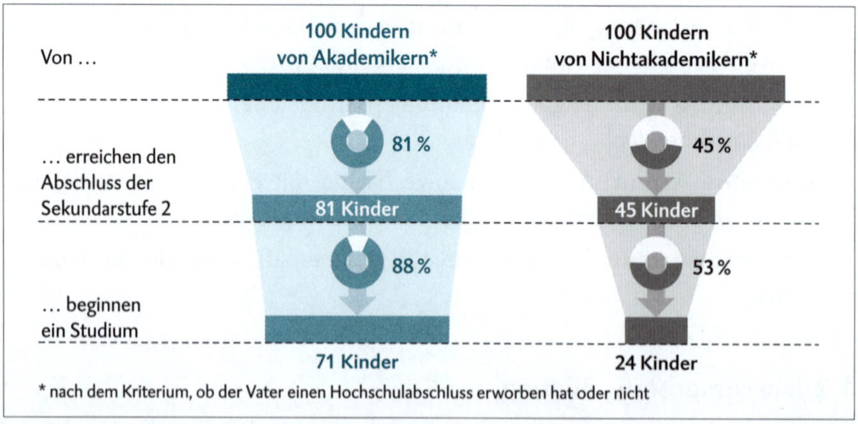

M 82: Der Bildungstrichter: Soziale Selektion beim Zugang zum Studium

Die Ursachen dieser sozialen Differenzierung, d. h. **leistungsunabhängige Faktoren** für die Ausbildung einer Person, sind vielfältig:

- Da das **Bildungssystem** hinsichtlich seiner Organisation und der vermittelten Inhalte vor allem auf die Mittelschicht ausgerichtet ist, werden Kinder mit stark abweichenden Merkmalen oft nicht angemessen gefördert.
- Kinder aus unteren sozialen Schichten werden tendenziell später eingeschult als Kinder höherer sozialer Schichten.
- Bei gleicher Leistung bekommen Kinder von Eltern mit niedrigerem sozialen Status oftmals eine andere **Empfehlung für die weiterführende Schule**, etwa weil die finanzielle und intellektuelle Fähigkeit der Eltern, ihre Kinder durch Nachhilfe zu unterstützen, als geringer eingeschätzt wird.
- Die Lebens- und Startbedingungen der Kinder hängen weitgehend von ihren Elternhäusern ab (Erziehungsstil, lernförderliche Umgebung wie ein eigenes Zimmer oder gut gefüllte Bücherregale). So weisen bereits kleine Kinder je nach sozialer Schicht der Familie Unterschiede in der **kognitiven und sprachlichen Entwicklung**, der Kommunikationsfähigkeit etc. auf. Diese Faktoren haben wiederum einen großen Einfluss auf den schulischen Erfolg der Kinder.
- Eltern mit höherem Bildungsabschluss streben zumeist auch einen höheren Schulabschluss für ihre Kinder an **(Bildungsanspruch)**. Dies hat Auswirkungen sowohl auf ihre Bereitschaft zur **Unterstützung** der Kinder als auch auf die **Lernmotivation** der Kinder.
- Hiermit eng zusammen hängt auch der **Glaube an die eigene Leistungsfähigkeit**.

- Die finanziellen Mittel der Eltern entscheiden häufig darüber, ob eine **besondere Förderung** der Kinder (z. B. Nachhilfe, Musikschule) möglich ist und ob ein Studium finanziert werden kann.

Kinder mit **Migrationshintergrund** (vgl. S. 158 ff.) sind in weiterer Hinsicht benachteiligt. Teilweise verhindern unzureichende Sprachkenntnisse das Erreichen eines höheren Schulabschlusses. Auch die äußere Zuschreibung zu einer anderen Kultur, sozialen Schicht etc. kann sich negativ auswirken.

Es spielen also **Sozialisationsvoraussetzungen des Elternhauses** ebenso eine Rolle wie **Auslesemechanismen in den Schulen**. Durch das Zusammenwirken dieser Faktoren entsteht ein Ursachenbündel, das es schwierig macht, konkrete Ansatzpunkte für eine Verbesserung der Gleichheit im Bildungssystem zu identifizieren. Weitgehend besteht aber Einigkeit darin, dass eine möglichst früh ansetzende Förderung der Kinder aus unteren sozialen Schichten und der Ausbau ganztägiger Bildungsangebote zentrale Elemente sind, um die soziale **Durchlässigkeit im Schulsystem** zu erhöhen.

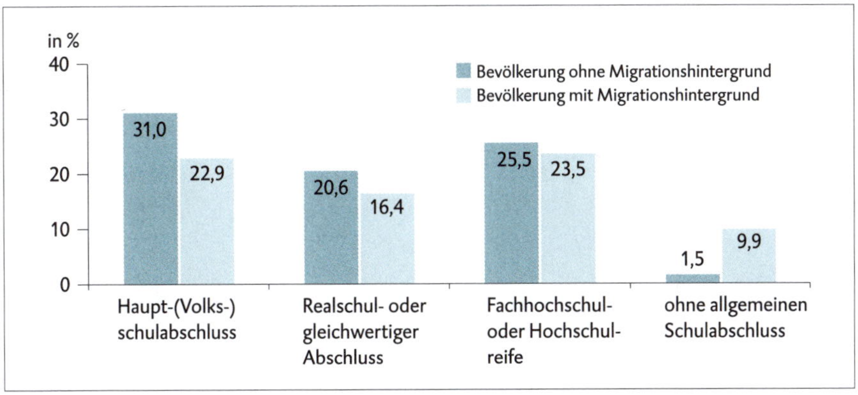

M 83: Allgemeine Schulabschlüsse nach Bevölkerung mit und ohne Migrationshintergrund (2014)

Weiterführende Internetlinks

- www.bildungsbericht.de
  → wissenschaftlicher Bericht „Bildung in Deutschland 2014“
- https://www.bmas.de/DE/Service/Medien/Publikationen/a306-5-armuts-und-reichtumsbericht.html
  → Fünfter Armuts- und Reichtumsbericht der Bundesregierung
- www.bmbf.de/de/14389.php
  → Informationen zu Bildungskonzepten und -programmen des Bundesministeriums für Bildung und Forschung
- http://data.worldbank.org/indicator/SI.POV.GINI
  → GINI-Index der Weltbank
- www.delta-sozialforschung.de
  → Website des DELTA-Instituts für Sozial- und Ökologieforschung
- www.destatis.de/DE/Publikationen/Publikationen.html
  → Website des Statistischen Bundesamtes; hier ist u. a. der Datenreport 2016: Sozialbericht für Deutschland abrufbar
- www.kas.de/wf/de/71.7800
  → Publikation Rainer Geißlers bei der Konrad-Adenauer-Stiftung: „Sozialstruktur und Ungleichheiten“

2 Sozialer Wandel

„Sozialer Wandel“ bezeichnet alle Veränderungen der **Sozialstruktur**. Diese Veränderungen können sich auf Teilbereiche der Gesellschaft **(Subsysteme)** beschränken – etwa das Gesundheitssystem, den Arbeitsmarkt, das Schulsystem oder den Kulturbetrieb – oder auch die gesamte Gesellschaft erfassen. Oftmals sind sie nicht sofort, sondern erst nach einer längeren Zeit ersichtlich.

2.1 Wandel wirtschaftlicher Strukturen

Industrialisierung

Entsprechend der **Drei-Sektoren-Hypothese** nach Colin G. Clark und Allan G. B. Fisher – in Deutschland vor allem durch Jean Fourastié bekannt – ist der Prozess der **Industrialisierung** durch eine Verschiebung des Schwerpunkts einer Volkswirtschaft vom ersten zum dritten Wirtschaftssektor gekennzeichnet (**Tertiarisierung**, vgl. S. 23).

Zunächst verlagern sich die wirtschaftlichen Tätigkeiten von der Rohstoffgewinnung (**primärer Sektor**, Landwirtschaft) über die Rohstoffverarbeitung (**sekundärer Sektor**, industrielle Produktion) zu den Dienstleistungen **(tertiärer Sektor)**. Durch die erhöhte Bedeutung von Informationen bzw. Wissen in den heutigen ökonomischen Prozessen wird inzwischen auch von einem vierten Sektor, dem **Informationssektor**, gesprochen.

Der jeweilige Schwerpunkt einer Volkswirtschaft prägt die gesellschaftlichen Strukturen: Welche Fähigkeiten bzw. Ressourcen werden als besonders wertvoll betrachtet? In welchem wirtschaftlichen Sektor entstehen die meisten neuen Arbeitsplätze? Wie sieht die Freizeitgestaltung aus? Für welche Güter und Dienstleistungen geben die Gesellschaftsmitglieder den größten Teil ihres Einkommens aus? So wird eine Gesellschaft, in der sämtliche Lebensbereiche durch Informations- und Kommunikationstechnologien bestimmt werden, auch als **Informationsgesellschaft** bezeichnet.

Der durch die Verschiebung wirtschaftlicher Tätigkeiten entstehende soziale Wandel drückt sich etwa in einer veränderten **Bedürfnisstruktur** aus: Eine Deckung der Grundbedürfnisse (Agrarsektor) führt zu steigenden Ansprüchen an den Güterbesitz (Industriesektor). Durch Rationalisierung, Standardisierung, Produktivitätssteigerung, Arbeitsteilung, vermehrte Freizeit etc. steigt die Nachfrage nach (konsumbezogenen) Dienstleistungen (vgl. S. 156).

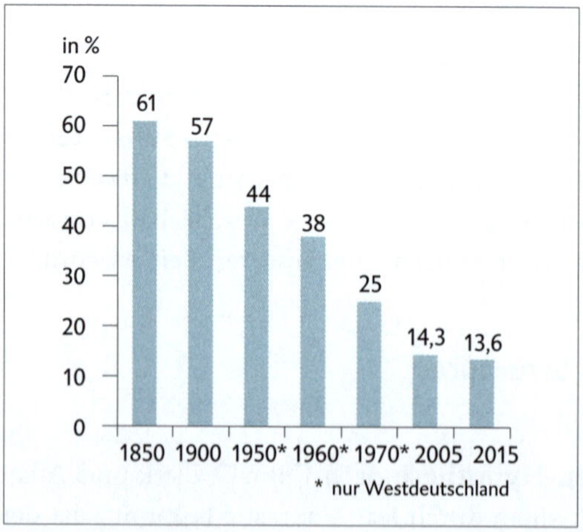

M 84: Ausgaben für Lebensmittel und Tabakwaren (Anteil am privaten Verbrauch in Deutschland)

Wohlstandswachstum

Dank der Einführung der **sozialen Marktwirtschaft** (Ludwig Erhard, Alfred Müller-Armack) sowie der D-Mark, des Ausbaus wirtschaftlicher Produktionsstätten, des Marshallplans etc. kam es in den 1950er- und 1960er-Jahren in Westdeutschland zum sogenannten **Wirtschaftswunder**. Die Steigerung des Volkseinkommens (vgl. S. 21) und der Löhne führte zu einem massiven **Wohlstandswachstum** für breite Bevölkerungsschichten.

Dadurch veränderte sich das **Konsumverhalten** der Gesellschaft im Laufe der letzten Jahrzehnte weitgehend: Auf eine „Fresswelle" im Anschluss an die Nachkriegsjahre folgten eine „Bekleidungswelle", eine „Einrichtungs-" sowie eine „Auto- und Reisewelle" (1960er-Jahre). Die Anzahl der Eigenheime stieg rasch; der Besitz von Waschmaschinen und Fernsehern in Privathaushalten wurde zum Standard.

Wandel der Beschäftigungsverhältnisse

Die Zahl der sozialversicherungspflichtig Beschäftigten spielt im Kontext des sozialen Systems eine wichtige Rolle: Die Finanzierung des Systems der sozialen Sicherung hängt einerseits maßgeblich an den Abgaben aus diesen Arbeitsverhältnissen. Andererseits erwerben die Einzahler auch Ansprüche an das System der sozialen Sicherung. Es kann also durchaus als problematisch angesehen werden, wenn Teilzeitbeschäftigung und geringfügige Beschäftigung bedeutsamer werden.

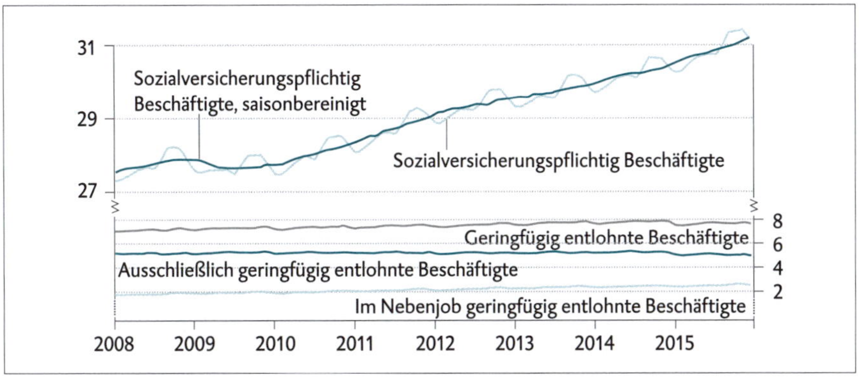

M 85: Entwicklung verschiedener Beschäftigungsgruppen in Deutschland, Angaben in Mio.

Voll- und Teilzeitbeschäftigung

Ein wesentlicher Wandel ist innerhalb der Struktur der sozialversicherungspflichtigen Beschäftigung festzustellen: Der Anteil der **Teilzeitbeschäftigung** hat deutlich zugenommen. Diese Beschäftigungsformen tragen weniger als versicherungspflichtige Vollzeitstellen zur Finanzierungsbasis des Versicherungssystems bei (vgl. M 114). Dabei ist die Anzahl der Teilzeitbeschäftigungen von Frauen stärker gestiegen als die von Männern.

Zeit- und Leiharbeit

Der wohl deutlichste Trend ist in der Zeit- und Leiharbeit zu verzeichnen. So hat sich die Zahl der **Leiharbeitnehmer** in den letzten zehn Jahren annähernd verdreifacht (vgl. M 86). Sowohl die Zahl der Leiharbeitsverhältnisse als auch die Zahl der Verleihbetriebe (2013: 46 800 Betriebe, 2015: 50 300) steigt weiter an. Bei knapp 40 % der Leiharbeiter endete das Beschäftigungsverhältnis im Jahr 2014 nach weniger als drei Monaten.

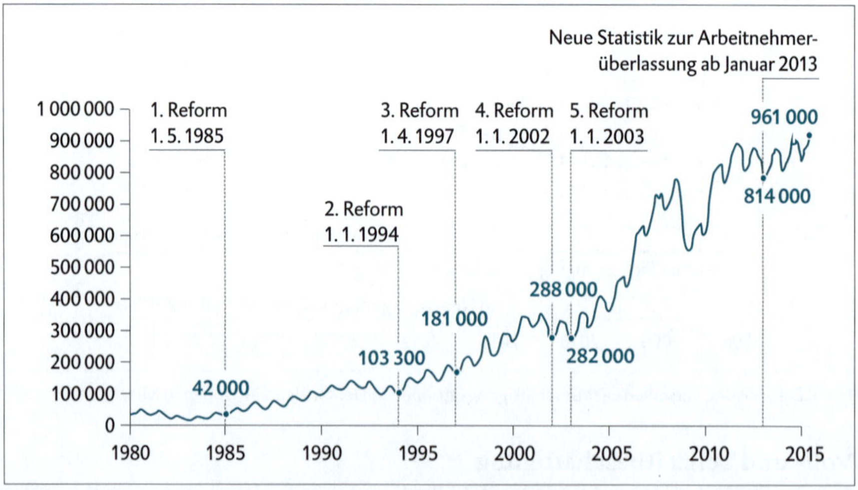

M 86: Entwicklung der Anzahl von Zeit-/Leiharbeitnehmern in Deutschland

Es scheint also, dass Leiharbeitsverhältnisse häufig nur als Übergangslösung angesehen werden, um Auftragsspitzen in den Betrieben aufzufangen. Der überwiegende Teil der Zeitarbeitsverhältnisse (71 %) wurde im ersten Halbjahr 2015 mit Personen geschlossen, die entweder noch nie eine Beschäftigung ausgeübt hatten oder die direkt zuvor nicht beschäftigt waren. Dies deutet darauf hin, dass Zeitarbeit für viele Personen tatsächlich eine Möglichkeit darstellt, (wieder) in Kontakt mit dem Arbeitsmarkt zu kommen. Allerdings ist auch das Risiko, aus der Zeitarbeit wieder in die Arbeitslosigkeit zu rutschen, sehr hoch.

Erwerbstätige ALG II-Bezieher

Personen, deren Erwerbseinkommen auf einem so niedrigen Niveau ist, dass es nicht zur Deckung des Grundbedarfs (Regelbedarf, vgl. S. 177) ausreicht, erhalten ergänzende Leistungen von staatlicher Seite. Umgangssprachlich wird hierbei von „**Aufstockern**“ gesprochen. Auch wer ALG I erhält, kann – wenn dieses zu niedrig ausfällt – zusätzlich ALG II beziehen (Definition von „Aufstocker“ bei der BA).

Die Zahl der erwerbstätigen ALG II-Bezieher ist von 2007 (1,22 Mio.) bis 2014 (1,29 Mio.) leicht gestiegen.

2.2 Wandel gesellschaftlicher Strukturen

Bildungsexpansion

Im Zuge der Industrialisierung veränderten sich die Anforderungen an die **Qualifikationsprofile der Arbeitnehmer** in der Bundesrepublik. Doch auch das Wohlstandswachstum, neue Bedürfnisstrukturen und Werte sowie die Demokratisierung der Gesellschaft brachten andere Ansprüche an die Bildung mit sich. Die Überzeugung, dass „Aufstieg durch Bildung" möglich sei, d. h. eine gute Schulbildung der Schlüssel zu einem höheren **sozialen Status** sei, erfasste große Teile der Bevölkerung. Diskutiert wurden vor allem in den 1960er-Jahren etwa die Modernisierung der Bildungsinhalte, die Frauenbildung und die Bildungsexpansion, d. h. die über einen Volksschulabschluss hinausgehende Bildung breiter Bevölkerungsschichten.

Durch eine Reihe von Reformen seit Ende der 1950er-Jahre sollte das Bildungssystem an die neuen Anforderungen angepasst werden. So wurden die Schulsysteme der Bundesländer aneinander angeglichen, neue Hochschulen wurden gegründet und die gymnasiale Oberstufe wurde in Form eines Kurssystems organisiert, um die Vorbereitung auf ein Studium zu verbessern. Schulgeld musste nun auch für den Besuch von Gymnasien nicht mehr entrichtet werden und eine weitgehende Lehrmittelfreiheit wurde eingeführt.

Diese Reformen sorgten dafür, dass die Anzahl von Schulabgängern mit höheren Bildungsabschlüssen deutlich anstieg (vgl. M 87). Hieran gekoppelt steigerte sich die **Studierendenquote** in Deutschland seit Anfang der 1970er-Jahre von ca. 11 % auf fast 50 % in den 2010er-Jahren.

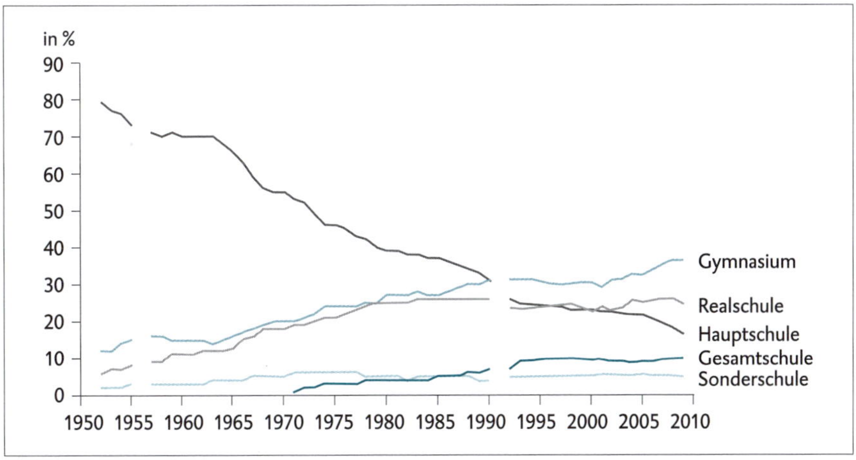

M 87: Schulbesuch der 13-Jährigen in Deutschland nach Schularten (bis 1990 Westdeutschland)

Das Ziel, Bildungssystem und -inhalte an die Anforderungen des modernen Berufslebens anzupassen, verfolgt auch die Umorientierung in Lehrplänen und Bildungsstandards vom „Inhalt" hin zur „Kompetenz": Schüler sollen nicht mehr allein mit abzuprüfendem Wissen ausgestattet werden, sondern vielmehr die Fähigkeit erwerben, sich neue Inhalte selbst zu erschließen. Damit soll dem Umstand Rechnung getragen werden, dass viele Arbeitnehmer nicht mehr das gesamte Erwerbsleben hindurch einen Beruf ausführen **(„lifetime employment")**, sondern eine berufliche Laufbahn aufweisen, die durch viele Wechsel und Brüche gekennzeichnet ist **(„lifetime employability")**. Eine solchermaßen **fragmentierte Erwerbsbiografie** macht das dauerhafte Aneignen neuen Wissens und neuer Fähigkeiten notwendig. Zudem fordert sie mehr **Flexibilität** und zeitliche sowie räumliche **Mobilität** von den Arbeitnehmern.

Demografischer Wandel

Eine Veränderung, welche die Sozialstruktur sowie das Sozialsystem eines Landes unter großen Reformdruck stellen kann, ist die **Bevölkerungsentwicklung**. Der **demografische Wandel** betrifft dabei vor allem

- die Altersstruktur einer Bevölkerung (vgl. M 88),
- Geburtenzahlen **(Fertilität)** und Sterbefälle **(Mortalität)**,
- Einwanderungs- und Auswanderungszahlen (vgl. M 98) sowie
- das quantitative Verhältnis von Männern und Frauen.

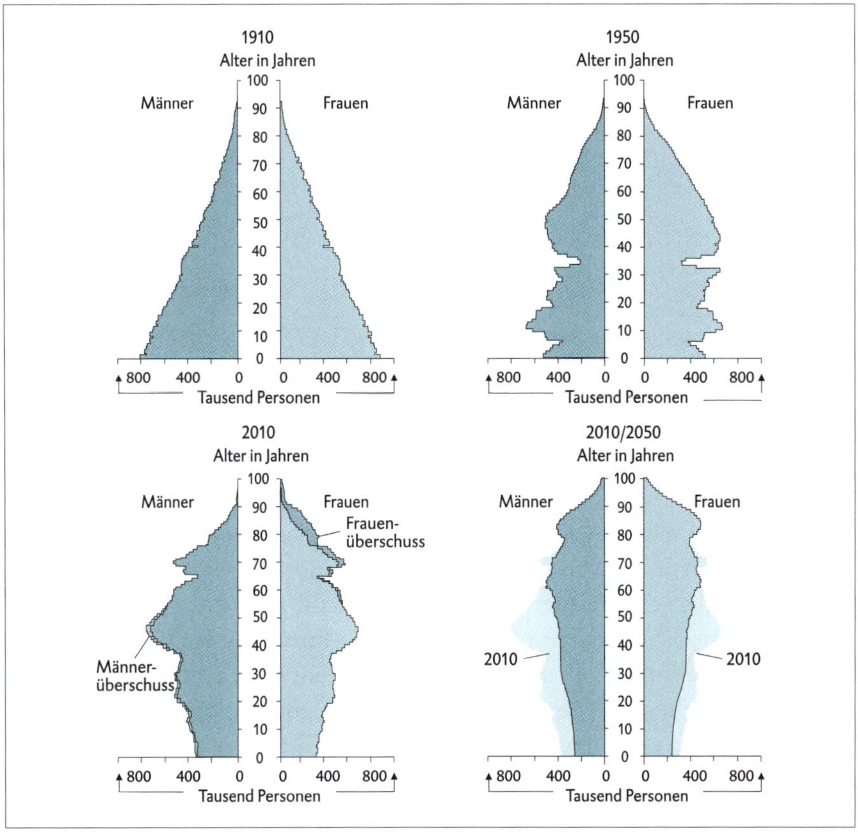

M 88: „Von der Tanne zum Pilz": Altersaufbau der Bevölkerung in Deutschland

Überstieg die Geburtenrate in Deutschland in der Nachkriegszeit die Sterberate noch deutlich, sodass ein **Bevölkerungswachstum** gesichert war (vgl. M 89), ist inzwischen eine demografische Alterung festzustellen, d. h. eine Steigerung des Anteils älterer Menschen an der Bevölkerung (vgl. M 88), sowie seit 2001 eine Abnahme der Bevölkerungszahl. Diese Trends ergeben sich aus einem **Geburtenrückgang** (vgl. M 89), einer gestiegenen **Lebenserwartung** (vgl. M 90) sowie den **Wanderungszahlen** zwischen Deutschland und dem Ausland (vgl. M 98).

Statistisch gesehen – ohne Kindersterblichkeit, das Geschlechterverhältnis bei der Geburt und Migration zu berücksichtigen – müsste eine Frau in Deutschland 2,1 Kinder bekommen **(Fertilitätsrate)**, damit die Bevölkerungszahl stabil bleibt. Doch seit den 1970er-Jahren liegt die Rate darunter; im Jahr 2014 betrug sie 1,47 Kinder pro Frau.

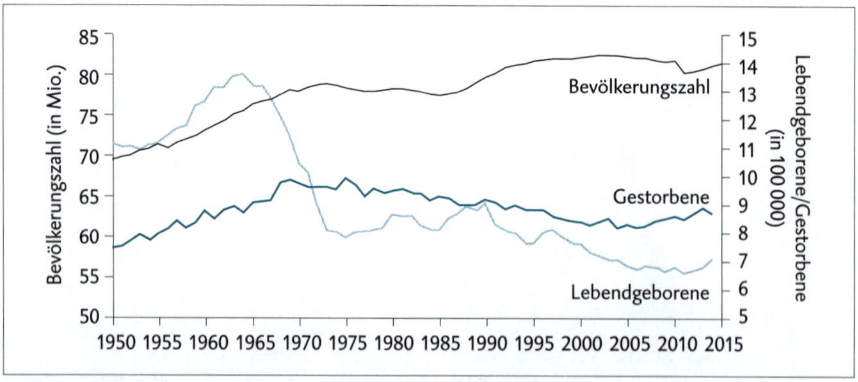

M 89: Geburtenzahlen, Sterbefälle sowie Bevölkerungswachstum in Deutschland

Die Sterberate **(Mortalität)** sinkt tendenziell (vgl. M 89), wohingegen sich die mittlere Lebenserwartung innerhalb von ca. 140 Jahren mehr als verdoppelt hat (vgl. M 90). Noch Anfang der 1960er-Jahre betrug die Lebenserwartung eines männlichen Neugeborenen nur 67 Jahre (weibliche Neugeborene: 72 Jahre); 2010 lag die Lebenserwartung bereits bei 78 (83) Jahren.

Das Statistische Bundesamt führt regelmäßig **koordinierte Bevölkerungsvorausberechnungen** durch, um verschiedene Modelle aufzuzeigen, wie die Bevölkerungszahlen sich in der Zukunft unter bestimmten Annahmen entwickeln werden. Diese Hypothesen beziehen sich etwa auf Geburtenhäufigkeit, Lebenserwartung und Migrationsbewegungen. Nicht vorhersehbare zukünftige Entwicklungen etwa im medizinischen Bereich oder der subjektiven Wertmaßstäbe sowie das Auftreten von Kriegen und Epidemien o. Ä. werden jedoch nicht miteinbezogen. So werden die Modelle mit der Länge des Prognosezeitraums immer unsicherer.

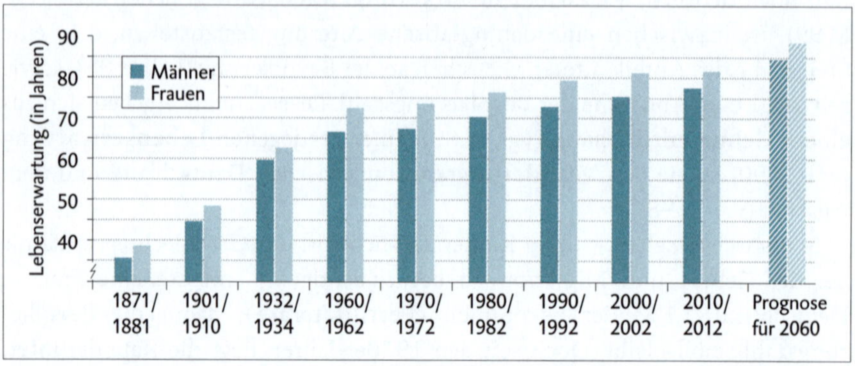

M 90: Lebenserwartung bei Geburt in Deutschland (bzw. Deutsches Reich, Früheres Bundesgebiet)

Ein Beispiel für den großen Einfluss medizinischer Innovation – nicht nur auf die Lebenserwartung – ist der **„Pillenknick“:** In den späten 1960er-Jahren nahm in vielen Industriestaaten die Geburtenrate deutlich ab. Dies wurde zum Teil mit der Verbreitung der Antibabypille sowie mit dem in dieser Zeit stattfindenden Wertewandel (vgl. S. 156 f.), mit der Frauenemanzipation etc. erklärt. Familiengründung wurde zu einem planbaren Teil individueller Lebensentwürfe.

Der Geburtenrückgang als Teil des demografischen Wandels wird darüber hinaus durch eine Reihe weiterer Faktoren beeinflusst:

- **„Enthäuslichung“ der Frau:** Im Zuge der Emanzipationsbewegung der 1960er-Jahre wurde die geschlechtstypische Arbeitsteilung mit dem Mann als Ernährer und der Frau als Hausfrau und Mutter verstärkt hinterfragt. Bildungsexpansion und Wertewandel trugen dazu bei, dass viele Frauen eine eigene Erwerbstätigkeit in den Vordergrund und die Familiengründung in den Hintergrund stellen. Generell gilt: Je höher das Bildungsniveau von Frauen, desto eher verzichten sie auf Kinder.
- **Anspruchsvoller Lebensstil und Konsumdenken:** Einhergehend mit der Wohlstandsexplosion haben sich die Ansprüche an ein materiell „gutes Leben“ deutlich erhöht. Der eigene Komfort und die Erfüllung individueller Interessen werden oftmals einer Familiengründung vorgezogen; zunehmend werden Kinder als Kostenfaktor wahrgenommen. Je höher das Einkommen ist und je größer der Wert der eigenen Freizeit eingeschätzt wird, desto höher sind die **Opportunitätskosten**, die durch Kindererziehung entstehen: Mit steigendem Einkommen erhöht sich die Summe, auf die ggf. wegen einer Unterbrechung der Erwerbstätigkeit verzichtet werden muss.
- **Mangelnde Versorgung mit Kinderbetreuungsplätzen:** Die Bereitstellung einer ausreichenden Anzahl an Kinderbetreuungsplätzen ist notwendig, um die Berufstätigkeit vor allem von Frauen zu fördern, die oftmals vor der Entscheidung „Kind oder Karriere“ stehen. Zwar besteht seit August 2013 ein Rechtsanspruch auf einen Betreuungsplatz für jedes Kind ab dem ersten Lebensjahr, doch der Ausbau entsprechender Einrichtungen verläuft vor allem in den alten Bundesländern schleppend.

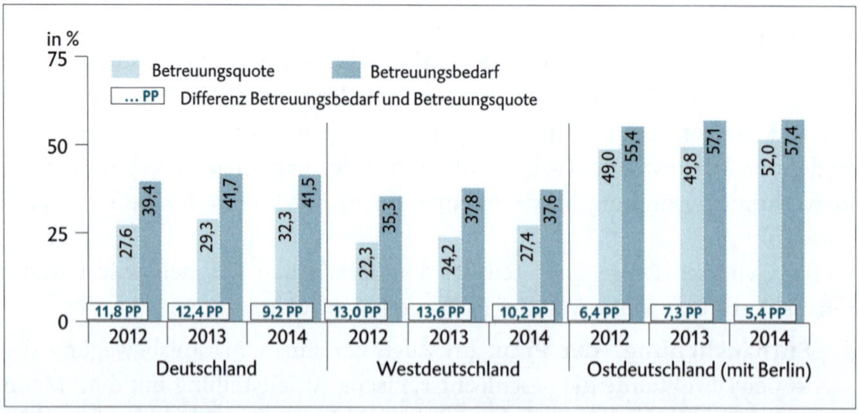

M 91: Betreuungsquote, Betreuungsbedarf sowie Differenz zwischen Betreuungsbedarf und Betreuungsquote der Kinder im Alter von unter drei Jahren in West- und Ostdeutschland 2012 bis 2014

- **Strukturelle Benachteiligung von Familien:** Personen – insbesondere Paare – ohne Kinder sind gewissermaßen doppelt bevorteilt: Erstens können sie (bzw. beide Partner) einer Vollzeitbeschäftigung nachgehen, haben so ein höheres Einkommen und einen besseren Lebensstandard. Zweitens erwerben sie durch ihre Berufstätigkeit höhere Rentenansprüche, die in der Zukunft von den Kindern anderer eingelöst werden. Für Familien summieren sich entsprechende Nachteile: Auf das Einkommen eines Elternteils muss mitunter gänzlich verzichtet werden und die Kinder müssen versorgt werden, was mit entsprechenden Ausgaben verbunden ist. Diese „Einbußen" werden durch familienpolitische Maßnahmen wie Kindergeld, Steuerfreibeträge oder andere Transferleistungen nur teilweise kompensiert.
- **Gestiegene Ansprüche an die Elternrolle:** Elternschaft wird zunehmend als schwierige Aufgabe empfunden. Allein der Blick auf das Angebot entsprechender Ratgeber-Literatur und der Boom diverser Frühförderungskurse zeigen die Ansprüche an die Erziehung der Kinder durch die Eltern. Hierzu tragen auch der Stellenwert von Pädagogik in der Gesellschaft und der allgemeine Bildungs- und Leistungsdruck bei.

Des Weiteren können **veränderte Paarbeziehungen**, die zunehmende **gesellschaftliche Akzeptanz von Kinderlosigkeit**, die gesellschaftlichen **Anforderungen an Mobilität** und Flexibilität sowie der Wunsch, sich **individuelle Wahlmöglichkeiten** zu erhalten (vgl. S. 157 f.), als Gründe für eine niedrige Geburtenrate angeführt werden. Betrachtet man das Jahr 2015, ist zwar ein kleiner Anstieg der Rate zu erkennen, allerdings gleicht dieser noch lange nicht den Rückgang der letzten Jahrzehnte aus.

Aus der Verschiebung der Altersstruktur ergeben sich unter den Bedingungen des deutschen **Sozialstaats** (vgl. S. 173 ff.) und den Veränderungen der **Arbeitsmarktstruktur** eine Reihe von Schwierigkeiten. Um das Verhältnis der erwerbsfähigen Bevölkerung zu der zu unterstützenden Bevölkerung zu berechnen, bedienen sich die Sozialwissenschaften verschiedener Indikatoren. Die Altersgrenzen werden dabei unterschiedlich gesetzt.

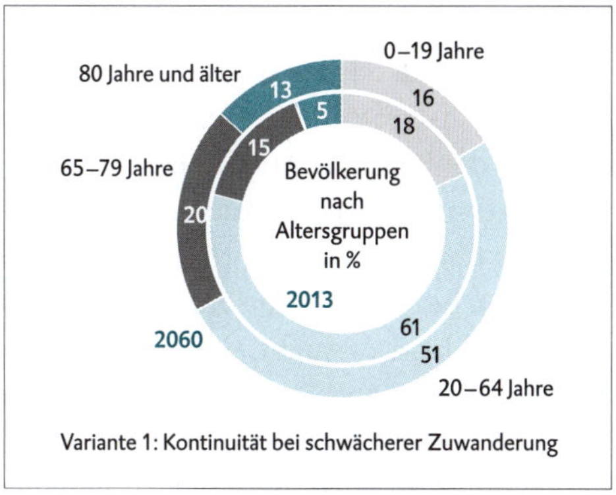

M 92: Anteile verschiedener Altersgruppen an der Bevölkerung in Deutschland (Prognose der 13. koordinierten Bevölkerungsvorausberechnung)

$$\textbf{Altenquotient} = \frac{\text{Bevölkerung im Rentenalter (über 65 Jahre)}}{\text{Bevölkerung im Erwerbsalter (15–64 Jahre)}}$$

$$\textbf{Jugendquotient} = \frac{\text{zu versorgende Kinder und Jugendliche (bis 18 Jahre)}}{\text{Bevölkerung im Erwerbsalter (18–64 Jahre)}}$$

$$\textbf{Unterstützungsquotient} = \frac{\text{Bevölkerung über 65 Jahre + Kinder und Jugendliche}}{\text{Bevölkerung im Erwerbsalter}}$$

So zeigt eine Erhöhung des Unterstützungsquotienten, dass aufgrund einer Abnahme der mittleren Generation die Versorgung der Älteren und Jüngeren schwieriger wird, d. h. der **Generationenvertrag** (vgl. S. 185 f.) in Gefahr ist. Die Zahl der „Finanzierer" des Sozialsystems reduziert sich dabei auch durch einen Rückgang **sozialversicherungspflichtiger Arbeitsplätze**. Durch Reformen des Sozialstaats wird in der Bundesrepublik versucht, die Finanzierungsbasis der sozialen Sicherung (vgl. S. 174 ff.) anzupassen.

Der demografische Wandel führt zudem zu einer Veränderung der **Bedürfnisstruktur**. So werden z. B. mehr medizinische und soziale Dienstleistungen nachgefragt. Dies hat einen Einfluss auf die Wirtschaftsstruktur eines Landes, da etwa Innovationen in bestimmten Bereichen von der Gesellschaft stärker gefragt sind als in anderen.

Demokratietheoretische Folgen des sozialen Wandels zeigen sich etwa bei Wahlen, wo der politische Einfluss (z. B. auf die Sozial- und Rentenpolitik) der größer werdenden Gruppe alter Menschen durch deren **Wählerstimmen** stark zunimmt. Als Reformideen werden etwa eine Absenkung des Wahlalters oder eine Art Familienwahlrecht (Kinderwahlrecht mit den Eltern als „Treuhänder" der Kinderstimmen) diskutiert.

Die Abnahme der mittleren Generation und die Veränderung der Altersstruktur der Bevölkerung tragen zu einem **Fachkräftemangel** in bestimmten Bereichen bei. Durch eine gezielte Anwerbung ausländischer Fachkräfte wurde in Deutschland versucht, diesen auszugleichen (vgl. S. 161 f.). Solche Maßnahmen können jedoch wiederum zu einem **Braindrain** im Herkunftsland der Angeworbenen führen, d. h. zum Abfluss von Humankapital und insbesondere zur Emigration besonders gut ausgebildeter Menschen. Dies hat gravierende Folgen für die Volkswirtschaft und das Sozialwesen der betroffenen Länder. Neben der aktiven Anwerbung wird auch der aktuell hohe Flüchtlingsstrom als Chance gesehen, den Fachkräftemangel auszugleichen. Maßgebliche Voraussetzung dafür ist jedoch eine funktionierende Integration.

Neben den gesellschaftlich und volkswirtschaftlich problematischen Folgen des demografischen Wandels (vgl. S. 146 ff.) kann eine solche Entwicklung auch zu einer **demografischen Dividende**, also positiven Effekten, führen. Vor allem in Entwicklungsländern kann eine große mittlere Generation gut ausgebildeter Arbeitnehmer für einen starken gesamtwirtschaftlichen Aufschwung sorgen – mit entsprechenden positiven Folgen für den Sozialstaat; geringere Kinderzahlen pro Frau schaffen Kapazitäten für eine stärkere Erwerbstätigkeit der Frauen; niedrigere Geburtenzahlen senken die „Konkurrenz" innerhalb dieser Generation auf dem Arbeitsmarkt.

In Deutschland verdeutlicht etwa ein niedriger **Bürgerkriegsindex** das – hinsichtlich der Arbeitsmarktsituation – sinkende Konfliktpotenzial in der Gesellschaft. Diese Maßzahl gibt das Verhältnis an zwischen den Personen, die bald in den Arbeitsmarkt eintreten werden (ca. 15–19 Jahre) und den Personen, die bald in Rente gehen werden (ca. 60–64 Jahre). So zeigt sich, wie stark der Andrang auf die vorhandenen Jobs ist. Infolge einer erhöhten Jugendarbeitslosigkeit steigt die Unzufriedenheit einer ganzen Alterskohorte (Gruppe von Jahrgängen), deren Perspektivlosigkeit sich unter Umständen in Gewalt – im Extremfall in bürgerkriegsartigen Tumulten – entladen kann.

Die Konkurrenz der Regionen und Städte um junge, qualifizierte Arbeitskräfte führt zu dem Druck, die eigene Attraktivität für diese „Zielgruppe" zu erhöhen, also **weiche Standortfaktoren** (vgl. S. 238 f.) zu optimieren. So werden etwa Kultur- und Freizeitangebote sowie Kinderbetreuungs- und Bildungsangebote tendenziell verbessert.

Pluralisierung der Lebensformen

Auch die Veränderung der Formen des Zusammenlebens zeigt den sozialen Wandel und hat zudem einen Anteil am demografischen Wandel. Die Familie gilt als die kleinste soziale Einheit der Gesellschaft, in der Fürsorge, Schutz und (finanzielle) Unterstützung gewährleistet werden **(Solidarität)**.

> **Art. 6 Abs. 1 GG**
> Ehe und Familie stehen unter dem besonderen Schutze der staatlichen Ordnung.

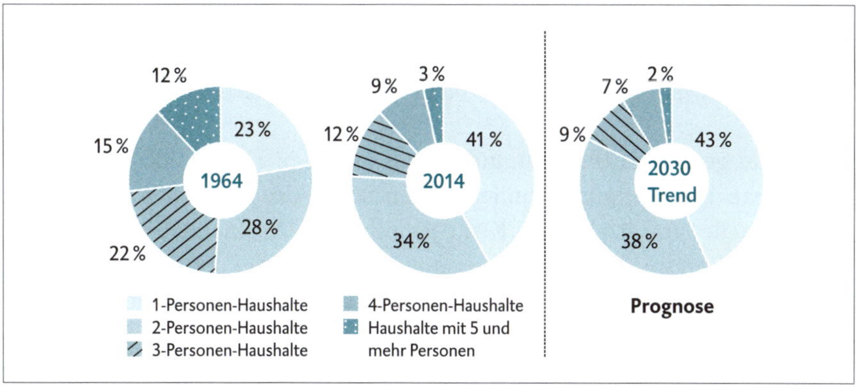

M 93: Haushalte nach Haushaltsgrößen in Deutschland

Doch die Bedeutung der klassischen **Kernfamilie** (Vater, Mutter, leibliche Kinder) in der Gesellschaft nimmt ab. Ehe, Elternschaft, Sexualität und Zusammenleben sind nicht mehr so selbstverständlich miteinander verknüpft, wie dies etwa bis zu den 1960er-Jahren der Fall war.

Dies zeigt sich etwa in der veränderten Verteilung der Haushaltsgrößen (vgl. M 93). So hat sich der Anteil der **Einpersonenhaushalte** seit den 1960er-Jahren nahezu verdoppelt, der Anteil von Haushalten mit fünf und mehr Personen beträgt heute etwa ein Viertel des Anteils im Jahr 1964.

Auch die klassische Form der Paarbeziehung – die **Ehe** – hat sich gewandelt: Die Zahl der Eheschließungen pro Jahr hat sich seit Anfang der 1950er-Jahre beinahe halbiert, während sich die Zahl der Ehescheidungen in dieser Zeit deutlich erhöht hat (vgl. M 94). Zudem ist das Heiratsalter gestiegen und die Verweildauer der Jugendlichen in ihren Familien („Nesthockerphänomen") hat sich erhöht. Zwar wird „Ehe" nach wie vor als Partnerschaft zwischen Mann und Frau definiert, doch auch für homosexuelle Paare gibt es inzwischen durch die sogenannte eingetragene Lebenspartnerschaft die Möglichkeit, der Partnerschaft einen rechtlichen Rahmen zu verleihen.

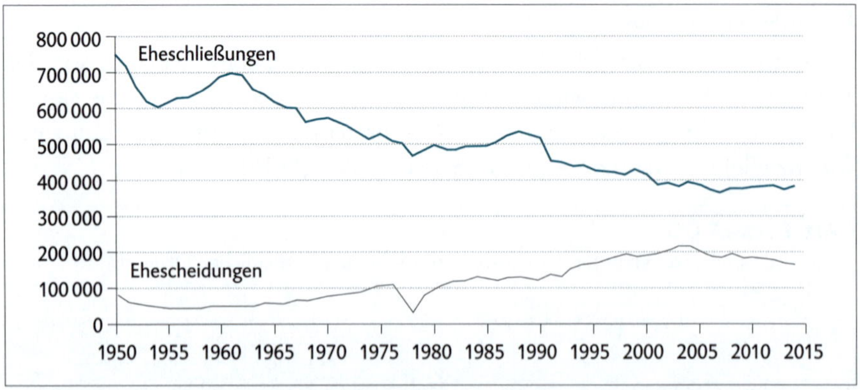

M 94: Eheschließungen und Ehescheidungen in Deutschland (bis 1990 früheres Bundesgebiet)

Neue oder gesellschaftlich zumindest von größeren Kreisen akzeptierte und praktizierte Lebens- und Familienformen sind etwa Wohngemeinschaften, homosexuelle Partnerschaften, (Klein-)Familien mit Alleinerziehenden, **Patchwork-Familien** sowie dauerhaft zusammenlebende, aber unverheiratete Paare. Auch wenn sich das Verständnis von „Familie" und „normalen" Lebensformen in den letzten Jahrzehnten weitgehend gewandelt hat, dienen neue Formen ebenfalls als soziale Basisbeziehungen.

Zusätzlich zu der „äußeren" Form der Familie haben sich „innere" Beziehungen stark verändert. Sowohl die **Eltern-Kind-Beziehung** als auch die Partner-Beziehung haben sich von einem hierarchischen, auf Abhängigkeiten und Gehorsam beruhenden Verhältnis zu einer eher gleichgestellten, partnerschaftlichen Beziehung entwickelt.

Entwicklung der sozialen Rollen

Als Folge der beschriebenen gesellschaftlichen Veränderungsprozesse (Flexibilisierung, massiv gestiegener Anteil sehr gut qualifizierter Frauen) und der damit einhergehenden Auflösung **traditioneller Rollenvorstellungen** (vgl. Ulrich Beck, S. 157 f.) ergibt sich für Frauen und Männer auch eine deutliche Veränderung ihrer **Geschlechterrollen**. Zum einen haben die einst klaren Grenzen zwischen exklusiv weiblichen und männlichen Sphären zunehmend an Bedeutung verloren, sodass eine insgesamt größere Vielfalt möglicher Rollen entstanden ist. Zum anderen haben im Rahmen des **Individualisierungsprozesses** (vgl. S. 157 f.) die Möglichkeiten bei deren Ausgestaltung deutlich zugenommen. Daraus ergibt sich, dass an Frauen und Männer neue, zum Teil nur ungenau definierte und **widersprüchliche Rollenerwartungen** gestellt werden.

Das traditionelle Rollenverständnis von Frauen hat in den vergangenen Jahrzehnten deutlich an Bedeutung verloren: Während von Frauen früher erwartet wurde, ihre Aufgaben als **Hausfrau**, **Mutter** und **unterstützende Partnerin** des Mannes wahrzunehmen, wird heute erwartet, dass sie nicht nur berufstätig, sondern nach Möglichkeit auch **beruflich erfolgreich** sind (vgl S. 149).

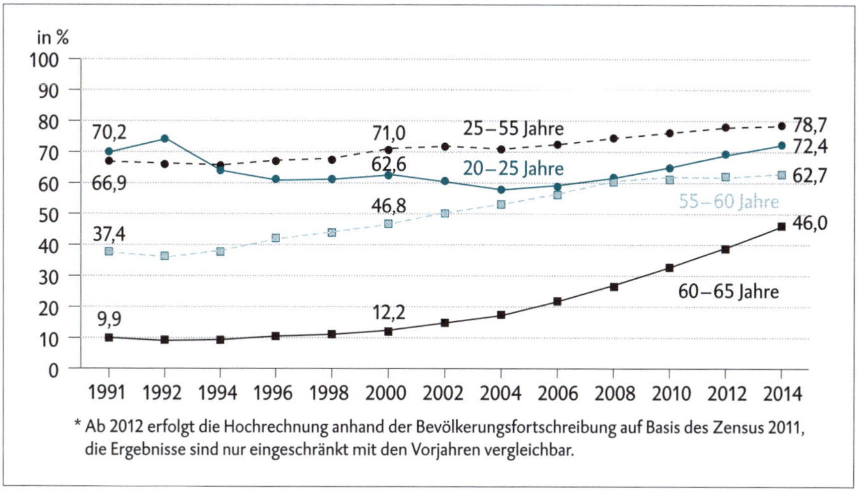

M 95: Erwerbsbeteiligung der Frauen

Hier wurde also nicht ein bestimmtes Rollenbild durch ein anderes abgelöst, sondern eine zusätzliche Rolle mit allen an sie geknüpften **Erwartungen** und **Restriktionen** ergänzt. Die zum Teil **unvereinbaren** Erwartungen an Frauen, die sich aus der Wahrnehmung der unterschiedlichen Rollen ergeben, spiegeln sich vor allem in der zentralen Frage nach der Vereinbarkeit von **Beruf und Familie** wider, die in den letzten Jahren die gesellschaftliche Debatte bestimmt.

In deutlich abgeschwächter Form und zeitlich etwas versetzt ist ein ähnlicher Prozess auch bei den Männern zu beobachten: Entgegen dem traditionellen **Rollenklischee** des Vaters als alleinigem **Familienernährer** kümmern sich mittlerweile mehr Männer auch um die Pflege und Erziehung ihrer Kinder. Auch wenn der Anteil der **Hausmänner** oder teilzeitarbeitenden Väter immer noch vergleichsweise gering ist, wird bei den Männern, die familiennahe Aufgaben übernehmen, eine Reduzierung des beruflichen Engagements gesellschaftlich breit akzeptiert.

Da sich damit die Frage nach Möglichkeiten der **Vereinbarkeit** von **Beruf** und **Familie** zunehmend für beide Geschlechter stellt, haben sich die politischen Parteien in den letzten Jahren darauf konzentriert, Frauen und Männern die Wahlfreiheit für die individuell gewünschte Ausgestaltung der jeweiligen Geschlechterrolle zu überlassen und die jeweilige Lebensform durch unterstützende Maßnahmen zu begleiten. Dazu gehören neben dem **Elterngeld** für beide Partner, dem **Kitaausbau** und der Verbesserung der **Ganztagsbetreuung** an Schulen, die eine bessere Vereinbarkeit von Beruf und Familie zum Ziel haben, auch die Idee eines **Betreuungsgeldes**, das in einigen Bundesländern (evtl. in Bayern, Hamburg, Hessen) an Eltern gezahlt werden soll, die ihre Kinder zu Hause betreuen.

Eine zweite Zielsetzung der politischen Parteien besteht darin, die noch immer vorhandene Diskrepanz zwischen gewünschter und postulierter Gleichberechtigung zwischen den Geschlechtern zu überwinden. Nachdem entsprechende Selbstverpflichtungen der deutschen Großunternehmen nicht zum gewünschten Erfolg führten, wurde am 6. 3. 2015 eine verbindliche **Frauenquote** beschlossen. Diese sieht eine Quote von 30 % bei der Neubesetzung von Aufsichtsräten bei 108 börsennotierten und mitbestimmungspflichtigen Unternehmen sowie eine Festsetzung von festen Zielvorgaben für weitere rund 3 500 Unternehmen vor.

Wertewandel

Die Theorie des **Wertewandels** von Ronald Inglehart baut auf der **Bedürfnispyramide** von Abraham Maslow auf (vgl. M 96). Hier wird davon ausgegangen, dass Menschen zuerst danach streben, grundlegende Bedürfnisse zu befriedigen, bevor sie sich etwa sozialer Anerkennung oder Selbstverwirklichung zuwenden.

Zudem nimmt Inglehart an, dass ein Mensch je nach den Lebensumständen in seiner Jugend (formative Phase) eine eher materialistische oder eine eher postmaterialistische Einstellung entwickelt: Wächst eine Person in einer Mangelsituation auf, ist ihr Wertekontext vor allem materiell (Besitz- und Pflichtwerte) geprägt; ist für jemanden ein bestimmter Wohlstand selbstverständlich, orientiert er sich eher in Richtung **postmaterialistischer Werte**.

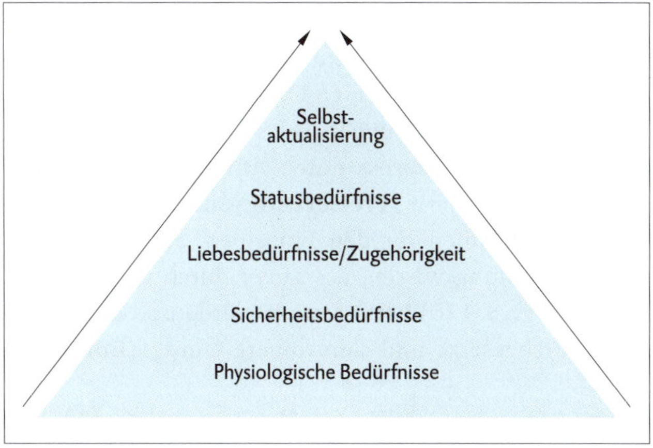

M 96: Die Maslowsche Bedürfnispyramide

Die jeweilige Wertorientierung prägt den Lebensstil einer Person, d. h. ihr Konsumverhalten, ihre Berufs- und Partnerwahl etc. In der Bundesrepublik war etwa in der Nachkriegszeit eine Mangelsituation vorherrschend, die die damalige Jugendgeneration entsprechend geprägt hat. Spätere Generationen, die etwa in den Wirtschaftswunderzeiten „groß wurden", stellen dagegen tendenziell eher postmaterialistische Werte in den Vordergrund. Die Folgen dieser Verlagerung werden im Sozialen Wandel – etwa abnehmenden Geburtenraten und einer Pluralisierung der Lebensformen – sichtbar.

Individualisierung

Einen Erklärungsansatz für den Wandel der Lebensformen bietet die vom Soziologen **Ulrich Beck** in seinem Buch **„Risikogesellschaft"** (1986) entwickelte **Individualisierungsthese**.

M 97: Ulrich Beck

Diese erklärt die gesellschaftlichen Phänomene der Moderne (z. B. die Veränderungen des Arbeitsmarkts, der sozialen Kommunikationsstrukturen, der Formen des Zusammenlebens) soziologisch: Der gestiegene Wohlstand (vgl. S. 142), mehr Freizeit, ein erhöhter Bildungsgrad (vgl. S. 145) sowie eine gestiegene Mobilität (vgl. S. 146, S. 164) haben dazu geführt, dass die Menschen seit den 1960er-Jahren deutlich eigenständiger und unabhängiger handeln können (und müssen) als früher.

Die Frage, wie man leben solle, wird laut Beck individuell beantwortet, denn das Lebensumfeld habe an normierender Wirkung auf die Lebensplanung eingebüßt: Familie, Religion, Gemeinde, Berufsstand etc. seien keine strikten „Leitplanken“ mehr. Gleichzeitig verliere der moderne Mensch aufgrund der Vielzahl von Handlungsspielräumen an Orientierung und sei mehr und mehr zu eigenen Entscheidungen gezwungen.

Insofern ist der Individualisierungsprozess durch Ambivalenzen geprägt: Einerseits schafft er vielfältige Freiheiten **(Freisetzungsdimension)** mit einem massiven Zugewinn an Optionen für den Einzelnen, andererseits bedeutet er einen Verlust an Handlungswissen, das zuvor durch Glauben und Normen in sozialen Milieus (vgl. S. 170) bereitgestellt wurde und deren Einhaltung innerhalb dieser durchgesetzt und kontrolliert wurde **(Entzauberungsdimension)**.

Beck kennzeichnet das Zusammenspiel dieser beiden Dimensionen als den Zwang, sein eigenes Leben aktiv zu entwerfen. Der Begriff **„Bastelbiografie“** bringt diesen Prozess auf den Punkt: Der moderne Mensch sei Planer und Konstrukteur seiner eigenen Biografie, jenseits der unverbindlich gewordenen traditionellen Berufs- und Lebensmodelle.

Doch in diesem Prozess stoße der Einzelne auf neue Zwänge **(Reintegrations-/Kontrolldimension)**, da er in ein System staatlicher Institutionen, Verwaltungseinheiten, gesetzlicher Regelungen sowie in Märkte (z. B. Arbeitsmarkt) eingebunden sei, die ihm einen Handlungsrahmen setzen. Diese **„sekundären Instanzen“** ersetzten zunehmend die traditionellen Bindungen.

Migration

Der Soziale Wandel einer Gesellschaft wird erheblich durch **Ein- und Auswanderung** beeinflusst. In der Geschichte der Bundesrepublik lassen sich unterschiedliche Phasen der Migration ausmachen (vgl. M 99). Insgesamt sind dabei sowohl die Zahlen der jährlichen Aus- als auch die der Einwanderer seit 1950 um ein Vielfaches gestiegen (vgl. M 98). Verrechnet man beide Werte miteinander, ergibt sich der sogenannte **Wanderungssaldo**. In den Jahren 2008 und 2009 war dieser negativ (–55 700 bzw. –12 800 Menschen), d. h., hier sind mehr Menschen emigriert als immigriert, in den letzten Jahren jedoch immer deutlich positiv. Im Zuge der Flüchtlingskrise erreichte der Wanderungssaldo 2015 eine Rekordhöhe von 1 139 403.

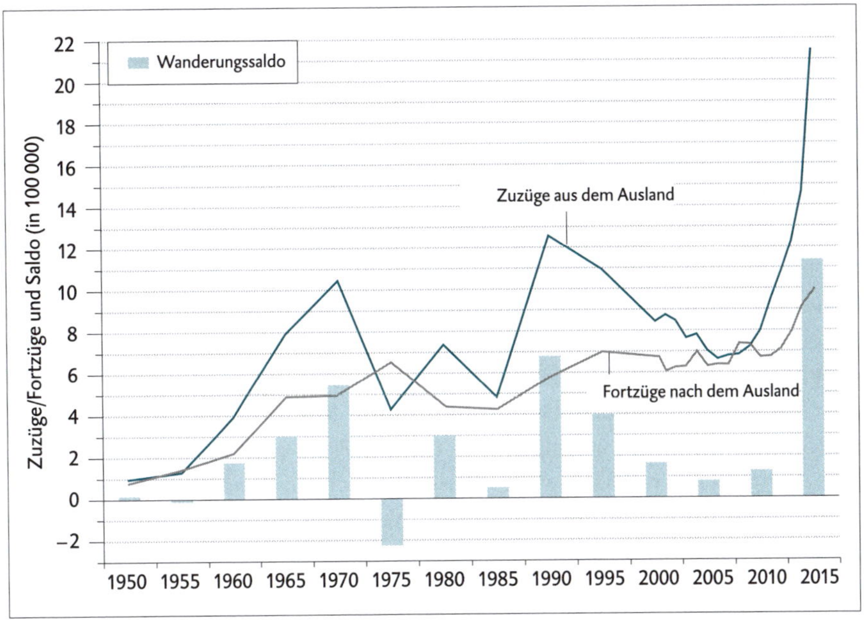

M 98: Zu- und Fortzüge Deutschlands, Wanderungssaldo (bis 1990 früheres Bundesgebiet)

Zeitspanne	Phase
ab ca. 1944	• 12 Mio. Flüchtlinge und Vertriebene aus ehemaligen deutschen Ostgebieten (z. B. Schlesien, Ostpreußen, Westpreußen) • Arbeitskräftepotenzial für westdeutschen Wirtschaftsaufschwung
1945–1961	• 3,1 Mio. Übersiedler aus der sowjetischen Besatzungszone bzw. der DDR in die BRD • 470 000 Auswanderer von der BRD in die DDR und 2 Mio. nach Übersee
1961–1989 (besonders bis 1974)	Anwerbung von 4,85 Mio. ausländischen Arbeitnehmern
ab 1987	• verstärkte Zuwanderung von Spätaussiedlern aus Ost- und Südosteuropa (seit 1950 ca. 2,4 Mio. Zuwanderer) • Beitrag kinderreicher Familien zur Verbesserung der Altersstruktur
1988–1990	erneute Ausreisewelle aus der DDR: ca. 700 000 Übersiedler aus der DDR zwischen 1988 und 3. 10. 1990
seit 2015	mehr als 1 Million Flüchtlinge; der Großteil stammt aus Syrien

M 99: Migrationsphasen in der Bundesrepublik Deutschland

Ein- und Auswanderung können aus einer Reihe unterschiedlicher Gründe erfolgen. In Bezug auf die Auswanderung aus Deutschland wird vor allem die Gefahr des **Braindrain** für die Volkswirtschaft immer wieder betont (vgl. S. 152) und als Argument etwa für eine Verbesserung der Forschungsbedingungen in Pharmazie und Technologie herangezogen. Gegenüber anderen Staaten wird ein Wettbewerbsnachteil in der globalisierten Welt befürchtet (vgl. S. 230 f.).

Hinsichtlich der Einwanderung werden u. a. die Regelungen zur Aufnahme von Asylsuchenden und zur Gewährung von **Asyl** diskutiert. Im Grundgesetz ist eine Reihe von Bedingungen festgehalten, unter denen grundsätzlich die Möglichkeit besteht, Asyl zu erhalten. Eingeschränkt werden können diese allerdings durch europäische Vereinbarungen (vgl. S. 119 f.). In den Jahren 2015/2016 kam es zu einigen Reformbestrebungen im Asylrecht. Mithilfe des **Asylpaketes I** (2015) wurde beispielsweise ein Bleiberecht für gut integrierte Jugendliche auf den Weg gebracht, auf der anderen Seite wurde eine schnellere Abschiebung ermöglicht. Beim **Asylpaket II** (2016) stehen unter anderem Schnellverfahren für Bewerber mit geringen Aussichten auf Asyl und eine Einschränkung des Familiennachzugs im Mittelpunkt, um die Flüchtlingsströme besser in den Griff zu bekommen.

Allgemein wird unterschieden zwischen der Bevölkerung mit Migrationshintergrund und der ohne. Somit können etwa Daten zur Armutsgefährdung, zum Bildungsniveau, zum Familienstand, zum Einkommen etc. erfasst werden (vgl. M 100). Der Teil der Menschen mit Migrationshintergrund kann wiederrum differenziert werden in Ausländer ohne deutsche Staatsbürgerschaft und Menschen mit Migrationshintergrund, die eine deutsche Staatsbürgerschaft besitzen (vgl. M 100). Im Jahr 2015 hatte Deutschland einen Ausländeranteil (d. h. Personen ohne deutsche Staatsangehörigkeit) von 9,5 %; der Anteil der Bevölkerung mit Migrationshintergrund dagegen betrug 21,0 %. Um das Zusammenleben von Menschen mit unterschiedlichen kulturellen Hintergründen, Religionszugehörigkeiten, Wertvorstellungen etc. zu vereinfachen und Konflikte zu lösen bzw. diesen vorzubeugen, gibt es eine Reihe von Maßnahmen zur **Integration**.

Familienstand	Ohne Migrationshintergrund	Mit Migrationshintergrund im engeren Sinne			
		Deutsche		Ausländer	
		mit	ohne	mit	ohne
		eigene(r) Migrationserfahrung			
Insgesamt	64 286	5 023	4 323	6 430	1 342
Ledig	25 082	1 048	4 085	1 861	961
Verheiratet	29 209	3 192	204	3 786	324
mit Deutschem/r mit Migrationshintergrund	693	2 557	61	437	34
mit Deutschem/r ohne Migrationshintergrund	26 680	641	56	626	90
mit Ausländer/-in	716	395	76	2 399	180
Verwitwet	5 267	356	6	251	10
Geschieden	4 728	428	27	532	47

M 100: Bevölkerung Deutschlands 2015 nach Migrationsstatus und Familienstand (alle Angaben in 1 000)

In diesem Zusammenhang taucht in der politischen Auseinandersetzung immer wieder der Begriff „**Parallelgesellschaft**“ auf, der eine unabhängig von der Mehrheitsgesellschaft organisierte Minderheit mit sich von der Mehrheitsbevölkerung unterscheidenden Wertvorstellungen sowie einer eigenen Kultur bezeichnet. Der Begriff wird zumeist abwertend verwendet.

Auf der Grundlage von etwa nach **Migrationshintergrund** und Staatsangehörigkeit differenzierten Daten kann untersucht werden, welche Unterschiede zwischen den Bevölkerungsgruppen z. B. hinsichtlich qualifizierender Schulabschlüsse bestehen. Als Ursachen etwa für einen deutlich höheren Anteil von Personen ohne Schulabschluss an der Bevölkerung mit Migrationshintergrund (9,9 %) im Vergleich zu Personen ohne Schulabschluss an der Bevölkerung ohne Migrationshintergrund (1,5 %) werden etwa Sprachbarrieren (fehlende Deutschkenntnisse) oder leistungsunabhängige „Filter“ im Bildungssystem diskutiert. Der jeweilige Anteil von (Fach-)Abiturienten (Personen mit Migrationshintergrund: 23,5 %; ohne Migrationshintergrund: 25,5 %) dagegen unterscheidet sich kaum.

In die politische Diskussion wird die **Zuwanderung qualifizierter Arbeitnehmer** oftmals als Möglichkeit zur Bewältigung eines Fachkräftemangels, welcher durch die Abnahme des Bevölkerungsstandes entstehe, eingebracht.

Umstritten ist jedoch, ob und wie sich eine solche **„skilled migration“** steuern ließe. Bisherige Versuche, die Zuwanderung Hochqualifizierter etwa durch das Erteilen einer „Blue Card“ für die EU (analog zur „Green Card“ für die USA) zu fördern, brachten nicht den erhofften Erfolg. Zudem wird gerade in wirtschaftlich schwierigen Zeiten Zuwanderung von der Bevölkerung des Einwanderungslandes oftmals als Bedrohung wahrgenommen.

Weiterführende Internetlinks

- www.arbeit-demografie.nrw.de/
  → Website der Initiative „Demografie Aktiv“ in Nordrhein-Westfalen
- www.bmbf.de/de/14389.php
  → Informationen des Bundesministeriums für Bildung und Forschung zum Thema „Bildung“
- www.bmi.bund.de/DE/Themen/Migration-Integration/migration-integration_node.html
  → Informationen des Bundesministeriums des Innern zu Zuwanderung, Asyl, Aufenthaltsrecht, Integration etc.
- www.bpb.de/gesellschaft/migration/dossier-migration
  → Dossier der Bundeszentrale für politische Bildung zum Thema „Migration“
- www.familie-in-nrw.de/bevoelkerung.html
  → Informationen des Ministeriums für Arbeit, Integration und Soziales des Landes Nordrhein-Westfalen zum Wandel der Bevölkerungs- und Familienstrukturen
- www.gleichearbeit-gleichesgeld.de
  → Kampagne „Gleiche Arbeit – Gleiches Geld“ von der IG Metall
- www.hundertprozentich.de
  → Website von ver.di zum Thema Leiharbeit
- www.planet-wissen.de/gesellschaft/wirtschaft/industrialisierung_in_deutschland /index.html
  → Artikel von „Planet Wissen“ zur Industrialisierung in Deutschland

3 Modelle und Theorien gesellschaftlicher Ungleichheit

Um die Struktur einer Gesellschaft verständlich bzw. bildlich darstellen zu können, werden verschiedene Modelle verwendet.

Exkurs: Modelle

Generell dienen **Modelle** dazu, eine komplexe Realität zu vereinfachen. Das heißt in der Gesellschaftsanalyse einerseits, dass durch Schaffen einer Übersichtlichkeit (z. B. Gruppenbildung) Zusammenhänge besser dargestellt werden können. Andererseits wird immer nur ein eingeschränktes Bild von der sozialen Wirklichkeit gegeben. Modelle können, ähnlich dem Scheinwerfer in einem Theater, eine komplette Szene gleichmäßig ausleuchten oder einige Aspekte, gewissermaßen per Punktstrahler, intensiver hervorheben.

Somit trägt ein Model bei zur

- **Reduktion:** ein komplexes Gebilde wird auf Grundstrukturen reduziert;
- **Akzentuierung:** bestimmte Faktoren und Zusammenhänge werden besonders betont;
- **Transparenz:** das komplexe Gebilde wird im Ergebnis „durchschaubarer";
- **Perspektivität:** jedes Modell hat einen bestimmten Blickwinkel, der immer auch Anlass zu Kritik und Diskussion sein muss.

M 101: Funktionen von Modellen

Jedes der Modelle zur **Sozialstrukturanalyse** hat bestimmte Vor- und Nachteile, da es einige Aspekte detaillierter fokussiert als andere. Gemein ist ihnen jedoch, dass sie bestimmte Gruppen und Hierarchien bilden.

3.1 Klassenmodelle

Heutige Formen von Klassenmodellen basieren auf den Gesellschaftsanalysen von **Karl Marx**. Laut diesem stellt sich die Gesellschaft als ein starres Gefüge zweier unversöhnlicher Klassen dar. Die Grenzen zwischen diesen definieren sich über den Zugang zu **Produktionsmitteln** (z. B. Maschinen, Werkzeug, Fabriken). Deren Inhaber werden als **Bourgeoisie** oder Besitzbürger bezeichnet, welche den sogenannten Mehrwert (vereinfacht: die Differenz zwischen Produktionskosten und Umsatz) abschöpfen. Ihnen gegenüber stehen die **Proletarier** oder Lohnabhängigen, welche lediglich ihre Arbeits-

M 102: Karl Marx

kraft auf dem Markt anbieten können. Aus dieser Situation ergibt sich das jeweilige Interesse der beiden gesellschaftlichen Großgruppen: Die Besitzbürger wollen das herrschende Produktions- und Gesellschaftssystem erhalten; das Proletariat strebt nach Umsturz der Verhältnisse bzw. nach Revolution.

Der Marxismus geht von einem deterministischen (d. h. vorherbestimmten) Geschichtsverlauf aus: Es wird eine historische Abfolge von Klassenkämpfen angenommen – etwa zwischen Sklaven und Sklavenhaltern, Lehnherren und Bauern –, deren Ende in einer **klassenlosen Gesellschaft** gesehen wird. Aufgrund der klaren Grenzen zwischen den gesellschaftlichen Großgruppen werde die **soziale Ungleichheit** zwischen den Klassen (Einkommen, Bildungschancen, Macht) von Generation zu Generation weitergegeben.

Auch in der modernen Soziologie gehen marxistische und sozialistische Theoretiker wie Wolfgang Abendroth, John Goldthorpe und Erik Wright davon aus, dass trotz der Existenz ähnlicher Konsummöglichkeiten, trotz sich individualisierender Biografien etc. der Grundwiderspruch zwischen Besitz und Nichtbesitz von Produktionsmitteln fortbesteht. Dementsprechend halte die soziale Ungleichheit über subtile Auslesemechanismen (z. B. im Bildungssystem, vgl. S. 137 ff.) weiter an und die **soziale Mobilität** (d. h. der soziale Auf- und Abstieg) bleibe stark begrenzt. Gerade Phänomene wie die **verfestigte Armut** (vgl. S. 137) oder das Wachsen der Gruppe der **„working poor“** (d. h. Menschen, die trotz einer Erwerbstätigkeit nahe oder unter der Armutsschwelle leben müssen) dienen oftmals als Anlass, um auf marxistische Theorien zurückzugreifen.

Um moderne und komplexe Gesellschaften mit einem Klassenmodell erfassen zu können, wird Marx' Modell entsprechend erweitert (vgl. M 103). So wird etwa gezeigt, dass nicht (mehr) nur eine einzige Gruppe über Organisationsmacht verfügt.

M 103: Das Klassenmodell nach Erik Wright

3.2 Schichtmodelle

Während Klassenmodelle eine im Kern gespaltene Gesellschaft darstellen, existieren in Schichtmodellen gestufte Übergänge zwischen mehreren gesellschaftlichen Gruppen. Diese Modelle betrachten die Verteilung mehrerer gesellschaftlich als relevant erachteter Güter (vgl. S. 129). Dabei gilt besonders der **Beruf** als entscheidender Indikator, da dieser Rückschlüsse auf den materiellen Wohlstand, das Prestige, die (Organisations-)Macht sowie den Bildungsgrad – und somit den **sozialen Status** einer Person – zulässt. **Schichten** sind demzufolge Statusgruppen, die hauptsächlich **vertikal** angeordnet sind.

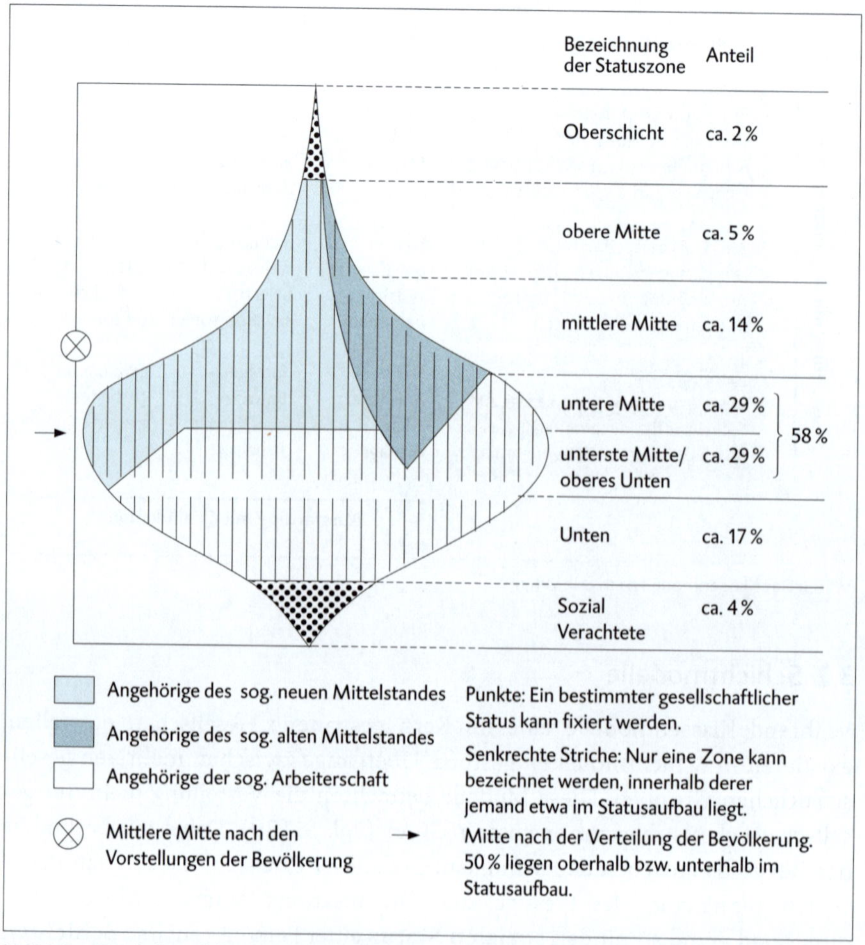

M 104: Das Zwiebel-Modell von Karl Martin Bolte

Im **Zwiebel-Modell** von Karl Martin Bolte werden zur Schichtenbildung die Kriterien Beruf, Einkommen und Schulbildung herangezogen. Die bauchige Mitte weist auf wenig vorhandene Prestigeunterschiede bei etwa 60 % der Bevölkerung hin. Deutlich davon abweichende Gruppen sind die „Sozial Verachteten" (z. B. Obdachlose) und die „Oberschicht" (z. B. Großunternehmer), die in den Statuszonen sehr weit unten bzw. oben rangieren.

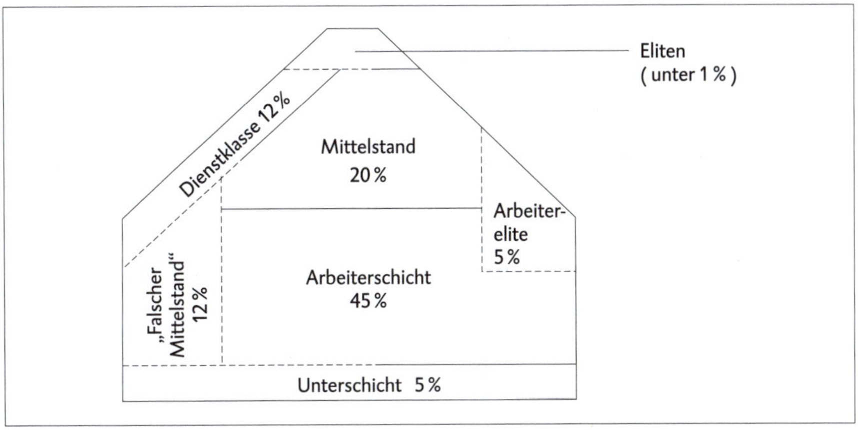

M 105: Das Haus-Modell von Ralf Dahrendorf

Das **Haus-Modell** von Ralf Dahrendorf, welches am Beispiel der westdeutschen Gesellschaft der 1960er-Jahre entwickelt wurde, differenziert sieben Schichten, die sich in der Form eines Hauses zusammenfügen. Dabei handelt es sich um ein relativ flexibles Gefüge mit wenig klaren Grenzen zwischen den Schichten.

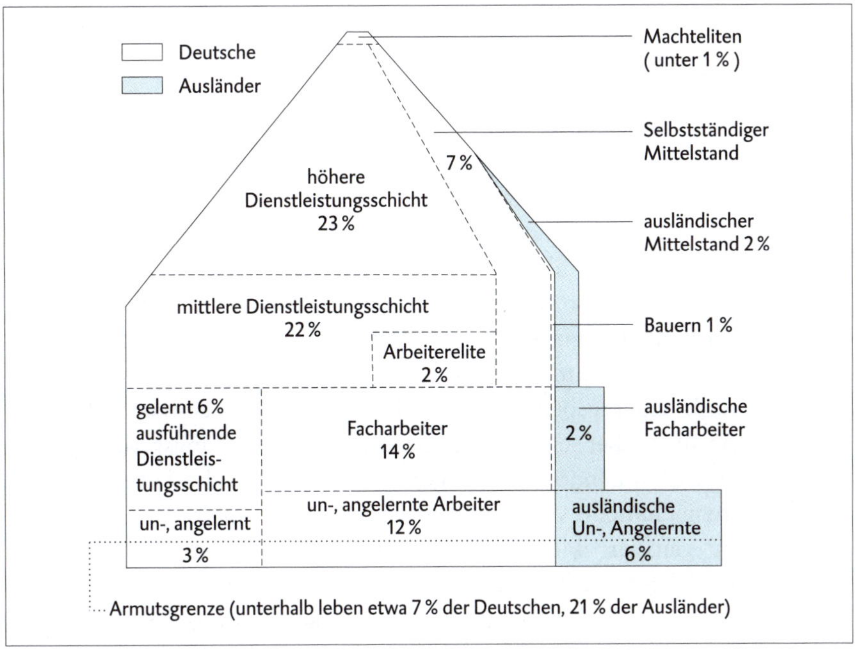

M 106: Das Haus-Modell von Rainer Geißler

Im **modernisierten Haus-Modell** von Rainer Geißler wird die Gruppe der **Ausländer** durch eine Art Anbau ergänzt, dabei jedoch klar abgegrenzt. Des Weiteren wird eine **Armutsgrenze** definiert. Mehrere Kriterien liegen hier der Schichteinteilung zugrunde: Zusätzlich zum Beruf werden das Einkommen (zur Festlegung der Armutsgrenze), die ethnische Zugehörigkeit (zur Differenzierung der Gruppe der Ausländer) und die Position im Herrschaftsgefüge (zur Heraushebung der Eliten) herangezogen. Mentalitäten und Verhaltensähnlichkeiten werden dagegen nur sekundär berücksichtigt.

Exkurs: Prekariat

Mit dem Begriff „**Prekariat**" wird eine gesellschaftliche Gruppe bezeichnet, deren Leben durch unsichere Lebensverhältnisse geprägt ist. Diese wirken sich auf die Lebensbedingungen der Betroffenen stark aus, welche als „**prekär**" eingestuft werden.

In den Sozialwissenschaften wird die Entstehung eines neuen Prekariats in westeuropäischen Volkswirtschaften seit Beginn des 21. Jahrhunderts diskutiert: Im Zuge des Wirtschaftswachstums war in den Jahrzehnten zuvor ein System kollektiver Absicherung aufgebaut worden. Doch nun scheint sich eine soziale Schicht herauszukristallisieren, deren Erwerbsarbeit nicht mehr zu ihrer Existenzsicherung ausreicht und deren Arbeitsplätze durch Unsicherheit und fehlende Mitgestaltungsmöglichkeiten gekennzeichnet sind.

M 107: „Prekariat" als Bezeichnung einer sozialen Schicht

3.3 Lagenmodelle

Während Schichtmodelle sich im Kern auf **vertikale Ungleichheiten** beziehen, arbeiten Lagenmodelle (z. B. von Stefan Hradil) mit sogenannten **horizontalen Ungleichheiten**, welche „quer" zu den klassischen Ungleichheitsdimensionen (z. B. Beruf, Einkommen) liegen: etwa Geschlecht, Wohnort, Herkunft, Alter und Anzahl der Kinder im Haushalt. So wird versucht, Unterschiede innerhalb eines sozialen Status, also z. B. die Differenz von Bildungsabschluss und Einkommen, zu erklären. Denn etwa im Mittelbau der Schichtmodelle zeigt sich mitunter, dass die herangezogenen Indikatoren keine eindeutige Zuordnung ergeben: Ein Taxifahrer mit einem Doktorgrad in Soziologie kann allein über sein Einkommen oder seinen Bildungsgrad nur unzureichend erfasst werden. **Soziale Lagen** dagegen sollen die **Lebensqualität** und die **Lebenschancen** von Bevölkerungsgruppen abbilden, um die soziale Wirklichkeit genauer widerzuspiegeln. Dazu wird auch die subjektive Zufriedenheit abgefragt. Lagenmodelle können dadurch zwar individuelle Situationen genauer verorten und konkrete Lebensbedingungen im Detail beschreiben, verzichten aber auf eine klare, analysierende Strukturierung.

	Ostdeutschland			Westdeutschland		
Soziale Lagen	Unter-/ Arbeiter-schicht	Mittel-schicht	Obere Mit-tel-/ Ober-schicht	Unter-/ Arbeiter-schicht	Mittel-schicht	Obere Mit-tel-/ Ober-schicht
Bis 60 Jahre						
Leitende Angestelle/ Höhere Beamte	–	–	–	5	60	35
Hochqualifizierte Angestellte/Gehobene Beamte	13	69	18	5	70	25
Qualifizierte Angestellte/Mittlere Beamte	29	68	4	16	76	8
Einfache Angestellte/ Mittlere Beamte	53	48	0	39	58	3
Meister/Vorarbeiter				42	58	0
Facharbeiter	70	29	1	60	39	1
Un-, angelernte Arbeiter	75	25	0	68	31	1
Selbstständige, freie Berufe	29	61	10	9	67	24
Arbeitslose	72	28	0	56	40	4
Hausfrauen/-männer	–	–	–	21	67	12
Studium/Lehre	9	80	11	8	70	22
Vorruhestand	–	–	–	41	49	10
Noch nie erwerbstätig	–	–	–	25	63	13
61 Jahre und älter						
Noch erwerbstätig	–	–	–	14	62	24
Rentner (ehemalige Arbeiter)	69	29	2	52	47	1
Rentner (ehemalige Angestellte, Beamte)	27	70	3	12	72	16
Rentner (ehemalige Selbstständige)	–	–	–	17	67	17

M 108: Subjektive Schichtzugehörigkeit nach sozialen Lagen (2010, in %, Rundungsdifferenzen möglich)

3.4 Milieumodelle

Milieumodelle erfassen – wie Lagenmodelle – **horizontale Dimensionen** sozialer Ungleichheit, stellen aber **soziokulturelle Orientierungen** in den Mittelpunkt. Außerdem werden auch **vertikale Ungleichheiten** in die Betrachtung einbezogen. Durch die Differenzierung **sozialer Milieus** sollen die Bedingungen (Normen, wirtschaftliche und politische Faktoren, mentale Haltungen etc.) widergespiegelt werden, unter denen Bevölkerungsgruppen leben. Gleichzeitig bestimmen diese Faktoren das Handeln der Gruppenangehörigen und prägen somit bestimmte **Lebensstile**.

Da sich Lebensstile maßgeblich in Konsumgewohnheiten äußern, werden Milieumodelle auch von Marktforschung und Marketing genutzt. In diesem Kontext wurde u. a. das Milieumodell des Sinus-Instituts **(Sinus-Milieus)** entwickelt, welches heute eines der bekanntesten ist und auch in den Sozialwissenschaften verwendet wird.

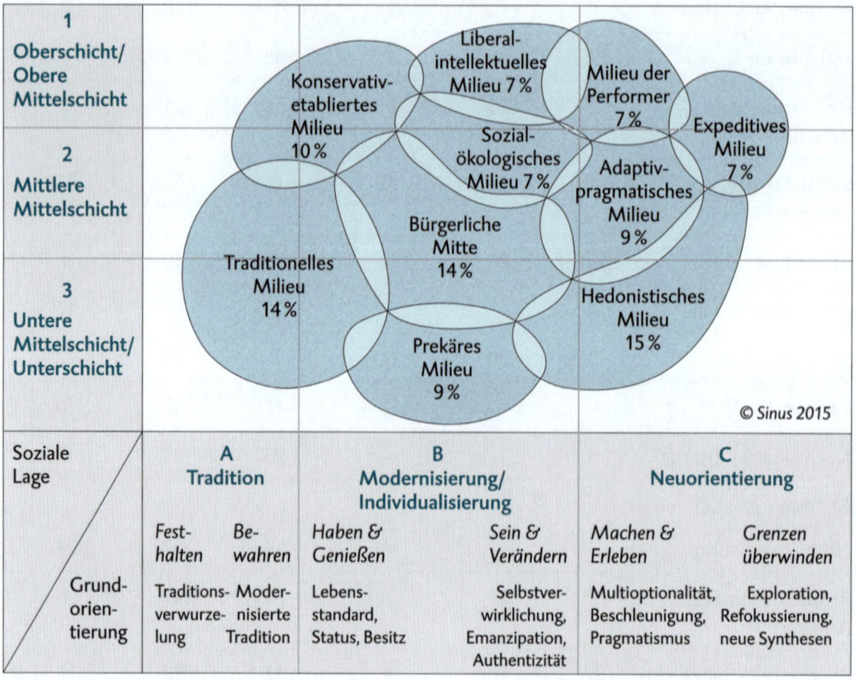

M 109: Die Sinus-Milieus® in Deutschland 2015 – Soziale Lage und Grundorientierung

Ein herausstechendes Milieu ist z. B. das **expeditive Milieu**, welches bei gehobenen Einkommensverhältnissen einen unkonventionellen, kreativen Lebensstil pflegt, digital vernetzt, hochmobil sowie immer auf der Suche nach neuen Grenzen ist. Dem kann etwa das **traditionelle Milieu** gegenübergestellt werden, das – ausgestattet mit den Mitteln der Unter-/Mittelschicht – auf Sicherheit und Ordnung aus ist sowie in traditionellen Lebensweisen (z. B. Arbeiterkultur, Vereinswesen, Brauchtumspflege) verhaftet bleibt.

3.5 Entstrukturierungsthese

M 110: Pierre Bourdieu

Laut den Vertretern dieser These haben Wohlstandsexplosion und Bildungsexpansion in der Gesellschaft Westdeutschlands dazu geführt, dass Einkommen, Bildungsniveau, Mobilität, Recht, Konsum etc. insgesamt gestiegen sind bzw. sich verbessert haben: Die Lebensverhältnisse der Gesellschaft befinden sich insgesamt auf einem höheren Niveau. Diese Niveausteigerung bezeichnet Ulrich Beck (vgl. S. 157 f.) als **Fahrstuhleffekt**.

Da zudem der **Sozialstaat** in Deutschland seit dem Zweiten Weltkrieg deutlich ausgebaut wurde, ist soziale Ungleichheit weniger im Bewusstsein der Bevölkerung verankert. Der durch das „Höherfahren" der Gesellschaft (entsprechend einem Fahrstuhl) einsetzende **Individualisierungsprozess** (vgl. S. 157) führt dazu, dass ehemals klar definierte Milieus brüchig werden und Lebensläufe zunehmend Statusschwankungen unterliegen **(fragmentierte Erwerbsbiografien)**.

Soziale Ungleichheit nimmt dadurch nicht ab, ihre Strukturen verändern sich jedoch **(Entstrukturierung)**: Es kommt zu einer **Auflösung der Klassen- und Schichtgrenzen**, was kürzere Verweildauern in einem sozialen Status sowie mehr soziale Mobilität zeigen. Die Zusammenhänge zwischen **objektiven Lebensbedingungen** (Einkommen, Bildung etc.) einerseits und **Einstellungen**, Orientierungen etc. andererseits sind nicht mehr so eindeutig zu bestimmen.

Der Soziologe Pierre Bourdieu (vgl. M 110) betont jedoch, dass innerhalb des „Fahrstuhls" immer noch relevante Ungleichheitsrelationen bestehen. Er spricht von einem Verfolgungsrennen, in dem die sozialen Positionen von den Menschen sehr genau registriert würden. Er entgegnet der Annahme, dass sich die Wahrnehmung von Ungleichheiten abgemildert habe (da die Frage von „privilegiert“ oder „benachteiligt“ heute keine Frage des Überlebens mehr sei), dass die Niveausteigerung zu einem noch deutlicheren **sozialen Verteilungskampf** geführt habe: Es geht nun nicht mehr um Güter (Teilhabe am Konsum), sondern um einen sozialen Status (psychologisch wirksame Anerkennung). Der Statuserhalt sei wiederum eng an „ökonomisches Kapital“, also eine der klassischen Ungleichheitsdimensionen, geknüpft.

Unbeantwortet bleibt auch die Frage nach den Personen, die „im Fahrstuhl keinen Platz gefunden“ oder „nicht auf den richtigen Knopf gedrückt“ haben: Personen, die etwa aufgrund mangelnder Qualifikationen, ihrer ethnischen oder sozialen Herkunft den „Aufstieg“ der Mittelklassen verpasst haben. Sie haben den Fahrstuhleffekt nicht als Aufstieg erfahren, sondern als relativen Abstieg.

Letztlich ist jedoch festzuhalten, dass die klassischen Schicht- und Klassenmodelle an Aussagekraft für die heutigen Gesellschaftsstrukturen verloren haben, da **„neue“ soziale Ungleichheiten** die Gesellschaft prägen. Diese bestehen z. B. in der Wohnungs- und Infrastrukturversorgung, den Möglichkeiten der Alterssicherung, der Familienform, verfügbaren Netzwerken, den Möglichkeiten, über Zeit zu verfügen, oder der Selbstständigkeit in der Berufsausübung.

Weiterführende Internetlinks

- http://library.fes.de/pdf-files/wiso/07619.pdf
  → Publikation der Friedrich-Ebert-Stiftung: „Die Sozialstruktur Deutschlands. Aktuelle Entwicklungen und theoretische Erklärungsmodelle“
- www.sigma-online.com/de/Home/
  → Website der Gesellschaft für internationale Marktforschung und Beratung SIGMA
- www.sinus-institut.de
  → Website des Markt- und Sozialforschungsinstituts SINUS

4 Sozialstaatliches Handeln

4.1 Das Sozialstaatsprinzip

Als **Sozialstaat** wird ein Staat bezeichnet, dessen Handeln auf das Erreichen und die Sicherung von sozialer Sicherheit und sozialer Gerechtigkeit (vgl. S. 174) ausgerichtet ist. Die Bundesrepublik Deutschland wird im **Grundgesetz** als Sozialstaat definiert.

> **Art. 20 Abs. 1 GG**
> Die Bundesrepublik Deutschland ist ein demokratischer und sozialer Bundesstaat.

Dessen **Handlungsgrundlagen** sind ebenfalls im Grundgesetz festgehalten und werden vor allem im Sozialgesetzbuch konkretisiert. Die verfassungsrechtlichen Grundsätze lassen sich in zwei Kategorien bündeln (vgl. M 111).

M 111: Handlungsgrundlagen des deutschen Sozialstaats

Diese Grundlagen des Sozialstaats wurden immer wieder von Verfassungsrechtlern konkretisiert, sodass sich zwei konkrete Ziele des Sozialstaats herauskristallisiert haben:

- **Sozialer Ausgleich:** Der Staat hat die Pflicht zur Verringerung der Unterschiede zwischen sozial schwachen und sozial starken Personen. Hieraus ergibt sich z. B. ein progressives Steuersystem, das bei steigender Einkommenshöhe auch höhere Steuersätze vorschreibt. Der Staat soll diese Zahlungen nutzen, um schwache Gruppen gezielt zu fördern. So werden z. B. die Grundsicherung/Sozialhilfe und Kinder- sowie Elterngeld aus den Steuereinnahmen finanziert.
- **Soziale Sicherung:** Die Existenzgrundlagen der Bürger sollen gesichert und gefördert werden. Hiermit sind konkrete Maßnahmen etwa im Bereich des Bildungs- (z. B. Zahlung von BaföG) und des Gesundheitswesens (z. B. Aufbau und Kontrolle eines Krankenversicherungssystems) sowie in anderen Bereichen der Sozialpolitik (z. B. Arbeitszeitregelungen, Jugendschutzgesetze, Regelungen zur Einstellung von behinderten Menschen) verbunden.

4.2 Die soziale Sicherung

Dem **Sozialstaatsprinzip** folgend nimmt die **soziale Sicherung** (gemeinsam mit der Arbeitsmarktpolitik) den größten Posten im Bundeshaushalt auf der Ausgabenseite ein (vgl. M 112).

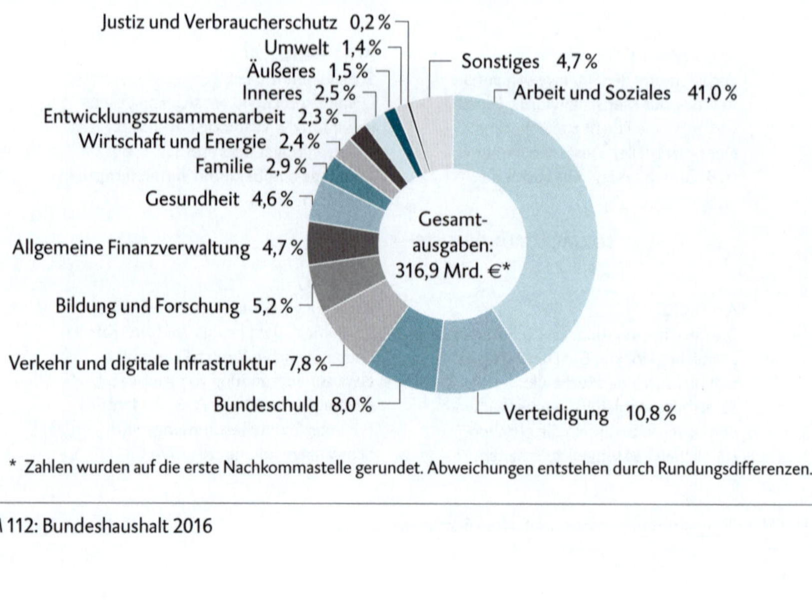

* Zahlen wurden auf die erste Nachkommastelle gerundet. Abweichungen entstehen durch Rundungsdifferenzen.

M 112: Bundeshaushalt 2016

Prinzipien der sozialen Sicherung

Das System der sozialen Sicherung umfasst die folgenden Grundelemente:

- **Solidaritätsprinzip:** Grundsätzlich ist ein Bürger nicht für sich selbst verantwortlich, sondern alle Mitglieder der Solidargemeinschaft leisten Hilfe (Solidarität), etwa indem alle in eine Sozialversicherung einzahlen.
- **Subsidiaritätsprinzip:** Grundsätzlich soll der Einzelne bzw. die kleinste soziale Gruppe (Familie) Probleme eigenverantwortlich und selbstbestimmt lösen. Nur wo dies nicht möglich ist, ist die nächsthöhere Ebene/Gruppe zuständig.
- **Soziales Netz:** Der Sozialstaat hat ein System sozialpolitischer Maßnahmen eingerichtet, um im Falle einer Notsituation einen sozialen Absturz zu verhindern und den Betroffenen „aufzufangen“.
- **Versicherungs-, Versorgungs- und Fürsorgeprinzip** (vgl. M 113).

Typisch für den deutschen Sozialstaat ist, dass der größte Teil der sozialen Sicherung über das Versicherungssystem geregelt wird. Die Kernaufgabe des Staates ist die Finanzierung aller Leistungen des sozialen Ausgleichs, die dem Versorgungs- oder Fürsorgeprinzip unterliegen, doch auch die Sozialversicherungen erhalten teils erhebliche staatliche Zuschüsse.

	Versicherungsprinzip	Versorgungsprinzip	Fürsorgeprinzip
abgesicherte Personen	Mitglieder der Sozialversicherung	Personen, die Opfer oder Leistungen für die Gemeinschaft erbracht haben (z. B. Kriegsversehrte, Kindergeldempfänger, Beamte)	Personen, die sich in einer Notlage befinden
Leistungsanspruch	bei Eintritt des Versicherungsfalls	bei Vorliegen gesetzlich bestimmter Merkmale (s. o.)	bei Bedürftigkeit
Finanzierung	Versicherungsbeiträge und Staatszuschüsse	Steuermittel	Steuermittel
Gegenleistung der Leistungsempfänger	Versicherungsbeiträge	nichtmaterielle Leistungen für die Gesellschaft	keine
Bereiche der sozialen Sicherung	Sozialversicherungen	z. B. Beamtenversorgung, Kriegsopferversorgung	z. B. ALG II, Wohngeld, Sozialhilfe

M 113: Grundprinzipien der sozialen Sicherung

Die Sozialversicherung

Die Abgaben fließen in unterschiedliche **Versicherungszweige** zur sozialen Sicherung der Bevölkerung. Die Höhe der Abgaben und Leistungen ist dabei gesetzlich geregelt. Leistungen werden üblicherweise aus den Beiträgen desselben Jahres bestritten – ein Kapitalaufbau erfolgt somit nur kurzzeitig.

	Rentenversicherung	gesetzliche Krankenversicherung	Pflegeversicherung	Arbeitslosenversicherung	Unfallversicherung
Pflichtversicherte	mit Ausnahmen (z. B. geringfügig Beschäftigte) alle AN, manche Selbstständige, Eltern in der Zeit der Kindererziehung, Pflegepersonen	AN bis zu einem Jahreseinkommen von 56 250 € (2016)	alle gesetzlich Krankenversicherten	mit Ausnahmen (z. B. geringfügig Beschäftigte) alle AN	alle AN, Kinder in Kindergärten, Schüler, Studenten, Landwirte, ehrenamtlich Tätige
Träger	Versicherungsanstalten	Krankenkassen	Pflegekasse der Krankenkassen	Bundesagentur für Arbeit	Berufsgenossenschaften, Unfallkassen
Leistungen	Renten bei verminderter Erwerbsfähigkeit und im Alter, Hinterbliebenenrente	Kosten für Arztbesuche (auch Früherkennung und Vorsorge), Krankengeld, Krankenhauspflege, Rehabilitation	Geld- und Sachleistungen bei Pflegebedürftigkeit im Alter, aufgrund von schwerer Krankheit oder Behinderung	Arbeitslosengeld, berufliche Aus- und Fortbildung, Arbeitsvermittlung, Umschulung	Kosten für Behandlung (evtl. Renten, Entschädigungen) bei Unfällen am Arbeitsplatz und auf dem Weg dorthin sowie bei Berufskrankheiten
Finanzierung	18,7 % des Bruttoverdienstes, je zur Hälfte vom AN und AG	14,6 % des Bruttoverdienstes, je zur Hälfte vom AN und AG, ggf. zzgl. Zusatzbeiträge vom AN	2,35 % (2,55 % ab 2017) des Bruttoverdienstes, je zur Hälfte vom AN und AG (Ausnahme: Sachsen), zzgl. 0,25 % für Kinderlose ab 24 Jahren	3,0 % des Bruttoverdienstes, je zur Hälfte vom AN und AG	Pflichtbeiträge der AG (Höhe je nach Gefahrenklasse, Betriebsgröße, Lohnsumme) bzw. Bund/Länder/Gemeinden (Höhe u. a. je nach Einwohnerzahl)

M 114: Sozialversicherung in Deutschland (AG = Arbeitgeber, AN = Arbeitnehmer), Stand 2016/2017

Sozialhilfe

In Deutschland übernimmt Sozialhilfe die Funktion einer **Grundsicherung:** Wer etwa wegen einer Erwerbsunfähigkeit seinen Lebensunterhalt nicht selbst bestreiten kann, erhält Unterstützung, um ein bestimmtes **Existenzminimum** zu garantieren. Dabei geht es nicht nur um ein physisches Überleben, sondern auch um die Möglichkeit zur Teilhabe am gesellschaftlichen und kulturellen Leben. **Sozialhilfe** wird hauptsächlich in den folgenden Fällen geleistet:

- Hilfe zum Lebensunterhalt etwa für Personen, die keine Rente erhalten und keinen Anspruch auf Arbeitslosengeld II (ALG II, vgl. S. 178) haben;
- Grundsicherung im Alter und bei Erwerbsminderung vor allem für Personen, die etwa aufgrund von Krankheit dauerhaft erwerbsgemindert sind, d. h. weniger als drei Stunden am Tag erwerbstätig sein können;
- Hilfen zur Gesundheit, d. h. Übernahme von Krankenkassenbeiträgen;
- Eingliederungshilfe für behinderte Menschen;
- Hilfe zur Pflege, d. h. Übernahme von Pflegekosten;
- Hilfe zur Überwindung besonderer sozialer Schwierigkeiten;
- Hilfe in anderen Lebenslagen, d. h. etwa Blindenhilfe oder Übernahme von Bestattungskosten.

Der sogenannte **Regelbedarf**, d. h. die zur Sicherung des Existenzminimus notwendige Höhe der Sozialhilfe, ist gesetzlich festgelegt. Er wird jährlich an die aktuellen Preise für notwendige Güter und Dienstleistungen sowie an die Entwicklung der Nettolöhne angepasst.

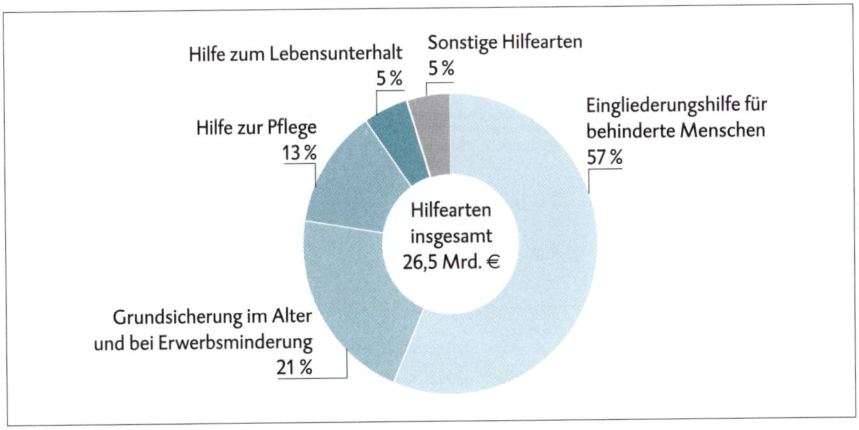

M 115: Nettoausgaben der Sozialhilfe (2014)

Arbeitslosengeld II

Personen, die erwerbsfähig sind, ihren Lebensunterhalt jedoch nicht selbst bestreiten können, erhalten statt Sozialhilfe das sogenannte **Arbeitslosengeld II** (ALG II). Diese Form der Grundsicherung wurde 2005 mit dem Vierten Gesetz für moderne Dienstleistungen am Arbeitsmarkt („Hartz IV“, vgl. S. 189 f.) eingeführt.

Um ALG II erhalten zu können, muss – wie bei der Bezeichnung „Arbeitslosengeld“ zu vermuten wäre – keine Arbeitslosigkeit vorliegen und es muss nicht zuvor **Arbeitslosengeld (I)** bezogen worden sein. Das ALG II wird von den Agenturen für Arbeit (z. B. die Regelleistung) und von kreisfreien Städten und Kommunen (z. B. Kosten für Heizung und Unterkunft) getragen. Der **Regelbedarf** (vgl. M 116) wird wie bei der Sozialhilfe jährlich neu festgelegt.

Erwachsene alleinstehende Person	404 €
Erwachsener, der noch keine 25 Jahre alt ist und bei seinen Eltern wohnt, oder Person zwischen 15 und unter 25 Jahren, die ohne Zusicherung des kommunalen Trägers umgezogen ist	324 €
Erwachsene Partner einer Ehe, Lebenspartnerschaft, eheähnlichen oder lebenspartnerschaftsähnlichen Gemeinschaft, jeweils	364 €
Kind, das jünger als 6 Jahre alt ist	237 €
Kind im Alter zwischen 6 und 13	270 €
Kind/Jugendlicher im Alter zwischen 14 und 17	306 €

M 116: Regelbedarf für das ALG II ab dem 1. 1. 2016

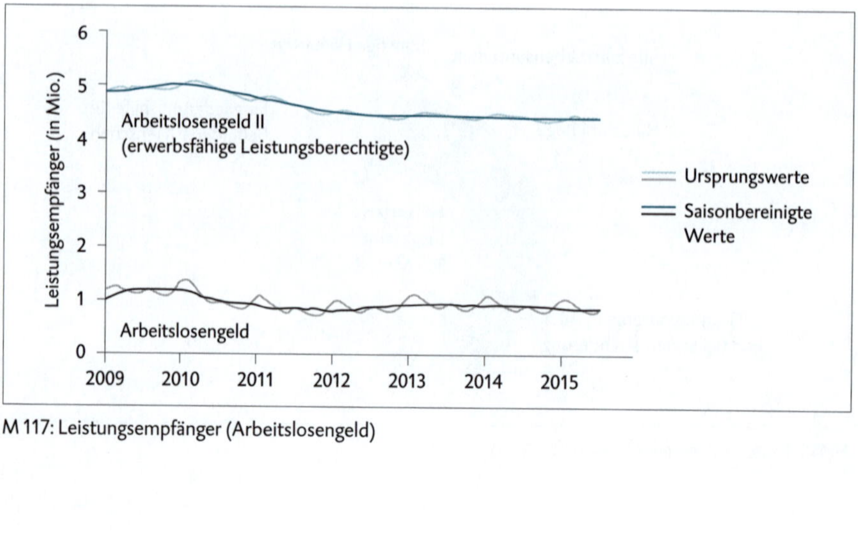

M 117: Leistungsempfänger (Arbeitslosengeld)

Das Sozialbudget

Das **Sozialbudget** (vgl. M 118) umfasst finanzielle Kennziffern zu den Sozialleistungen, die ein Gesamtbild über die Zusammensetzung und Entwicklung der sozialstaatlichen Leistungen liefern. Dieser Bericht wird jährlich von der Bundesregierung erstellt. Darin zeigt sich, dass die Ausgaben für soziale Leistungen durch den Auf- und Ausbau des Sozialstaats stetig zugenommen haben. Lag die **Sozialleistungsquote** (Sozialquote) – der Anteil der sozialen Leistungen am BIP – im Jahr 1960 noch bei nur 18,3 %, so hat sich dieser Wert im Jahr 2014 auf 29,2 % erhöht. Die **Sozialausgaben pro Kopf** machen diesen Trend noch deutlicher: Kamen auf einen Einwohner in Deutschland im Jahr 1960 im Durchschnitt soziale Leistungen in Höhe von (umgerechnet) 588 €, so lag dieser Wert im Jahr 2013 bei 10 050 €.

Leistungen nach Funktionen (ohne Verwaltungsausgaben)

• Krankheit und Invalidität	365,1 Mrd. Euro
• Alter und Hinterbliebene	331,2 Mrd. Euro
• Kinder, Ehegatten und Mutterschaft	96,1 Mrd. Euro
• Arbeitslosigkeit	31,0 Mrd. Euro
• Sonstige	26,7 Mrd. Euro

Ausgaben nach Sicherungszweigen, Anteile an den Gesamtausgaben einschließlich der Beiträge des Staates

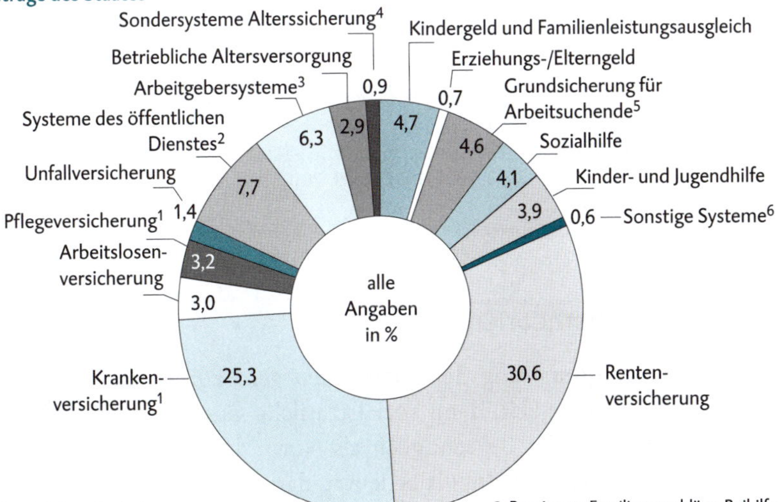

1 Gesetzlich und privat
2 Pensionen, Familienzuschläge, Beihilfen
3 Entgeldfortzahlungen, Zusatzversorgung des öffentl. Dienstes u. a. m.
4 Alterssicherung der Landwirte, Versorgungswerke
5 einschließlich sonstige Arbeitsförderung
6 Ausbildungs- und Aufstiegsförderung, Wohngeld und Entschädigungssysteme

M 118: Sozialbudget 2015

Finanzierung der Sozialleistungen

Die vielfältigen Leistungen durch den Staat werden aus unterschiedlichen Quellen finanziert (vgl. M 119). Hierbei ist eine **Zweigliedrigkeit** des Systems gegeben. Auf der Grundlage ihrer **Einkommen** aus Arbeit und Vermögen finanzieren Unternehmen und private Haushalte einerseits als Steuerzahler und andererseits als Beitragszahler das Sozialversicherungssystem. Von den **Beiträgen** bezahlen die Sozialversicherungskassen soziale Leistungen wie etwa die Rente (vgl. M 114); von den **Steuern** finanzieren die öffentlichen Haushalte Leistungen des sozialen Ausgleichs wie etwa die Sozialhilfe (vgl. S. 177). Da jedoch etwa die Rentenversicherung nicht allein durch die Beiträge der sozialversicherungspflichtig beschäftigten Arbeitnehmer getragen werden kann, leistet der Staat hierzu zum Teil erhebliche **Zuschüsse**.

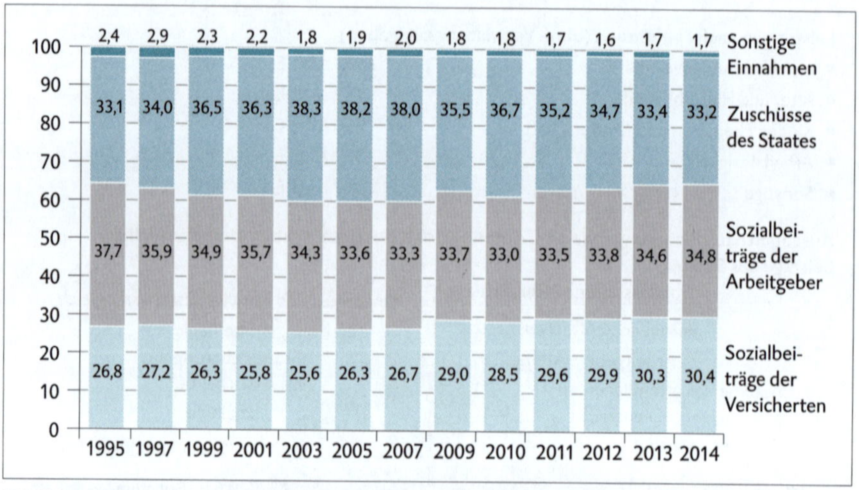

M 119: Finanzierung der Sozialleistungen (in % der Gesamtfinanzierung)

4.3 Gerechtigkeitstheorien

Die praktische Ausgestaltung des Sozialstaats geht zurück auf theoretische Konzepte von Gerechtigkeit, denn sozialstaatliche Gesetzgebung und Rechtsprechung beruft sich auf Gerechtigkeit als Norm des menschlichen Zusammenlebens. **Soziale Gerechtigkeit** bedeutet, dass Interessen angemessen ausgeglichen sind und Ressourcen sowie Möglichkeiten zwischen Personen oder Gruppen „gerecht" verteilt sind. Dabei wird von verschiedenen **Gleichheitsbegriffen** ausgegangen.

Absolute Gleichheit (Egalitarismus) bedeutet, dass alle Bürger in jeder Hinsicht gleichgestellt sind. In der Bundesrepublik findet sich dieses demokratische Grundprinzip etwa in Art. 3 Abs. 1 GG: „Alle Menschen sind vor dem Gesetz gleich." Auch eine Differenzierung etwa anhand von Abstammung, Sprache, Herkunft, Glauben oder politischen Anschauungen ist nicht erlaubt (Art. 3 Abs. 3 GG). Eine absolute Gleichheit hinsichtlich der sozio-ökonomischen Situation der Bürger wird in einer Marktwirtschaft dagegen nicht angenommen: Im Gegenteil gelten hier Unterschiede in Fähigkeiten, Leistungen, Besitz etc. als „produktiv".

Relative Gleichheit (Verteilungsgerechtigkeit) dagegen geht von einer vorhandenen Ungleichverteilung aus, die als legitim und sogar förderlich angesehen wird, wenn sie auf folgenden Kriterien basiert:

- **Leistung:** Ungleichheiten, die vor allem im Einkommen aufgrund individueller Mehrleistungen entstehen, gelten als gerechtfertigt und als notwendig für das Funktionieren des Marktprozesses. Dabei werden allerdings Probleme der Leistungsmessung (Wie wird der Anteil manueller oder mentaler Tätigkeit an einer Produktschöpfung/-entwicklung beziffert?) und der Leistungsbewertung (Welchen Wert hat eine bestimmte Leistung für die Gesellschaft?) diskutiert. Daraus entsteht eine Situation, in der zwar diejenigen belohnt werden, die etwas leisten (was der Nachfrage am Markt entspricht), aber alle anderen von einer Versorgung ausgeschlossen sind.
- **Bedarf:** Die Verteilung der Einkommen gilt dann als gerecht, wenn sie den Bedürfnissen der Gesellschaftsmitglieder entspricht. Des Weiteren ermöglicht nur eine Ausstattung mit den wichtigsten Grundgütern – orientiert an einem gesellschaftlich definierten Grundbedarf (Regelbedarf, vgl. S. 177, M 116) – den Menschen, ihre formalen Freiheiten und Rechte (z. B. demokratische Teilhabe) wahrnehmen zu können. Kontrovers diskutiert wird die Frage nach der Höhe des tatsächlichen Bedarfs: Werden nur materielle oder auch kulturelle Bedürfnisse berücksichtigt? Lässt sich überhaupt ein objektiver Bedarf ermitteln, wenn es um subjektive Bedürfnisse geht?

Zwischen Bedarfs- und Leistungsgerechtigkeit besteht ein grundsätzlicher Konflikt. Da das Leistungsprinzip überwiegend in der sogenannten **primären Einkommensverteilung** angesiedelt ist, werden in einer sozialen Marktwirtschaft die hier entstehenden Ungleichheiten entsprechend dem Bedarfsprinzip durch eine **sekundäre Einkommensverteilung** (z. B. über das Steuersystem) korrigiert. Die Ergebnisse des leistungsorientierten Marktprozesses werden also wieder neu verteilt bzw. ergänzt.

M 120: Gerechtigkeitstheorie – Gerechtigkeitsrealität

In Soziologie und Politik werden zudem häufig weitere Aspekte von Gerechtigkeit diskutiert oder eingefordert:

- **Generationengerechtigkeit:** Dieser Begriff taucht etwa im Zusammenhang mit Umweltpolitik und Staatsverschuldung immer wieder auf. Hierbei geht es um die Folgen des Handelns einer Generation für spätere Generationen. Doch auch folgende Fragen spielen bei der Herstellung von Gerechtigkeit zwischen den Generationen eine Rolle: Wie ist die Lebensleistung von Rentnern gegenüber den Bedürfnissen von Kindern bzw. der jungen Generation zu gewichten (vgl. S. 151)? Wie ist mit Altersdiskriminierung bei der Jobsuche und mit Jugendarbeitslosigkeit (vgl. M 160) umzugehen?
- **Chancengerechtigkeit/Chancengleichheit:** Das Verständnis von Gerechtigkeit als einer Gleichheit der Startchancen geht über eine rein rechtliche Gleichstellung hinaus (vgl. S. 137). Da etwa durch Armut und Diskriminierung, d. h. Ungleichbehandlung, in der Realität für viele Kinder von Anfang an nicht die gleichen Chancen etwa auf einen gut bezahlten Job bestehen, wird gefordert, die Startchancen benachteiligter Menschen zu verbessern. Dazu soll etwa gegen Diskriminierung vorgegangen oder Sprachförderung von Kleinkindern verstärkt werden.

4.4 Der Sozialstaat in der Diskussion

In den vergangenen Jahrzehnten sind die Kosten des Sozialstaats enorm gestiegen. Zum gegenwärtigen Zeitpunkt beträgt der Anteil der **Sozialausgaben** des Bundes am Bruttoinlandsprodukt etwa 28 %.

Trotz der Kostensteigerungen in den letzten Jahrzehnten besteht in Deutschland ein breiter gesellschaftlicher Konsens, dass der Sozialstaat den

sozialen Frieden sichert, von dem Arbeitnehmer und Arbeitgeber gleichermaßen profitieren.

Am **Beispiel der Rentenversicherung** werden im Folgenden die Schwierigkeiten dargestellt, die sich für den Sozialstaat aus dem sozialen Wandel (vgl. S. 141 ff.) ergeben.

Kosten der Sozialleistungen

Die Beitragszahlungen zur Rentenversicherung werden von Arbeitnehmern und Arbeitgebern geleistet (vgl. M 114). Verändern sich die **Versorgungsbedürfnisse** der älteren Generation sowie die Zahl der Rentenempfänger, werden die Rentenbeiträge an diese Situation angepasst.

Aufgrund der Finanzierung eines Großteils des Rentensystems über die **Lohnnebenkosten** besteht in Deutschland zwischen Arbeitnehmern und Arbeitgebern ein grundsätzlicher Konflikt, wie mit zu erwartenden Kostensteigerungen umgegangen werden soll. Dieser **Verteilungskonflikt** zwischen Arbeitnehmern und Arbeitgebern hat in der Vergangenheit immer wieder die öffentliche Debatte beherrscht:

Für Arbeitgeber bedeuten Sozialabgaben Zusatzkosten zu den ausgezahlten Bruttolöhnen. Sie sind also ein **Kostenfaktor für Unternehmen**. Wird dieser erhöht, legen Unternehmen die Mehrkosten – wenn sie nicht ihre Gewinne reduzieren oder Einsparungen treffen können oder wollen – auf die Preise für ihre Produkte um. Dies kann sich negativ auf die Konkurrenz zu anderen Unternehmen auswirken (internationale Wettbewerbsfähigkeit) und trifft auch die Konsumenten (private Haushalte).

Für Arbeitnehmer bedeuten steigende Sozialbeiträge – bei stagnierenden Bruttolöhnen – eine **geringere Kaufkraft**, da sie das verfügbare Einkommen (vgl. S. 132) reduzieren. Die Konsumneigung sinkt hierdurch, wobei ggf. auch Preiserhöhungen eine Rolle spielen.

Insofern ist die Höhe der **Lohnzusatz-/Lohnnebenkosten** nicht nur eine Frage der Sozialpolitik, sondern auch relevant für die wirtschaftspolitische Steuerung.

Die Abgaben für die Rentenversicherung summieren sich auf 18,7 % des Bruttolohns (vgl. M 114). Um einen Anstieg der Sozialabgaben zu verhindern, wird allein dieser Zweig der Sozialversicherung mit Steuergeldern zu einem Anteil von rund 25 % der Gesamteinnahmen der Rentenversicherung (2014) bezuschusst (vgl. M 121).

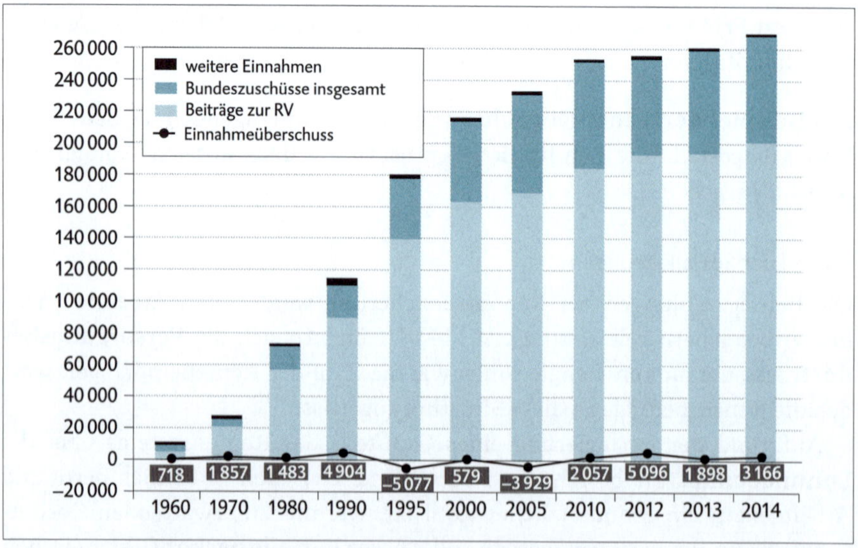

M 121: Entwicklung der Einnahmen der gesetzlichen Rentenversicherung (ab 1995 alte und neue Bundesländer; Angaben in Mio. €)

Bei der Finanzierung des Sozialstaats besteht zwar durchaus ein **Verteilungskonflikt** zwischen Arbeitnehmern und Arbeitgebern, letztendlich haben aber beide Gruppen kein Interesse an einer **Kostenexplosion** im Sozialsystem. Auch an anderer Stelle, z. B. zwischen Gutverdienern und Geringverdienern, zwischen Zuwanderern und Alteingesessenen, zwischen Kinderlosen und Familien und nicht zuletzt zwischen den Generationen, bestehen erhebliche Verteilungskonflikte, die sich in den nächsten Jahrzehnten weiter verschärfen können.

Für die Finanzierung des Sozialstaats spielen in Zukunft vor allem die folgenden Entwicklungen eine große Rolle:

- **Demografischer Wandel:** Durch einen höheren Altersdurchschnitt der Bevölkerung, durch eine größere Anzahl älterer Menschen/Rentner sowie durch eine höhere Lebenserwartung steigen die Versorgungsansprüche an die Rentenversicherung und der Unterstützungsquotient (vgl. S. 146 ff.).
- **Höherbelastung weiterer Sozialversicherungen:** Ältere Menschen bedürfen einer verstärkten Krankenversorgung und Pflege. Doch wenn die Kosten der Kranken- und Pflegeversicherungen und damit die Abgaben für einen weiteren Zweig der Sozialversicherung ansteigen, führt dies zu einer zusätzlichen Belastung für die Beitragszahler.

- **Entwicklungen auf dem Arbeitsmarkt:** Die Sozialversicherung wird vor allem von den sozialversicherungspflichtig Beschäftigen der mittleren Generation finanziert. Daher hat es weitreichende Folgen für den Sozialstaat, wenn viele Personen aufgrund von Arbeitslosigkeit oder geringfügiger Beschäftigung das System nicht mehr unterstützen. Zudem werden die wegfallenden „Finanzierer" ggf. gleichzeitig zu „Empfängern" von Sozialleistungen.

So wird von jüngeren Generationen immer wieder der **Generationenvertrag** hinterfragt, auf dem die Finanzierung des Rentenversicherungssystems beruht. Hierunter wird ein imaginärer Vertrag zwischen zwei Generationen verstanden. Nach diesem zahlt die Gruppe der Erwerbstätigen Beiträge ein, aus denen die Renten für die nicht mehr erwerbstätige Bevölkerung bezahlt werden. Die heutzutage Erwerbstätigen erwarten, dass die nachfolgende Generation wiederum ihre Renten sichern wird. Die demografische Entwicklung, die Lage auf dem Arbeitsmarkt, die Globalisierung etc. wecken bei der mittleren Generation jedoch zunehmend Zweifel, ob sie als „Einzahler" jemals auch etwas „empfangen" werden. Zudem bedeutet dieses System, dass Beschlüsse etwa zur Erhöhung der Rentenbezüge von einer Bevölkerungsgruppe getroffen werden, aber von anderen Gruppen finanziert werden müssen. Diese Situation birgt eine Gefahr für den **sozialen Frieden** (vgl. M 122).

Legitimationskrise

Im Zuge der dargestellten Entwicklungen sah sich der Sozialstaat in Deutschland im ausgehenden 20. Jahrhundert mit diversen Problemen konfrontiert, die ihn in eine tiefgreifende **Legitimationskrise** führten.

Diese resultierte einerseits aus dem Rückgang des Ressourcenüberschusses der Nachkriegsjahre. So hatten die Ölkrisen dafür gesorgt, dass Arbeitslosigkeit zu einem realen Problem geworden war (vgl. M 20) und sich die volkswirtschaftliche Entwicklung nicht mehr als eine immerwährende Erfolgsgeschichte wachsenden Wohlstands darstellte. Zudem verlor das Lebensmodell der traditionellen Familie mit einem männlichen Haupternährer in Vollerwerbstätigkeit durch die umfangreiche Pluralisierung der Lebensformen (vgl. S. 153 f.) und durch den Wandel in der Arbeitswelt an Bedeutung.

Der umfassend ausgebaute Sozialstaat konnte unter diesen Bedingungen nicht unverändert weiterexistieren. Steigende Arbeitslosigkeit, eine abnehmende Zahl sozialversicherungspflichtig Beschäftigter, Veränderungen der Lebensmodelle und Erwerbsbiografien sowie die Zunahme der Staatsschulden stellten sich sowohl für die **Finanzierung** als auch für die **Ausgaben des**

Sozialstaats als problematisch dar: Die Kosten für die Versicherungssysteme sowie für die Transferleistungen etwa an Erwerbslose stiegen.

Steigende Sozialabgaben können sich zudem negativ auf die Konsumausgaben der Bevölkerung und auf Unternehmensinvestitionen auswirken und letztlich etwa zu Standortverlagerungen ins Ausland führen. Das Versicherungssystem des Sozialstaats wird aus dieser Perspektive weniger als Errungenschaft jahrzehntelanger gesellschaftlicher Auseinandersetzung um Gerechtigkeit und den würdevollen Umgang der Menschen miteinander, sondern vielmehr als **Kostenfaktor** wahrgenommen.

Der vielfältige Druck auf den Sozialstaat bewegte die rot-grüne Bundesregierung (1998–2005) unter Gerhard Schröder dazu, einen umfangreichen Reformprozess anzustoßen, der in nahezu allen gesellschaftlichen Bereichen für Veränderungen sorgen sollte, die **Agenda 2010**.

Exkurs: Sozialer Frieden

Als sozialer Frieden wird ein gesellschaftlicher Zustand bezeichnet, in dem insoweit **Verteilungsgerechtigkeit** (vgl. S. 181) herrscht, dass es nicht zu einem „**Aufstand**" der unterprivilegierten Schichten bzw. des Prekariats (vgl. M 107) oder der Unterschicht kommt. Dies bedeutet auch, dass eine Integration verschiedener sozialer Schichten in die Gesellschaft stattfindet und dass eine Zufriedenheit der Bürger mit der Demokratie sowie mit politischen und sozialen Aufstiegsmöglichkeiten vorherrscht. Aufgabe des Sozialstaats ist es, diesen sozialen Frieden zu wahren. Für Unternehmen gilt das Vorhandensein von sozialem Frieden als Standortvorteil.

M 122: Gewährleistung des sozialen Friedens als Legitimation des Sozialstaats

4.5 Die Reform des Sozialstaats

Unter dem Motto „**Fördern und Fordern**" wurden im Rahmen des Reformkonzepts **Agenda 2010** weitreichende Veränderungen im Bereich der Renten-, Gesundheits-, Familien-, Arbeitsmarkt- und Bildungspolitik beschlossen. Dieser Umbauprozess bedeutete einen Wandel vom umfassend versorgenden, dabei tendenziell eine Passivität der Betroffenen produzierenden Sozialstaat hin zu einem Sozialstaat, der die Eigenvorsorge betont und die Betroffenen aktivieren will („welfare to workfare").

Beispiele für Probleme des Sozialstaats	Beispiele für Lösungsansätze
Kosten für ein umfassendes Versorgungssystem	• mehr Eigenvorsorge der Bürger • Selbstbeteiligung an den Kosten • Begrenzung bestimmter wohlfahrtsstaatlicher Leistungen, die aktivitätshemmende Anreize für die Betroffenen beinhalten
Belastungen für die Rentenversicherung	• Veränderung der Rentenformel, um die Beiträge stabil zu halten (Einführen des Nachhaltigkeitsfaktors, der den Altenquotienten (vgl. S. 151) einbezieht) • Senkung/Stabilisierung der Rentenbeitragshöhe durch Modelle privater Vorsorge (z. B. Fortführung der staatlich geförderten privaten Rente: „Riester-/Rürup-Rente") • „Nullrunden" in der Rentenanpassung
Belastungen für die Krankenversicherung	• höhere Zuzahlungen bei Medikamenten • Einführung eines Selbstkostenanteils von 2 % des Bruttojahreseinkommens • Einführung von privaten Zusatzabgaben bei Arztbesuchen („Praxisgebühr", Ende 2012 wieder abgeschafft) • größere finanzielle Belastung Kinderloser z. B. durch einen Beitragszuschlag in der Pflegeversicherung
Belastungen für die Arbeitslosenversicherung, hohe Arbeitslosigkeit	• Senkung von Unternehmenssteuern (Ziel: einen finanziellen Ausgleich zu den gestiegenen Kosten des Produktionsfaktors Arbeit schaffen) • Investitionsanreize für Unternehmen durch verbesserte Kreditbedingungen • Lockerung des Kündigungsschutzes • Ausbau eines sogenannten Zweiten Arbeitsmarkts mit staatlich subventionierten Mini- und Midijobs • aktivierende Arbeitsmarktpolitik (z. B. Kürzung der Leistungen bei Nichtaufnahme einer Tätigkeit) • Erleichterung der Unternehmensgründung (z. B. Gründungszuschüsse) • Kürzung der Bezugsdauer bestimmter Sozialleistungen (z. B. Arbeitslosengeld I) • Einführung von Förderungsmaßnahmen für ALG II-Empfänger • Ausbau des Bildungssystems zur Höherqualifizierung der zukünftigen Arbeitskräfte (z. B. zusätzliche Förderung, Gesamtschulen)
sinkende Geburtenrate	• Einführung von Steuervergünstigungen für die Kinderbetreuung • Schaffung von Betreuungsplätzen für Kleinkinder unter 3 Jahren • Förderung von „Generationenhäusern"

M 123: Maßnahmen der Agenda 2010

Die Agenda 2010 wurde vom damaligen Bundeskanzler Gerhard Schröder im Jahr 2003 verkündet und führte von da an zu heftigen Kontroversen, auch in der SPD selbst. Zugleich wurden große Teile des Konzepts von Oppositionsparteien unterstützt und mitgestaltet.

Das „Herzstück" der Reformen stellen die sogenannten **Hartz-Gesetze** dar. Diese gehen namentlich auf den Leiter der Kommission „Moderne Dienstleistungen am Arbeitsmarkt", Peter Hartz (damals Vorstandsmitglied bei VW), zurück und lösten tief greifende Veränderungen auf dem Arbeitsmarkt aus. Die einzelnen „Gesetze zur Reform des Arbeitsmarktes" traten schrittweise in Kraft.

Hartz I – Erstes Gesetz für moderne Dienstleistungen am Arbeitsmarkt (ab 1. 1. 2003)

Neue Formen der Arbeit wurden erleichtert, indem die Bedingungen für Zeit- und Leiharbeit (Arbeitnehmerüberlassungsgesetz) verändert wurden. So wurde de facto etwa unbefristete Leiharbeit (vgl. S. 143 f.) ermöglicht. Dadurch sollte es für Unternehmen vereinfacht werden, in Spitzenzeiten der Konjunktur Arbeitskräfte einzustellen und bei einem Abschwung wieder zu entlassen (Flexibilität). Daneben waren diese Maßnahmen auch mit der Hoffnung auf einen „Klebeeffekt" verbunden: Ein „Hineinwachsen" in den Betrieb sollte so für Leiharbeiter möglich sein.

Zwar gilt der Grundsatz der Gleichbehandlung von Stammbelegschaft und geliehenen Arbeitnehmern (gleiche Arbeitszeit, gleicher Lohn, gleiche Urlaubsansprüche). Allerdings können Tarifverträge abweichende Regelungen zulassen. Vonseiten der Arbeitgeber und der Zeitarbeitsunternehmen wird eine weitere Deregulierung der Arbeitnehmerüberlassung gefordert. Kritiker prangern dagegen Leiharbeit als „moderne Sklaverei" an.

Hartz I regelt zudem die Förderung der beruflichen Weiterbildung und die Einführung von Bildungsgutscheinen.

Hartz II – Zweites Gesetz für moderne Dienstleistungen am Arbeitsmarkt (ab 1. 1. 2003)

Dieses Gesetz enthielt Regelungen für geringfügige Beschäftigung **(Midi-/ Minijobs)**. Hiermit sind Tätigkeiten gemeint, deren monatliches Entgelt bis zu 850 € bzw. 450 € (2013, vormals 400 €) beträgt.

Dabei fallen für den Arbeitgeber nur geringe Lohnnebenkosten an, was es einerseits Unternehmen erleichtern soll, neue Arbeitnehmer einzustellen. Andererseits wird hierdurch nur ein kleiner Beitrag zur Stabilisierung des Versicherungssystems geleistet. Kritisiert wird, dass zum Teil voll sozialversicherungspflichtige Beschäftigungsverhältnisse in geringfügige Beschäftigung umgewandelt werden, was nicht nur weniger Lohn, sondern auch eine schlechtere soziale Absicherung für die Arbeitnehmer bedeutet.

Mit Hartz II wurde zudem die Aufnahme einer selbstständigen Tätigkeit erleichtert und in den ersten Monaten finanziell unterstützt („Ich-AG"). Hiermit war die Einrichtung von **Jobcentern** verbunden, die eine Prüfung von Geschäftsmodellen vornehmen sowie beratend tätig sind.

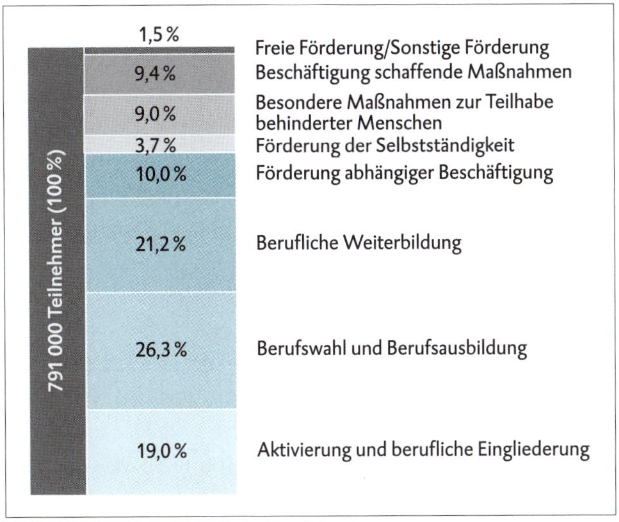

M 124: Teilnehmer in Maßnahmen der Jobcenter im Januar 2016 (aktive Arbeitsmarktpolitik nach SGB II)

Hartz III – Drittes Gesetz für moderne Dienstleistungen am Arbeitsmarkt (ab 1. 1. 2004)

Dieses Gesetz machte aus der Bundesanstalt für Arbeit (Arbeitsamt), welche die Arbeitslosigkeit vor allem „verwaltete", die **Bundesagentur für Arbeit**. Diese soll ein „fallbezogenes Management" von Arbeitslosen ermöglichen: Eine individuelle Beratung und eine Auseinandersetzung mit den Gründen für die Arbeitslosigkeit soll erfolgen und ein Wiedereinstieg in die Erwerbsarbeit besser organisiert werden.

Hartz IV – Viertes Gesetz für moderne Dienstleistungen am Arbeitsmarkt (ab 1. 1. 2005)

Arbeitslosenhilfe und Sozialhilfe (für Arbeitsfähige) wurden zusammengeführt zum sogenannten **ALG II** („Hartz IV", vgl. S. 178). Die Höhe des ALG II liegt zum Teil unterhalb des Niveaus der bisherigen Sozialhilfe.

Seit der Einführung von ALG II nahm die Bedeutung von Arbeitsgelegenheiten mit Mehraufwandsentschädigung **(„Ein-Euro-Jobs")** zu. Hierbei werden Arbeitslose, die ALG II beziehen und keine Arbeit auf dem Ersten Arbeitsmarkt finden können, in einen Zusatzjob vermittelt, für den sie allerdings keinen Arbeitslohn, sondern nur eine Mehraufwandsentschädigung erhalten. Diese Personen gelten nicht mehr als arbeitslos.

Zudem wurde die **Bezugsdauer** des Arbeitslosengeldes (ALG I) reduziert. Wer noch nicht 50 Jahre alt ist, erhält – abhängig davon, wie lange er zuvor sozialversicherungspflichtig beschäftigt war – maximal ein Jahr lang Arbeitslosengeld.

Weiterführende Internetlinks

- www.arbeitsagentur.de
  → Website der Bundesagentur für Arbeit
- www.bmas.de/DE/Themen/Soziale-Sicherung/Sozialhilfe/inhalt.html
  → Informationen des Bundesministeriums für Arbeit und Soziales zur Sozialhilfe
- www.bundesarchiv.de/imperia/md/content/dienstorte/rastatt/koops_katalogbeitrag_b.pdf
  → Aufsatz von Tilman Koops: Gesellschaftlicher Wandel und soziale Frage
- www.bundesregierung.de/Content/Infomaterial/BMAS/a230-15-sozialbudget-2015_536118.html
  → Sozialbudget 2015 des Bundesministeriums für Arbeit und Soziales
- https://bv-ethik.de/
  → Website des Bundesverbandes Ethik
- www.destatis.de/DE/Startseite.html
  → Statistisches Bundesamt; unter „Zahlen & Fakten“, „Gesamtwirtschaft &Umwelt“ sind Statistiken zu „Arbeitsmarkt“ abzurufen
- www.deutsche-rentenversicherung.de
  → Website der Deutschen Rentenversicherung
- www.lpb-bw.de/kritik_hartz_iv.html
  → Darstellung der Kritik an Hartz IV von der Landeszentrale für politische Bildung Baden-Württemberg
- http://statistik.arbeitsagentur.de/Navigation/Statistik/Statistik-nach-Themen/Statistik-nach-Themen-Nav.html
  → thematisch sortierte Statistiken der Bundesagentur für Arbeit
- www.umverteilen-macht-gerechtigkeit.eu
  → Kongress u. a. von Verdi, Attac und politischen Stiftungen

Aufgaben

63 Erklären Sie, wie das verfügbare Einkommen eines Haushalts ermittelt wird.

64 Erläutern Sie anhand zweier Beispiele, wie die Verteilung von Einkommen und Vermögen in der Bevölkerung ermittelt werden kann.

65 Ordnen Sie die in der EU durchgeführte Methode der Armutsmessung begründet einem der theoretischen Konzepte von Armut zu.

66 Erklären Sie, inwiefern der soziale Status der Eltern den Bildungsabschluss ihrer Kinder beeinflussen kann.

67 Entwickeln Sie Maßnahmen, die den Zusammenhang von „Herkunft und Bildung“ im Bildungssystem entschärfen könnten.

68 Fassen Sie die maßgeblichen Strukturveränderungen in Deutschland in den vergangenen Jahrzehnten und deren Auswirkungen auf die soziale Struktur des Landes zusammen.

69 Erörtern Sie am Beispiel Deutschlands, wodurch eine Informations- und Wissensgesellschaft geprägt ist. Beziehen Sie Ihre allgemeinen politischen und wirtschaftlichen Kenntnisse mit ein.

70 Analysieren Sie das Schaubild M 87.

71 Definieren Sie den Begriff „demografischer Wandel“.

72 Fassen Sie die Einflussfaktoren auf den demografischen Wandel knapp zusammen.

73 Stellen Sie mögliche positive und negative Konsequenzen des demografischen Wandels in Deutschland für Politik, Kultur und Wirtschaft gegenüber.

74 Erklären Sie die Auswirkungen des Wertewandels auf den sozialen Wandel in Deutschland.

75 Legen Sie dar, inwieweit eine Bastelbiografie gängige biografische Muster ablöst.

76 Diskutieren Sie den Begriff „Parallelgesellschaft“.

77 Stellen Sie die Vor- und Nachteile von Leiharbeit gegenüber.

78 Nennen Sie die wichtigsten Modelle in der Sozialstrukturanalyse der Bundesrepublik und ordnen Sie ihnen relevante Theoretiker zu.

79 Differenzieren Sie vertikale sowie horizontale Dimensionen der Ungleichheit anhand von Beispielen.

80 Fassen Sie die jeweiligen Vor- und Nachteile der Modelle der Sozialstrukturanalyse zusammen.

81 Stellen Sie die Entstrukturierungsthese sowie die Kritik an dieser in ihren Grundzügen dar.

82 Stellen Sie den Fahrstuhleffekt in einem Schaubild dar. Beziehen Sie dabei Ihr Wissen zu klassischen Sozialstrukturmodellen und Armutskonzepten mit ein.

83 Recherchieren Sie die charakteristischen Merkmale dreier Milieus der Sinus-Studie.

84 Nennen Sie die verfassungsrechtlichen Grundlagen des Sozialstaats und lesen Sie diese im Grundgesetz nach.

85 Definieren Sie die Prinzipien der sozialen Sicherung.

86 Berechnen Sie auf der Grundlage von M 114 den Anteil des Bruttoverdienstes, den ein Arbeitnehmer in die Sozialversicherung einzahlen muss.

87 Stellen Sie die Finanzierung der Sozialleistungen grafisch dar.

88 Wie lässt sich der Sozialstaat theoretisch begründen? Stellen Sie grundlegende Gerechtigkeitskonzepte dar.

89 Gestalten Sie ein Schaubild, welches das Zusammenwirken von Leistungs- und Bedarfsprinzip im Sozialstaat zeigt.

90 Analysieren Sie die Karikatur in M 120.

91 Fassen Sie die Probleme des deutschen Sozialstaats zusammen, welche sich aus dem demografischen Wandel sowie den Veränderungen der Arbeitsmarktstrukturen ergeben.

92 Stellen Sie die Probleme des deutschen Sozialstaats, welche eine Reform notwendig machten, grafisch dar.

93 Diskutieren Sie, ob es sich bei der Agenda 2010 unter dem Motto „Fördern und Fordern“ eher um ein angebots- oder um ein nachfrageorientiertes Konzept handelte.

94 Beurteilen Sie die sogenannten Hartz-Gesetze, indem Sie Pro- und Kontraargumente aufzählen und nennen Sie die Hauptvertreter der Positionen.

Globale Strukturen und Prozesse

1 Internationale Friedens- und Sicherheitspolitik

1.1 Ziele und Aufgaben

Konfliktlösung

Ein **Konflikt** ist im Grunde nichts anderes als ein Interessengegensatz zwischen zwei oder mehr Akteuren, also etwa Individuen, organisierten Gruppen oder Organisationen. Ein **internationaler Konflikt** ist dabei eine Auseinandersetzung zwischen mindestens zwei Staaten.

Auseinandersetzungen, in deren Rahmen es zwar zur Gewaltanwendung kommt, die aber eher sporadische und nicht strategisch begründete Gewaltanwendungen zwischen den betroffenen Gruppen darstellen, werden als **bewaffnete Konflikte** bezeichnet.

Konfliktentwicklung	Merkmale der Entwicklungsstufen	Beispiel
latenter Konflikt	schwelender Konflikt; Forderungen werden von einer Partei artikuliert und von einer anderen wahrgenommen	Beanspruchung einer bestimmten Region
manifester Konflikt	offenkundiger Konflikt; zielgerichteter Einsatz von (noch gewaltlosen) Mitteln	offene Androhung von Gewalt
Krise	Spannungszustand	Verlegung militärischer Truppen ins Grenzgebiet
gewaltsamer/ bewaffneter Konflikt	vereinzelter, nicht organisierter Einsatz von Gewalt	Überfall auf Grenzstation, Konflikt im Ostsudan
Krieg	Austragung eines Konflikts unter systematischem Einsatz von Gewalt, wobei es zu nachhaltigen Zerstörungen kommt	Afghanistan-Krieg
Waffenstillstand	vertragliche Vereinbarung eines vorläufigen Gewaltverzichts	Waffenstillstand zwischen Indien und Pakistan 1949
Frieden	Abwesenheit organisierter militärischer Gewaltanwendung; stabiler Frieden: vertraglicher Ausschluss kriegerischer Handlungen	Frieden nach dem Dayton-Vertrag zwischen Serbien, Kroatien und Bosnien

M 125: Entwicklungsstufen internationaler Konflikte

Die Grenzen zwischen Konflikten und Kriegen sind fließend (vgl. M 125). Dabei sind auch die Definitionen der einzelnen Konfliktformen durchaus umstritten und die Begriffe werden nicht immer trennscharf verwendet.

Es gibt verschiedene Definitionen von „**Krieg**". Quantitative Definitionen legen dabei etwa Opferzahlen in einer bestimmten Höhe als Kriterium fest. Qualitative Definitionen dagegen beziehen auch Kriterien wie „mindestens auf einer Seite kämpfen reguläre Streitkräfte", „zentral gelenkte Organisation der Kriegsführung" oder „Kontinuierlichkeit der Kämpfe" mit ein.

Die üblicherweise gewählten Maßnahmen zur Lösung **internationaler Konflikte** richten sich nach der Eskalationsstufe des Konflikts (vgl. M 125). Hierbei wird vor allem auf die folgenden Einwirkungsformen/Missionsprofile zurückgegriffen, wobei die UNO (vgl. S. 203 ff.) eine besondere Rolle spielt:

- **vorbeugende Diplomatie (preventive diplomacy)**, um das Entstehen bzw. die Eskalation von Streitigkeiten oder den Ausbruch eines offenen Konflikts zwischen einzelnen Parteien im Vorfeld zu verhindern;
- **Friedensschaffung (peacemaking)**, um ausgebrochene Konflikte unter Umständen auch durch Anwendung von Gewalt zur Einigung zu bringen;
- **Friedenserzwingung (peace enforcement)**, um die Konfliktparteien mit zivilen und militärischen Druckmitteln zur Wahrung eines brüchigen Friedens zu zwingen;
- **Friedenssicherung (peacekeeping)**, um das Ausbrechen kriegerischer Handlungen nach einem gerade erst geschlossenen Frieden zu verhindern, indem z. B. durch Einsätze leicht bis schwer bewaffneter Blauhelmsoldaten die Einhaltung von Waffenstillstandsvereinbarungen überwacht wird;
- **Friedenskonsolidierung (peacebuilding)**, um den Frieden nach einem Konflikt zu sichern, indem z. B. frühere Rebellen wieder in die Gesellschaft integriert werden.

Neben internationalen, also zwischenstaatlichen Konflikten gibt es jedoch auch **innerstaatliche Konflikte**. Seit dem Zweiten Weltkrieg gab es eine deutliche Verlagerung des weltweiten Konfliktgeschehens in diesen Bereich. Inwiefern hier von anderen Staaten oder internationalen Organisationen eingegriffen werden kann und darf, ist umstritten (vgl. S. 210). Die Entscheidung für oder gegen konkrete Maßnahmen unterscheidet sich erheblich von Konflikt zu Konflikt und hängt u. a. von der geopolitischen Lage des Krisenstaats ab (vgl. internationales Vorgehen in Libyen 2011 und in Syrien seit 2011). Auch innerstaatliche Konflikte durchlaufen verschiedene Eskalationsstufen, die den Entwicklungsstufen internationaler Konflikte ähneln.

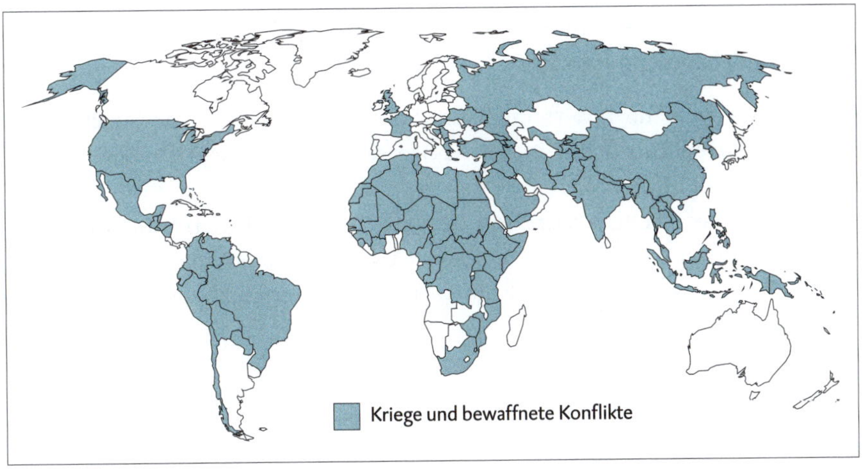

M 126: Kriege und Konflikte weltweit, im Jahr 2015

Friedenssicherung

In der Praxis ist der Übergang zwischen Maßnahmen zur Sicherung eines (unter Umständen noch nicht vollständig erreichten) Friedens und Schritten zur **Deeskalation** eines Konflikts fließend (vgl. M 125). In der Politik(wissenschaft) werden die folgenden Möglichkeiten zur Sicherung eines bestehenden Friedens diskutiert, wobei jedoch die letzten beiden (heutzutage) vor allem theoretische Optionen darstellen:

- Integration mehrerer Staaten (z. B. in der EU, vgl. S. 85 ff.),
- Beschließen multilateraler Bündnisse (z. B. NATO),
- Schließen bilateraler Abkommen (vgl. S. 231),
- Förderung einer Interdependenz (d. h. einer gegenseitigen Abhängigkeit),
- Aufbau eines Weltstaats,
- Errichtung einer Hegemonie (d. h. einer absoluten Vormachtstellung).

Die **Charta der Vereinten Nationen** schuf ein kollektives Sicherheitssystem (vgl. S. 208), indem sie etwa ein grundsätzliches Gewaltverbot beinhaltet und dem Sicherheitsrat eine Reihe von potenziellen Möglichkeiten eröffnet, in internationale Konflikte einzugreifen. In der Realität werden diese jedoch – etwa aufgrund des Vetorechts im Sicherheitsrat – bei Weitem nicht ausgeschöpft.

1.2 Der erweiterte Friedens- und Gewaltbegriff und das zivilisatorische Hexagon

Ebenso wie sich die unterschiedliche Intensität von Auseinandersetzungen **Konfliktstufen** zuordnen lässt, so lassen sich auch die Begriffe **Gewalt** und **Frieden** weiter differenzieren:

Die **Theorie der strukturellen Gewalt** wurde von **Johan Galtung** entwickelt. Gewalt wird hier aus der Differenz zwischen einem mangelhaftem und vermeidbarem Ist-Zustand und einem tatsächlich erreichbaren Soll-Zustand verstanden.

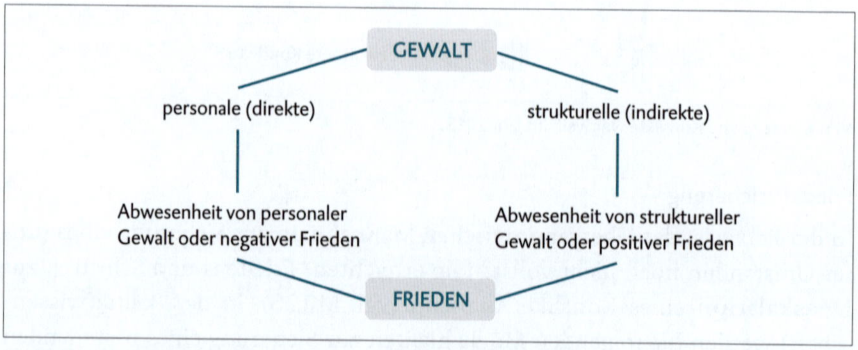

M 127: Die erweiterten Begriffe von Gewalt und Frieden nach Galtung

Wenn Menschen beispielsweise in einer Zeit verhungern, in der eine solche Situation objektiv vermeidbar wäre, dann wird hier – im Sinne Galtungs – indirekte Gewalt ausgeübt. Diese **indirekte** oder auch **strukturelle Gewalt** benötigt kein direkt handelndes Subjekt, das Gewalt auf Personen oder Gruppen ausübt. Galtung unterscheidet in seinem Konzept also die **direkte personale Gewalt** – wenn z. B. ein Vater seine Kinder zu Tode prügelt – und die **indirekte strukturelle Gewalt**, die vorläge, wenn z. B. die Lebenserwartung aller Kinder einer bestimmten sozialen Schicht niedrig ist, obwohl dies vermeidbar wäre. In beiden Fällen werden Personen geschädigt, wobei im ersten Beispiel die Schädigung an eine konkrete Person gebunden ist, im zweiten Beispiel die Gewalt in ein „System" eingebaut ist, welches Ressourcen ungleich verteilt.

Im Zuge der Auseinandersetzung mit der Theorie des Friedensforschers Galtung, hat sich eine Differenzierung von **drei Gewaltbegriffen** ergeben:

Direkte/personale Gewalt	Strukturelle Gewalt	Kulturelle Gewalt
• Quälen von Menschen (Folter, Erpressung, Freiheitsberaubung) • Verletzungen und Tötungen (Waffen, Gifte, Krankheitserreger)	• Soziale Ungerechtigkeit • Massenelend • Ausbeutung und Unterdrückung sozialer und ethnischer Gruppen (Kinderarbeit, Rassentrennung, Sklavenhandel)	• Ideologische bzw. religiöse Wertvorstellungen, um Gewalt zu legitimieren (Rollenbilder, Rassismus, Chauvinismus) Sie wird dazu benutzt, personale und strukturelle Gewalt zu legitimieren
real/konkret		**ideell**

M 128: Die drei Gewaltbegriffe

Wichtig ist in diesem Zusammenhang der Begriff des **„positiven Friedens“**. Ein solcher positiver Frieden ist nicht ausschließlich ein „Nicht-Krieg“, der aus einer Abwesenheit von internationaler Gewaltausübung besteht, sondern zeichnet sich durch die **Abwesenheit von personaler und besonders struktureller Gewalt** in allen Gesellschaftsbereichen aus. Ein solcher Frieden ist deutlich weiter gefasst, als der Friedensbegriff, der im Alltag üblicherweise verwendet wird, und umfasst z. B. auch die Bereiche der **Gerechtigkeit**, der Einhaltung von **Menschenrechten**, der Kultur der **Versöhnung** und **Verständigung.**

In der theoretischen Arbeit der Friedensforschung hat auch der Frankfurter Professor **Dieter Senghaas** bedeutende Ansätze zur Überwindung struktureller Gewalt und der Herstellung eines positiven Friedens erarbeitet. In enger Anlehnung an den Norweger J. Galtung hat er u. a. mit der Entwicklung des **„zivilisatorischen Hexagons“** (vgl. M 129) die friedens- und entwicklungstheoretische Diskussion in Deutschland geprägt.

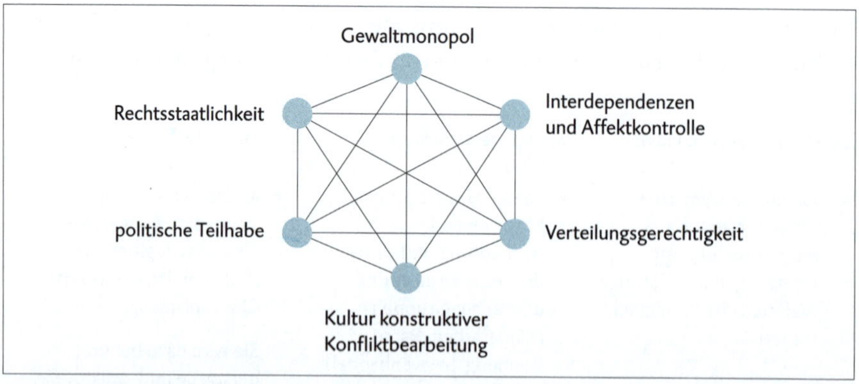

M 129: Das zivilisatorische Hexagon

In diesem **Hexagon** werden alle Faktoren aufgezeigt, die die Entwicklung eines **positiven Friedens** fördern, sich also hemmend auf Gewaltausübung auswirken, und das Zusammenleben von Menschen in einem Staat oder staatenartigem Gefüge als „zivilisiert" beschreibbar machen. Gleichzeitig sind diese Faktoren auch mögliche Ansatzpunkte für eine sinnvolle **Entwicklungszusammenarbeit** und Bestimmungsgrößen, anhand deren „Nichterfüllungsgrad" sich ein beginnender **Staatszerfall** prognostizieren ließe.

1.3 Friedensaspekte der Theorien der internationalen Politik

Realismus

Die **realistische Denkschule** innerhalb der Internationalen Beziehungen geht davon aus, dass sich kein Staatensystem mit einer zentralen Entscheidungsinstanz herausbilden kann. Stattdessen sei es multipolar und **anarchisch** strukturiert. Aus diesem Grund müssten alle Staaten versuchen, sich so viel militärische und wirtschaftliche Macht wie möglich zu sichern, um ihre **nationalen Interessen** durchsetzen zu können. Hauptakteure auf internationaler Ebene sind demnach **souveräne Nationalstaaten**.

Dabei wird erstens davon ausgegangen, dass der **Machtzuwachs** eines Staates einen Machtverlust für andere Staaten bedeutet (Nullsummenspiel). Zweitens spiele die **Innenpolitik** bei der Entwicklung außenpolitischer Strategien keinerlei Rolle. Im Neorealismus wird zudem von einem **Sicherheitsdilemma** gesprochen, nach dem die Staaten durch ihre Bemühungen, ihre Unabhängigkeit und Sicherheit zu wahren, erst recht eine Situation größerer Unsicherheit schaffen. Frieden kann laut den Vertretern des Realismus gesichert werden, indem

- eine Gleichgewichtspolitik **(balance of power)** betrieben wird (Beispiel: gegenseitiges Abschreckungspotenzial im Kalten Krieg),
- ein Staat eine **Hegemonie** erringt, also alle anderen Staaten dominieren kann,
- eine erfolgreiche **Machtdemonstration** erfolgt und notfalls auch eine Gewaltanwendung stattfindet.

Idealismus

Die **idealistische Denkschule** geht von einem **optimistischen Menschenbild** aus: Vernunftbegabte und lernfähige Menschen würden den Vorteil eines Weltfriedens für alle Beteiligten sowie die Bedeutung einer Überwindung der Staatenkonkurrenz und die Rolle einer weitgehenden Kooperation erkennen und die Außenpolitik der Staaten entsprechend beeinflussen. So sind die treibenden Kräfte auf internationaler Ebene die **Individuen** und ihre Zusammenschlüsse (z. B. NGOs).

Für den Ausbruch von Kriegen und Konflikten werden die nationalen Machteliten verantwortlich gemacht, da nur diese davon profitierten. Da man davon ausgehen könne, dass die Bevölkerung mehrheitlich gegen den Ausbruch von Kriegen ist, besteht hierin ein Ansatzpunkt für Friedenssicherung in der internationalen Politik: Eine **Weltgesellschaft** solle geschaffen werden.

Die organisationsstiftenden Elemente, durch welche auf innerstaatlicher Ebene eine Überwindung des anarchischen Naturzustands erreicht wurde/wird, könnten auf die internationale Ebene übertragen werden (Förderung **internationaler Zusammenarbeit**, vgl. M 130). Vertreter des Idealismus beziehen auch den Aufbau bzw. die Stärkung **demokratischer Strukturen** in autokratischen Staaten – also innenpolitische Aspekte – mit ein.

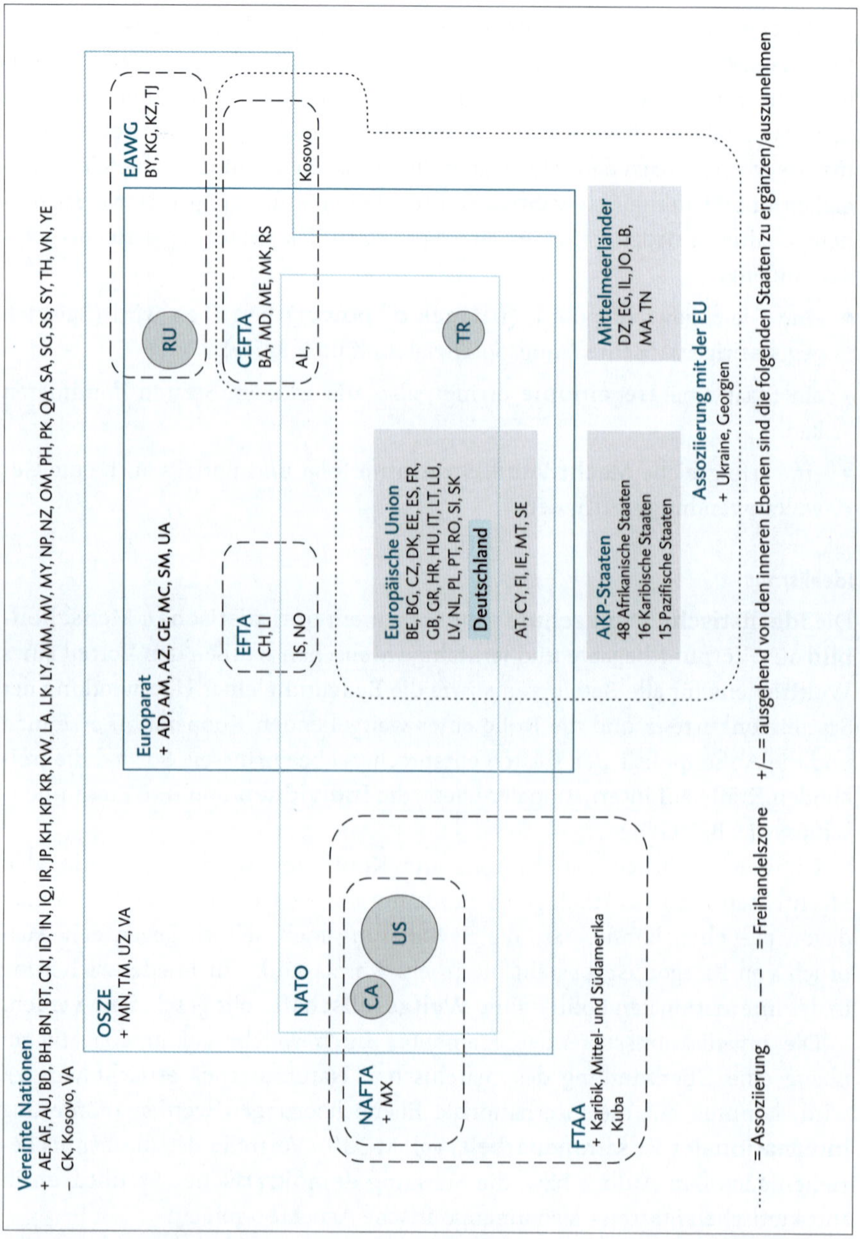

M 130: Internationale Einbindung Deutschlands; die äußeren Schalen beinhalten jeweils alle Staaten der inneren Schalen (Länderkürzel nach ISO-3166-1-Kodierliste)

Institutionalismus

Die **institutionalistische Denkschule** bietet eine pragmatisch geprägte Theorie. Hiernach beeinflussen sowohl die **Staaten**, als auch die **gesellschaftlichen Gruppen** die internationale Politik. Beide würden aufgrund rationaler Abwägung erkennen, dass sich eine **internationale Zusammenarbeit** für alle lohnt. **Gegenseitige Abhängigkeiten** führten zu Stabilität und würden das Interesse an der Bildung **internationaler Institutionen** fördern. Doch bereits vor der Entstehung solcher Institutionen würden Konventionen und internationale Regime (d. h. vertraglich gesicherte Normen wie etwa Klimaabkommen) zur Friedenssicherung erheblich beitragen.

Diesem Ansatz folgt das politische Programm der **Global Governance** (vgl. S. 230 f.), also der Gesamtheit an weltweiten Institutionen und Regeln, welche die kontinuierliche Bewältigung globaler Herausforderungen zum Ziel haben. Hieran sind neben internationalen staatlichen Organisationen (z. B. Internationaler Währungsfonds und OECD) auch die in sämtlichen politischen und sozialen Bereichen tätigen Nichtregierungsorganisationen (z. B. ATTAC, Greenpeace) sowie informelle Organisationen (z. B. Treffen der sieben größten Industrienationen und Russlands, G8) beteiligt.

Weltsystemtheorien

Vertreter der **Weltsystem- und Dependenztheorien** beziehen sich bei der Erklärung politischer Ereignisse vor allem auf das **internationale System** – nicht auf die Interpretationen einzelner Akteure. Dies wird etwa am Beispiel des Irakkriegs 2003 deutlich, wobei die **geschichtliche Dimension** und ihre gegenwärtigen Folgen zur Geltung kommen: Nach dem Ersten Weltkrieg wurde das Osmanische Reich aufgeteilt und es wurden willkürlich Grenzen gezogen. Das sollte eine Beherrschung des Nahen Ostens durch Großbritannien und Frankreich gewährleisten sowie Sicherheit vor Russland und der Türkei bieten. Mit den Ölfunden in der arabischen Welt änderte sich das Kalkül. Ab diesem Zeitpunkt ging es um die Sicherung der Rohstoffressourcen für die westliche Welt. Nun sind nicht die Staaten die entscheidenden Akteure, sondern **transnationale Unternehmen** (Ölkonzerne), die sich staatlicher Machtmittel bedienen. Abzulesen ist das an der Priorität des Truppenaufmarsches und der Verteilung der Wiederaufbauhilfe im Irak: Zunächst wurden die Ölquellen gesichert, erst dann wurde die Bevölkerung von der Diktatur befreit.

Weiterführende Internetlinks

- www.amnesty.de
  → Website der deutschen Sektion von Amnesty International
- www.crisisgroup.org
  → Website der NGO „International Crisis Group“
- http://frieden-sichern.dgvn.de/index.php?id=819
  → Informationen der Deutschen Gesellschaft für die Vereinten Nationen e. V. zu Konflikten und Brennpunkten, zur Friedenssicherung etc.
- http://hiik.de/
  → Website des Heidelberger Instituts für Internationale Konfliktforschung
- www.internationale-konflikte.de/index.htm
  → Informationen zu internationalen Krisen und Konflikten von Schülern für Schüler
- www.krisen-und-konflikte.de/index.htm
  → Datenbank von Konflikten und Krisen
- http://sicherheitspolitik.bpb.de/index.php
  → Informationsportal „Krieg und Frieden“ der Bundeszentrale für politische Bildung
- www.visionofhumanity.org
  → interaktive Weltkarten etwa zum Global Peace Index

2 Beitrag der UN zur Konfliktbewältigung und Friedenssicherung

Die Organisation der Vereinten Nationen (United Nations Organization, UNO) wurde wenige Monate nach dem Ende des Zweiten Weltkriegs am 26. 6. 1945 von 51 Staaten gegründet. Inzwischen hat sie 193 Mitgliedstaaten. Oberstes Ziel der UNO ist es, Frieden und Sicherheit auf der Welt zu gewährleisten. Die Mitglieder verpflichten sich dazu, internationale Streitigkeiten auf friedlichem Wege beizulegen. Grundsätzlich sind alle Mitgliedstaaten – unabhängig von ihrer wirtschaftlichen oder militärischen Stärke, ihrer Einwohnerzahl oder Staatsform – in der Organisation gleichberechtigt; sie geben jedoch keine Souveränitätsrechte an diese ab. Es handelt sich also um eine **multilaterale intergouvernementale Zusammenarbeit** (vgl. S. 231).

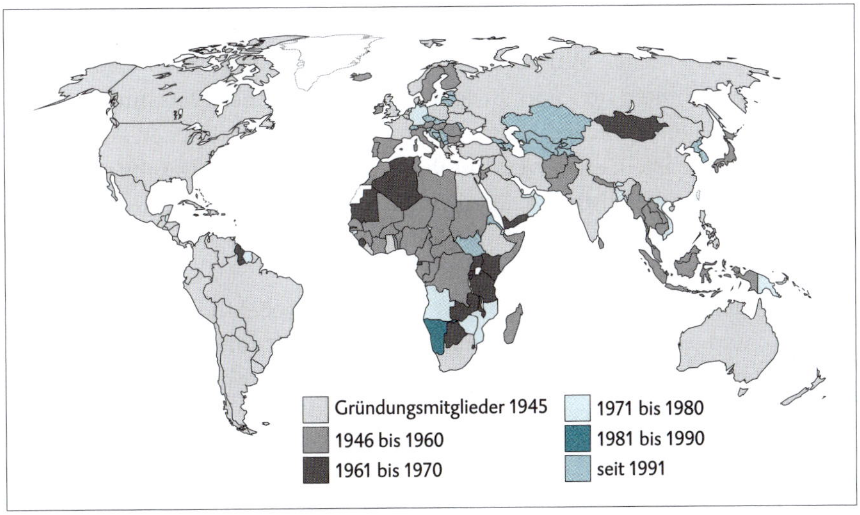

M 131: Die Entwicklung der Mitgliedschaft in der UN, 1945 bis 2015

2.1 Die Struktur der UNO

Das System der Organisation ist mittlerweile überaus komplex (vgl. M 134). Es besteht aus den fünf **Hauptorganen** Generalversammlung, Wirtschafts- und Sozialrat (Economic and Social Council, ECOSOC), Sicherheitsrat, UN-Sekretariat und Internationaler Gerichtshof sowie **Nebenorganen**, Hilfs- und **Sonderorganisationen**. Letztere unterscheiden sich nicht nur in Bezug auf ihr Aufgabengebiet, sondern auch in ihrer Eigenständigkeit von Generalversammlung, Sicherheitsrat und UN-Sekretariat.

Die Generalversammlung

In der **Vollversammlung**, welche jährlich in der Regel im September in New York zusammentritt, sind alle UN-Mitgliedstaaten vertreten. Bei der Generalversammlung handelt es sich nicht um ein Parlament. Vielmehr dient sie als **Plenum**, in dem die Staaten ihre Sichtweisen auf bestimmte Probleme austauschen. Die **Hauptausschüsse** sind nach folgenden Zuständigkeiten gegliedert:

1. Abrüstung und internationale Sicherheit
2. Wirtschaft und Finanzen
3. Soziale, humanitäre und kulturelle Angelegenheiten
4. Spezielle politische Fragen und Entkolonialisierung
5. Verwaltung und Haushalt (intern)
6. Recht

Nur intern können verpflichtende **Beschlüsse** gefasst werden. Entscheidungen werden zumeist mit einfacher Mehrheit getroffen, nur in wichtigen Fragen (z. B. Aufnahme neuer Mitglieder) ist eine Zweidrittelmehrheit erforderlich. Mit Fragen von internationaler Bedeutung darf die Generalversammlung sich befassen, solange der Sicherheitsrat sich nicht mit der betroffenen Angelegenheit beschäftigt. Die Generalversammlung kann auch **Untersuchungen** veranlassen oder **Empfehlungen** aussprechen. Diese sind für die Mitgliedstaaten zwar nicht völkerrechtlich bindend, können jedoch einen großen moralischen und politischen Druck aufbauen.

Die Generalversammlung wählt die nichtständigen Mitglieder des Sicherheitsrats und ernennt auf Vorschlag des Sicherheitsrats den UN-Generalsekretär. Zu ihren wichtigsten Aufgaben gehören die Prüfung und Genehmigung des **Haushaltsplans** der UNO.

Der Sicherheitsrat

Der **UN-Sicherheitsrat** verfügt über erheblich mehr politische Macht als die Generalversammlung. Seine Aufgabe besteht darin, das oberste Ziel der UNO (also die Sicherung des Weltfriedens und der internationalen Sicherheit) zu gewährleisten. Auch bei der Machtverteilung innerhalb des Sicherheitsrats besteht ein deutlicher Unterschied zur Generalversammlung. Unter den insgesamt 15 Mitgliedern befinden sich die **fünf ständigen Mitglieder** USA, Großbritannien, Frankreich, China und Russland. Jedes dieser Länder verfügt über ein Vetorecht. Die zehn Sitze der **nichtständigen Mitglieder** werden besetzt, indem jährlich fünf Mitglieder für einen Zeitraum von zwei Jahren von der Generalversammlung gewählt werden. Dabei wird auf einen Regionalproporz geachtet (vgl. M 132).

US	FR	GB	RU	CN
Afrika	Asien	Latein-amerika	West-europa	Ost-europa

M 132: Zusammensetzung des UN-Sicherheitsrats

Entscheidungen müssen mit mindestens neun Stimmen – darunter allen Stimmen der Vetomächte – gefällt werden. Die **Resolutionen** des Sicherheitsrats sind für alle UN-Mitgliedstaaten rechtlich bindend. Für die Sicherung des Weltfriedens steht dem Sicherheitsrat ein umfangreiches Instrumentarium zur Verfügung, das in Abhängigkeit vom jeweiligen Eskalationsgrad des Konflikts verschärfte Maßnahmen vorsieht (vgl. S. 193 f.).

An der **Zusammensetzung des Sicherheitsrats** entzündet sich in regelmäßigen Abständen Streit, wenn bevölkerungsreiche Saaten wie Indien und Brasilien oder wirtschaftlich starke Staaten wie Japan und Deutschland Ansprüche auf einen ständigen Sitz anmelden. Auch das **Vetorecht** der fünf Siegermächte des Zweiten Weltkriegs wird von vielen Kritikern als nicht mehr zeitgemäß empfunden.

Der Generalsekretär

An der Spitze der Organisation steht der **Generalsekretär** (seit 2007: Ban Ki-moon, ab 2017: António Guterres), der auf Vorschlag des Sicherheitsrats auf fünf Jahre von der Generalversammlung gewählt wird, wobei eine Wiederwahl möglich ist. Er ist verantwortlich für die Verwaltung der UNO und vertritt diese als oberster Repräsentant nach außen. Er nimmt an den Sitzungen der UN-Hauptorgane teil.

M 133: Ban Ki-moon

Während sich sowohl die Generalversammlung als auch der UN-Sicherheitsrat aus Personen zusammensetzen, die von den Weisungen ihrer Regierungen abhängig sind, hat das Sekretariat **eigene UN-Mitarbeiter**. Der Generalsekretär kann auch sogenannte Sonderbeauftragte ernennen.

Die Aufgaben des **UN-Sekretariats** bestehen vor allem darin, den Haushaltsplan aufzustellen, die Arbeit der Hauptorgane mit Ausnahme des Internationalen Gerichtshofs (IGH) zu koordinieren, Konferenzen zu organisieren sowie Studien und Berichte zu verfassen.

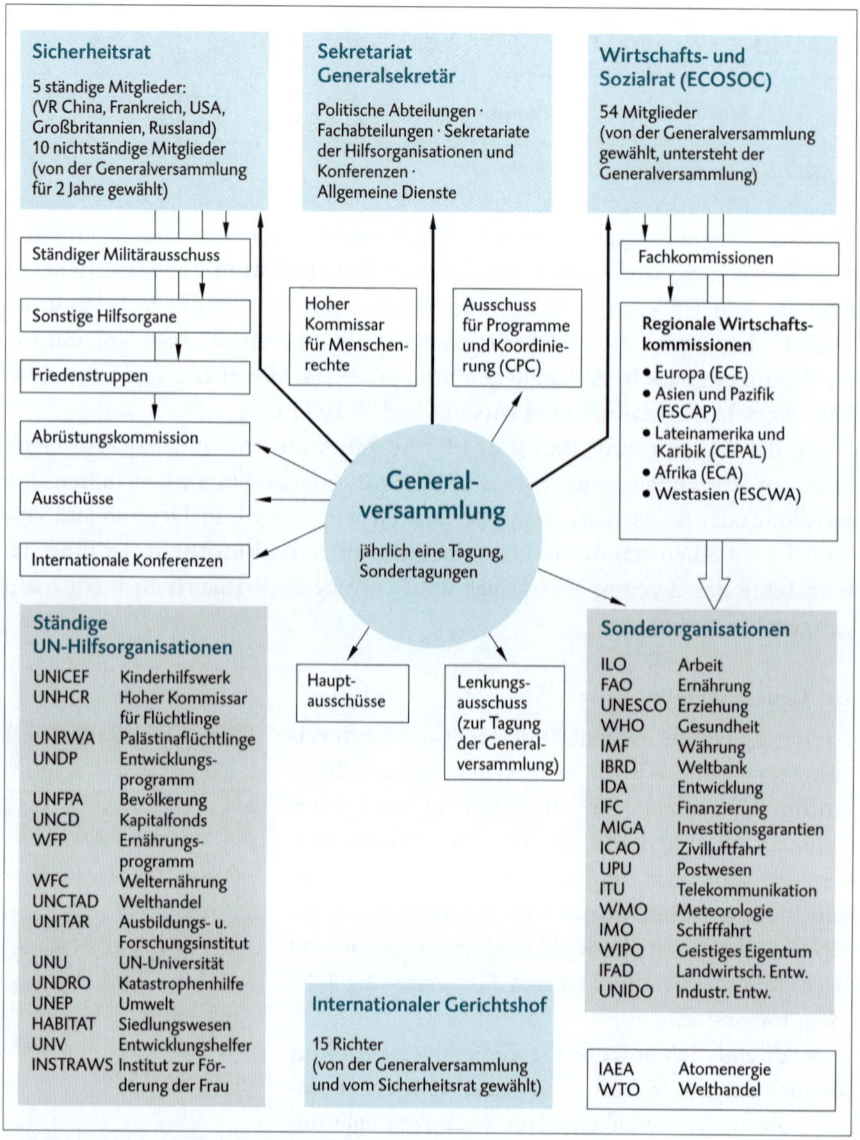

M 134: Die institutionelle Struktur der UNO

Der Wirtschafts- und Sozialrat

Der ECOSOC besteht aus 54 Mitgliedstaaten, die nach einem Regionalproporz von der Generalversammlung gewählt werden. Der Rat verfolgt folgende **Zielsetzungen:**

- Verbesserung des allgemeinen Lebensstandards in der Welt,
- Lösung internationaler wirtschaftlicher, sozialer und gesundheitlicher Probleme,
- weltweite Zusammenarbeit auf den Gebieten Entwicklung, Kultur und Erziehung,
- Achtung der Menschenrechte.

Zudem koordiniert der ECOSOC die Arbeit vieler **UN-Sonderorganisationen**. Zu diesem Zweck kann er Untersuchungen durchführen, Berichte verfassen und Konferenzen einberufen. NGOs mit Beraterstatus können empfehlende Berichte beim ECOSOC einreichen.

Der Internationale Gerichtshof

Der **IGH** mit Sitz in Den Haag wurde 1945 gegründet. Er ist das Hauptrechtsprechungsorgan der UNO und im Gegensatz etwa zum Internationalen Strafgerichtshof für das ehemalige Jugoslawien ein **ständiges Gericht**. Die 15 Richter sind alle unterschiedlicher Nationalität. Sie werden gemeinsam vom Sicherheitsrat und der Generalversammlung auf neun Jahre gewählt.

Der IGH entscheidet nur Rechtsstreitigkeiten zwischen Staaten, nicht zwischen internationalen Organisationen. Das Gericht ist dann für einen Fall zuständig, wenn alle beteiligten Parteien die **Zuständigkeit** des IGH anerkennen. Staaten können sich generell der Zuständigkeit des Gerichts unterwerfen oder hierbei Ausnahmen festlegen.

Urteile werden mit einfacher Stimmenmehrheit gefällt. Auch wenn der Gerichtshof für deren Durchsetzung auf den Sicherheitsrat angewiesen ist, werden die meisten seiner Urteile befolgt. Des Weiteren erstellt der IGH Gutachten für die Generalversammlung und den Sicherheitsrat und kann so an der Entwicklung des **Völkerrechts** mitwirken.

Weitere Organe der UNO

Zur Wahrnehmung spezieller Tätigkeiten wurden etwa Ständige Hilfsorganisationen als **Nebenorgane** der UNO gegründet (vgl. M 134). Diese haben zwar ihr eigenes Verwaltungssystem, verfügen aber über keine eigene völkerrechtliche Grundlage, auch wenn sie nach außen als autonom auftreten. Aber auch die vom Sicherheitsrat geführten Friedenssicherungsmissionen und die Internationalen Strafgerichtshöfe für Ruanda und das ehemalige Jugoslawien können als Nebenorgane bezeichnet werden.

Sonderorganisationen (vgl. M 134) sind demgegenüber zwar organisatorisch, rechtlich und finanziell selbstständig, jedoch durch völkerrechtliche Abkommen mit der UNO verbunden. Die Arbeit dieser Organisationen sowie ihre Zusammenarbeit mit der UNO werden durch den ECOSOC koordiniert.

2.2 Die Bedeutung der UNO in der internationalen Politik

Die Aufgaben der UNO sind in der „**Charta der Vereinten Nationen**" beschrieben. Hierbei handelt es sich vor allem um

- die Wahrung des Weltfriedens,
- den Schutz der Menschenrechte und
- die Förderung der internationalen Zusammenarbeit.
- Zudem soll die UNO für die Einhaltung des Völkerrechts sorgen.

Demnach ist die UNO insbesondere in den Feldern **Friedenssicherung**, **Menschenrechtspolitik** sowie **Entwicklungszusammenarbeit** (EZ) tätig. Zur Sicherung des Weltfriedens hat sie ein **System kollektiver Sicherheit** geschaffen, welches auf einem allgemeinen Gewaltverbot basiert.

Das Ziel der Friedenssicherung wird bereits in Art. 1 der Charta formuliert und bekommt dadurch eine besondere Bedeutung beigemessen.

Art. 1 UN-Charta

Die Vereinten Nationen setzen sich folgende Ziele:

1. den Weltfrieden und die internationale Sicherheit zu wahren und zu diesem Zweck wirksame Kollektivmaßnahmen zu treffen, um Bedrohungen des Friedens zu verhüten und zu beseitigen, Angriffshandlungen und andere Friedensbrüche zu unterdrücken und internationale Streitigkeiten oder Situationen, die zu einem Friedensbruch führen könnten, durch friedliche Mittel nach den Grundsätzen der Gerechtigkeit und des Völkerrechts zu bereinigen oder beizulegen; [...]

Mit der UN-Charta wurde ein Regelwerk dafür geschaffen, welche Maßnahmen im Falle einer Gefährdung oder Verletzung des Weltfriedens zu ergreifen sind. **Gewaltanwendung** ist grundsätzlich nur zur Selbstverteidigung erlaubt. Zudem darf der Sicherheitsrat – wenn er eine Gefährdung des Friedens oder eine Angriffshandlung feststellt – Maßnahmen beschließen, die auch Gewalt miteinschließen. In seinen **Resolutionen** kann der Sicherheitsrat dabei Empfehlungen an die Mitgliedstaaten aussprechen oder auch **Zwangsmaßnahmen** anordnen. Letztere können nichtmilitärische Sanktionen (z. B. Unterbrechung der Wirtschaftsbeziehungen, Abbruch diplomatischer Beziehungen, Blockade des Seeverkehrs) sowie ein militärisches Eingreifen durch die UNO beinhalten.

Truppen, die unter dem direkten Kommando der UNO stehen, gibt es jedoch nicht. Stattdessen kann die UNO etwa **NATO-Truppen** das Mandat erteilen, in einem bestimmten Krisenherd die Friedenssicherung zu übernehmen (z. B. Führung der ISAF-Schutztruppe in Afghanistan 2001–2014). Auch kann sie **Blauhelmsoldaten** in Konfliktregionen schicken, welche von den UN-Mitgliedstaaten entsendet werden. Diese Truppen sind zwar bewaffnet, haben aber keinen Kampfauftrag, sondern dürfen ihre Waffen im Grunde nur zur Selbstverteidigung einsetzen. Auch militärisches Gerät muss von den Mitgliedstaaten zur Verfügung gestellt werden, da die UNO selbst nicht hierüber verfügt.

Die UN-Missionen mit dem Ziel der **Friedenssicherung** können dabei in verschiedene Kategorien (Friedensschaffung, Friedenserzwingung, Friedenssicherung und Friedenskonsolidierung, vgl. S. 194) unterteilt werden.

In der langen Geschichte der UNO unterscheidet man vier „Generationen“ von Einsätzen:

1. Etwa von 1948 bis 1988 fanden vor allem **Peacekeeping**-Missionen im klassischen Sinne statt. Sogenannte Beobachtermissionen hatten die Aufgabe – bei Einverständnis der Konfliktparteien –, Waffenstillstände zu überwachen (z. B. Sinai, Zypern, Golanhöhen). Seit den 1960er-Jahre erlangten die Einsätze der Blauhelmsoldaten immer größere Bedeutung. Durch die Farbe ihrer Helme sollten sie sich gut erkennbar von den regulären Truppen der Konfliktparteien unterscheiden.
2. Anfang der 1990er-Jahre wurde durch die „Agenda für den Frieden“ zwischen verschiedenen Schritten der Friedenssicherung (vgl. S. 195) unterschieden und die langfristige Konfliktverhütung **(Friedenskonsolidierung)** in den Vordergrund gestellt. Die Einsätze der Blauhelmsoldaten umfassten nun auch Aufgaben wie etwa den Aufbau einer funktionierenden Verwaltung in einem Krisenstaat (z. B. Namibia, Kambodscha, Mosambik).
3. Bei verschiedenen Einsätzen hatte sich gezeigt, dass es trotz der Unterzeichnung von Friedens- und Waffenstillstandsverträgen zu Gewaltanwendungen kam (z. B. Somalia, Jugoslawien, Ruanda). Somit fanden die UN-Missionen der dritten Generation nicht mehr in einem (vorläufig) befriedeten Umfeld statt, sondern wurden bereits vor Ende der Kampfhandlungen durchgeführt. Da das bisherige Mandat der Blauhelmtruppen

hierzu nicht mehr ausreichte, wurden diese mit einem **„robusten Mandat“** ausgestattet, was eine begrenzte Anwendung von Gewalt erlaubte (**peace enforcement**, vgl. S. 194). Gleichzeitig sollten die Truppen den zivilen Wiederaufbau absichern.

4. Die UN-Missionen der vierten Generation umfassen neben militärischen Aufgaben zunehmend auch **zivile Aufgabenbereiche** (Übernahme politischer und administrativer Verantwortung). Die Maßnahmen werden stärker auf die Erfordernisse des jeweiligen Konflikts zugeschnitten, sodass sich die einzelnen Missionen (multidimensionale Einsätze) deutlich voneinander unterscheiden. Seit 2005 werden diese Einsätze von der **Kommission für Friedenskonsolidierung** koordiniert.

Auch wenn es zahlreiche erfolgreiche Einsätze von **Blauhelmsoldaten** gab, zeigten sich bei den Einsätzen immer wieder Schwachstellen dieses Instruments der UNO: Häufig wurden von den Mitgliedstaaten nur schlecht ausgebildete Soldaten mit **mangelhafter Ausrüstung** zur Verfügung gestellt. Teilweise sind die **Mandate** vom Sicherheitsrat zu ungenau formuliert. So mussten niederländische Blauhelmsoldaten 1995 hilflos dabei zuschauen, wie in der bosnischen Stadt Srebrenica etwa 8 000 Zivilisten von serbischen Truppen ermordet wurden. In den letzten Jahrzehnten hat sich zudem die Form der Konflikte, die einen Eingriff der UNO erforderlich machen, grundlegend gewandelt. Immer häufiger treten kriegerische Auseinandersetzungen nicht mehr zwischen zwei Staaten, sondern zwischen Konfliktparteien innerhalb eines Staates auf. Auf diese **innerstaatlichen Konflikte** kann jedoch mit den klassischen Instrumentarien der UNO nicht reagiert werden.

So griff die NATO 1999 in einer nicht vom Sicherheitsrat mandatierten (d. h. angeordneten) **militärischen Intervention** in den Kosovokonflikt ein. Dies wurde von Gegnern des Einsatzes als völkerrechtswidriger Angriff gegen einen souveränen Staat kritisiert, von Befürwortern dagegen als humanitäre Nothilfe zum Schutz der Zivilbevölkerung gewertet. Um das Dilemma **humanitärer Interventionen** aufzulösen, wurde von der Internationalen Kommission zu Intervention und Staatensouveränität das Konzept der Schutzverantwortung **(Responsibility to protect)** entwickelt. Danach haben Staaten die Verantwortung, ihre eigenen Bürger gegen schwerwiegende Verbrechen zu schützen. Kommt ein Staat dieser Verantwortung nicht nach, geht diese auf die internationale Gemeinschaft über. Ein Eingriff in die Souveränitätsrechte des betroffenen Staates ist damit als letztes Mittel zulässig.

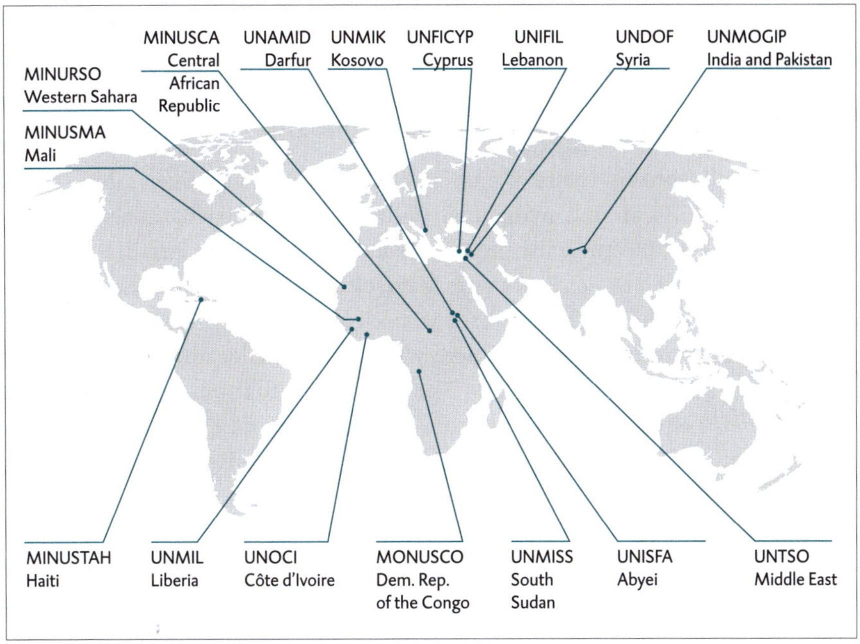

M 135: Peacekeeping-Operationen der UNO (Stand: Februar 2016)

Weiterführende Internetlinks

- www.dgvn.de/index.php?id=10
  → Website der Deutschen Gesellschaft für die Vereinten Nationen e. V. mit Informationen zur Geschichte der UNO sowie zu aktuellen Entwicklungen
- www.icj-cij.org
  → Website des Internationalen Gerichtshofs (englisch)
- www.icty.org
  → Website des sogenannten UN-Kriegsverbrechertribunals für das ehemalige Jugoslawien (englisch)
- www.un.org
  → Website der UNO mit Verlinkungen u. a. zur Generalversammlung, zum Sicherheitsrat und zum Generalsekretär (englisch)
- www.un.org/en/peacekeeping
  → Informationen der UNO zu Peacekeeping-Operationen (englisch)
- www.unric.org/de
  → Website des Regionalen Informationszentrums der Vereinten Nationen für Westeuropa

3 Internationale Bedeutung von Menschenrechten und Demokratie

3.1 Wahrung der Grund- und Menschenrechte

Unter **Grundrechten** versteht man in Deutschland die Artikel 1 bis 19 des Grundgesetzes. Zwar sind manche Grundrechte in Deutschland als **Bürgerrechte** verankert, die zunächst nur für Deutsche gelten (z. B. Art. 8, 9, 11), bei den meisten handelt es sich jedoch um **Menschenrechte**, also subjektive Rechte, die allen Menschen aufgrund ihres Menschseins gleichermaßen zustehen.

Bei Menschenrechten muss immer zwischen nationaler und überstaatlicher Ebene unterschieden werden. Das Versammlungsrecht ist im Grundgesetz beispielsweise ein Bürgerrecht, das für Deutsche gilt, da Deutschland jedoch den internationalen Pakt über bürgerliche und politische Rechte unterzeichnet hat, in dem das Versammlungsrecht ein Menschenrecht ist und für alle gilt, hat sich Deutschland an diese Regelung zu halten.

Menschenrechte gelten als Abwehrrechte des Bürgers gegenüber dem Staat. Gleichzeitig wird auch von einer Pflicht des Staates ausgegangen, diese Rechte vor Angriffen Außenstehender zu schützen.

Man unterscheidet zwischen

- **Persönlichkeitsrechten,** zu denen z. B. das Recht auf Leben und körperliche Unversehrtheit sowie Schutz vor Folter (Menschenwürde) zählen,
- **politischen und justiziellen Rechten**, welche etwa Meinungsfreiheit, Religionsfreiheit und Informationsfreiheit sowie faire Verfahren vor unabhängigen Gerichten sicherstellen sollen,
- **sozialen und ökonomischen Rechten**, nach denen jeder Mensch u. a. das Recht auf Selbstbestimmung, Arbeit, angemessene Entlohnung und Bildung hat sowie etwa der Schutz von Schwangeren und Kindern garantiert wird.

Menschenrechte wurden in einer Reihe von internationalen Resolutionen festgehalten wie etwa in der **Allgemeinen Erklärung der Menschenrechte** (1948), der **Genfer Flüchtlingskonvention** (1951), dem Sozialpakt (1966) oder der Frauenrechtskonvention (1979). Viele dieser Erklärungen sind jedoch nicht rechtlich bindend und in der Realität kommt es immer wieder zu Verstößen gegen die Menschenrechte. So berichtet Amnesty International, dass 2014/2015 in 131 Ländern Misshandlungen und Folter von Menschen stattfanden, in 62 Ländern gewaltlose politische Gefangene in Haft saßen und in 119 Ländern Regierungen die Meinungsfreiheit willkürlich einschränkten.

Auch Verschwindenlassen, Polizeigewalt und vieles mehr werden als Verstöße gegen die Menschenrechte gewertet.

Neben der ethischen Verpflichtung, sich für die Verhinderung von **Menschenrechtsverletzungen** einzusetzen, gibt es zahlreiche weitere Motive, die für ein Eingreifen sowohl einzelner Staaten als auch der Staatengemeinschaft sprechen: Menschenrechtsverletzungen sind oftmals ein Hinweis auf fehlende Rechtssicherheit und ein instabiles politisches System. Diese Faktoren stellen wesentliche Investitionshemmnisse dar und hemmen die wirtschaftliche Prosperität der betroffenen Staaten. Gleichzeitig sind Menschenrechtsverletzungen eine wesentliche Ursache für Flucht (vgl. S. 219 f.).

Die UN-Charta wurde 1948 um die **Allgemeine Erklärung der Menschenrechte** ergänzt. Zwar handelt es sich hierbei nicht um einen rechtlich bindenden Vertrag, es wurde jedoch der Grundstein für zahlreiche weitere Abkommen und Konventionen gelegt. Im Jahr 1951 trat die Völkermordkonvention in Kraft, durch die Bevölkerungen vor der Ausrottung aus nationalistischen, rassistischen, religiösen oder ethnischen Gründen geschützt werden sollen. Neben weiteren regionalen Abkommen gibt es die folgenden **Menschenrechtsabkommen der UNO:**

- Internationaler Pakt über Wirtschaftliche, Soziale und Kulturelle Rechte (sogenannter Sozialpakt, 1966),
- Internationaler Pakt über Bürgerliche und Politische Rechte (sogenannter Zivilpakt, 1966),
- Internationales Übereinkommen zur Beseitigung jeder Form von Rassendiskriminierung (1966),
- Übereinkommen zur Beseitigung jeder Form von Diskriminierung der Frau (1979),
- Anti-Folter-Konvention (1984),
- Kinderrechtskonvention (1989),
- Internationale Konvention zum Schutz der Rechte aller Wanderarbeitnehmer und ihrer Familienangehörigen (1990),
- Übereinkommen über die Rechte von Menschen mit Behinderungen (2006),
- Internationale Übereinkommen zum Schutz aller Personen vor dem Verschwindenlassen (2006).

Diese Verträge gelten jedoch immer nur für die Staaten, die diese unterzeichnet bzw. ratifiziert haben.

3.2 Maßnahmen zur Wahrung der Menschenrechte

Entwicklungszusammenarbeit

Durch ihre Sonder- und Nebenorganisationen ist die UNO in vielen Bereichen der EZ tätig (vgl. M 134). Auch die Weltbank und der IMF erbringen zum Teil EZ-Leistungen. Ziel der **Weltbank** ist es, die wirtschaftliche und soziale Entwicklung der Mitgliedstaaten beispielsweise durch Bereitstellung von Krediten zu unterstützen. Der **IMF** soll etwa die Stabilität von Währungen fördern und zum Abbau von Zahlungsbilanzungleichgewichten (vgl. S. 40 ff.) beitragen. Finanzielle Hilfen des IMF setzen die Durchführung von wirtschaftspolitischen Stabilisierungsprogrammen im Empfängerland voraus, weshalb der Institution immer wieder vorgeworfen wird, die Wirtschaftsstruktur bestimmter Länder zu stark zu beeinflussen.

Im Jahr 2000 formulierten die UNO, die Weltbank, der IMF sowie die OECD die sogenannten **Millenniums-Entwicklungsziele** (kurz: Millenniumsziele). Diese sollten bis zum Jahr 2015 durch konkrete Maßnahmen unter bestimmten Zeitvorgaben erreicht werden. Die Halbierung der weltweiten **Armut** stand hierbei im Vordergrund:

1. Beseitigung der extremen Armut und des Hungers in der Welt,
2. Sicherstellung von Grundbildung für alle,
3. Gleichstellung der Geschlechter, Förderung der Frauen,
4. Verringerung der Kindersterblichkeit,
5. Verbesserung der Gesundheit von Müttern,
6. Bekämpfung etwa von HIV/Aids und Malaria,
7. Verankerung der ökologischen Nachhaltigkeit (vgl. S. 226 ff.),
8. Aufbau einer globalen Entwicklungspartnerschaft.

Seit diese Millenniums-Entwicklungsziele (MDGs) vereinbart wurden, konnten in vielen Bereichen Verbesserungen erzielt werden: So wurden besonders im Bereich der Bekämpfung extremer Armut und des Hungers, der Sicherstellung von Grundbildung und z. B. der Malaria-Prophylaxe Erfolge erzielt, viele Probleme bestehen aber auch weiterhin und haben sich teilweise sogar verschärft: So sterben immer noch viele Frauen während Schwangerschaft und Geburt, erhebliche Unterschiede zwischen ländlichen und städtischen Gebieten bestehen fort und der fortschreitende Prozess des Klimawandels erfordert größere Anstrengungen im gesamten Bereich der ökologischen Nachhaltigkeit.

Für die schleppende **Realisierung der Milleniumsziele** werden mehrere Gründe verantwortlich gemacht wie etwa die folgenden:

- Bislang ist es nicht gelungen, eine **partnerschaftliche internationale Zusammenarbeit** aufzubauen. Insbesondere aufgrund der weltweit angespannten Wirtschafts- und Finanzlage nimmt in den Industrieländern die Bereitschaft zur EZ ab. Die zugleich tendenziell stärkere Beteiligung der Entwicklungsländer in internationalen Organisationen bedeutet einen Machtverlust für die Industriestaaten. Bei der Entwicklung von EZ-Konzepten wird zum Teil die fehlende Berücksichtigung der Verhältnisse vor Ort bemängelt.
- Nach wie vor bestehen in vielen Entwicklungsländern eine Reihe endogener Ursachen, die eine koordinierte Zusammenarbeit erschweren. Dazu gehören **Korruption** und auch **soziokulturelle Hemmnisse**.

M 136: Anteil der Unterernährten an der Bevölkerung

Insofern leiteten die Vereinten Nationen einen breit angelegten Beratungsprozess auf nationaler, regionaler und globaler Ebene ein. Die Zielsetzung war eine neue globale Partnerschaft für nachhaltige Entwicklung, die auf die alte Einteilung in Geber- und Nehmerländer weitgehend verzichtet und die Verantwortung für eine Lösung der drängenden Entwicklungsfragen gleichermaßen auf alle staatlichen, privatwirtschaftlichen und zivilgesellschaftlichen Akteure überträgt. In einer Post-2015-Entwicklungsagenda wurden so neue Ziele formuliert, die in einem Zeithorizont bis 2030 erreicht werden sollen:

Das neue Zielsystem der **Nachhaltigen Entwicklungsziele** (Sustainable Development Goals (SDG)) soll für Entwicklungs-, Schwellen- und Industrieländer gleichermaßen gelten und alle Aspekte von nachhaltiger Entwicklung umfassen – also ihre ökologische, ökonomische und soziale Dimension (vgl. M 36) – was in dieser Vielfalt durchaus auch die „alten“ Milleniumsziele weiterhin abdeckt.

Die neue globale **Agenda 2030** beinhaltet konkret 17 Hauptziele, die sich in insgesamt 169 Unterzielen konkretisieren.

M 137: Ziele für nachhaltige Entwicklung

Demokratieförderung

Es wird immer wieder diskutiert, ob die Demokratieförderung – zum Beispiel die Arbeit der Stiftungen der deutschen Parteien, die bei der Verbesserung der Zivilgesellschaft unterstützen – auch einen Beitrag zur Verbesserung der Menschenrechte leistet. Menschenrechte und Demokratie sind in sich schon facettenreich, sodass die Frage nach dem wechselseitige Verhältnis entsprechend komplex ist.

Zwischen beiden Begriffen besteht bereits auf den ersten Blick ein sachlogischer Zusammenhang. Aus dem **Gleichheitsgrundsatz** und den **Freiheitsrechten** resultieren **Mitbestimmungsrechte**, die – zumindest nach westlicher Auffassung – nur in einer Demokratie ermöglicht werden können. Außerdem kann ein demokratischer Rechtsstaat am ehesten die Menschenrechte in nationalem Recht implementieren und ihren Schutz durch entsprechende parlamentarische, administrative und justizielle Kontrollen sicherstellen.

Bei den **Menschenrechten im engeren Sinne** handelt es sich um Rechte, die jedem Menschen auf der Welt gleichermaßen zustehen. Dazu gehören zum Beispiel die Menschenwürde, der Gleichheitsgrundsatz oder das Recht auf körperliche Unversehrtheit. Diese Rechte werden dem Einzelnen im Rechtsstaat gewährt und sind mit einer demokratischen Staatsform gut vereinbart. Auch die **Mitbestimmungsrechte** und die Sicherstellung einer Teilhabe an gesellschaftlichen und politischen Willensbildungsprozessen, wie z. B. das Recht auf freie Meinungsäußerung, die Versammlungsfreiheit oder das Wahlrecht, sind mit einer Demokratie nicht nur gut vereinbar, sondern stellen sogar zwingende Voraussetzungen einer demokratischen Staatsform dar.

Die **Leistungs- oder Sozialrechte**, die bestimmte soziale oder wirtschaftliche Ansprüche des Einzelnen an den Staat formulieren, werden häufig zu den Menschenrechten gezählt. Diese können auch in Konflikt zu Freiheitrechten treten, wenn zum Beispiel der Staat mit Hilfe des Steuerrechts die Vermögens- und Einkommensverteilung aktiv verändert. Allerdings ist die Aushandlung von Lösungen zu solchen Konflikte wiederum am einfachsten in einer Demokratie möglich.

Auch eine empirische Betrachtung bestätigt den festgestellten logischen Zusammenhang zwischen der Einhaltung der Menschenrechte und dem Vorhandensein demokratischer Strukturen. Auch wenn selbst der demokratische Rechtsstaat westlicher Industrienationen keinen absoluten Schutz vor Übergriffen bietet, treten nach regelmäßigen Berichten der Menschenrechtsorganisation Amnesty International in undemokratischen Staaten die extremsten Menschenrechtsverletzungen auf.

Zusammenfassend kann man also festhalten, dass zumindest indirekt ein Zusammenhang zwischen Menschenrechten und dem Bestehen demokratisch-rechtsstaatlicher Strukturen besteht. Aus diesem Grund stellt die Demokratieförderung einen legitimen Ansatz auch zur Verbesserung der Menschenrechtssituation dar.

3.3 Folgen von Menschenrechtsverletzungen

Bei Menschenrechtsverletzungen treten graduelle Unterschiede in der Art und der Schwere auf. Letztendlich liegen diesen Verbrechen immer Machtinteressen zu Grunde. Die Folgen von Menschenrechtsverletzungen sind vielfältig und eng mit den Fragen verknüpft, gegen welches Menschenrecht verstoßen wurde und wie eklatant dieser Verstoß ausfiel.

Beispiele für Menschenrechtsverletzungen und ihre Folgen

- **Bedrohungen aufgrund einer bestimmten Identität:** Alle Menschen haben nach dem 2. Artikel der „**Allgemeinen Erklärung der Menschenrechte**“ Anspruch auf die dort verkündeten Rechte „ohne irgendeinen Unterschied, etwa nach Rasse, Hautfarbe, Geschlecht, Sprache, Religion, politischer oder sonstiger Anschauung, nationaler oder sozialer Herkunft, Vermögen, Geburt oder sonstigem Stand“. In der Realität verhindern zum Teil tief verwurzelte Vorurteile, dass diesen Rechten überall auf der Welt Geltung verschafft wird.
  Neben konkreten Folgen für das Leib und Leben der einzelnen Personen, etwas durch Folter, Gefängnisstrafen und Polizeigewalt, schlagen sich die Folgen einer umfassenden Diskriminierungspraxis auch bisweilen etwas verdeckter z. B. in erhöhten Selbstmordraten bei den Zugehörigen der diskriminierten Gruppen nieder.
- **Verfolgung Andersdenkender, religiöse und kulturelle Intoleranz:** Die Gewissens- und Religionsfreiheit sowie die politische Teilhabe, die durch Meinungs-, Versammlungs- und Koalitionsfreiheit gesichert werden soll, werden in vielen Ländern beispielsweise aus Gründen des Machterhaltes eingeschränkt. Die Ausschaltung jedweder Opposition – also z. B. auch die Verfolgung kritischer Journalisten – wird dabei einer politischen Diskussion mit oppositionellen Gruppen vorgezogen.

Folgen können die Radikalisierung oppositioneller Gruppen und die gewaltsame Zuspitzung von Konflikten (z .B. in Form von innerstaatlichen Bürgerkriegen) sein. Im Extremfall wird der „Ausnahmezustand" erklärt oder das Kriegsrecht verhängt, was weitere Menschenrechtsverletzungen und verstärkte Migrationsbewegungen nach sich ziehen könnte.

- **Völkermord und Massenvertreibungen:** Ihren Höhepunkt finden Menschenrechtsverletzungen, wenn sie aus oben genannten Gründen systematisch und geplant gegen eine Großgruppe gerichtet sind. In einem sog. Genozid (Völkermord) geht es um eine ganze Bandbreite von Menschenrechtsverletzungen, die von personalen Diskriminierungen (z. B. Berufsverbote) über den Entzug von Freiheitsrechten (z. B. Verbot der eigenen Sprache, Verbot von öffentlichen Meinungsäußerungen, willkürliche Verhaftungen) und materieller Lebensgrundlagen (z. B. Einzug von Vermögen, Enteignungen von Land) bis zu geplanten Massenvertreibungen oder Massenvernichtungen reichen.
  In Fällen solch massivster Verletzung der Menschenrechte können auch sogenannten **„R2P"-Einsätze** im Zuge der Schutzverantwortung (vgl. S. 210) **der Vereinten Nationen** eine Folge der Menschenrechtsverletzungen sein. Eine immer auftretende Folge dieser systematischen Vernichtungsversuche ist aber eine **extreme Fluchtmigration** der entsprechenden Gruppen.

Flucht

Migration (vgl. S. 117 ff., 158 ff.), speziell die besondere Form der Flucht, ist eine der häufigsten **Folgen** von Menschenrechtsverletzungen. Nach dem Modell der **Push- und Pull-Faktoren** (vgl. M 138) gibt es gleichzeitig Faktoren, die Menschen aus ihrem ursprünglichen Gebiet „wegdrücken" (engl. push), sowie Faktoren in einem anderen Gebiet, die diese Menschen „anziehen" (engl. pull). Bei Flucht aufgrund von Menschenrechtsverletzungen und Krieg sind dies vor allem Frieden, Sicherheit und Toleranz.

Fast immer sind bei einer Migration verschiedene Faktoren beteiligt. So gehen z. B. religiöse Ursachen mit politischen und wirtschaftlichen Beweggründen einher, wenn in einem Staat eine bestimmte religiöse Minderheit diskriminiert wird und ihr damit auch wirtschaftliche Nachteile entstehen. Im Falle illegaler Einwanderung (vgl. S. 118) besteht die Gefahr, dass die Betroffenen z. B. Opfer von Menschenhandel werden. So gibt es eine Reihe von Gründen für die Notwendigkeit einer internationalen Bewältigung der Wanderungen, d. h. einer gemeinsamen Strategie im Umgang mit Migration (vgl. S. 118 ff.).

Pushfaktoren

- Arbeitslosigkeit
- nicht verfügbare Rohstoffe
- hohe Steuern
- fehlende Infrastruktur
- Armut
- eingeschränkte Meinungs- oder Religionsfreiheit
- Diskriminierung
- Naturkatastrophen
- Ansteigen des Meeresspiegels
- Verknappung von Ressourcen
- Überbevölkerung
- Krieg
- systematische Verfolgung

Pullfaktoren

- gute Verdienstmöglichkeiten
- Arbeitskräftemangel
- Subventionen
- (Rechts-)Sicherheit
- hohe Toleranz
- funktionierendes Gesundheitssystem
- gutes Dienstleistungs- und Kulturangebot
- qualifiziertes Bildungssystem
- ausreichender Wohnraum
- günstige Einwanderungsgesetze
- Möglichkeit zu illegaler Einwanderung
- Frieden

M 138: Ausgewählte Migrationsgründe

Die **Genfer Konvention** verpflichtet die Unterzeichnerstaaten dazu, niemanden des Landes zu verweisen, wenn eine Gefahr für sein Leben oder seine Freiheit zu erkennen ist. Dies bedeutet jedoch nicht unbedingt ein Recht auf **Asyl** (vgl. S. 119 f). Weltweit befinden sich laut dem Flüchtlingshilfswerk der UNO (UNHCR) ca. 60 Mio. Menschen auf der Flucht, wozu jedoch auch **Binnenvertriebene** gehören. Diese fliehen innerhalb ihres eigenen Landes an einen anderen Ort bzw. in eine andere Region – und zählen dabei nach völkerrechtlicher Definition nicht als Flüchtlinge.

Die ILO schätzt, dass 2014 insgesamt etwa 232 Mio. Menschen befristet oder dauerhaft in anderen Ländern lebten.

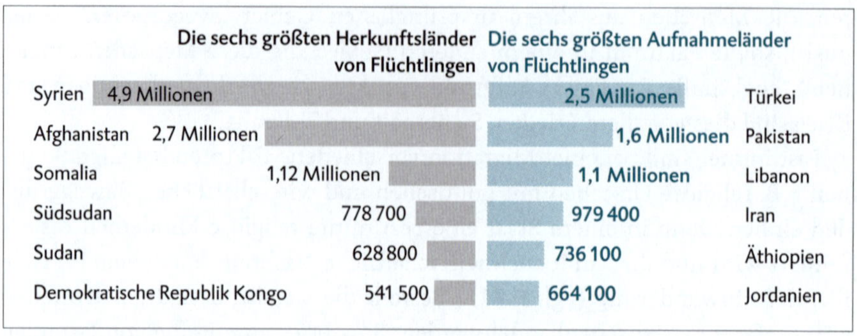

M 139: Hauptherkunftsländer und Hauptaufnahmeländer von Flüchtlingen (2015)

Weiterführende Internetlinks

- www.bamf.de
  → Website des Bundesamtes für Migration und Flüchtlinge
- www.bmz.de
  → Website des Bundesministeriums für wirtschaftliche Zusammenarbeit und Entwicklung
- www.giz.de
  → Website der Deutschen Gesellschaft für Internationale Zusammenarbeit
- http://hdr.undp.org/en
  → Informationen zur weltweiten (Unter-)Entwicklung vom UN-Entwicklungsprogramm UNDP
- www.imf.org
  → Website des Internationalen Währungsfonds (englisch)
- www.ohchr.org/EN/UDHR/Pages/Language.aspx?LangID=ger
  → deutsche Übersetzung der Allgemeinen Erklärung der Menschenrechte
- www.welthungerhilfe.de/nachhaltigkeitsziele.html
  → Informationen zu den Zielen für nachhaltige Entwicklung der Welthungerhilfe
- www.worldbank.org
  → Website der Weltbank (englisch)

4 Merkmale, Dimensionen und Auswirkungen der Globalisierung

Unter „**Globalisierung**" wird der Prozess einer weltweiten Verflechtung in allen Lebensbereichen wie etwa Wirtschaft, Politik und Kultur verstanden. Daher spricht man auch von den verschiedenen **Dimensionen** der Globalisierung. Beteiligte daran sind Individuen, Gesellschaften, Institutionen (z. B. Nichtregierungsorganisationen, engl. NGOs) und Staaten.

Zu den typischen **Merkmalen** der Globalisierung zählen vor allem Auswirkungen wie die drastische Zunahme des internationalen Handels und die ansteigenden grenzüberschreitenden Finanzströme (vgl. S. 234 ff.). Diese „Entgrenzung" bietet dabei vor allem durch den Austausch von Wissen sowie Arbeitsteilung und Arbeitsmigration viele Chancen, allerdings stehen dem auch einige Risiken gegenüber (vgl. S. 226 ff.).

4.1 Ursachen der Globalisierung

Gründe für die Zunahme des internationalen Handels waren vor allem:

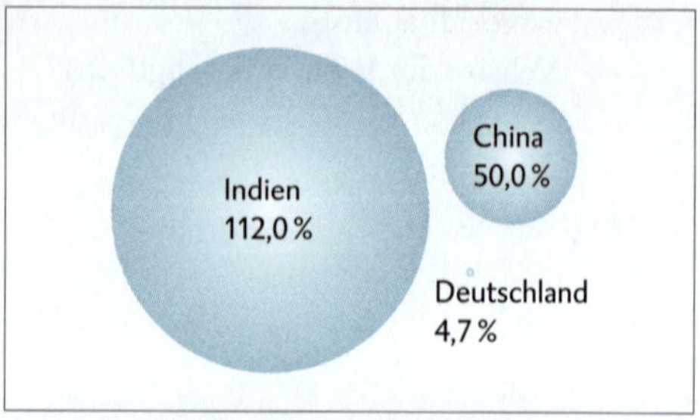

M 140: Bevölkerungswachstum 1975–2015

- das **Bevölkerungswachstum** in vielen Staaten,
- **technische Neuerungen** in Bereichen wie Logistik, Mobilität, Kommunikation und Datenverarbeitung,
- politische Maßnahmen und Entwicklungen wie etwa Dekolonisation und **Liberalisierung** des Welthandels, Gründung von **Freihandelszonen** wie dem Nordamerikanischen Freihandelsabkommen (NAFTA) oder dem Europäischen Wirtschaftsraum (EWR),
- die Einführung des **Containertransports:** Container mit standardisierten Maßen erlauben ein wesentlich effizienteres Be- und Entladen, wodurch Transportkosten erheblich sanken.

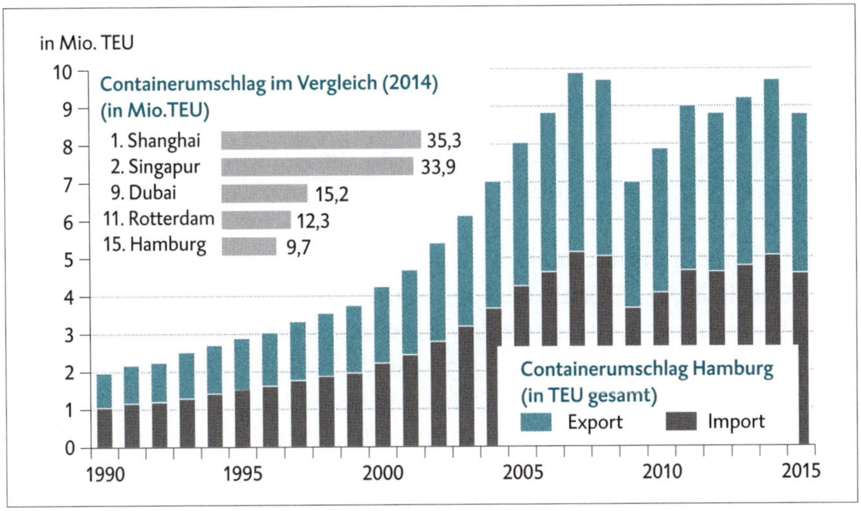

M 141: Containerumschlag in fünf der weltweit größten Häfen

Insgesamt handelt es sich bei der Globalisierung um einen Prozess, der weiter voranschreitet. Es kommen immer weitere **technische Entwicklungen** hinzu und auch der **Freihandel** soll durch weitere Abkommen (z. B. **TTIP**, **CETA**) vorangetrieben werden. Allerdings gibt es in Bezug auf diese Abkommen auch viele Kritiker, die die Risiken in den Vordergrund stellen (z. B. Verbraucher- und Umweltschutz).

4.2 Messung und Auswirkungen der Globalisierung

Es gibt eine Reihe von Möglichkeiten, den Grad der Globalisierung zu messen. Im Allgemeinen kann entweder die Entwicklung absoluter Werte oder eine prozentuale Veränderung etwa zum jeweiligen Vorjahr angegeben werden:

- **Exporte** und **Importe** einzelner Länder, ganzer Regionen, Handelszonen oder Kontinente (vgl. M 141, M 148, M 149),
- Umfang der **Auslandsdirektinvestitionen** (ADI, d. h. Kapitalanlagen im Ausland, z. B. Erwerben/Gründen von Unternehmen oder Unternehmensbeteiligungen, vgl. M 154), da diese die Attraktivität eines Standorts anzeigen,
- Anzahl **multi-/transnationaler Unternehmen** (d. h. Unternehmen, die mindestens eine Tochtergesellschaft oder einen Betrieb im Ausland haben),
- Zahl der weltweit transportierten Container (vgl. M 141),
- Zunahme von **Migrationsbewegungen** (S. 117 ff., S. 158 ff.),

- Zunahme des internationalen Flugverkehrs, Anzahl der Flugpassagiere, Transportmengen zur Luft und zur See etc.,
- Zahl der Telefon-/Internetanschlüsse.

Verstärkt haben sich in diesem Zusammenhang u. a. auch die internationale **Arbeitsteilung**, der internationale **Wettbewerb** sowie die politische Zusammenarbeit (vgl. S. 225 f.).

Viele **Unternehmen** konkurrieren nun weltweit um Absatzchancen auf den verschiedenen Märkten. **Staaten** werben weltweit um Neuansiedlungen von Unternehmen, weil sie sich davon die Schaffung neuer Arbeitsplätze, die Implementierung neuer Technologien, eine langfristige Zunahme der Steuereinnahmen und schließlich eine Steigerung des eigenen Wohlstands versprechen. Entwicklungs- und Schwellenländer konnten ihren Einfluss in internationalen Organisationen ausbauen. Mehr ökonomische und soziale Kontakte führen auch zu mehr Konflikten und zur Notwendigkeit, für bestimmte Probleme wie Umweltschäden oder Sicherheitsgefährdungen gemeinsam Lösungen zu finden. Dadurch spielen **internationale Organisationen** vor allem in der Politik und Wirtschaft insgesamt eine größere Rolle. Da jedoch nicht sämtliche Interessengruppen von diesen (angemessen) vertreten werden, haben sich auch unzählige, weltweit aktive internationale **Nichtregierungsorganisationen** gegründet.

Wohlstandszuwachs

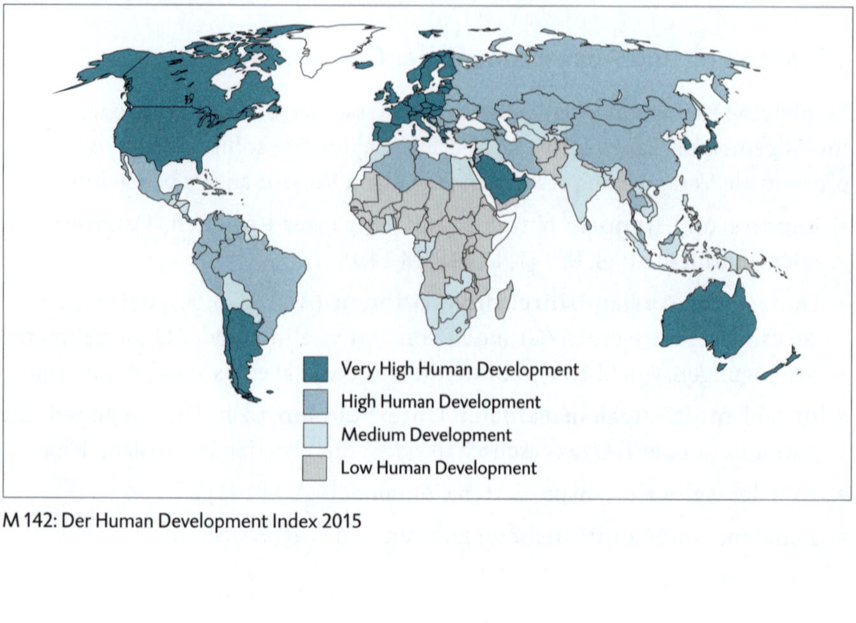

M 142: Der Human Development Index 2015

Der Ausbau der internationalen Handelsbeziehungen (vgl. S. 232 ff.) war für viele Staaten mit einem enormen **Wohlstandszuwachs** und einer Verbesserung der Lebensbedingungen (vgl. M 142, S. 46) verbunden.
Vor diesem Hintergrund müssen Unternehmen bei ihrer **Standortwahl** eine Reihe von Aspekten bedenken, welche auch als **Standortfaktoren** bezeichnet werden (vgl. M 153).

Internationale Zusammenarbeit

Infolge der **Globalisierung** haben sich zahlreiche neue Möglichkeiten für Individuen, Gesellschaften, Institutionen und Staaten aufgetan. Auf allen Ebenen können Interessen auf vielfältigere Art und Weise verfolgt werden als noch vor wenigen Jahrzehnten.

Jedoch haben auch die Herausforderungen und Risiken zugenommen, welche eine verstärkte **internationale Zusammenarbeit** erfordern, da einzelne Staaten damit überfordert sind, diese Probleme erfolgreich zu lösen. Eine Zusammenarbeit erfolgt vor allem in den folgenden Bereichen:

- Internationale Sicherheit (Risiken wie Terrorismus, Waffenhandel, zwischen- und innerstaatliche Konflikte, Failed States (vgl. M 143), Piraterie, Migrationsströme, Klimawandel),
- Armutsbekämpfung (Probleme wie mangelhafte Bildung, Hunger, Umweltkatastrophen und -zerstörung),
- Internationale Handelsbeziehungen.

Exkurs: Staat und Nation

Definition von „**Staat**“:
- Ein Staat muss ein bestimmtes, durch Grenzen beschreibbares Gebiet umfassen (= **Staatsgebiet**).
- Innerhalb dieser Grenzen muss eine dem Staat zugehörige Bevölkerung leben (= **Staatsvolk**).
- Der Staat muss eine Regierung haben, die von der Bevölkerung prinzipiell anerkannt wird (= **Staatsgewalt**/Legitimität).
- Der Staat muss von anderen Staaten **diplomatisch anerkannt** werden.

Der Staat hat mehrere **Funktionen:**
- die Sicherheit seiner Bewohner nach innen und außen wahren,
- die Ordnung des Zusammenlebens im Inneren sichern,
- Leistungsfunktion, z. B. in der Umverteilung von Werten im sozialen System (vgl. S. 174 ff.).

Können Staaten ihre grundlegenden Funktionen nicht mehr erfüllen, spricht man von **Failed States**. Vom Begriff „Staat“ ist der Begriff „**Nation**“ zu unterscheiden. Letzterer bezieht sich auf eine Bevölkerungsgruppe, die Gemeinsamkeiten aufweist oder empfindet (z. B. Sprache, Geschichte, Kultur). Lebt diese Bevölkerung in einem Staat, dann wird dieser „**Nationalstaat**“ genannt.

M 143: Definition und Abgrenzung von „Staat“

Umwelt- und Klimaveränderungen, Nachhaltigkeit

Der Begriff der Nachhaltigkeit (vgl. M 36) hat seinen Ursprung in der Ökologie, indem er auf ein in der Forstwirtschaft angewandtes Prinzip verweist: Die Abholzungsquote und die Abholzungsgeschwindigkeit dürfen das Nachwachsen neuer Holzressourcen nicht übersteigen. Hierbei spielt das Konzept der **Generationengerechtigkeit** (vgl. S. 182) eine große Rolle: Der nachfolgenden Generation wird das gleiche Recht zur Nutzung der Ressourcen zuerkannt wie der derzeitigen Generation.

Die etwa seit den 1970er-Jahren verstärkt diskutierten Umweltprobleme sind Klimaveränderungen, die globale Erwärmung, der Treibhauseffekt, Luft-, Boden- und Gewässerverschmutzungen, Müll, Artensterben und vieles mehr. Durch die Globalisierung und den zunehmenden internationalen Handel werden eben auch mehr Waren transportiert, Ressourcen für den Export aufgebraucht usw. Dennoch soll an dieser Stelle auch auf positive Aspekte verwiesen werden: So kann es durch die Globalisierung auch zur vermehrten Ausbreitung umweltschonender Technologien wie beispielsweise Elektroautos kommen.

Internationale Klimaabkommen

Zum Ziel des Klimaschutzes wurde 1997 im internationalen Rahmen ein Abkommen in der japanischen Stadt Kyoto geschlossen, welches im Jahr 2005 in Kraft trat. Das **Kyoto-Protokoll** wurde von 191 Staaten und der EU ratifiziert, doch vor allem die USA, nach China der weltgrößte Verursacher von CO_2-Emissionen, haben das Abkommen nie unterzeichnet. Kanada gab 2011 seinen Ausstieg bekannt.

Das Kyoto-Protokoll setzt auf die Mengenlösung einer „ökologischen Ökonomie“ (vgl. S. 53). Die teilnehmenden Industriestaaten verpflichteten sich in der ersten Periode (2008–2012) zur **Reduktion des jährlichen Treibhausgas-Ausstoßes** um 5,2 % gegenüber 1990. Als Treibhausgase wurden in dem Abkommen u. a. CO_2 und Methan registriert.

Bei den Konferenzen zur Festlegung eines **Nachfolgeabkommens** für die Verpflichtungsperiode 2013–2020 zeigten sich Differenzen vor allem zwischen **Industrie- und Schwellenländern**. Erstere wollen, dass sich auch etwa China zur Treibhausgasreduktion verpflichtet, und befürchten Nachteile für ihre Wirtschaft, ihren Wohlstand und Lebensstandard. Letztere argumentieren mit ihrem Nachholbedarf beim wirtschaftlichen Aufschwung, der bei Einschränkungen für die Industrialisierung erheblich behindert würde. Zudem haben die Industrieländer mindestens bis zu den 1990er-Jahren die Treibhausgasemissionen zum Großteil allein verursacht, sodass diese nun auch für den Klimaschutz schwerpunktmäßig verantwortlich seien.

Auf der UN-Klimakonferenz in Doha 2012 konnten sich die Vertragsstaaten auf eine Verlängerung des Abkommens **(Kyoto II)** bis 2020 einigen. Neben Kanada erklärten jedoch auch Russland, Japan und Neuseeland ihren Austritt. Dieses Abkommen wird oft als Minimalkonsens bezeichnet, da die Ziele aufgrund der schwierigen Verhandlungslage als nicht sehr ambitioniert eingeschätzt werden.

Zur Reduzierung der weltweiten Treibhausgasemissionen sieht das Kyoto-Protokoll drei marktbasierte Mechanismen vor:

- **Emissionsrechtehandel:** Eine Obergrenze für Emissionen wird politisch festgelegt und entsprechende Zertifikate werden ausgegeben. Diese sind frei handelbar, ihr Preis wird demnach durch die Nachfrage bestimmt. Emissionen sollen dadurch vor allem dort eingespart werden können, wo dies volkswirtschaftlich am kostengünstigsten möglich ist. Zusätzlich hierzu wurde ein EU-interner Emissionshandel eingeführt.
- **„Clean development mechanism“:** Ein Industrieland führt Maßnahmen zur CO_2-Reduktion in einem Entwicklungsland durch. Die hierdurch eingesparten Emissionen kann es sich daraufhin auf sein eigenes Emissionsbudget anrechnen lassen.
- **„Joint implementation“:** Auch hier führt ein Staat in einem anderen Staat emissionsreduzierende Maßnahmen durch. Dabei muss es sich jedoch um zwei Kyoto-Unterzeichnerstaaten handeln.

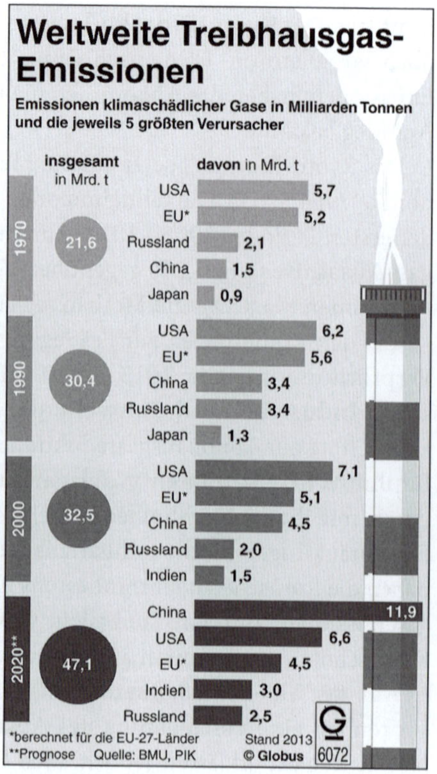

M 144: Anteile verschiedener Länder an den weltweiten Treibhausgasemissionen

2015 fand in Paris die **21. UN-Klimakonferenz** statt, bei der ein Klimaabkommen als **Nachfolge des Kyoto-Protokolls** geschlossen wurde. Dieses sieht eine Begrenzung der globalen Erwärmung um deutlich unter 2 °C vor – dazu müssen die Treibhausgasemissionen zwischen 2045 und 2060 weltweit auf Null gesenkt werden. Um dieses Ziel zu erreichen, sind konsequente und umfassende Klimaschutzmaßnahmen in allen Unterzeichnerstaaten unerlässlich.

Weiterführende Internetlinks

- www.attac.de
  → Website der globalisierungskritischen Nichtregierungsorganisation Attac
- www.bmub.bund.de/themen/klima-energie
  → Informationen des Bundesministeriums für Umwelt, Naturschutz, Bau und Reaktorsicherheit u. a. zum Emissionshandel in der EU und zum Kyoto-Protokoll
- http://hdr.undp.org/en/data
  → Informationen zum HDI und weiteren Indizes der einzelnen Länder seit 1980
- www.imf.org/external/index.htm
  → Website des IMF, einer Sonderorganisation der UNO, zuständig u. a. für die Ausweitung des Welthandels
- www.worldbank.org
  → Website der Weltbankgruppe, zuständig u. a. für die Unterstützung von Entwicklungspolitik und die Beilegung von Investitionsstreitigkeiten
- www.wto.org/index.htm
  → Website der Welthandelsorganisation (WTO), zuständig für die Regelung von globalen Handels- und Wirtschaftsbeziehungen

5 Global Governance

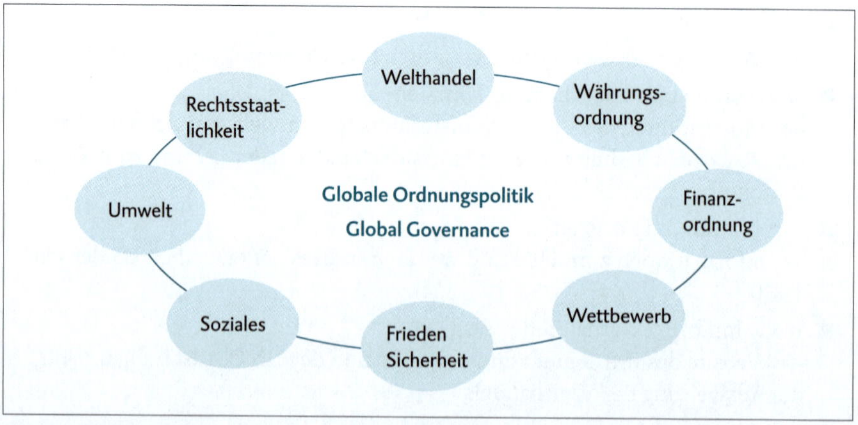

M 145: Global Governance

Grundsätzlich gibt es verschiedene Möglichkeiten, die internationale Zusammenarbeit zu koordinieren bzw. rechtlich zu regeln:

- Rechtliche Zuständigkeiten werden auf eine überstaatliche, d. h. **supranationale Ebene** übertragen. Einerseits können so einige Probleme effektiver gelöst werden. Andererseits wird ein Einschnitt in nationalstaatliche Souveränitätsrechte vorgenommen, da auf einer höhere Ebene Beschlüsse gefasst werden können, die für alle Mitglieder verbindlich sind. Aus diesem Grund schrecken Regierungen oftmals vor einer weitgehenden Machtverlagerung zurück.
- Alternativ kann die Zusammenarbeit auf **intergouvernementaler Ebene** stattfinden, was eine Regierungszusammenarbeit innerhalb einer internationalen Organisation bedeutet. Hier behalten die staatlichen Akteure zwar ihre volle Souveränität, d. h., Einigungen können nur einstimmig und im Konsens mit den Partnern erzielt werden. Infolge dieses de facto bestehenden Vetorechts aller beteiligten Staaten kann in strittigen Fragen jedoch häufig nur ein unbefriedigender Minimalkonsens erzielt werden.
- Auf **transnationaler Ebene** können auch nichtstaatliche Akteure (z. B. Unternehmen, Organisationen wie Greenpeace, die Kirche) miteinander kooperieren. Diese Zusammenarbeit findet grenzüberschreitend zwischen Akteuren aus mehreren Ländern statt. Durch den Prozess der Globalisierung gewinnen transnationale Organisationen stark an Bedeutung, da sie auch auf die supranationale Ebene Einfluss nehmen können.

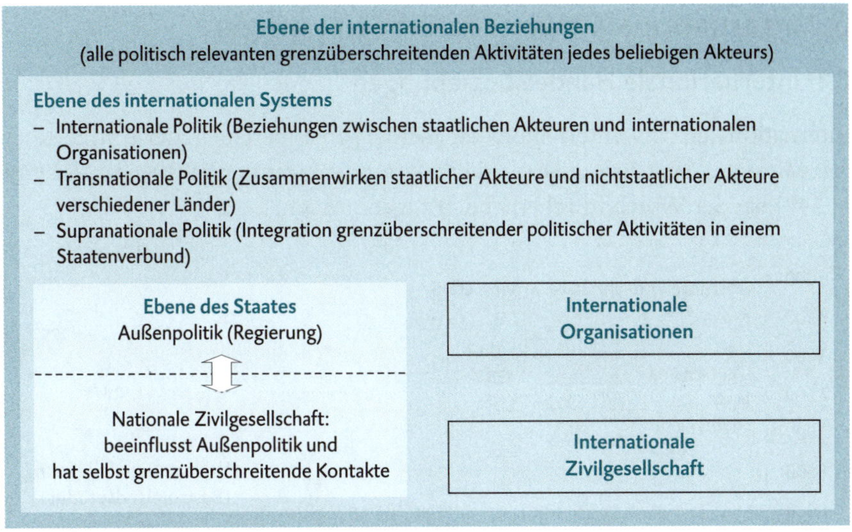

M 146: Handlungsebenen internationaler Beziehungen

Grundsätzlich stehen alle Staaten vor der Frage, wie sie ihre jeweiligen Interessen durchsetzen können oder wollen. Staaten, die über entsprechende Mittel (Macht) verfügen, können versuchen, **unilateral** (d. h. allein und ohne Absprache mit anderen Staaten) zu handeln. Wenn mehrere Staaten auf der Grundlage gemeinsam festgelegter Regeln und grundsätzlich gleichberechtigt handeln, spricht man dagegen von **multilateraler** Zusammenarbeit. Sind etwa an einem Abkommen nur zwei Staaten beteiligt, wird dieses als **bilateral** bezeichnet.

Neben wirtschafts- und finanzpolitischen Fragen stellen insbesondere die **Einhaltung der Menschenrechte** (vgl. S. 212 ff.), die **Lösung von Konflikten** sowie die **Sicherung des Friedens** (vgl. S. 193 ff.) die zentralen Herausforderungen für die internationale Staatengemeinschaft dar.

Weiterführende Internetlinks

- http://bdi.eu/themenfelder/aussenwirtschaftspolitik/global-governance/
  → Informationen des Bundesverbands der Deutschen Industrie zu Global Governance
- https://reset.org/knowledge/global-governance
  → Informationen von Reset zu Global Governance

6 Internationale Wirtschaftsbeziehungen

6.1 Internationale Handelsbeziehungen

Internationalen bzw. interregionalen Handel gab es bereits in der Antike, doch seit Mitte des 20. Jahrhunderts und insbesondere seit den 1990er-Jahren (vgl. M 147) hat der **Welthandel** erheblich zugenommen.

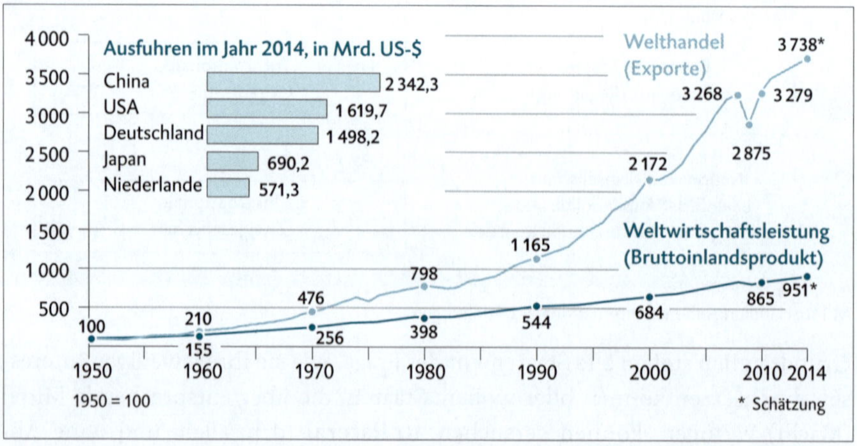

M 147: Welthandel und Weltwirtschaftsleistung (reale Entwicklung, Index 1950 = 100) sowie größte Exportländer

Dabei hat sich die **Struktur des Handels** stark verändert. Lieferten Industrieländer früher vor allem Fertigprodukte, Entwicklungs- und Schwellenländer dagegen Rohstoffe, spielt heute der Handel mit Vor- und Zwischenprodukten eine größere Rolle. In der **Warenstruktur** wandelte sich der Schwerpunkt des Handels: Der Anteil der Agrargüter am Welthandel nahm von 50 % im Jahr 1950 auf ca. 10 % im Jahr 2014 ab. Der Wert der weltweiten Dienstleistungsexporte betrug 1980 noch 396 Mrd. US-$, 2013 bereits 4 720 Mrd. US-$.

Zudem lässt sich beobachten, dass heute ein Großteil des Welthandels zwischen den drei Regionen Nordamerika, Europa und Asien/Pazifik stattfindet (vgl. M 149). Daher spricht man auch vom **Triadehandel**.

Die Handelsbeziehungen zwischen den südlichen Staaten der Erde sind deutlich schwächer ausgeprägt als ihr Austausch mit den Industrieländern. Dabei verzeichneten insbesondere die sogenannten **BRIC-Staaten** (Brasilien, Russland, Indien und China) hohe Wachstumsraten und konnten ihren Anteil am Welthandel ausbauen. Allerdings befinden sich auch diese Länder derzeit in einer Krise. Der **intraregionale Handel** (d. h. der Handel innerhalb einer Region) ist in Europa im internationalen Vergleich mit Abstand am weitesten fortgeschritten.

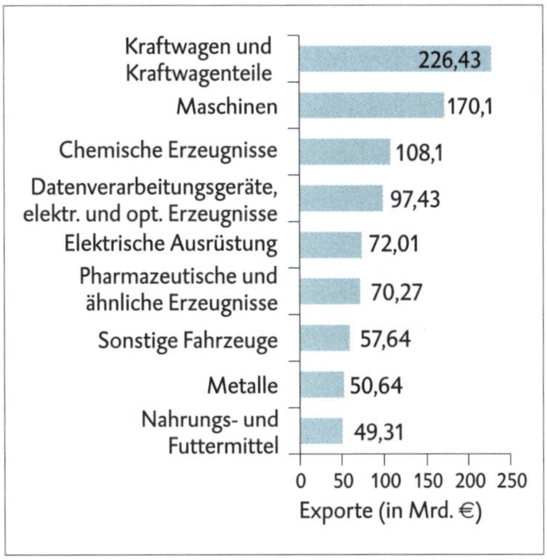

M 148: Deutschlands wichtigste Exportgüter (2015)

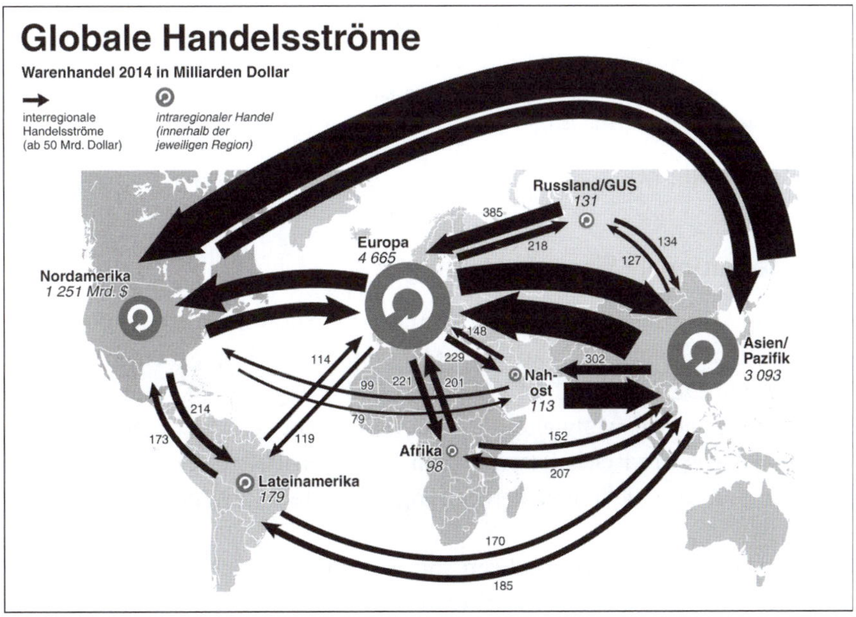

M 149: Weltweiter Warenhandel 2014 und Veränderung der Exportwerte zum Vorjahr

Exkurs: Freihandel und Protektionismus

Ausgehend von unterschiedlichen Außenhandelstheorien gibt es zwei grundsätzliche Ausrichtungen der Außenhandelspolitik. Dabei kommen die meisten Außenhandelstheorien (vgl. M 28) zu dem Schluss, dass Freihandel dem Wohlstand eines Landes eher dient als Protektionismus.

Freihandel ist eine Form des internationalen Handels, d. h. des Güteraustauschs zwischen souveränen Staaten, welcher keinerlei Einschränkungen unterliegt. Den Handel innerhalb von Binnenmärkten (z. B. USA, EU) bezeichnet man dagegen als **Binnenhandel**. Ein Vorteil des Freihandels wird darin gesehen, dass eine höhere Effizienz und mehr Wettbewerb erreicht werden können. So kann es zu größeren Gewinnen und mehr Innovationen – und somit zu einem schnelleren Wirtschaftswachstum – kommen. Kritiker sehen die Gefahr, dass schwächere Volkswirtschaften durch Freihandel noch stärker ausgebeutet werden. Zudem propagierten etwa die USA und die EU zwar Freihandel, schützten ihre eigenen Märkte jedoch durch protektionistische Maßnahmen.

Demgegenüber handelt es sich beim **Protektionismus** um einen durch tarifäre und/oder nicht tarifäre Handelshemmnisse beschränkten internationalen Güteraustausch. **Tarifäre Handelsbeschränkungen** sind etwa Import-/Exportzölle oder Subventionen. **Nicht tarifäre Handelsbeschränkungen** können z. B. durch rechtliche oder technische Vorschriften, Qualitätsstandards, Verpackungs- und Bezeichnungsvorschriften oder Einfuhrquoten entstehen. Durch protektionistische Maßnahmen können so Lieferanten aus dem Ausland – oder im Falle einer Zollunion (z. B. EU, vgl. S. 103 ff.) aus Drittländern – vom Binnenmarkt verdrängt werden. Die World Trade Organization (WTO) etwa hat sich zum Ziel gesetzt, den internationalen Handel zu liberalisieren, um die Wirtschaft der Entwicklungs- und Schwellenländer zu stärken.

M 150: Außenhandelspolitik

6.2 Internationale Finanzbeziehungen

Noch stärker als der Handel ist der Umfang der **Finanzmärkte** gestiegen. Im Jahr 2010 lag der Umsatz auf den Märkten für Aktien, Anleihen, Finanzderivate und Devisen bei 1 643 Billionen Dollar (vgl. M 151) und damit 26-mal so hoch wie das weltweite BIP, also der Gesamtwert der im gleichen Zeitraum weltweit erwirtschafteten Waren und Dienstleistungen. Diese Zahlen variieren je nach Quelle und Berechnung – fest steht aber, dass das Volumen enorm ist.

Wenn man von **Finanzmärkten** spricht, unterscheidet man **Geld-**, **Kapital-**, **Devisen-** und **Derivatemärkte**, die sich hinsichtlich der beteiligten Geschäftspartner, der Dauer der getätigten Geschäfte, der Art der jeweils gehandelten Finanzprodukte und auch in ihrem Volumen erheblich unterscheiden.

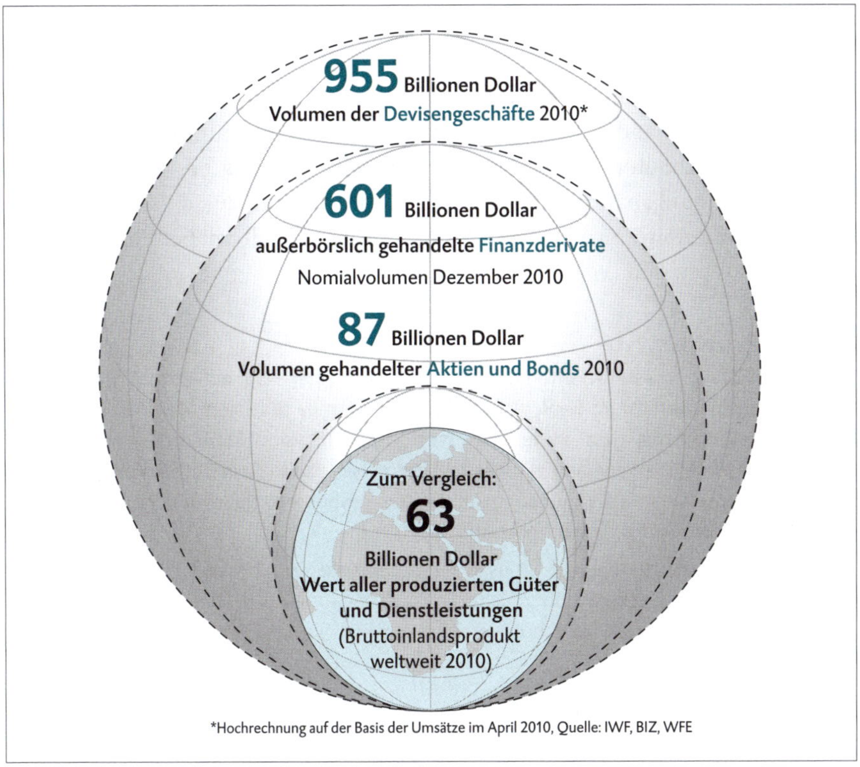

M 151: Umfang der Finanzmärkte

Der Bereich des **Geldmarktes** umfasst den Handel mit kurzfristigen Geldern, hier wird insbesondere zwischen Banken gehandelt (vgl. S. 79 ff.).

Auf dem sogenannten **Kredit- und Kapitalmarkt** werden Aktien und Anleihen gehandelt. Er dient Unternehmen und Staaten zur mittel- und langfristigen Kapitalbeschaffung und damit zur Finanzierung von Investitionen und anderen Ausgaben. Auch dazu gezählt werden kann neben dem Aktienmarkt der Markt für langfristige Kredite, der sogenannte Rentenmarkt.

Der **Devisenmarkt** hat mit 955 Billionen Dollar den insgesamt größten Umfang. Die Ursache dafür liegt darin, dass Devisen für alle internationalen finanzwirtschaftlichen oder realwirtschaftlichen Transaktionen benötigt werden. So wird beispielsweise der weltweite Handel mit Rohöl grundsätzlich in US-Dollar **(Petrodollar)** abgewickelt. Entsprechend muss jeder Staat und jedes Unternehmen, sofern sie über keine US-Dollar-Reserven verfügen, ihr Geld in US-Dollar umtauschen, um Öl auf dem Weltmarkt kaufen zu können. Die Besonderheit dieses Marktes ist, dass der Devisenhandel hauptsächlich zwischen den Marktakteuren selbst stattfindet – die meisten Devisenbörsen wurden abgeschafft.

Auf dem **Derivatemarkt** schließlich werden sogenannte Finanzderivate gehandelt. Dabei handelt es sich um Finanzprodukte, die ihren Wert aus realen Wertpapieren ableiten. Sie beschreiben in einem Vertrag bestimmte Rechte, die die Bedingungen für einen Tausch, Kauf oder Verkauf dieser Papiere zu einem bestimmten Zeitpunkt regeln. Man unterscheidet dabei Festgeschäfte, Swaps und Optionen (vgl. M 152).

Exkurs: Finanzderivate

Festgeschäft: Bei Festgeschäften handelt es sich um einen Kauf auf Termin. Der Käufer versichert, eine bestimmte Zahlung zum Fälligkeitstermin zu leisten. Der Verkäufer verspricht im Gegenzug, dass er den Basiswert liefert (Physical Settlement) oder einen Barausgleich in Höhe des dann aktuellen Marktpreises zahlt (Cash Settlement). Im Falle einer Marktpreisänderung können beide Seiten profitieren: Bei einer Steigerung der Käufer, bei einem Rückgang der Verkäufer.

Optionsgeschäft: Hierbei handelt es sich um bedingte Termingeschäfte, bei denen der Käufer der Option das Recht, aber nicht die Pflicht erwirbt, etwas zu einem Zeitpunkt in der Zukunft zu einem heute schon vereinbarten Preis zu kaufen (Call-Option) oder zu verkaufen (Put-Option).

M 152: Festgeschäfte und Optionen

Das am Kapitalmarkt gehandelte Volumen überschreitet den Umfang aller weltweit gehandelten Güter und Dienstleistungen bereits um ein Vielfaches. Diese Entwicklung wird zunehmend kritisch gesehen. Der Komplexitätsgrad der Papiere ist sehr hoch, sodass den Marktteilnehmern nicht in allen Fällen klar ist, welches Geschäftsmodell und welche damit verbundenen Risiken sich hinter einem bestimmten Papier verbergen.

Seitdem – durch zyklisch auftretende Krisen der Finanzmärkte und die letzte große Krise von 2008 – deutlich wurde, dass die Instabilität des Finanzregimes zu einem Dauerzustand geworden ist, versuchen die Staats- und Regierungschefs der G20-Staaten den verschiedenen Problembereichen durch mehr **Transparenz**, **mehr Regulierung** und **mehr Kontrolle** zu begegnen. Beim G10-Gipfel 2009 wurde beschlossen, dass künftig „kein Finanzmarkt, kein Finanzmarktprodukt, kein Finanzmarktakteur" ohne Regulierung oder Aufsicht sein dürfe.

Das Maßnahmenpaket umfasste insgesamt fast 50 Einzelregelungen, unter anderem

- eine stärkere Kontrolle für hochspekulative Hedgefonds,
- eine stärkere Kontrolle von Rating-Agenturen, die Kreditrisiken bewerten und
- den Aufbau eines Frühwarnsystems für Finanzkrisen.

Bislang ist aber insbesondere eine umfassende Kontrolle der Hedgefonds am Widerstand von Großbritannien und der USA gescheitert, da viele Fondsmanager in den Finanzzentren London und New York arbeiten und dort Steuern zahlen.

Weiterführende Internetlinks

- www.bmz.de/de/themen/welthandel/welthandelssystem/index.html
  → Informationen des Bundesministeriums für wirtschaftliche Zusammenarbeit und Entwicklung zum Welthandelssystem
- www.bundesbank.de
  → Informationen der deutschen Bundesbank
- https://comtrade.un.org/pb/downloads/2016/VolI2016.pdf
  → International Trade Statistics Yearbook

7 Wirtschaftsstandort Deutschland

7.1 Standortfaktoren

Die Wahl eines Standorts ist im Allgemeinen eine langfristige Entscheidung. Da eine Änderung mit hohen Kosten verbunden ist, wird versucht, einen Standort zu finden, der möglichst lange möglichst hohe Gewinne einbringende Bedingungen bietet. Dabei gibt es eine Reihe von Kriterien zu bedenken, die sich in harte und weiche Standortfaktoren unterteilen lassen.

Harte Standortfaktoren lassen sich einfach quantifizieren, d. h., ihr Nutzen und ihre Kosten lassen sich für Unternehmen eindeutig kalkulieren. Diese Faktoren beziehen sich vor allem auf

- die staatlichen Institutionen: Werden Unternehmen von der Verwaltung unterstützt oder gibt es zu viele Vorschriften wie etwa Handelsbeschränkungen? Ist die Steuer- und Abgabenlast vertretbar oder werden sogar Subventionen geboten?
- die Infrastruktur: Gibt es ausreichend Telekommunikationsnetze, Straßen etc.? Wie hoch sind die Transportkosten, Energiepreise etc.? Vor allem bei abfallintensiven Betrieben: Wie wird die Müllbeseitigung gehandhabt?
- die **Produktionsfaktoren** (Arbeit, Kapital, Boden): Sind die notwendigen Rohstoffe/Bodenschätze verfügbar (Umwelt)? Welche Zulieferer sind angesiedelt? Wie hoch sind die Arbeitskosten **(Lohnniveau)**? Wie gut ist das Ausbildungsniveau der Arbeitnehmer in dem jeweiligen Land **(Humankapital)**? Ist der notwendige Zugang zum Kapitalmarkt gegeben? Wie sehen die Grundstücks-/Mietpreise aus? Etwa im Agrarbereich: Wie ist das Klima?
- den Absatzmarkt: Wie hoch ist die Kaufkraft in dem jeweiligen Land/in der Region? Wie intensiv ist der Wettbewerb?

Die Kosten **weicher Standortfaktoren** dagegen lassen sich nur schwer berechnen, doch auch sie spielen etwa beim Anwerben qualifizierter Mitarbeiter eine Rolle. Das zunehmende Bewusstsein der privaten Haushalte für menschenwürdige und umweltfreundliche Produktionsbedingungen der Konsumgüter hat ebenfalls einen Einfluss darauf, dass Faktoren wie die folgenden für Unternehmen eine größere Bedeutung bekommen:

- die Attraktivität des Standorts zum Leben: Gibt es ein gutes Kulturangebot? Wie ist der Wohnwert der jeweiligen Stadt? Sind gute Schulen für die Kinder der Angestellten vorhanden? Wie ist die Sicherheitslage vor Ort?

- die Stabilität des politischen Systems: Besteht Vertrags- und Rechtssicherheit? Ist eine etablierte Demokratie gewährleistet? Werden Menschenrechte geachtet?
- die Rolle von Korruption im jeweiligen Land: Sind die Behörden kooperationsbereit?
- das Image des Standorts: Was verbinden Arbeitnehmer und Käufer mit dieser Stadt/diesem Land?

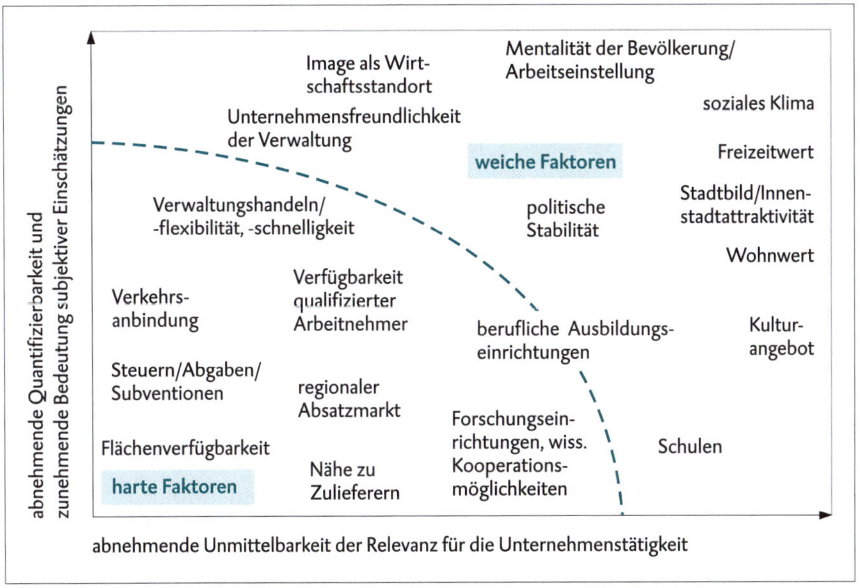

M 153: Bedeutung von Standortfaktoren

Entsprechend dem Modell der **Push- und Pullfaktoren** aus der Migrationstheorie (vgl. M 138) können auch Standortfaktoren in vertreibende (Push-) Faktoren und anziehende (Pull-)Faktoren unterschieden werden.

7.2 Die Debatte über den Standort Deutschland

Insbesondere im Zusammenhang mit einigen spektakulären Abwanderungen großer Industrieunternehmen ins Ausland (z. B. die angekündigte Verlagerung der Astra-Produktion von Rüsselsheim nach Polen 2015, Schließung des Werks von Nokia in Bochum zugunsten eines Standorts in Rumänien 2008, der 2012 ebenfalls geschlossen wurde) hat sich die öffentliche Debatte über die Qualität und Wettbewerbsfähigkeit des Wirtschaftsstandorts Deutschland verstärkt. Da als Begründung für Standortverlagerungen vonseiten der Unternehmen oftmals die Höhe der **Arbeitskosten** (d. h. direkte Lohn-/Gehaltskosten zuzüglich Lohnnebenkosten) genannt wird, stellt diese den Hauptgegenstand der Diskussion dar.

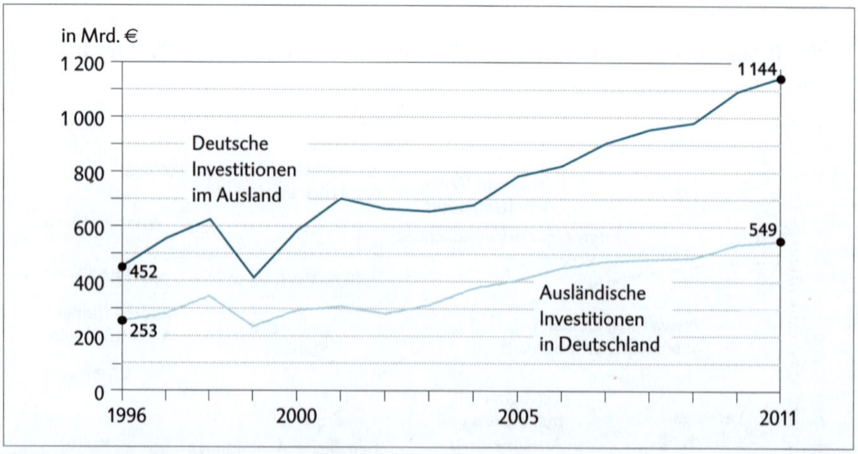

M 154: Deutsche ADI und ADI in Deutschland

Angebotstheoretische Argumentation

Angebotsorientierte Ökonomen und Wirtschaftspolitiker (vgl. S. 65 ff.) konstatieren eine zu hohe Regulierungsdichte in Deutschland. Infolge

- einer überhöhten Steuer- und Abgabenlast,
- der im internationalen Vergleich hohen **Lohnnebenkosten** (d. h. Arbeitgeberanteil an den Sozialversicherungen, bezahlte Feiertage, Unfallversicherung, -geld, Weihnachtsgeld, betriebliche Altersversorgung etc.) und
- des starren Arbeitsmarkts (d. h. der unflexiblen Arbeitsverhältnisse)

seien die Gewinnerwartungen in Deutschland für viele Unternehmen zu gering, um Investoren (vgl. M 154) anzulocken.

Daher werden vor allem eine Rückführung der Staatsquote (vgl. M 45), eine Einschränkung der Sozialabgaben, eine Flexibilisierung des Arbeitsmarkts sowie eine Senkung der Unternehmenssteuern gefordert.

Nachfragetheoretische Argumentation

Vertreter der nachfrageorientierten Wirtschaftspolitik (vgl. S. 61 ff.) stehen insbesondere der Forderung nach Lohnsenkungen kritisch gegenüber, weil sie dadurch die gesamtwirtschaftliche Nachfrage in Deutschland bedroht sehen.

Zudem spielten bei einer Standortverlagerung nicht die Stundenlöhne die zentrale Rolle. Vielmehr stellten die **Lohnstückkosten** (d. h. die Lohnkosten in Bezug zur Arbeitsproduktivität) einen zentralen Standortfaktor dar. Darüber hinaus unterliege nur ein kleiner Teil der Arbeitsplätze dem internationalen Wettbewerb. Viele Branchen, insbesondere personennahe Dienstleistungen wie das Friseurhandwerk, könnten daher aus der Diskussion vollständig ausgeklammert werden. Auch einer Senkung der Staatsquote durch den Abbau von Sozialausgaben stehen Nachfragetheoretiker kritisch gegenüber, da diese eine gewisse Stabilität der Binnennachfrage garantierten. Dadurch werde den Unternehmen nicht zuletzt einige Planungssicherheit ermöglicht.

Die Steuer- und Abgabenlast solle daher nicht pauschal gesenkt werden, sondern die Einnahmen hieraus seien neben einer staatlichen Neuverschuldung zur Finanzierung nachfragestützender Maßnahmen zu verwenden.

	Produktivität	Arbeitskosten	Lohnstückkosten
Dänemark	129	110	85
USA	108	83	77
Deutschland	**100**	**100**	**100**
Frankreich	99	98	99
Großbritannien	70	83	119
Japan	66	58	89
Italien	59	66	111
Griechenland	37	32	86
Tschechien	29	24	82
Polen	21	14	68

M 155: Produktivität (auf Wechselkursbasis), Arbeitskosten und Lohnstückkosten im internationalen Vergleich 2013 (Deutschland = 100)

Einschätzung des Standorts Deutschland vonseiten der Unternehmen

Tatsächlich ergibt sich für Deutschland hinsichtlich der Bewertung von Standortfaktoren ein gemischtes Bild: **Arbeitsintensive Branchen** wie die Textilindustrie – wo die Lohnkosten einen Großteil der Arbeitskosten ausmachen und vergleichsweise niedrig qualifizierte Arbeitnehmer tätig sind – sind international kaum noch konkurrenzfähig. Daher sind hier in den letzten Jahrzehnten hunderttausende Arbeitsplätze abgebaut worden. Verbliebene Unternehmen in der Branche haben sich zum Teil auf produktionsorientierte **Dienstleistungen** verlegt. Dies sind etwa Tätigkeiten im Bereich der Logistik, des Handels oder des Designs. Hier werden jedoch höher qualifizierte Arbeitnehmer benötigt. Vor allem aufgrund seines hohen Ausbildungsniveaus gilt Deutschland als Standort für Tätigkeiten in der **Forschung und Entwicklung**, aber auch in Bereichen wie der Maschinenbauindustrie (Ingenieure und Facharbeiter) durchaus als attraktiv. Aber auch die hohe Qualität der in Deutschland produzierten Waren spielt für Unternehmen vor allem im Bereich der **Premiumprodukte** eine so große Rolle, dass sie ihre Produktion zum Teil bereits nach Deutschland (zurück)verlagerten.

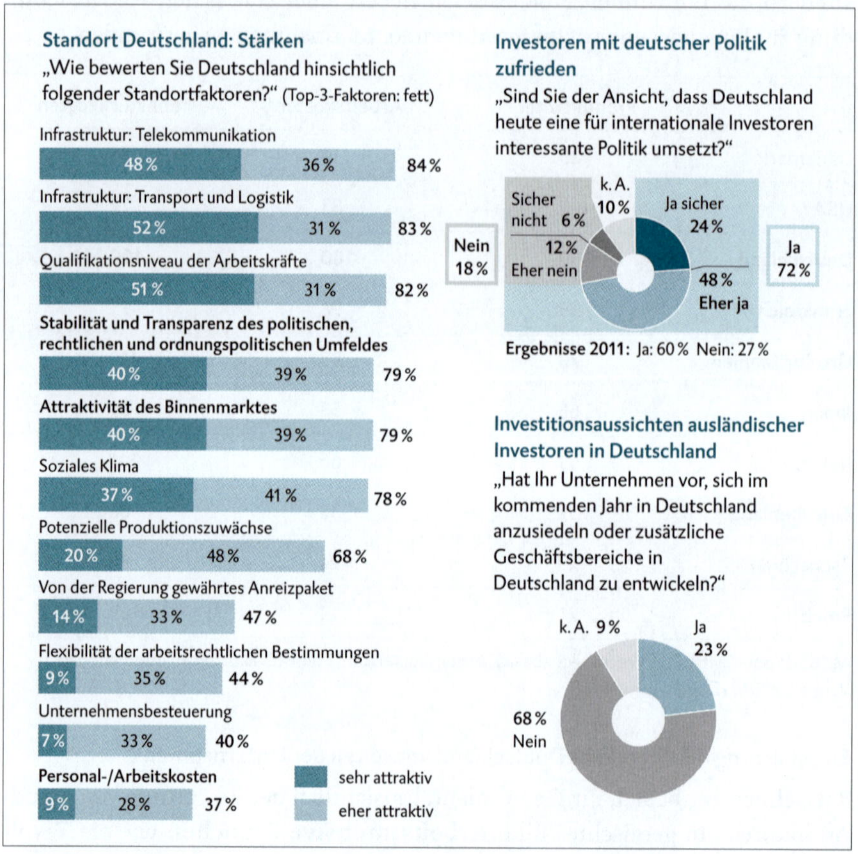

M 156: Beurteilung des Standorts Deutschland aus Unternehmenssicht (2016)

Weiterführende Internetlinks

- https://vdivde-it.de/system/files/pdfs/industrie-4.0-volks-und-betriebswirtschaftliche-faktoren-fuer-den-standort-deutschland.pdf
  → Studie zu den volks- und betriebswirtschaftlichen Faktoren für den Standort Deutschland
- www.ey.com/de
  → EY-Studie zum Standort Deutschland
- www.gtai.de/GTAI/Navigation/DE/Invest/business-location-germany.html
  → Informationen der German Traid & Invest zum Investitionsstandort Deutschland

Aufgaben

95 Nennen Sie die unterschiedlichen Eskalationsstufen von Konflikten und ergänzen Sie jeweils Beispiele für Möglichkeiten der Internationalen Konfliktlösung.

96 Vergleichen Sie die Denkschulen des Realismus und des Idealismus anhand ausgewählter Kriterien.

97 Erläutern Sie den Begriff des positiven Friedens und seine Bedeutung für den Bereich der zwischenstaatlichen Kooperation.

98 Vergegenwärtigen Sie sich die drei Formen von Gewalt nach Galtung, indem sie diese anhand des Beispiels Syrien konkretisieren.

99 Konkretisieren Sie das Problem der fragilen Staatlichkeit Syriens, indem Sie die dortige Lage anhand der sechs Faktoren des zivilisatorischen Hexagons analysieren.

100 Geben Sie die zentrale Zielsetzung der UNO wieder.

101 Erklären Sie die Möglichkeiten der Generalversammlung, auf Beschlüsse des Sicherheitsrats Einfluss zu nehmen.

102 Entwickeln Sie ein alternatives Schaubild zu M 134, in dem Sie die Struktur der UNO darstellen.

103 Erörtern Sie die demokratische Legitimation der UNO.

104 Erörtern Sie, von welchen Faktoren der Erfolg einer UN-Mission abhängt.

105 Nennen Sie anhand eines Länderbeispiels die hier relevanten Push- und Pullfaktoren für Auswanderung.

106 Nennen Sie drei deutsche und drei internationale Akteure in der EZ. Recherchieren Sie Beispiele für deren entwicklungspolitische Maßnahmen.

107

EU-Agentur Frontex gibt Menschenrechtsverletzungen an EU-Außengrenzen zu

Die Praxis, nach der Flüchtlinge auch unter Einsatz von Gewalt, wieder in Drittstaaten zurück verbracht werden, war 2012 vom Europäischen Gerichtshof für Menschenrechte (EGMR) als menschenrechtswidrig beurteilt worden. Im gleichen Jahr hatte der Europäische Gerichtshof (EuGH) die Einsatzvorschrift für diese Praxis für nichtig erklärt. Trotzdem kam es [...] auch danach zu wiederholten Abdrängungen von Flüchtlingen. Dies räumt der Leiter von Frontex, Ilkka Laitinen, [...] nun erstmals ein [...].
Aufgabe der EU-Agentur Frontex ist es, die Außengrenzen des sog. Schengen-Raums zu sichern und Aktionen der nationalen Grenzpolizeien zu unterstützen und zu koordinieren. Auch Beamte der deutschen Bundespolizei sind an Frontex-Aktionen beteiligt.

Pressemeldung Monitor, 17. 10. 2013

M 157: Menschenrechtsverletzungen in der EU

Erörtern Sie, welche Menschenrechte von der EU-Agentur Frontex verletzt wurden (vgl. M 157).

108 Stellen Sie die Dimensionen der Globalisierung grafisch dar. Leiten Sie dazu aus den Informationen zu Ursachen und Folgen der Globalisierung noch mehr als die explizit genannten Dimensionen ab.

109 Setzen Sie sich kontrovers mit dem Prozess der Globalisierung auseinander.

110 Definieren Sie den Begriff „Global Governance“.

111 Stellen Sie verschiedene Weltordnungsmodelle grafisch dar. Greifen Sie dabei auf Ihre Kenntnisse über die Formen internationaler Zusammenarbeit (uni-, bi- und multilateral) zurück.

112 Erläutern Sie, warum Somalia als Failed State eingeschätzt wird.

113 Erklären Sie die Veränderung der Struktur des weltweiten Handels.

114 Welche Konsequenzen ergeben sich aus der Dominanz der Finanzmärkte in a) sozialer und b) ökonomisch-betriebswirtschaftlicher und c) politischer Hinsicht?

115 Problematisieren Sie die Lohnentwicklung in China (vgl. M 158) vor dem Hintergrund Ihrer Kenntnisse zu Standortfaktoren.

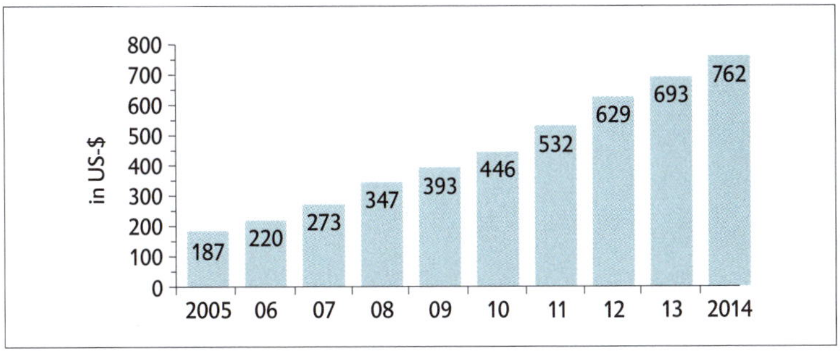

M 158: Durchschnittliche Bruttomonatslöhne städtischer Arbeiter und Angestellter in China

116 Nennen Sie aus Sicht eines Softwareunternehmens sowie eines Betriebs zur Herstellung von Bauholz vier Push- und Pullfaktoren bei der Standortwahl.

117 Erläutern Sie die unternehmerische Einschätzung des Standorts Deutschland (vgl. M 156) aus Sicht der Angebotstheorie.

Lösungen

Wirtschaftspolitik

1 Das StabG definiert wirtschaftspolitische Ziele, um die Steuerung wirtschaftlicher Prozesse zu verbessern. Es werden ein angemessenes Wirtschaftswachstum, Preisniveaustabilität, ein außenwirtschaftliches Gleichgewicht sowie ein hoher Beschäftigungsstand angestrebt. Mit dem StabG wurden auch informierende und kontrollierende Instanzen geschaffen, die ausgehend von einer wissenschaftlichen Analyse der ökonomischen Rahmendaten der Politikberatung dienen und eine gemeinsame Umsetzung der Wirtschaftspolitik im föderalen System Deutschlands fördern sollen.

2 Seine „Magie" zieht das Magische Viereck aus der Tatsache, dass nicht alle Ziele gleichzeitig erreichbar sind. Stattdessen bestehen zwischen den Zielen verschiedene Beziehungen: manche Ziele sind komplementär zueinander, andere konkurrieren miteinander. Ein Beispiel für eine Konfliktlinie ist die Auswirkung eines hohen Wirtschaftswachstums auf die Preisniveaustabilität: Eine Steigerung des Wohlstands führt zu einer wachsenden Inflation.

3 In der Diskussion um das StabG werden immer wieder Ziele wie eine gerechte Einkommensverteilung, Generationengerechtigkeit oder Naturschutz genannt.

4 Das BIP ist die Summe aller Marktpreise der innerhalb eines bestimmten Zeitraums in einer Volkswirtschaft produzierten Güter, wobei nur Waren und Dienstleistungen für den Endverbrauch (also ohne Vorleistungen im Produktionsprozess) berücksichtigt werden.

5 In der Entstehungsrechnung werden die Werte der in den einzelnen volkswirtschaftlichen Sektoren produzierten Güter (abzüglich der Vorleistungen) addiert. Die Verwendungsrechnung blickt auf die andere Marktseite, indem sie den Konsum der privaten Haushalte, die Unternehmensinvestitionen, die Staatsausgaben und die (Netto-)Exporte summiert.

6 Wirtschaftswachstum generiert in der Regel Arbeitsplätze und sichert damit ein gewisses Wohlstandsniveau der Gesellschaft. Die politischen Spielräume

des Staates werden vergrößert, der Freiheitsgrad der Bevölkerung nimmt im Allgemeinen zu.

7 Eine anhaltende Preisniveausteigerung nennt man „Inflation“. Es geht also nicht um den Anstieg einzelner Preise, sondern um den Durchschnitt aller Preise. In der Folge kommt es zu einem Kaufkraftverlust.

8

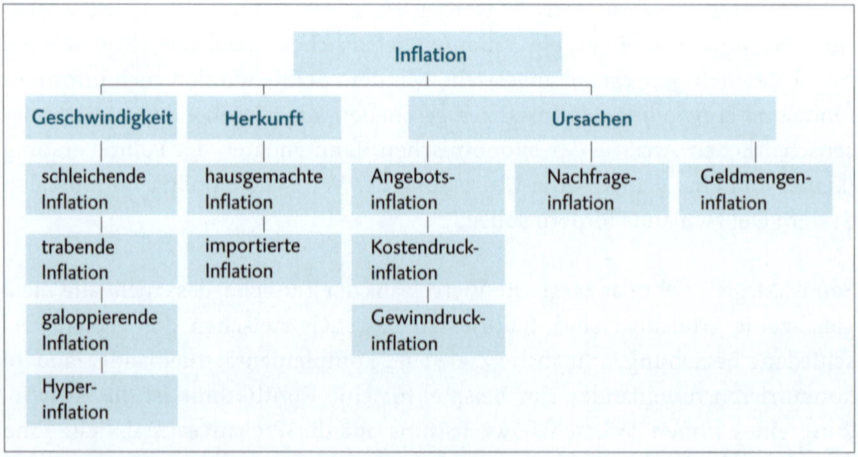

M 159: Überblicksdarstellung der Inflationsursachen

9 Wenn ein Land, welches ein wichtiger Handelspartner Deutschlands ist, eine hohe Inflation aufweist, kann diese unter Umständen importiert werden. Im Normalfall werden die Exporte von Deutschland in das entsprechende Land steigen, die Importe abnehmen. Die inländischen Firmen erhalten somit größere Mengen an Auslandswährung, die sie in Inlandswährung tauschen. Folglich nimmt die Geldmenge zu, die Gütermenge jedoch nicht. In der Konsequenz steigen nun auch die Preise im Inland. Die Inflation wurde importiert. Ein weiterer Grund könnten erhöhte Rohstoffpreise sein, die die Kosten der Importeure anheben.

10 Die Schwierigkeiten ergeben sich vor allem daraus, dass der Warenkorb zur Ermittlung des VPI in Deutschland nur alle fünf Jahre an die aktuellen Konsumgewohnheiten der privaten Haushalte angepasst wird (2013 wurde auf die Basis 2010 umgestellt). Dadurch können z. B. Verbesserungen bei Produkten aufgrund des technischen Fortschritts nicht sofort berücksichtigt werden. Ein Laptop, den man im Jahr 2010 für 300 € erwerben konnte, unterscheidet sich qualitativ jedoch deutlich von einem Laptop zum gleichen Preis im Jahr 2014.

Zudem kann es im Laufe von fünf Jahren durchaus zu Preiserhöhungen bei Waren kommen, die als repräsentativ in den Warenkorb aufgenommen wurden. Als Reaktion darauf steigen die Konsumenten jedoch zum Teil auf günstigere, vergleichbare Produkte um (Substitution). Diese Veränderung im Kaufverhalten kann ebenfalls nicht sofort berücksichtigt werden.

11 Letztlich muss die gesamte Gesellschaft im Fall einer anhaltenden Inflation Verluste verzeichnen. Kurz- bis mittelfristig gewinnen aber der Staat, Exporteure, Schuldner und Eigentümer von Sachvermögen von einer Inflation.

12 Die BA ermittelt die Arbeitslosenquote, indem die Zahl der Arbeitslosen ins Verhältnis zu den Erwerbspersonen (Erwerbstätige + Arbeitslose) gesetzt wird. Problematisch ist hierbei, dass nur registrierte Arbeitslose erfasst werden. Doch längst nicht alle erwerbslosen Personen sind bei der BA als arbeitslos registriert. Ein Grund hierfür kann sein, dass Betroffene sich aus unterschiedlichen Gründen nicht selbst bei der BA als arbeitslos gemeldet haben. Eine große Rolle spielt jedoch auch, dass Personen, die bestimmte Kriterien nicht erfüllen (z. B. Altersgrenze, Meldefristen, Arbeitsfähigkeit), von der BA in die Statistik nicht miteinbezogen werden.

13 Beispiele für Arten struktureller Arbeitslosigkeit:

- **Regionale Arbeitslosigkeit:** Unterbeschäftigung in den neuen Bundesländern und in Osteuropa (schwache Infrastruktur, Deindustrialisierung, Abwanderung, demografischer Wandel).
- **Sektorale Arbeitslosigkeit:** Sinkende Erwerbstätigenzahlen im Kohlebergbau (Wandel der Nachfrage, Verlagerung der Produktion ins Ausland, Schließen zahlreicher Zechen, Einsatz neuer Techniken).
- **Institutionelle Arbeitslosigkeit:** Arbeitslosigkeit älterer Arbeitnehmer (Tarifverträge bieten in einigen Ländern einen höheren Schutz als in anderen, gesetzliche Regelungen, Renteneintrittsalter).
- **Merkmalsstrukturelle Arbeitslosigkeit:** Im Juli 2013 gab es trotz ca. 149 700 unbesetzten Berufsausbildungsstellen noch ca. 157 200 unversorgte Bewerber für Berufsausbildungsstellen.

14

Jugendarbeitslosigkeit hinterlässt lebenslange Narben

Die hohe Arbeitslosigkeit der Erwachsenen in Südeuropa ist ein schwerwiegendes Problem. Aber die Jugendarbeitslosigkeit ist noch erschreckender, weil sie das gesamte Leben dieser heute jungen Menschen belastet […].

Länger andauernde Jugendarbeitslosigkeit ist im späteren Verlauf des Erwerbslebens keine Schürfwunde, die schnell verheilt, sondern sie verbleibt als hässliche Narbe für das ganze Erwerbsleben (und darüber hinaus), also rund ein halbes Jahrhundert lang. Denn die Betroffenen haben zeitlebens geringere Arbeitsplatzchancen und tragen das Risiko niedrigerer Einkommen […].

Folglich sind die sozialen und finanziellen **Kosten** der Jugendarbeitslosigkeit überdurchschnittlich hoch. Nicht nur besteht die Gefahr, dass diese Menschen in Kriminalität und Drogenabhängigkeit abgleiten. Die erforderlichen finanziellen Transfers schlagen ebenfalls erheblich zu Buche, wohlgemerkt: lebenslang, selbst im Alter […].

Daher liegen die **wirtschaftspolitischen Schlussfolgerungen** auf der Hand. Zunächst muss es darum gehen, das Entstehen einer verhärteten Jugendarbeitslosigkeit zu verhindern. In erster Linie stehen dabei die Bildungspolitik und das institutionelle Regelwerk auf dem Arbeitsmarkt im Blickfeld […]. Schließlich hilft eine internationale Mobilität von Arbeitskräften, obschon eingeschränkt. Zum einen kommt sie praktisch nur für gut ausgebildete Jugendliche in Frage. Zum anderen könnten diese ausgewanderten Jugendlichen später, wenn sie benötigt werden, in ihren Heimatländern fehlen […].

Gastbeitrag von Wolfgang Franz, 3. 7. 2013, FAZ

M 160: Darstellung der Folgen von Jugendarbeitslosigkeit und Möglichkeiten zu deren Bewältigung

15 Im Allgemeinen wird ein Anteil des Außenbeitrags von ca. 2 % des BIP als ausgeglichen betrachtet. Die Außenbeitragsquote Deutschlands der vergangenen Jahre lag jedoch weit darüber (vgl. M 55). Dies verdeutlicht die großen Außenhandelsüberschüsse Deutschlands. Problematisch ist, dass ein dauerhaftes außenwirtschaftliches Ungleichgewicht negative Folgen sowohl für den Exporteur als auch für dessen Handelspartner hat.

16

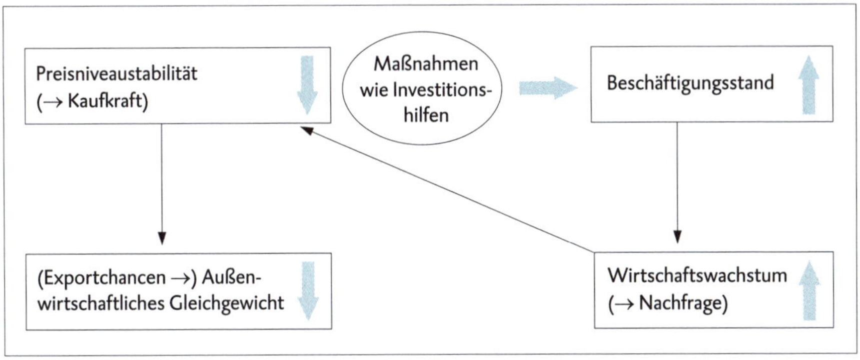

M 161: Mögliche Wirkungskette einer Förderung des Beschäftigungsstands

17 Der Earth Overshoot Day basiert auf der Berechnung des weltweiten Ökologischen Fußabdrucks. Dieser stellt den Versuch dar, den jährlichen Verbrauch an natürlichen Ressourcen z. B. eines Landes zu berechnen. Hierzu werden alle ökologischen Auswirkungen der Produktion und des Konsums in diesem Land in ein Flächenmaß (Globalhektar) umgerechnet. Zugleich wird ermittelt, wie viel Biokapazität in diesem Land innerhalb eines Jahres z. B. durch Wälder produziert wird. Betrachtet man die weltweite Biokapazität und deren Verbrauch innerhalb eines Jahres x, lässt sich ein bestimmter Tag im Jahr x ermitteln, an dem bereits „eine Erde" verbraucht wurde.

18 Eine ökosoziale Marktwirtschaft postuliert keinen Systemwechsel hin zu einer gänzlich anderen Wirtschaftsordnung, sondern einen Paradigmenwechsel innerhalb der Marktwirtschaft. Dazu wird versucht, Umweltgüter und damit deren Nutzung handelbar zu machen. So will der Ansatz der „moral suasion" durch eine bessere Information der Konsumenten deren Handeln und darüber das Handeln der Produzenten beeinflussen. Alternativ kann ein wirtschaftspolitischer Ordnungsrahmen durch Verbote und Mengenbeschränkungen (z. B. Grenzwerte) den Verursacher von Umweltschäden in die Verantwortung nehmen. Marktwirtschaftlich wäre zudem denkbar, den „wahren" Preis eines Produkts zu berechnen. So hätten etwa alle externen Effekte der Produktion marktinterne Konsequenzen. Eine Mengenlösung erzeugt dagegen einen künstlichen, sich ggf. immer weiter verknappenden Markt für den Verbrauch von Umweltgütern, der sich somit ebenfalls als Kostenfaktor für ein Unternehmen niederschlägt.

19 Nachhaltigkeit ist ein Prinzip bei der Nutzung bestimmter Ressourcen, das darauf abzielt, deren Eigenschaften, Regenerationsfähigkeit und Stabilität zu bewahren. Zumeist ist im Zusammenhang mit natürlichen Ressourcen von „Nachhaltigkeit" die Rede. Nachhaltige Wirtschaftspolitik strebt demzufolge eine Sicherung der ökonomischen Grundbedürfnisse, der natürlichen Ressourcen sowie des Gesellschaftssystems an (vgl. M 36).

20 Das BIP bezieht z. B. Reparaturkosten mit ein, den Wert anderer Arbeiten (private Hausarbeit etc.) aber nicht. So kann z. B. ein schweres Zugunglück zu einem Anstieg des BIP führen. Des Weiteren berücksichtigt das BIP weder die unterschiedliche Qualität von Gütern noch deren Verteilung. Eine Darstellung von Wachstumsraten sagt zudem nichts darüber aus, auf welchem Niveau sich eine Volkswirtschaft befindet. Dennoch liefert das BIP eine geeignete Datenbasis für erste Vergleiche von Volkswirtschaften miteinander.

Für eine umfassende Wohlstandsmessung sollten z. B. der Bildungsgrad der Bevölkerung, die Spreizung der Einkommen und Vermögen oder die gesundheitliche Versorgungslage miteinbezogen werden.

21

Konjunkturphase / Daten	Aufschwung	Boom	Abschwung	Tiefstand
Arbeitslosenzahl	noch hoch	sinkend	niedrig	steigend
BIP, jährlich	steigend	hoch	sinkend	sinkend, niedrig
Lagerbestände	abnehmend	gering	zunehmend	groß

M 162: Entwicklung gesamtgesellschaftlicher Daten während eines Konjunkturzyklus

22 Die Mikroökonomie analysiert – im Gegensatz zur Makroökonomie – die Entscheidungen der einzelnen Wirtschaftssubjekte, also z. B. Prozesse, die sich aufgrund der Arbeitsteiligkeit des Produktionsprozesses ergeben. Hierbei stehen, neben den Prozessen zwischen z. B. Unternehmen untereinander oder zwischen Banken und Unternehmen, generell die Haushalte, die Unternehmen oder der Staat unter genauerer Betrachtung. Im Gegensatz zur „Vogelperspektive" der Makroökonomie, kann hier vereinfacht von einer Art „Froschperspektive" der Analysen gesprochen werden.

23 Die Makroökonomie befasst sich im Gegensatz zur Mikroökonomie mit dem gesamtwirtschaftlichen Verhalten ganzer Sektoren/Bereiche. Sie schaut in gewisser Weise aus „der Vogelperspektive" – also mittels aggregierter Größen – auf das Wirtschaftsgeschehen.

24
- Welthandel zieht an
- Deutsche Exporte steigen
- Stimmungen der Unternehmen sind positiv (Frühindikator)
- Investitionsneigung steigt, weniger/keine Kurzarbeit
- Beschäftigung nimmt langsam zu
- das Steueraufkommen (U/HH) steigt
- das verfügbare Einkommen der Haushalte steigt, der Verbrauch erhöht sich
- fortschreitende Kapazitätsauslastung in mehreren Sektoren (auch durch die gestiegene Binnennachfrage)
- Erzeuger und Verbraucherpreise steigen langsam
- Zinsen steigen langsam, da die Kreditnachfrage sich erhöht hat

25

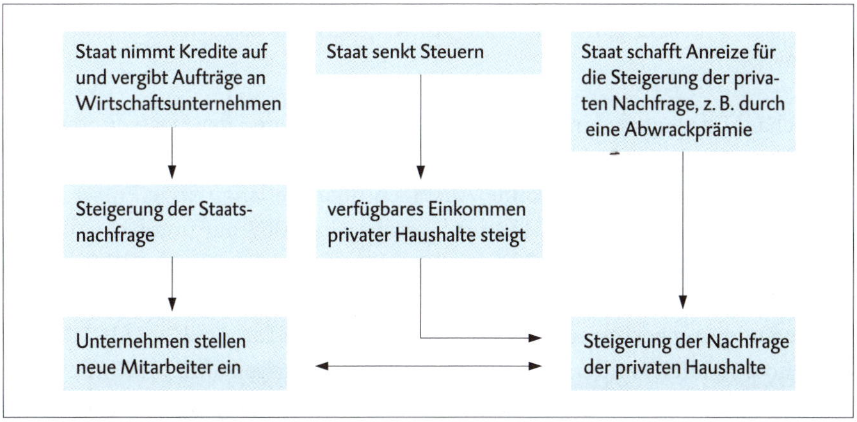

M 163: Mögliche Auswirkungen nachfrageorientierter Wirtschaftspolitik während einer konjunkturellen Rezession

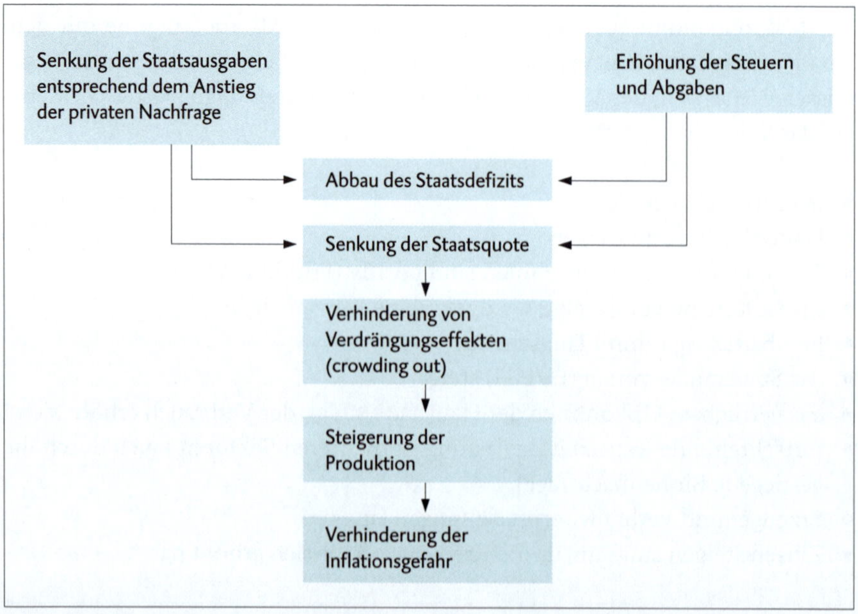

M 164: Mögliche Auswirkungen nachfrageorientierter Wirtschaftspolitik während eines konjunkturellen Aufschwungs

26 Das Schaubild zeigt als Liniendiagramm die Entwicklung der Staatsquoten verschiedener Länder seit 2007. Da nur Angaben zu den vergangenen zehn Jahren vorhanden sind, lassen sich keine Aussagen über die langfristige Entwicklung der Staatsquoten treffen. Die Länder lagen bereits 2007 auf unterschiedlichen Niveaus – von ca. 36 % (Irland) bis ca. 53 % (Frankreich). 2007 bis 2009 stiegen die Quoten in allen Beispielländern und auch der EU insgesamt an. In Irland ist die Veränderung besonders gravierend (bis auf ca. 65 %). Ab 2009/2010 sinkt die Quote in allen Ländern wieder. Diese Entwicklungen sind im Kontext der Weltwirtschaftskrise ab 2007 zu sehen. Zu deren Bewältigung wurden je nach Staat eher nachfrage- oder eher angebotsorientierte Maßnahmen durchgeführt. Während die Staatsquote Griechenlands 2013/2014 noch einmal eine sehr starke Veränderung aufwies, verlaufen die Quoten in den anderen Beispielländern konstanter. Gerade in Deutschland sind seit 2011 kaum Veränderungen zu erkennen, was vermutlich auf die eingeführte Schuldenbremse zurückzuführen ist, die dem Staat eine größere Haushaltsdisziplin abverlangt.

27 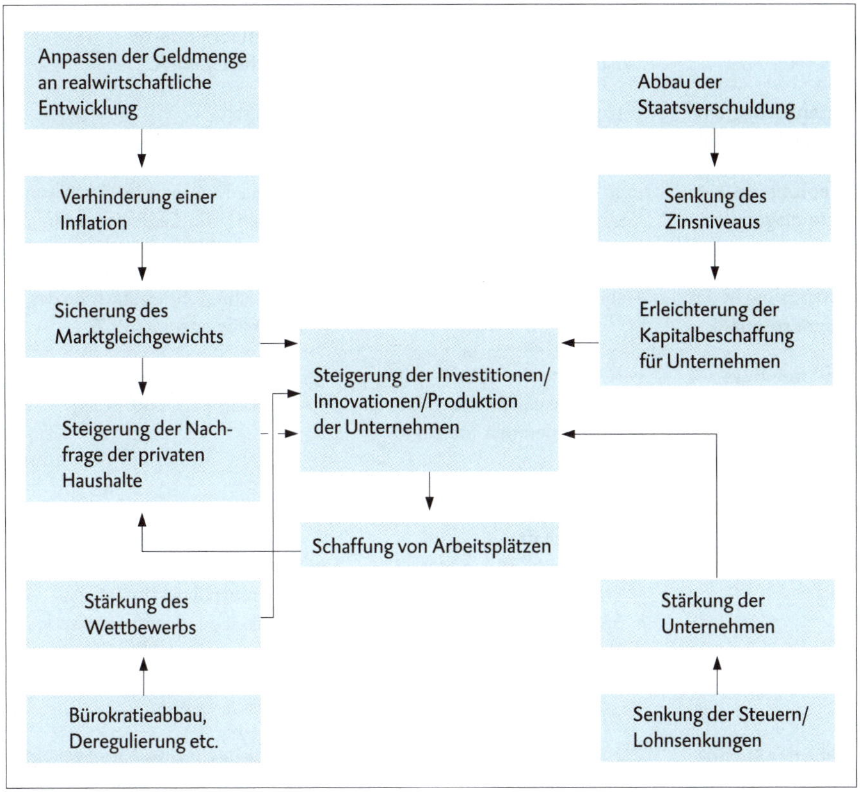

M 165: Mögliche Auswirkungen angebotsorientierter Wirtschaftspolitik

28 Vertreter der angebotsorientierten Wirtschaftspolitik fordern, mit der Geldpolitik das Ziel der Preisstabilität zu verfolgen. Dementsprechend müsse sich die Geldmenge an der Wertschöpfung der Realwirtschaft (BIP) orientieren.

Die Entwicklung der Geldmenge in der Eurozone verläuft jedoch etwa seit dem Jahr 2000 nicht mehr parallel zum BIP; seit etwa 2008 sind Überschneidungen oder zumindest sehr eng beieinanderliegende Werte des BIP und der Geldmenge zu erkennen (vgl. M 47). Die Inflationsrate der Eurozone liegt im gezeigten Zeitraum zum Teil zwar über, oft aber auch deutlich unter dem von der EZB formulierten Inflationsziel von unter, aber nahe 2 % (vgl. M 47, S. 26). Trotz angebotspolitischer Ausrichtung der EZB konnte somit das erklärte Ziel der Preisniveaustabilität nicht erreicht werden.

29

	Nachfrageorientierte Wirtschaftspolitik	Angebotsorientierte Wirtschaftspolitik
Orientierung am Konjunkturzyklus	antizyklisch	prozyklisch
theoretische Grundlage	John Maynard Keynes (z. B. „The General Theory", 1936)	Say'sches Theorem (1803), Milton Friedman (z. B. „Capitalism and Freedom", 1962)
Umsetzung in der Bundesrepublik	Stabilitätsgesetz (1967)	1970er-Jahre, Jahresgutachten des Sachverständigenrats 1976
Haupteinflussfaktoren auf die gesamtwirtschaftliche Entwicklung	gesamtwirtschaftliche Nachfrage (Nachfrage von privaten Haushalten, Unternehmen, Staat und Ausland)	gesamtwirtschaftliches Angebot (Angebotsmenge und -preis)
Rolle des Staates bei wirtschaftlichem Abschwung	zielgerichtete Einflussnahme auf die Wirtschaft • Aufnahme von Krediten, Erhöhung der Staatsausgaben • Senkung von Steuern für private Haushalte	• Schaffen von geeigneten Rahmenbedingungen • Senkung der Staatsausgaben • Anstreben einer Preisniveaustabilität durch entsprechende Geldmengenpolitik • Bürokratieabbau, Deregulierung, Privatisierung etc.
Rolle des Staates bei wirtschaftlichem Aufschwung	Zurückzahlen von Krediten, Senkung der Staatsausgaben	vgl. Rolle des Staates bei wirtschaftlichem Abschwung

M 166: Nachfrageorientierte und angebotsorientierte Wirtschaftspolitik

30 Der Bereich „Investitionen" umfasst Maßnahmen, die eine Steigerung der staatlichen und langfristig der privaten Nachfrage bedeuten. Auch die unter „Entlastung privater Haushalte" aufgeführten Maßnahmen wie die Senkung der Einkommenssteuer dienen dazu, den Konsum der privaten Haushalte zu stimulieren. Damit zielen beide Bereiche auf eine Steigerung der gesamtwirtschaftlichen Nachfrage und können demnach dem nachfrageorientierten Ansatz zugeordnet werden.

Maßnahmen wie die Förderung innovativer Auto-Antriebstechnologien, die Ausdehnung des Innovationsprogramms für den Mittelstand oder Bundesgarantien für Unternehmenskredite entsprechen dagegen einer angebotsorientierten Wirtschaftspolitik, da hiermit in erster Linie die (Investitions-)Bedingungen für die Unternehmen verbessert werden sollen.

Nicht eindeutig zuzuordnen sind Maßnahmen wie die sogenannte PKW-Abwrackprämie oder die Neuregelung der Kfz-Steuer. Hier wird die Nachfrage gefördert, jedoch mit dem Ziel, dadurch direkt einen Aufschwung auf der Angebotsseite zu erreichen. So bezog sich die Kritik an der Abwrackprämie u. a. auf die fehlenden Auswirkungen sowohl auf die Nachfrageseite (viele der Haushalte hätten sich sowieso innerhalb der nächsten ein oder zwei Jahre einen neuen Pkw gekauft) als auch auf die Angebotsseite (viele der Neuwagen stammten von ausländischen Herstellern, sodass die Förderung nicht wie beabsichtigt der deutschen Automobilbranche zugutekam).

Die arbeitsmarktpolitischen Maßnahmen des Konjunkturpakets II folgen zum Teil – als direkte und nur kurzfristig angelegte staatliche Eingriffe – eher der Nachfragetheorie. Allerdings zielen etwa Umschulungen, Weiterbildungen und eine Erhöhung der Mitarbeiterzahl bei der BA vor allem darauf ab, die Wettbewerbsfähigkeit der Betroffenen auf dem ersten Arbeitsmarkt zu stärken und die Mismatch-Arbeitslosigkeit zu verringern, sodass der Bedarf der Unternehmen an qualifizierten Arbeitskräften gedeckt werden kann (Angebotsorientierung).

31 Ordungspolitik betrifft die generellen Rahmenbedingen des Wirtschaftens, wie konkrete Gesetze zur Eigentumsbindung, zum Erhalt der Marktform und einige Auflagen. In gewisser Weise ist der ordnungspolitische Rahmen damit die Umsetzung des Grundgesetzes in die ökonomische Welt. Prozesspolitik ist der „Tagespolitik" näher – sie greift in den Wirtschaftsprozess ein: Zu ihr gehören Maßnahmen der Konjunktur-, Wachstums- und Strukturpolitik.

32
- eine langfristig angelegte Förderung strombetriebener PKW (sektorale Strukturpolitik, „vorausschauender" Typus)
- die Erhöhung des Kindergeldes auf 2 Jahre befristet (fiskalische Konjunkturpolitik)
- die Absenkung des „Leitzinses" der EZB (geldpolitische Konjunkturpolitik)
- Investitionen in das Bildungssystem (Wachstumspolitik)
- Abschaffung der Braunkohleförderung und die Einrichtung eines Sonderfonds für das Abbaugebiet „Garzweiler" (sektorale Konjunkturpolitik, „nachsorgender" Typus)

33 Im Kern kann hier die Internationalisierung der Wirtschaftsbeziehungen angesprochen werden: So wird durch den Prozess der „Globalisierung", insbesondere aber auch durch die europäische Integration, der Handlungsspielraum der nationalen Entscheidungsträger eingeschränkt: Beispielsweise wird in vielen Politikbereichen (Agrarpolitik, Fischereipolitik, Kohle und Stahl, Außenhandelspolitik) bereits heute eine gemeinsame europäische Wirtschaftspolitik betrieben. Die nationale Wirtschaftspolitik unterliegt aber natürlich auch rechtlichen Grenzen, wie z. B. der im GG festgelegten Tarifautonomie oder dem föderalen Aufbau der Bundesrepublik (Art. 20 – Festlegung des föderalen Strukturprinzips des Staates). Hierbei kommt es mitunter auch zu Konflikten der verschiedenen Träger der Wirtschaftspolitik im Rahmen des politischen Mehrebenensystems. Des Weiteren können Beschränkungen – wie der Schuldenstand des Staates oder ein träger bürokratischer Verwaltungsapparat – eine Wirtschaftspolitik in ihrer Reichweite und ihrer Umsetzung hemmen.

34 **Beschreibung:** Im Jahr 2011 hat die EZB die Leitzinsen viermal verändert. Der erste Zinsschritt im April war eine Erhöhung vom historisch niedrigen Zinssatz von 1 %, der seit Mai 2009 unverändert gegolten hatte, auf 1,25 %. Dieser Erhöhung folgte drei Monate später im Juli 2011 eine analoge Erhöhung um 0,25 Prozentpunkte auf 1,5 %, welche im November 2011 rückgängig gemacht wurde. Im Dezember 2011 wurde der Leitzins wieder auf das Ausgangsniveau vom Jahresbeginn (1 %) zurückgeführt. Die Zinskurve sieht daher im Jahresverlauf 2011 wie ein Podest aus, das auf dem gleichen Niveau endet, auf dem es begonnen hat. Seitdem hat sich der Abwärtstrend fortgesetzt.

Begründung: Das oberste Ziel der EZB ist die Preisstabilität im Euroraum. Diese ist nach EZB-Definition erreicht, wenn die mit dem HVPI gemessene Inflationsrate unter, aber nahe 2 % liegt. Im Jahr 2011 lag der Wert mit 2,3 % bereits zu Jahresbeginn über diesem Grenzwert und stieg weiter an. Der Zinsschritt ist somit nachvollziehbar, da durch eine Verteuerung der Refinanzierung der Geschäftsbanken und die Übertragung dieser Zinserhöhung auf den Kredit- und Anlagemarkt idealerweise die Geldschöpfung durch Kreditvergabe an Unternehmen und Haushalte reduziert und so der geldmengenbedingte Inflationsdruck gedämpft wird. Auf den ersten Blick scheinen die Maßnahmen mit einem gewissen time lag auch Erfolg gehabt zu haben, da die Inflationsrate ab April wieder bis auf 2,5 % sank. Sie lag allerdings nach wie vor deutlich über dem Grenzwert und stieg im August sprunghaft auf einen Jahreshöchstwert von 3 %. Ungeachtet dieses deutlichen Anstiegs senkte die EZB Anfang November die Leitzinsen. Dies ist überraschend, da man bei zu hoher und steigender Inflation mit einer restriktiven und nicht mit einer expansiven Zinspolitik rechnen würde. Auch der zweite Zinsschritt nach unten im Dezember ist überraschend, da das Inflationsniveau hoch blieb.

Als **Erklärungsansatz** bleibt nur, dass die EZB davon ausging, dass die monetären, also durch sie beeinflussbaren Inflationsrisiken zurückgingen und der Preisanstieg stattdessen auf unbeeinflussbaren Entwicklungen (z. B. Anstieg der Rohstoffkosten) beruhte. Dennoch ist es angesichts einer Inflationsrate von fast 3 % überraschend, dass dem nachrangigen Ziel der Förderung der Wirtschaftspolitik in der Gemeinschaft der Vorrang gegeben wurde, indem durch die Zinssenkungen ein expansiver Kurs eingeschlagen wurde: Diese führen zu einer verbilligten Refinanzierung der Geschäftsbanken bei der EZB und idealerweise zu einer Verbesserung der Kreditkonditionen für Unternehmen, Haushalte und Staat. Reagieren diese mit einer kreditfinanzierten Erhöhung der Investitionen/des Konsums, kann dies einen positiven Impuls für die konjunkturelle Entwicklung bedeuten und zur Bewältigung der schwächelnden Wirtschaftsentwicklung in zahlreichen Euroländern führen. Allerdings bedeutet eine vermehrte Kreditvergabe auch eine Erhöhung der Geldmenge, was zu Inflationsdruck führen kann. Aus diesem Grund wurde die Zinssenkung angesichts der zu hohen Inflationsrate als „überraschend" bezeichnet.

Europäische Union

35 Zuerst einmal muss ein Land, welches Mitglied der EWU werden will, der EU beitreten, wofür es die Kopenhagener Kriterien (politisches Kriterium, wirtschaftliches Kriterium, Acquis-Kriterium, EU-gemeinschaftliches Kriterium) erfüllen muss. Anschließend wird die Einhaltung der Maastricht-Kriterien überprüft: Stimmen als wichtig erachtete Wirtschaftsdaten des Beitrittskandidaten mit der wirtschaftlichen Lage in der restlichen Eurozone überein? Dazu werden das Preisniveau, die Finanzlage der öffentlichen Haushalte, die Währungsstabilität im Verhältnis zum Euro sowie die Stabilität der langfristigen Zinssätze betrachtet. Findet ein Beitritt zur Eurozone statt, muss die nationale Zentralbank eine Reihe von Kompetenzen an die EZB abgeben. Zudem muss der Staat jedes Jahr einen ausgeglichenen öffentlichen Haushalt vorweisen bzw. darlegen, wie es diesen zu erreichen gedenkt.

36
- Sicherung des Friedens/Wunsch nach Sicherheit
- Schutz der Menschenrechte
- ökonomische Prosperität
- Wunsch nach Mobilität und persönlicher Freiheit
- EU als „Machtfaktor" in der Welt

37

Gründungsmitglieder: Belgien, Deutschland, Frankreich, Italien, Luxemburg, Niederlande	**1951**	Europäische Gemeinschaft für Kohle und Stahl
	1957	Römische Verträge
Gründungsmitglieder: Dänemark, Großbritannien, Norwegen, Österreich, Portugal, Schweden, Schweiz	**1960**	Europäische Freihandelszone
	1967	Europäische Gemeinschaften: EGKS, EWG, Euratom
Beitritt von Dänemark, Irland, Großbritannien	**1973**	
	1979	Europäisches Währungssystem
Beitritt von Griechenland	**1981**	
Beitritt von Spanien und Portugal	**1986**	Einheitliche Europäische Akte
	1992	Vertrag von Maastricht
Beitritt von Finnland, Schweden und Österreich	**1995**	
	1997	Vertrag von Amsterdam
	2001	Vertrag von Nizza
	2002	Einführung des Euro als Zahlungsmittel
Beitritt von Malta, Zypern, Estland, Lettland, Litauen, Polen, Ungarn, Tschechien, Slowakei und Slowenien	**2004**	
Beitritt von Bulgarien und Rumänien	**2007**	
	2009	Vertrag von Lissabon
Beitritt von Kroatien	**2013**	

M 167: Die Europäische Integration – Erweiterung und Vertiefung

38 Im Vergleich zu 1970 hat sich die Anzahl der EU-Mitgliedstaaten erheblich erhöht **(Reichweite der Integration)**. Erst ab 1973 kamen zu den ursprünglich sechs Mitgliedern der EG weitere Staaten hinzu. Zudem ist die Anzahl der Politikbereiche gestiegen, in denen die EU Zuständigkeiten besitzt **(Tiefe der Integration)**. Waren die EG rein wirtschaftlicher Natur (Montanunion, Euratom, EWG), besitzt die EU heute auch Kompetenzen in den Bereichen Umwelt und Verkehr, Sicherheit und Verteidigung, Soziales, Forschung und Entwicklung, Verbraucherschutz etc.

39 Mögliche Beispiele:

- Schengenraum: Wiedereinführung von Grenzkontrollen durch zahlreiche Staaten im Verlauf der Flüchtlingskrise
- Wirtschafts- und Währungspolitik:
  1. Deutschland und Frankreich verletzten Vorgaben des Stabilitäts- und Wachstumspakts
  2. Auch aktuell werden keine Sanktionen bei Verstößen gegen den Stabilitäts- und Wachstumspakt durchgesetzt
  3. gegensätzliche Positionen bei der Diskussion um die Rettung von Krisenstaaten
- Sicherheitspolitik: Uneinheitliches Auftreten gegenüber Russland in der Krim-Krise

40 Das Wettbewerbsrecht und die Zollunion liegen in alleiniger Verantwortung der EU.

41 Das sogenannte institutionelle Dreieck wird von der EU-Kommission, dem Ministerrat und dem EU-Parlament gebildet. Das alleinige Initiativrecht liegt bei der Kommission, während Ministerrat und Parlament Änderungsvorschläge einbringen können. Ohne die Zustimmung dieser beiden Organe kann kein Gesetz zustande kommen.

42 Beispiele für Änderungen durch den Vertrag von Lissabon:

- Aufwertung des EU-Parlaments durch mehr Zuständigkeiten
- Begrenzung der Zusammensetzungen des Ministerrats
- Einführung der doppelten Mehrheit bei Entscheidungen im Ministerrat
- Schaffung des Amtes des Hohen Vertreters der EU für Außen- und Sicherheitspolitik

43 Bei einer qualifizierten Mehrheit muss normalerweise ein bestimmter Anteil der abgegebenen Stimmen oder aller Stimmberechtigten erreicht werden (oftmals Zweidrittelmehrheit). Bei der doppelten qualifizierten Mehrheit in der EU muss dagegen nicht nur ein bestimmter Anteil der Länder (welcher allerdings unterhalb einer Zweidrittelmehrheit liegt) zustimmen, sondern in den zustimmenden Ländern muss zudem ein bestimmter EU-Bevölkerungsanteil leben. Es reicht demnach nicht aus, wenn eine große Anzahl kleiner (in Bezug auf ihre Bevölkerungszahl) Mitgliedstaaten zustimmt, genauso wenig wie es ausreicht, wenn eine geringe Anzahl größerer Mitgliedstaaten zustimmt.

44 Die Mitglieder des Ministerrats gehören den Regierungen der Mitgliedstaaten an, die ihrerseits von der jeweiligen Bevölkerung gewählt wurden. Gleichzeitig müssen sie ihre Entscheidungen gegenüber den jeweiligen Parlamenten verantworten. Die Kommissionsmitglieder werden ebenfalls von den – jeweils demokratisch legitimierten – nationalen Regierungen vorgeschlagen. Jedes einzelne Kommissionsmitglied wird in einer Anhörung von den EU-Parlamentariern überprüft und beurteilt und die Kommission wird abschließend vom Parlament bestätigt oder gegebenenfalls auch abgelehnt. Eine solche Überprüfung einer Regierung findet in keinem der 28 Mitgliedstaaten statt.

45 Nach dem Prinzip der „degressiven Proportionalität", das auf die Vergabe von Sitzen an die Mitgliedstaaten der Europäischen Union angewendet wird, bilden Deutschland als das bevölkerungsreichste und Malta als das bevölkerungsärmste Land der EU die Extremfälle: auf Deutschland (82,5 Mio. Einwohner) entfallen 96 Sitze, d. h. ein Sitz auf etwa 860 000 Einwohner, auf Malta (0,4 Mio. Einwohner) 6 Sitze, d. h. ein Sitz auf 67 000 Einwohner. Im Durchschnitt kommt europaweit ein Sitz auf rund 665 000 Einwohner. Auf diese Weise sollen sehr unterschiedlich große Staaten in einem Verbund angemessen repräsentiert werden. Indem jeder Staat unabhängig von seiner Einwohnerzahl mindestens 6 Sitze erhält, kann das politische Spektrum dieses Landes zumindest ansatzweise repräsentiert werden. Um gleichzeitig die Größe des EU-Parlaments zu beschränken und so dessen Arbeitsfähigkeit aufrechtzuerhalten, dürfen die bevölkerungsreicheren Staaten wie z. B. England, Frankreich oder Deutschland anteilig nur weniger Abgeordnete entsenden.

46

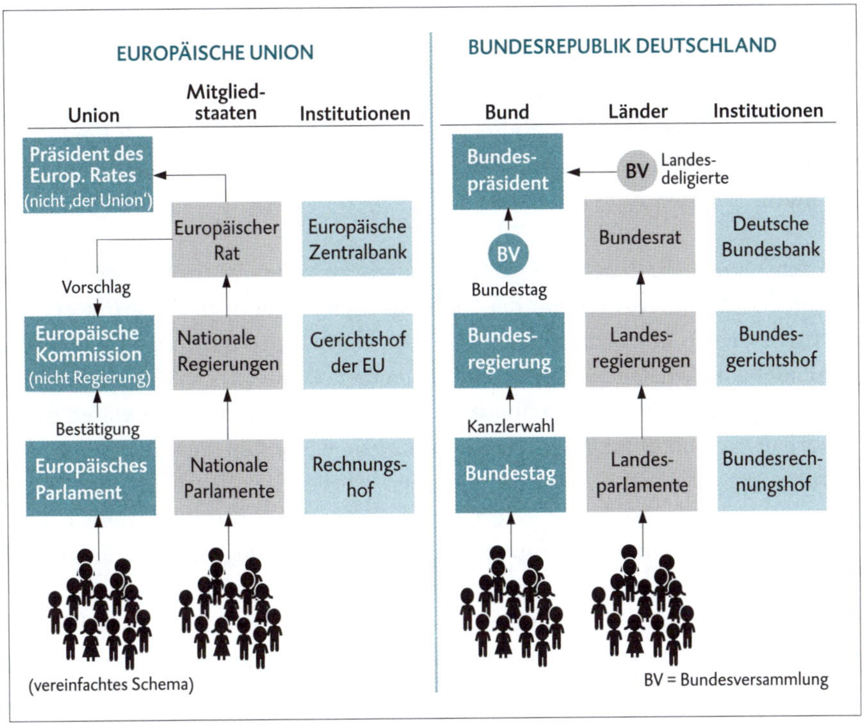

M 168: Aufbau der politischen Systeme in der EU und der Bundesrepublik

47 Mögliche Vorschläge:

- Verbesserung der politischen Handlungsfähigkeit
- Vereinfachung der Abstimmungsprozesse
- Verbesserung der Partizipationsmöglichkeiten z. B. durch Initiativrecht des EU-Parlaments
- Machtzuwachs für das Europäische Parlament
- Vereinheitlichung der Politik in zentralen Politikfeldern (z. B. Abstimmung von wirtschaftspolitischen Maßnahmen zur Flankierung der Geldpolitik)
- Synchronisierung von Standards z. B. in den Asylverfahren durch Angleichung der Verfahren, einheitliche Einschätzung politischer Systeme in Asien und Afrika
- Vereinheitlichung der Sozialstandards
- Nachhaltigkeit als politisches Ziel/intensivere Bearbeitung des Klimaziels z. B. durch Verbesserung der Verkehrspolitik
- Verbesserung der gemeinsamen Außen- und Sicherheitspolitik

48 Im Kern ist eine Norm ein Dokument, das Anforderungen an Dienstleistungen, Produkte oder auch Verfahren (z. B. den Ablauf bestimmter Produktionsprozesse) formuliert. Eine Norm hat hierbei den Anspruch, Klarheit über z. B. Produkteigenschaften oder Produktinhalte zu erzeugen, soll den Verbraucher schützen, Rechtssicherheit erzeugen und den freien Verkehr von Waren erleichtern.

49 Zunächst wird die Notwendigkeit zu einer Normierung im Austausch von nationalen Normierungsbehörden, Verbraucherschützern und Vertretern der Industrie und Politik ermittelt. EU-Normen werden also im Wesentlichen von denjenigen entwickelt, die sie später anwenden. Ohne eine solche Beteiligung fänden Normen keine Akzeptanz auf den jeweiligen Märkten und wären nicht dauerhaft umsetzungsfähig. Die EU kann Normen nun auf dem Weg der Verordnung oder der Richtlinie umsetzen, wobei die Richtlinie eine Übertragung in nationales Recht erfordert und sozusagen einen Rahmen liefert, während die Verordnung unmittelbar bindende Wirkung hat. Der institutionelle Weg von Verordnungen oder Richtlinien ist in der EU die sog. „ordentliche Gesetzgebung“, die in einem „Trilog“ zwischen EU-Parlament, EU-Kommission und dem Ministerrat Formulierungen erarbeitet und diese letztlich beschließt oder ablehnt. Hierbei hat die Kommission das Initiativrecht zu dem jeweiligen Rechtsakt.

50 Durch die Abschaffung von Handelshemmnissen konnten erhebliche Kosten eingespart werden, die durch Grenzkontrollen und die Zollabwicklung entstanden. Gleichzeitig kann ein stärkerer europäischer Wirtschaftsraum in der Konkurrenz mit den USA und Japan auf den Weltmärkten nicht nur besser bestehen, sondern die Staaten der EU verfügen in der Folge auch über ein größeres außenpolitisches Gewicht.

51 1. freier Warenverkehr
2. freier Personenverkehr
3. Dienstleistungsfreiheit
4. freier Kapitalverkehr

Die vier Grundfreiheiten verbieten in ihrem Anwendungsbereich jegliche Diskriminierung aufgrund von Staatsangehörigkeit oder Herkunft.

52 Eine Kürzung der Staatsausgaben bedeutet oft vor allem eine Einschränkung der Sozialausgaben, d. h. etwa der Zuschüsse zur Gesetzlichen Rentenversicherung, des Kindergeldes, der Arbeitslosenhilfe, der Unterstützung von Sozialwohnungen etc. Vor allem im Vorfeld einer Wahl befürchten Regierungen, dass die Wähler sie für das Kürzen sozialer Leistungen „abstrafen" werden. Andererseits kann eine Senkung der Staatsausgaben auch zu Steuer- und Abgabensenkungen genutzt werden, welche sich mittel- und langfristig positiv auf die gesamte volkswirtschaftliche Lage auswirken können. So kann es zur Erhöhung der Unternehmensinvestitionen und zu einem Anstieg der Erwerbstätigenquote kommen.

53 Unter einer qualifizierten Mehrheit wird eine Mehrheit mit einem bestimmten Anteil an einer Grundgesamtheit verstanden. Beispiele sind eine Zweidrittelmehrheit aller abgegebenen Stimmen oder eine Zweidrittelmehrheit aller Stimmberechtigten. Es kann auch vorgeschrieben sein, dass die Zustimmenden einen bestimmten Anteil der Bevölkerung oder – etwa im Falle der EU – einen bestimmten Anteil der Mitgliedstaaten repräsentieren müssen. Die „umgekehrte" qualifizierte Mehrheit bedeutet, dass eine bestimmte qualifizierte Mehrheit sich gegen einen Beschluss/eine Maßnahme aussprechen muss, der/die ansonsten automatisch in Kraft tritt.

Da es als schwieriger eingeschätzt wird, genügend Stimmen zu sammeln, die sich aktiv gegen die Bestrafung eines Defizitlandes aussprechen, als Staaten dazu zu bewegen, für eine Bestrafung zu stimmen, wurde dieser Abstimmungsmodus in den europäischen Fiskalpakt aufgenommen. So soll die Wahrscheinlichkeit von Sanktionen erhöht werden.

54
- ein **stabiles Preisniveau:** Die Inflationsrate des Beitrittskandidaten darf maximal 1,5 Prozentpunkte über der Inflationsrate der drei preisstabilsten EU-Länder des Vorjahrs liegen.
- eine ausgeglichene **Finanzlage der öffentlichen Haushalte:** Das jährliche öffentliche Defizit **(Nettoneuverschuldung)** des Beitrittskandidaten darf nicht mehr als 3 % des nationalen BIP ausmachen und der gesamte **öffentliche Schuldenstand** darf nicht mehr als 60 % des nationalen BIP betragen.
- die **Teilnahme am Wechselkursmechanismus** des EWS II: Die Währung eines WKM II-Mitglieds darf 2 Jahre um nicht mehr als 15 % von einem festgelegten Leitkurs des Euro abweichen.

- die **Stabilität der langfristigen Zinssätze:** Der durchschnittliche langfristige Nominalzinssatz des Beitrittskandidaten darf maximal um 2 Prozentpunkte über dem Zinssatz der drei preisstabilsten EU-Länder des Vorjahrs liegen.

55 Nur die beiden Schuldenstandskriterien, sowohl die jährliche Neuverschuldung als auch die Beeinflussung der Gesamtverschuldung eines Staates, liegen noch im Einflussbereich der Nationalstaaten. Für die Preisniveaustabilität ist die Europäische Zentralbank zuständig, das Niveau der langfristigen Zinssätze spielt nach der Einführung des Euro keine Rolle mehr.

56 Als Deutschland 2002 und 2003 das Neuverschuldungskriterium von 3 % der Wirtschaftsleistung verletzte, wurde der Pakt auf Betreiben der rot-grünen Bundesregierung von Kanzler Gerhard Schröder vorübergehend ausgesetzt. 2005 wurde das Regelwerk auf deutsche und französische Initiative hin schließlich aufgeweicht, Ausnahmen wurden zugelassen. Viele Experten sehen dies kritisch, weil Haushaltdefizite kleiner gerechnet werden und Haushaltskonsolidierungen auf die lange Bank geschoben werden können. Gleichzeitig wurde durch die Aushebelung des Vertrages durch zwei mächtige Mitgliedstaaten die politische Beeinflussbarkeit und die relative Machtlosigkeit der EU-Kommission deutlich. Man spricht deswegen von einem „Sündenfall", da alle anderen Staaten, die danach eines der Schuldenkriterien verfehlten, auf die Sonderreglung für Deutschland und Frankreich verweisen konnten. Die damaligen Befürchtung der Wirtschaftsexperten haben sich bestätigt, da die EU-Kommission zwar etliche Defizitverfahren gegen Mitgliedsländer eingeleitet hat, allerdings wurden trotz massiver Verstöße bis heute (Stand 2016) keine Geldstrafen verhängt.

57 Der konkrete Wert von 60 % kann ökonomisch nicht begründet werden. Er kam dadurch zustande, dass der durchschnittliche Schuldenstand der wahrscheinlichsten Beitrittskandidaten zum Zeitpunkt der Vertragsunterzeichnung in der Nähe dieses Wertes lag. Insgesamt gilt ein geringer Schuldenstand eines Staates als erstrebenswert, da auf diese Weise mehr Handlungsspielräume für die ökonomischen Akteure entstehen: Je niedriger der Schuldenstand eines Staates, desto geringer ist der Anteil des Staatshaushaltes für Schuldendienste. Folgende Konsequenzen können sich ergeben:

	Staat	Verbraucher	Unternehmen
Sozialleistungen	mehr Sozialleistungen finanzierbar	mehr staatliche Sozialleistungen	
Steuern	mehr Spielraum für Steuersenkungen	• geringere Steuerzahlungen; • mehr verfügbares Einkommen	• geringere Steuerzahlungen; • mehr verfügbare finanzielle Mittel
Konsum	mehr Anschaffungen z. B. im Rüstungsbereich möglich	mehr private Anschaffungen möglich	• Unternehmergewinne und steigende Dividenden; • steigender Konsum
Investitionstätigkeit	mehr staatliche Investitionen finanzierbar	mehr Sparleistung und langfristige Investitionen (z. B. Hauskauf)	mehr Investitionen

M 169: Konsequenzen einer niedrigen Verschuldung

In der Summe laufen die aus einem Schuldenabbau resultierenden Entwicklungen auf ein zunehmendes Wirtschaftswachstum, eine steigende Beschäftigung und eine zunehmende Attraktivität des Wirtschaftsstandortes hinaus.

58

Vorteile Brexit	Nachteile Brexit
dramatischer Wertverlust des Pfundes gegenüber Euro und Dollar erleichtert Exporte aus Großbritannien, z. B. für den britischen Mobilfunkanbieter Vodafone	dramatischer Wertverlust des Pfundes gegenüber Euro und Dollar • Importe werden für Briten teurer • Kapitalabfluss institutioneller Anleger
Zunehmende Autonomie bei Verhandlungen mit außereuropäischen Partnern	Risiko einer Abspaltung des eurofreundlichen Schottlands wird wahrscheinlich
	weiter bestehende Abhängigkeit von Normsetzungen der EU, ohne den eigenen Einfluss geltend machen zu können
	Die Flüchtlingsproblematik wird der EU angelastet, aber die Zuwanderer kommen aus Staaten außerhalb der EU. Gleichzeitig bleibt auch Großbritannien aufgrund der demografischen Entwicklung auf Zuwanderer angewiesen.
	50 % der Waren gehen in die EU, Handelsbedingungen müssen nach dem Brexit neu ausgehandelt werden.

M 170: Vor- und Nachteile des Brexit

59 Großbritannien ist trotz des „Britenrabatts" ein Nettozahler, Unterstützer der Stabilitätspolitik der Nordländer der EU und damit wichtiges politisches Gegengewicht zu einer zu lockeren Geldpolitik. Die zweitgrößte Volkswirtschaft der EU ist ein wichtiger Absatzmarkt und die Bedeutung des Finanzplatzes London für den internationalen Stellenwert der EU ist nicht zu unterschätzen.

60 Die Bekämpfung der Fluchtursachen, die Verhinderung irregulärer Einwanderung sowie eine bessere Koordinierung der Asylpolitik sind Maßnahmen, die sich auf die Migration von Drittstaatsangehörigen, d. h. aus Nicht-EU-Ländern in die EU, beziehen. Nur die Steuerung der legalen Einwanderung verfolgt mit der Anwerbung von qualifizierten Arbeitskräften ein Ziel, das einige EU-Länder auch in Hinsicht auf die Migration innerhalb der EU anstreben.

61 Bei der EU handelt es sich um keinen Staat, da es weder über ein Staatsvolk noch ein Staatsgebiet verfügt und auch keine souveräne Staatsgewalt ausübt. Gleichzeitig geht die EU aufgrund der Verlagerung wichtiger Kompetenzen auf supranationale Ebene weit über das Niveau eines intergouvernemental organisierten Staatenbundes hinaus. Es handelt sich also um ein spezielles politisches System, das sich deutlich von nationalstaatlichen Systemen unterscheidet, aber mit diesen verglichen werden kann.

62 Bei der Beantwortung dieser Frage sind natürlich mehrere Modelle denkbar, auch wenn vor dem Hintergrund der aktuellen Entwicklungen zumindest das Bundesstaatsmodell am wenigsten wahrscheinlich ist. Folgende oder ähnliche Aspekte sollten in die Argumentation einbezogen werden:

- verstärkte Ausrichtung an den nationalstaatliche Interessen insbesondere der osteuropäischen Staaten,
- Zunahme rechtspopulistischer Regierungen,
- zunehmende Handlungsunfähigkeit der Gemeinschaft bei der Einflussnahme auf überschuldete Regierungen,
- geringe Solidarität mit Staaten, die von der Flüchtlingskrise besonders stark betroffen sind,
- Überbetonung ökonomischer Interessen gegenüber Werten wie Solidarität
- etc.

Strukturen sozialer Ungleichheit, sozialer Wandel und soziale Sicherung

63 Zunächst wird das Haushaltseinkommen berechnet, welches sich aus den Einkommen aus folgenden Quellen zusammensetzt: Erwerbsarbeit, Vermögen/Besitz, Transferleistungen. Hiervon werden dann Steuern und Sozialabgaben abgezogen, sodass das Haushaltsnettoeinkommen Rückschlüsse auf das Konsumverhalten des jeweiligen Haushalts erlaubt.

64 Beispiele zur Darstellung der Verteilung von Einkommen/Vermögen in einer Bevölkerung:

- In einem ersten Schritt wird etwa das gesamte Volkseinkommen oder das verfügbare Einkommen aller privaten Haushalte ermittelt. Anschließend werden alle privaten Haushalte z. B. in fünf Gruppen eingeteilt. Nun wird für jedes *Quintil* berechnet, wie hoch das gesamte (verfügbare) Einkommen dieser Haushalte ist. Auf dieser Grundlage lässt sich der Anteil dieses Quintils am Volkseinkommen oder an dem verfügbaren Einkommen aller Privathaushalte ermitteln.
- Der *Gini-Koeffizient* liefert eine Maßzahl, mit der ausgedrückt werden kann, wie groß die Ungleichverteilung der Einkommen oder des Vermögens in der Bevölkerung ist. Dieser Wert wird auf Basis der Lorenzkurve berechnet. Hierbei handelt es sich um einen Graphen, welcher das Verhältnis zwischen bestimmten Anteilen der Bevölkerung und bestimmten Anteilen des Volkseinkommens oder Vermögens darstellt.

65 Die Armutsmessung in der EU folgt einem Begriff von relativer Armut, der im Kontrast zu absoluter oder existenzieller Armut steht. Da es sich um Industriestaaten handelt, würde es hier zu kurz greifen, nur einen Mangel an existenzsichernden Gütern als Armut zu bezeichnen. Stattdessen muss auch etwa der Ausschluss von Möglichkeiten zur gesellschaftlichen Teilhabe miteinbezogen werden.

66 Relevante Aspekte des sozialen Status in diesem Zusammenhang sind etwa:

- **Einkommen:** Das Einkommen der Eltern entscheidet darüber, welche außerschulische Förderung ihre Kinder erhalten können. Es spielt außerdem bei der Finanzierung eines Studiums eine große Rolle.
- **Bildungsorientierung:** Die Bereitschaft der Eltern zur Unterstützung ihrer Kinder, die Motivation der Kinder selbst, einen höheren Bildungsabschluss

zu erreichen, sowie ihr Glaube an die eigene Leistungsfähigkeit hängen erheblich vom Bildungsabschluss der Eltern ab.

- **Sprache:** Defizite in der Unterrichtssprache beeinflussen den schulischen Erfolg der Kinder maßgeblich.
- **Herkunft:** Der Wohnort der Familie oder das Herkunftsland (der Eltern) kann sich auf das Verhalten der Lehrer gegenüber den Kindern, ihre Benotung, ihre Einschätzung der Kinder etc. auswirken.

67
- Gezielte zweckgebundene Förderung der unteren Einkommensschichten (Bildungsgutscheine o. Ä.)
- innerschulische Förderung und Begleitung schwächerer Schülerinnen und Schüler
- spezielle Migrantenförderung (besonders: Sprachkompetenz)
- gezielte Frühförderung bereits im Kindergarten
- Verzahnung der „Bildungsstationen" durch institutionalisierte Übergabegespräche
- höhere Durchlässigkeit des Schulsystems
- Differenzierung der Leistungsstufen (äußere Differenzierung)
- gezielte Elternberatungen und Schul-„Coaching"
- verstärkte Kooperation von Ganztagsschulen mit außerschulischen Partnern (Vereine, Sozialarbeit)
- Kindergartenpflicht ab z. B. dem vierten Lebensjahr

68 Die Bundesrepublik hat umfassende Veränderungsprozesse im wirtschaftlichen sowie im sozialen und kulturellen Bereich durchlaufen:

- **Industrialisierung:** Veränderungen der sektoralen Wirtschaftsstruktur; Entwicklung hin zur Dienstleistungs- sowie Informations-/Wissensgesellschaft; Veränderung der Qualifikationsprofile von Arbeitnehmern;
- **Wohlstandswachstum:** Veränderungen der Bedürfnisse → Veränderungen im Konsumverhalten;
- **Bildungsexpansion:** Veränderung des Bildungsniveaus, von Bildungsinhalten, des Bildungssystems etc.;
- **Demografischer Wandel:** Veränderungen vor allem im Bevölkerungswachstum, in der Altersstruktur der Gesellschaft sowie bezüglich Migrationsbewegungen;

- **Pluralisierung der Lebensformen:** Veränderungen der Haushaltsgrößen sowie der Zusammensetzung eines Haushalts bzw. einer Familie; qualitative Veränderungen der zwischenmenschlichen Beziehungen;
- **Wertewandel:** Veränderung der Bedürfnisse → Veränderung der Werte, die das Leben einer Person maßgeblich beeinflussen;
- **Migration:** Veränderung von Ein- und Auswanderungen → Veränderung der Struktur der Bevölkerung insgesamt sowie Veränderung der Zusammensetzung bestimmter sozialer Gruppen.

69 In Deutschland wird in Lehr- und Bildungsplänen zunehmend Wert auf die Kompetenzorientierung gelegt: Schüler sollen nicht mehr nur abprüfbares Wissen erwerben, sondern auch bestimmte Fähigkeiten. Hierbei geht es vor allem um die Kompetenz, sich immer wieder neu mit aktuellen Informationen zu versorgen.

Bildung bzw. Wissen wird in der Gesellschaft im Allgemeinen hochgeschätzt. Berufe, die auf Wissen oder Informationsfähigkeiten aufbauen, sind tendenziell deutlich besser bezahlt als Berufe, die etwa auf handwerklichen Fähigkeiten beruhen.

Einige gesellschaftliche Gruppen engagieren sich stark für den Wandel zu einer Informationsgesellschaft, indem sie etwa die freie Verfügbarkeit von Informationen fördern wollen (Urheberrecht). Dies war zu Beginn etwa das Hauptthema der 2006 gegründeten Piratenpartei Deutschlands.

Kommunikation im Alltag hat sich durch eine Reihe entsprechender Technologien zu einer „mobilen Kommunikation" entwickelt. Formen sozialer Vernetzung, die durch diese ermöglicht wurden, sind zumindest aus dem Alltag Jugendlicher nicht mehr wegzudenken.

Allerdings wird bei der Entstehungsrechnung des BIP der Anteil der Bruttowertschöpfung im Bereich der Informations- und Kommunikationstechnologien (noch) nicht getrennt ausgewiesen (vgl. M 9). Dies kann darauf hindeuten, dass das Bewusstsein, in einer Informationsgesellschaft zu leben, vor allem bei politischen Verantwortlichen noch fehlt. Es kann jedoch auch bedeuten, dass der Begriff „Informationsgesellschaft" nicht einheitlich definiert wird.

70 Die Zahl der Hauptschulbesuche nimmt mindestens seit den 1950er-Jahren rasant ab, auch wenn diese Schulform noch bis Anfang der 1970er-Jahre der Standard war: Noch 1970 besuchten mehr als doppelt so viele Schüler die Hauptschule wie das Gymnasium. Seit etwa 1990 gibt es mehr Gymnasiasten als Hauptschüler, wobei die Zahl der Gymnasiasten vor allem seit 2003 noch einmal deutlich zugenommen hat. Die Zahl der Realschulbesuche stagniert seit den 1980er-Jahren in etwa bei 25–30 %. Im Zuge der Bildungsexpansion war das Ziel verfolgt worden, für breite Bevölkerungsschichten ein höheres Bildungsniveau zu erreichen. Das Liniendiagramm in M 87 zeigt an, dass entsprechende Reformmaßnahmen erfolgreich waren.

71 Der demografische Wandel ist die Bevölkerungsentwicklung hinsichtlich der Altersstruktur der Bevölkerung, der Fertilität und der Mortalität, der Migrationsbewegungen sowie des quantitativen Verhältnisses von Frauen und Männern in der Gesellschaft.

72 Gründe für den demografischen Wandel waren und sind etwa:

- medizinische Innovationen wie die Verbreitung der Antibabypille,
- die Emanzipation der Frau,
- der Wertewandel, die gestiegenen Einkommen/der gestiegene Wohlstand und die hierdurch erhöhten Ansprüche an den eigenen Lebensstil,
- eine schlechte Kinderbetreuungssituation,
- eine Benachteiligung von Familien durch das bestehende Steuersystem sowie die politischen Strukturen,
- die gestiegenen Ansprüche an Eltern,
- veränderte Paar-Beziehungen,
- die gesellschaftliche Akzeptanz von Kinderlosigkeit,
- Anforderungen an sowie der Wunsch nach Flexibilität und Mobilität.

73

Negative/Problematische Auswirkungen	Positive Auswirkungen	Weitere Auswirkungen
• Erhöhung des Unterstützungsquotienten → Gefährdung des Generationenvertrags/Erhöhung der Sozialabgaben • Vergrößerung der politischen Macht der älteren Bevölkerungsgruppe → politische Entscheidungen, die jüngere Bevölkerungsgruppen anschließend tragen müssen • Fachkräftemangel • Braindrain	• demografische Dividende • Senkung des Bürgerkriegsindexes • Optimierung weicher Standortfaktoren	• Veränderung der Nachfrage → Veränderung des Angebots

M 171: Folgen des demografischen Wandels in Deutschland für Politik, Wirtschaft und Kultur

74 Aufgrund der wirtschaftlichen Lage, des Systems der sozialen Sicherung sowie eines verlässlichen rechtsstaatlichen Systems steht die Befriedigung von physiologischen (z. B. Hunger, Wohnung) und Sicherheitsbedürfnissen (z. B. Schutz des Eigentums) für den größten Teil der Bevölkerung im Hintergrund. Dagegen gewinnt der Wunsch nach sozialer Anerkennung (z. B. Liebe) oder nach Selbstverwirklichung an Bedeutung. Dies beeinflusst das Handeln jedes Einzelnen, sodass es zu einem demografischen Wandel kommt.

75 Soziale Normen und Kontrolle sowie (religiöser) Glaube haben in einer individualisierten Gesellschaft stark an Bedeutung verloren. Dadurch bestehen weniger „Vorgaben" für den Einzelnen, wie er sein Leben zu führen hat: Biografien sind heute viel individueller als noch vor wenigen Jahrzehnten. Formen des Zusammenlebens, berufliche Laufbahnen und Lebensstile haben sich stark diversifiziert. So besteht sowohl die Möglichkeit als auch der Zwang, sein Leben selbst zu gestalten. Doch nicht jeder schafft dies ohne soziale Orientierung. Zudem muss sich der moderne Mensch neuen „Kontrollinstanzen" unterwerfen, die seine „gebastelte" Biografie beeinflussen.

76 Als Parallelgesellschaft werden Bevölkerungsgruppen bezeichnet, die sich vor allem kulturell und in ihrer Werteorientierung von der Mehrheitsgesellschaft unterscheiden. Dabei wird erstens unterstellt, dass es sich hierbei um homogene Gruppen handelt, die sich von einer wiederum einheitlichen Mehrheit

mehr oder weniger bewusst und zielgerichtet abgrenzen. Zweitens weist der Begriff „parallel" darauf hin, dass beide gesellschaftlichen Gruppen ohne Berührungspunkte nebeneinander existieren. Dies verkennt jedoch die Realität in den meisten Gesellschaften (Milieus, vgl. S. 170 f.).

77

Vorteile	Nachteile
• Abfangen von Auftragsspitzen der Unternehmen • Flexibilität der Unternehmen in der Personalpolitik • Chance zur beruflichen Neuorientierung für Arbeitnehmer • Disziplinierung der Stammbelegschaft und deren gewerkschaftlicher Vertretung • Senkung der Arbeitslosigkeit (systemisch) • Kennenlernen neuer Arbeitnehmer vonseiten der Unternehmen • Aufbau/Erhalt übergreifenden Fachwissens	• Verdrängung regulärer Beschäftigung • Schaffung von Arbeitskräften zweiter Klasse, Deklassierung der Leiharbeiter gegenüber der Stammbelegschaft • stetige Arbeitsplatzunsicherheit aufseiten der Leiharbeiter • Verunsicherung der Stammbelegschaft • gesellschaftliche Probleme (z. B. späte Familiengründungen) infolge steigender Ansprüche an zeitliche und räumliche Flexibilität von Arbeitskräften • Verlagerung betriebswirtschaftlicher Risiken auf die Allgemeinheit

M 172: Mögliche Folgen von Leiharbeit

78 Wichtige Modelle der Sozialstrukturanalyse sind vor allem:
- Klassenmodelle (z. B. Marx, Wright),
- Schichtmodelle (z. B. Bolte, Dahrendorf, Geißler),
- Lagenmodelle (z. B. Hradil),
- Milieumodelle (z. B. Sinus-Institut).

79 Beispiele für vertikale Ungleichheiten sind etwa Macht, Bildung und Einkommen. Horizontale Ungleichheiten bieten Differenzierungsmöglichkeiten innerhalb vertikal unterteilter sozialer Gruppen und können Überschneidungen dieser Gruppen aufzeigen. Beispiele hierfür sind Geschlecht, Alter und Herkunft.

80

Gesellschaftsmodelle	Beispiele für Vorteile	Beispiele für Nachteile
Soziale Klassen (Hauptthese: Die Gesellschaft ist im Kern gespalten.)	einfache Darstellung/klare Differenzierung sozialer Gruppen	Erweiterung von Marx' Klassenmodell notwendig, um komplexe Gesellschaften erfassen zu können
Soziale Schichten (Hauptthese: Die sozialen Gruppen sind nicht klar voneinander getrennt; soziale Mobilität ist möglich.)	nicht nur Produktionsmittel, sondern auch Einkommen, Bildung und Berufsprestige/Macht als relevante Kriterien herangezogen	Verwendung nur von klassischen (vertikalen) Ungleichheitsdimensionen
Soziale Lagen (Hauptthese: Eine Person kann nicht nur über die Erhebung eines Kriteriums einer Schicht zugeordnet werden.)	Einbeziehung auch horizontaler Ungleichheitsdimensionen	das Erfassen der relevanten Kriterien (z. B. Zufriedenheit) und die Einordnung von Personen werden komplexer und weniger praktikabel; weniger eindeutige/verständliche/anschauliche Gesellschaftsanalyse
Soziale Milieus (Hauptthese: Der Lebensstil einer Person ist durch eine Vielzahl an Kriterien geprägt.)	Erfassen auch von Einstellungen und dem Verhalten von Menschen; Erleichterung etwa von Wahl- und Konsumanalysen durch die differenziertere Darstellung der Gesellschaft	die Charakteristika sozialer Milieus stammen in der Realität häufig aus dem Bereich der Marktforschung → kein rein sozialwissenschaftlicher Entstehungskontext der Modelle

M 173: Gesellschaftsmodelle

81 Mit der Entstrukturierungsthese wird eine weitgehende Auflösung von Schichten behauptet: Durch eine Wohlstands- und Bildungsexpansion sei die gesamte Gesellschaft mitsamt ihres Ungleichheitsgefüges auf ein höheres Niveau „angehoben" worden (Fahrstuhleffekt). In Verbindung mit Individualisierungsprozessen hätten sich dadurch die herkömmlichen sozialen Strukturen derart verwirbelt, dass die klassischen Sozialstrukturmodelle nicht mehr griffen. Das Auftreten von Statusinkonsistenzen scheint diesen Befund zu bestätigen. Kritiker der These (z. B. Bourdieu) behaupten demgegenüber, dass neue Inkonsistenzen in Form bestimmter Muster aufträten und sich somit neue Ungleichheitsstrukturen gebildet hätten.

82

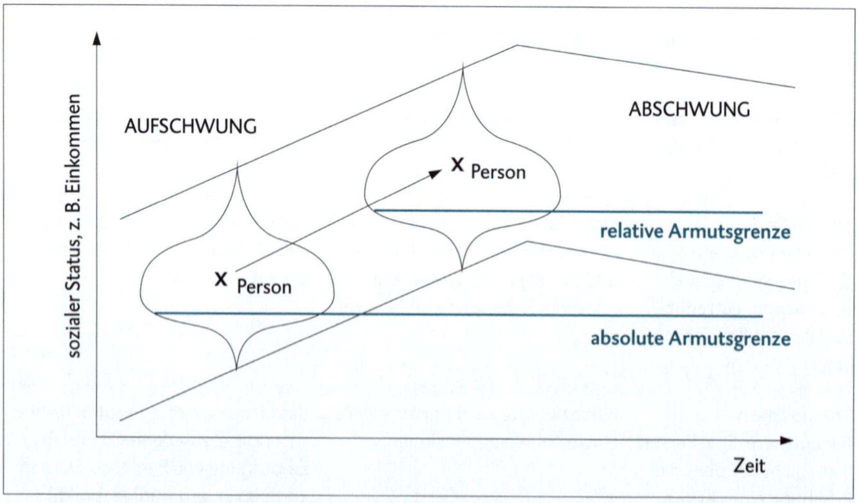

M 174: Darstellung des Fahrstuhleffekts im Kontext von Sozialstrukturanalyse und Armutskonzepten

83

Sozialgehobene Milieus:

- Konservativ-etabliertes Milieu (10 %): Das klassische Establishment: Verantwortungs- und Erfolgsethik; Exklusivitäts- und Führungsansprüche versus Tendenz zu Rückzug und Abgrenzung

[…]

Milieus der Mitte:

[…]

- Sozialökologisches Milieu (7 %): Idealistisches, konsumkritisches/-bewusstes Milieu mit normativen Vorstellungen vom „richtigen" Leben: Ausgeprägtes ökologisches und soziales Gewissen; Globalisierungs-Skeptiker, Bannerträger von Political Correctness und Diversity

Milieus der unteren Mitte/Unterschicht:

[…]

- Hedonistisches Milieu (15 %): Die spaß- und erlebnisorientierte Unterschicht/untere Mittelschicht: Leben im Hier und Jetzt, Verweigerung von Konventionen und Verhaltenserwartungen der Leistungsgesellschaft

M 175: Kurzcharakteristik ausgewählter Sinus-Milieus®

84 Das Grundgesetz sieht den Sozialstaat nur an wenigen Stellen explizit vor (Art. 20 GG, Art. 28 GG). Weitere Artikel (Art. 1 GG, Art. 3 GG, Art. 6 GG, Art. 14 GG) wurden von Verfassungsrechtlern in Hinsicht auf „sozialen Ausgleich“ und „soziale Sicherheit“ interpretiert.

85 Bei den Prinzipien der sozialen Sicherung handelt es sich um

- **Solidarität:** Alle Mitglieder der Gesellschaft verhalten sich solidarisch, d. h., sie leisten sich gegenseitig Unterstützung.
- **Subsidiarität:** Soziale Verantwortung beginnt bei der kleinsten sozialen Einheit (Individuum, Familie). Nur im Falle einer nicht ausreichenden Versorgung bzw. einer fehlenden Fähigkeit zur Problemlösung wird diese Verantwortung auf die nächsthöhere Ebene übertragen.
- **Soziales Netz:** Kein Mitglied der Gesellschaft wird „fallengelassen“. Jeder hat Anspruch auf ein (gesellschaftlich bestimmtes) Existenzminimum.
- **Versicherungsprinzip:** Eine Vielzahl von Personen zahlt in einen „Geldtopf“ ein, aus dem im Versicherungsfall ein Schadensausgleich gezahlt wird.
- **Versorgungsprinzip:** Wenn eine bestimmte Vorleistung erbracht worden ist, besteht Anspruch auf bestimmte soziale Leistungen.
- **Fürsorgeprinzip:** Einige Sozialleistungen können auch ohne Vorleistung in Anspruch genommen werden.

86 Ein Arbeitnehmer zahlt ab 2017 insgesamt 19,425 % seines Bruttoverdienstes in die Sozialversicherung ein.

Rentenversicherung	9,350 %
+ Krankenversicherung	7,300 %
+ Pflegeversicherung (2017)	1,275 %
+ Arbeitslosenversicherung	1,500 %
+ Unfallversicherung	–
=	19,425 %

87

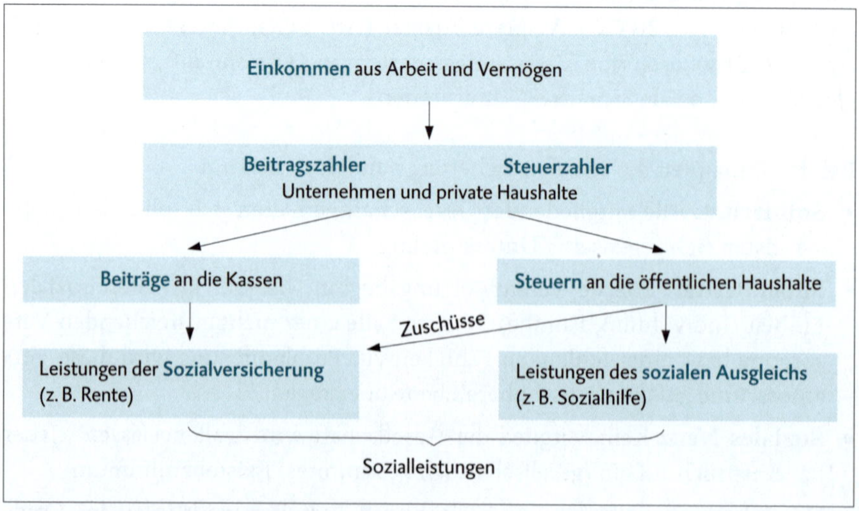

M 176: Finanzierung sozialer Leistungen

88 Grundlegende Gerechtigkeitskonzepte sind:

- Gerechtigkeit ist dann gegeben, wenn **absolute Gleichheit** vorliegt.
- Gerechtigkeit ist dann gegeben, wenn **relative Gleichheit** vorliegt.
- Gerechtigkeit bedeutet, dass die Leistungen einer **Generation** angemessen von anderen Generationen „belohnt" werden und dass eine Generation Verpflichtungen gegenüber anderen Generationen einhält.
- Gerechtigkeit bedeutet, dass jeder die gleichen **Startchancen** im Leben hat.

89

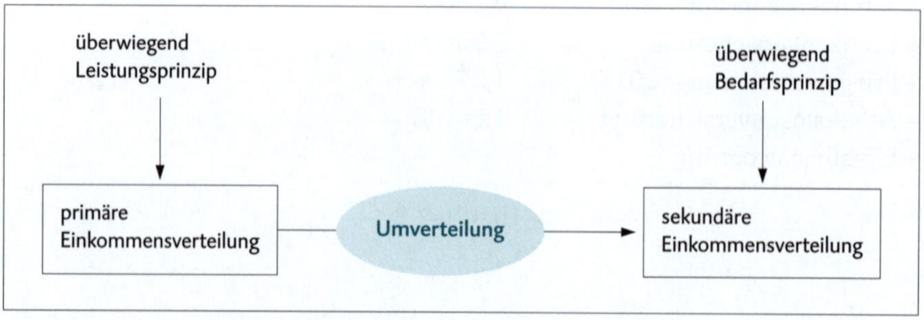

M 177: Umverteilung durch den Sozialstaat unter Berücksichtigung von Bedarfs- und Leistungsprinzip

90 Die Karikatur von Klaus Stuttmann aus dem Jahr 2006 (vgl. Bild- und Textnachweis) zeigt ein Bündel Geldscheine, welches durch eine Banderole zusammengehalten wird. Auf dieser steht „Demokratie & Gerechtigkeit"; die Karika-

tur ist mit den Worten „Am Zerbröseln …“ untertitelt. Die Banderole hält die Scheine nur noch in der Mitte zusammen; an den Rändern sind diese schon weitgehend zerpflückt und abgerissen. Demokratie und Gerechtigkeit sind demnach untrennbar miteinander verbunden. Zudem bilden sie den Rahmen für die Wirtschaft(sordnung). Je mehr die Wirtschaft „zerbröselt“, d. h., je unsicherer die wirtschaftliche und finanzielle Situation wird, desto mehr verlieren Demokratie und Gerechtigkeit an Halt. Unklar bleibt hier – ohne Einbeziehung des Entstehungskontextes der Karikatur –, wessen wirtschaftliche und finanzielle Situation gemeint ist: die der Privathaushalte, der Unternehmen oder des Staates.

91 Maßgebliche Probleme des deutschen Sozialstaats liegen in der Finanzierungsbasis des Sozialstaats begründet: Die entscheidende Größe ist hierbei die mittlere Generation, die – dem Generationenvertrag folgend – die Kosten der Versorgung der älteren und jüngeren Generation zu schultern hat. Doch hierbei spielt nicht nur die Zahl der Mitglieder dieser Generation eine Rolle, sondern auch deren Position am Arbeitsmarkt: Lediglich voll sozialversicherungspflichtige Stellen können die nötige Finanzierungsbasis darstellen. Ein Wandel im Arbeitsmarkt, z. B. ein Abbau von Vollzeit- zugunsten von Teilzeitstellen oder die Zunahme alternativer Beschäftigungsformen (Minijobs, Leih- und Zeitarbeit etc.) höhlen das System aus.

92

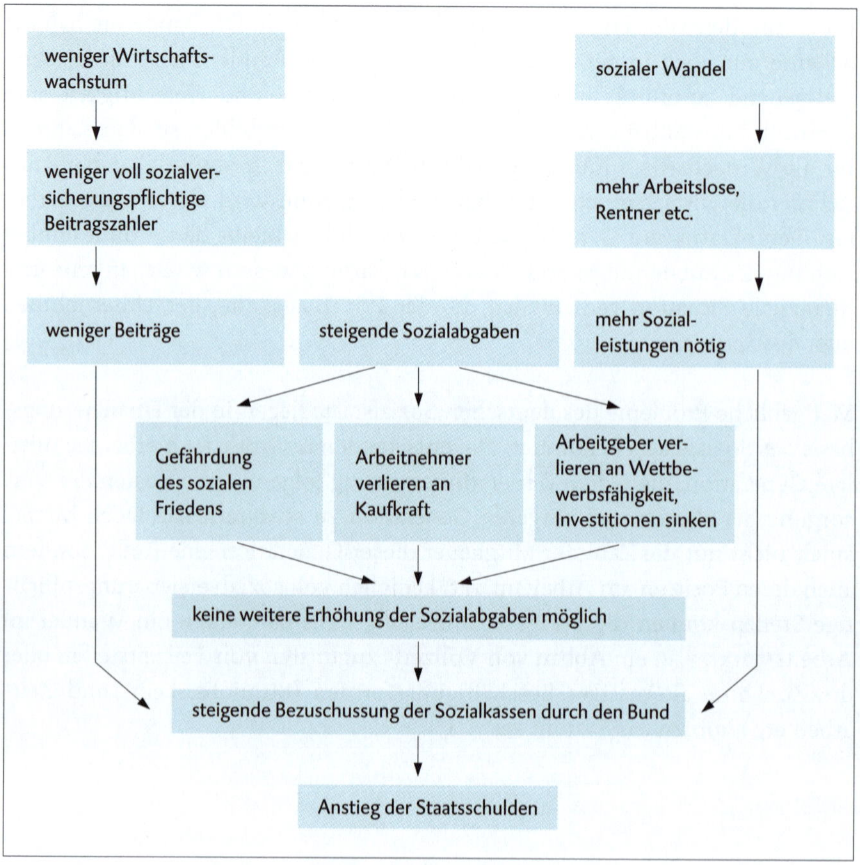

M 178: Folgen gesellschaftlicher Entwicklungen für den deutschen Sozialstaat

93 Die Reformmaßnahmen der Agenda 2010 werden zumeist der angebotsorientierten Wirtschaftspolitik zugeordnet, da vor allem Anreize für private Investitionen geschaffen werden sollten. Dies sollte wiederum zur Schaffung von Arbeitsplätzen führen. Beispiele für angebotsorientierte Maßnahmen sind etwa die Lockerung des Kündigungsschutzes sowie die Senkung der betrieblichen Lohnnebenkosten.

94

Mögliche Pro-Argumente	Mögliche Kontra-Argumente
• alte Strukturen wurden aufgebrochen; nach einem Reformstau der 1980er-Jahre wurden notwendige Veränderungen angestoßen • niedrig entlohnte Arbeit (u. U. auf einem Zweiten Arbeitsmarkt) ist für die Betroffenen immer noch besser als Arbeitslosigkeit • der umfassend versorgende Staat hat Passivität gefördert; die Reform aktiviert dagegen und fördert die Eigenverantwortung • die Liberalisierung des Arbeitsrechts, die Lockerung des Kündigungsschutzes etc. dienen dem Konzept einer „atmenden Ökonomie“ (d. h. flexibles Verfügen über Arbeitskräfte je nach konjunktureller Lage), die letztlich Wohlstand erzeugt • ohne Kürzungen der Versorgungsleistungen ist der demografische Wandel nicht aufzufangen • alternative Formen der Arbeit (Minijobs, Teilzeit) sind angesichts sich verändernder Lebensläufe von Arbeitnehmern durchaus erwünscht	• zum Teil wurden voll sozialversicherungspflichtige Arbeitsplätze auf mehrere Minijobs aufgeteilt • die teilweise Deregulierung der Arbeitnehmerüberlassung hat nur für wenige Betroffene einen „Klebeeffekt“ zur Folge, sie wird vor allem zur Lohnkostensenkung missbraucht • die Auflagen der Jobcenter beim Beziehen von ALG II werden von den Betroffenen zum Teil als Bestrafung für eine nicht selbst verschuldete Arbeitslosigkeit empfunden • der Regelbedarf reicht – vor allem wenn es hierbei zu Kürzungen kommt – nicht für eine Grundversorgung aus → Verletzung der Menschenwürde • ein Niedriglohnbereich wurde etabliert → immer mehr Menschen gelten als arm und müssen „aufstocken“ → Schwächung der Binnennachfrage
Hauptvertreter der Position	**Hauptvertreter der Position**
• Arbeitgeberverbände • angebotsorientierte Ökonomen • Parteien, z. B. FDP • zum Teil auch Arbeitnehmer	• Arbeitnehmer/Gewerkschaften • Wohlfahrtsverbände • keynesianisch orientierte Ökonomen • Parteien, z. B. DIE LINKE

M 179: Bewertung der sogenannten Hartz-Gesetze aus verschiedenen Perspektiven

Globale Strukturen und Prozesse

95

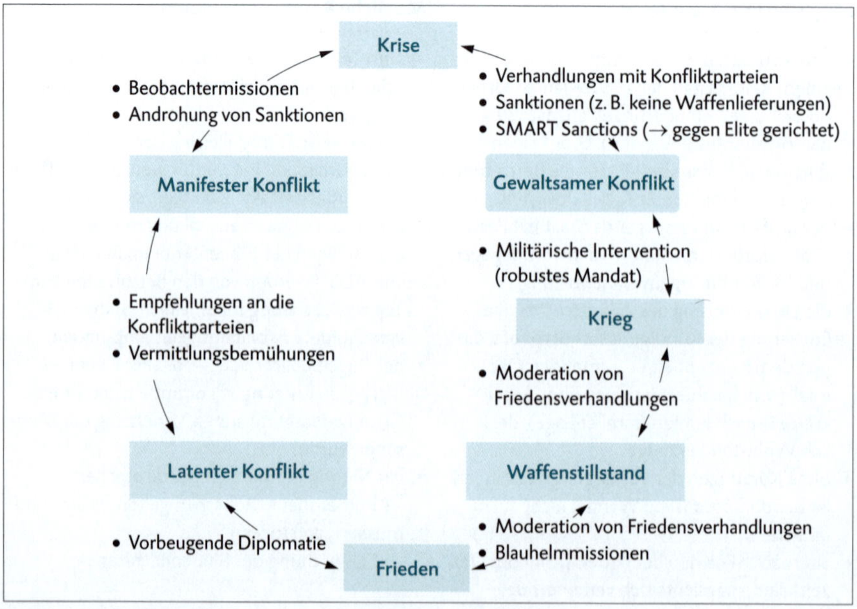

M 180: Eskalationsstufen

96

Vergleichskriterien	Realismus	Idealismus
Menschenbild	der Mensch strebt nach Macht, ist egoistisch und kriegerisch → pessimistisch	der Mensch ist vernunftbegabt, rational und lernfähig → optimistisch
Hauptakteure der Außenpolitik	unabhängige Nationalstaaten	Individuen, nicht-staatliche Zusammenschlüsse
Rolle der Innenpolitik für das Handeln der Staaten auf internationaler Ebene	ist unwichtig	ist aufgrund des Einflusses innerstaatlicher Akteure äußerst wichtig
Struktur des Staatensystems	multipolar, anarchisch	weitgehende Kooperation
Ziel der Außenpolitik	Durchsetzung des Nationalinteresses	Erreichung eines Weltfriedens
Möglichkeiten der Friedenssicherung	• Gleichgewichtspolitik • Hegemonie eines Staates • erfolgreiche Machtdemonstration	• Schaffung einer Weltgesellschaft • Demokratisierung • internationale Zusammenarbeit

M 181: Realismus vs. Idealismus

97 Der Begriff des positiven Friedens geht auf den Norweger Johan Galtung zurück. Er geht davon aus, dass ein umfassender Friede nicht nur die Abwesenheit von Krieg ist, sondern hierzu auch andere wichtige Elemente – jenseits eines Verzichts auf unmittelbare Gewaltausübung – gegeben sein müssen. Diese anderen Bereiche lassen sich eng verknüpfen mit dem Begriff der „strukturellen indirekten" Gewalt, die einen Zustand beschreibt, in dem durch Strukturen oder Systeme Personen oder Personengruppen an der Wahrnehmung ihrer Interessen oder ihrer persönlichen Entfaltung gehindert werden, obwohl es objektiv anders möglich wäre (keine direkte an ein Subjekt gebundene Gewalt). Für die Kooperation oder Entwicklungszusammenarbeit zwischen Staaten bedeutet dies, dass z. B. die Achtung der Menschenrechte und die Wahrung von Gerechtigkeit von großer Wichtigkeit sind. Grundsätzlich können sich die Bereiche der Entwicklungszusammenarbeit an der Förderung der Faktoren des „zivilisatorischen Hexagons" von Dieter Senghaas orientieren. Eine Stützung dieser Bereiche fördert die Entstehung eines „positiven Friedens".

98

Personale/Direkte	Strukturelle	Kulturelle
• Quälen • Verletzen, Töten • Syrien: Zahlreiche Menschenrechtsverletzungen, Folter von politischen Gefangenen, zahlreiche Verletzte unter der Zivilbevölkerung durch Bombardements	• Massenelend, Hunger • Soziale Ungleichheit, Ausbeutung • Syrien: Millionen von Binnenflüchtlingen, Hunger, besondere Benachteiligung von Frauen und Kindern, Ausbeutung der Flüchtlingsmisere	• Ideologische, religiöse Wertvorstellungen, um Gewalt zu legitimieren: Rollenbilder, Tabus, Scham, Rassismus, Chauvinismus • Syrien: Legitimation von Gewalt durch ideologische (z. B. panarabische) oder religiöse (z. B. islamistische) Motive oder die Zugehörigkeit zu einer bestimmten ethnischen Gruppe (Kurden).
real/ konkret		ideell

M 182: Reale und ideelle Gewalt

99

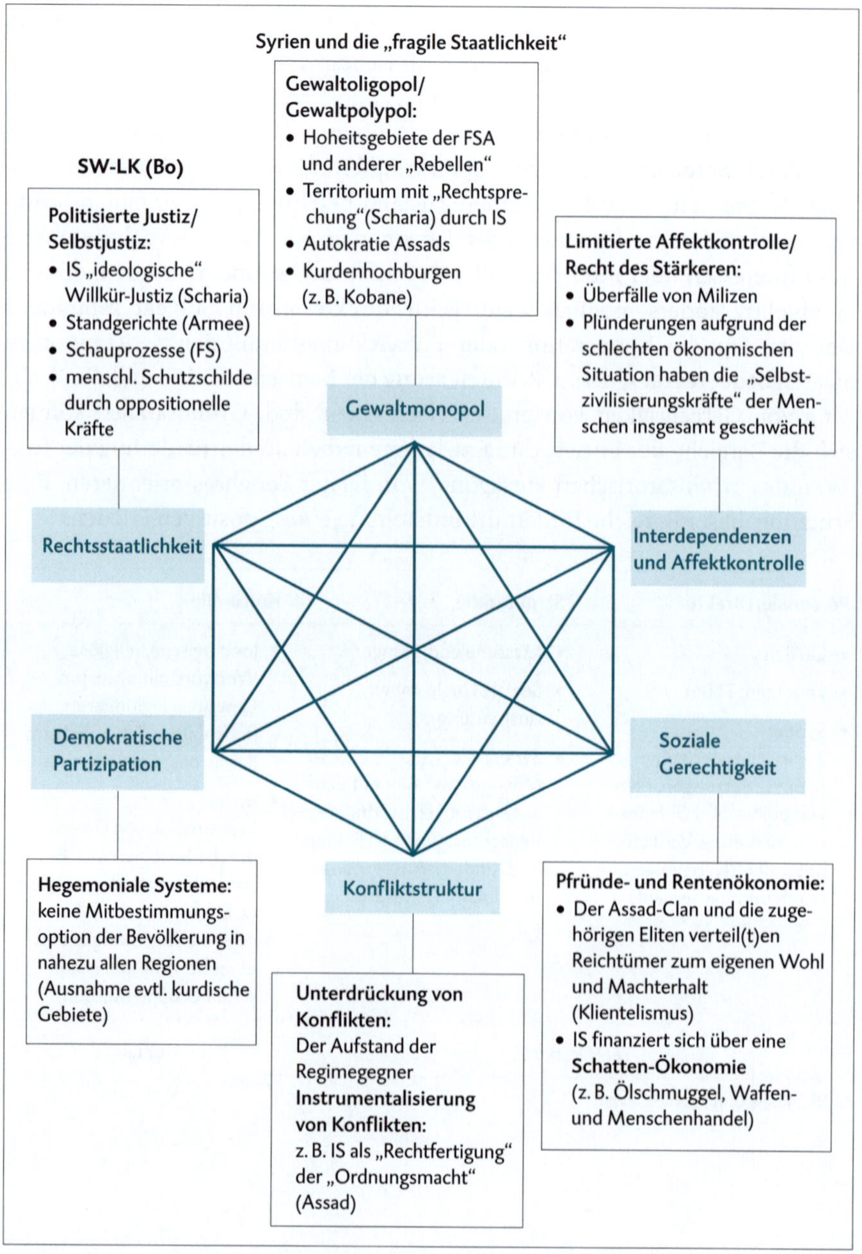

M 183: Syrien und die fragile Staatlichkeit anhand des zivilisatorischen Hexagons

100 Die UNO wurde kurz nach dem Ende des Zweiten Weltkriegs gegründet, um den Weltfrieden zu sichern, indem sich alle Mitglieder hierzu verpflichten müssen.

101 Die Generalversammlung kann Schwerpunkte in der Arbeit der UNO setzen, indem sie einen entsprechenden Budgetplan beschließt. Da in der Versammlung sämtliche UN-Mitgliedstaaten vertreten sind, haben ihre Beschlüsse ein recht großes politisches Gewicht – auch wenn sie nicht rechtlich bindend sind. Mit möglichst großer Mehrheit getroffene Resolutionen etwa zu aktuellen gewaltsamen Konflikten können daher Druck auf den Sicherheitsrat ausüben, hier verbindliche Resolutionen zu verabschieden.

102

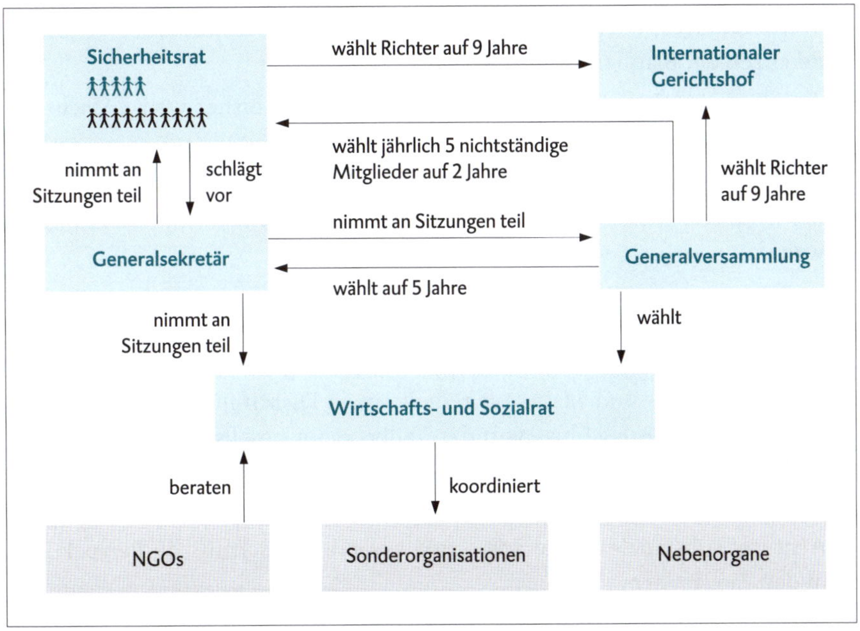

M 184: Veranschaulichung der institutionellen Strukturen der UNO

103 Die Bürger der Mitgliedstaaten sind nicht direkt an den Wahlen etwa zur Generalversammlung beteiligt, sodass es sich hierbei nicht um ein Parlament handelt. Da die UNO eine intergouvernementale Organisation ist, werden die Staaten hier nur durch ihre Regierungen – oder durch von den Regierungen bestimmte Delegierte – vertreten. Durch das Vetorecht haben einige Staaten eine höhere Stimmmacht als andere, was dem Prinzip der Stimmengleichheit bei demokratischen Wahlen widerspricht.

104 Der Erfolg sowohl der Blauhelmeinsätze als auch anderer UN-Missionen hängt von vielen Einflussfaktoren ab, wie etwa

- der politischen Legitimität der UNO selbst (Akzeptanz der Entscheidungen und Mandate der UNO, Akzeptanz der Schutzverantwortung),
- der Unterstützung der Einsätze durch möglichst viele UN-Mitgliedstaaten (Entsendung der Truppen, politischer Druck auf die Konfliktparteien, finanzielle Unterstützung),
- der angemessenen Ausstattung der Truppen,
- der Einbindung der Zivilbevölkerung und der politischen Kräfte im Krisenland (dauerhafte Friedenskonsolidierung),
- der Art der Mandate (multidimensional, d. h. inklusive Unterstützung des Wiederaufbaus, oder nur Friedensschaffung; klare Formulierung der Kompetenzen der Blauhelmsoldaten),
- der Überarbeitung der UN-Strukturen (Vetorecht, bisher wenig Macht der Generalversammlung),
- langfristig unter Umständen dem Umbau der UNO von einer intergouvernementalen zu einer supranationalen Organisation (mehr Entscheidungsgewalt).

105 **Beispiel Afghanistan:**

- **Pushfaktoren:** keine Sicherstellung der Wahrung der Menschenrechte, z. B. keine Religions- und Meinungsfreiheit sowie Diskriminierung von Frauen und Mädchen (Ausschluss von der Teilhabe am gesellschaftlichen Leben); schlechte Ausbildungs- und Berufsperspektiven.
- **Pullfaktoren:** bessere politisch-gesellschaftliche Rahmenbedingungen, Achtung substanzieller Rechte sowie bessere wirtschaftliche Perspektiven in den Zielländern.

106 **Deutsche Akteure:**

- GIZ: Entsendung von Fachkräften/Material, Realisierung der Projekte des Bundesministeriums für wirtschaftliche Zusammenarbeit und Entwicklung;
- politische Stiftungen (z. B. Friedrich-Ebert-Stiftung, Konrad-Adenauer-Stiftung): Unterstützung politischer Parteien und Organisationen in Partnerländern beim Aufbau zivilgesellschaftlicher und politischer Strukturen;
- kirchliche NGOs: Nothilfe.

Internationale Akteure:

- UNHCR: Organisation akuter Hilfen für Flüchtlinge, Suche nach dauerhaften Lösungen für Flüchtlinge im Aufnahmeland, Begleitung der sicheren Rückkehr in das Herkunftsland;
- EU: Anreize etwa für Armutsbekämpfung durch privilegierte Handelspartnerschaften, Nothilfe;
- Weltbank: Finanzierung der wirtschaftlichen Entwicklung der Mitgliedstaaten.

107 Die Anwendung von Gewalt durch Frontex gegenüber den Flüchtlingen hat unter Umständen gegen deren Recht auf körperliche Unversehrtheit verstoßen. Da verhindert wurde, dass die Flüchtlinge in Europa überhaupt Asylanträge stellen können, kann deren Recht auf ein faires Gerichtsverfahren verletzt worden sein. Durch das Zurückschicken der Personen in ein wirtschaftlich und politisch instabiles Land kann etwa gegen das Menschenrecht auf Schutz vor Folter sowie das Recht auf Arbeit verstoßen worden sein.

108

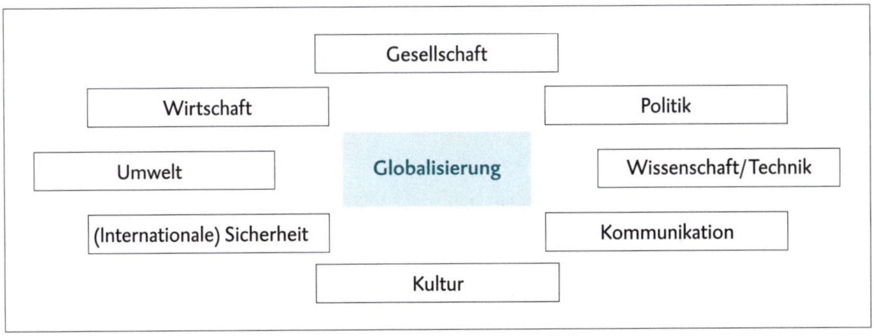

M 185: Dimensionen der Globalisierung

109

Mögliche Argumente kontra Globalisierung

- Die Liberalisierung des Welthandels bedeutet eine neoliberale Wirtschaftspolitik, die etwa mit dem Abbau sozialer Rechte verbunden ist.
- Globalisierung ist die Fortführung der Kolonisation: Reiche Länder beuten arme Länder aus.
- Durch die Zunahme der Gütertransporte und das starke Wirtschaftswachstum in vielen Staaten kommt es zu schweren Umweltschäden.
- Insbesondere indigene Völker verlieren durch die Industrialisierung in vielen Ländern ihren ursprünglichen Lebensraum.
- Multinationale Konzerne haben zu viele Rechte/mehr Rechte als Pflichten.
- In Billiglohnländern gibt es oftmals mangelhafte Sicherheitsvorkehrungen in den Betrieben, sodass es immer wieder zu schweren Unfällen kommt. Dort dürften europäische/nordamerikanische Unternehmen ihre Waren nicht produzieren lassen.
- Die Verlagerung von Arbeitsplätzen führt zu einer höheren Arbeitslosigkeit in den Industrieländern.

Mögliche Argumente pro Globalisierung

- In vielen Ländern wurden Tausende neuer Arbeitsplätze geschaffen.
- Dadurch kam es zu einem Wirtschaftswachstum, das zu einer erheblichen Zunahme des Wohlstands beitrug.
- So haben sich die Lebensbedingungen vieler Menschen verbessert.
- Die Möglichkeiten für Menschen auf der ganzen Welt, sich auszutauschen, gemeinsame Ideen zu entwickeln und sich gegenseitig zu unterstützen, haben stark zugenommen.
- Viele Produzenten in Schwellenländern haben bereits den Sprung vom Zulieferer einfacher Vorprodukte zum Entwickler von Innovationen geschafft.
- Durch den weltweiten Austausch zwischen Menschen steigt das Bewusstsein für die ökologischen, sozialen, ökonomischen u. a. Probleme auf der ganzen Welt und damit die Chance, diese gemeinsam zu bewältigen.
- Staaten/Regionen mit einer starken Volkswirtschaft haben eine größere Chance auf Unabhängigkeit von den Industriestaaten.

M 186: Pro und Kontra der Globalisierung

110 „Global Governance“ bezeichnet das weltweite System aus Institutionen und Regelungen, welches die Lösung globaler Probleme in einer Vielzahl wirtschaftlicher, sozialer und politischer Bereiche (etwa Umwelt, Frieden, Welthandel, Rechtsstaatlichkeit) zum Ziel hat. Akteure in diesem Feld sind Individuen (und deren Zusammenschlüsse, z. B. NGOs), Staaten und internationale Organisationen.

111 Möglichkeiten zur Veranschaulichung verschiedener Weltordnungen:

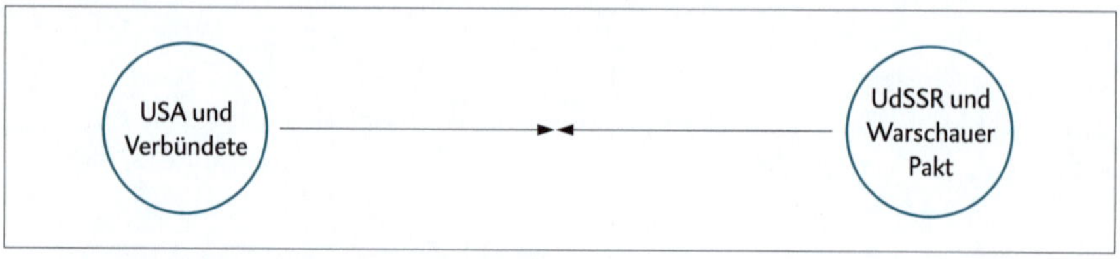

M 187: Die bipolare Weltordnung im Kalten Krieg

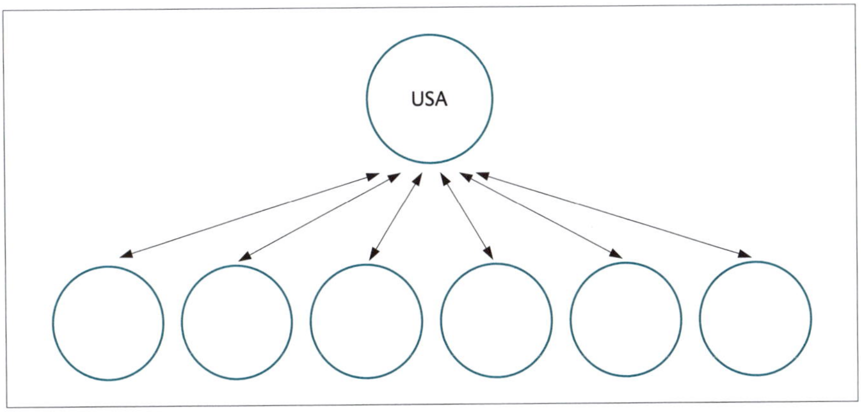

M 188: Die Weltordnung nach 1990 (unipolar)

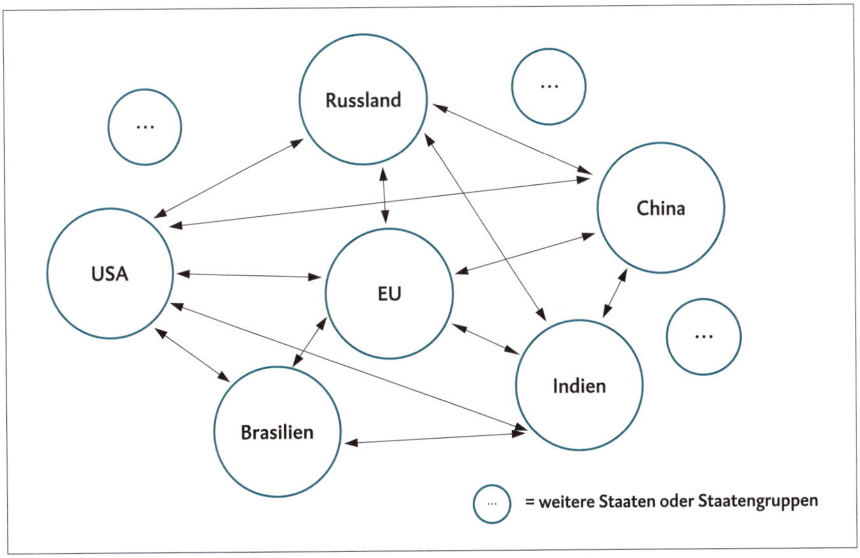

M 189: Die multipolare Welt in Zeiten der Globalisierung

112 Am Länderbeispiel Somalia wird mit Blick auf alle drei Kriterien deutlich, dass es sich um einen Failed State handelt. Somalia hat seit Beginn der 1990er-Jahre keine Regierung mehr, die im gesamten Land anerkannt wird. Das im Norden gelegene Somaliland strebt die politische Unabhängigkeit an, andere Landesteile wie z. B. Puntland haben sich zu unabhängigen Regionen erklärt. In weiten Teilen des Landes bekriegen sich lokale Clans, Warlords sowie islamistische Gruppen, sodass die Sicherheit der Bewohner weder nach innen noch nach außen sichergestellt ist. In weiten Teilen des Landes gilt das Faustrecht. Die jeweils verantwortlichen Regierungen oder Machthaber werden den Leistungsfunktionen eines Staates noch nicht einmal ansatzweise gerecht. Es gibt so gut wie keine öffentlichen Schulen, nur eine geringfügige Gesundheitsversorgung und die Mehrheit der Bevölkerung hat keinen Zugang zu sauberem Trinkwasser.

113 Nicht nur die Industrie- sondern auch Entwicklungs- und Schwellenländer haben von der Zunahme der globalen Handelsbeziehungen profitiert. Waren die Entwicklungs- und Schwellenländer lange Zeit vor allem Lieferanten wichtiger Rohstoffe, übernahmen einige von ihnen zunehmend auch erste Weiterverarbeitungsschritte. In den Schwellenländern entwickelten sich Produzenten einfacher und billiger Waren zum Teil zu Dienstleistern und beteiligten sich an Innovationsprozessen. Dadurch wurde der internationale Austausch anderer Waren notwendig und betriebswirtschaftlich sinnvoller als noch vor 50 Jahren.

114 a) eine tendenzielle Umverteilung von unten nach oben, da Gewinne privatisiert, Kosten sozialisiert werden und die steigende Staatsverschuldung den vermögenden Gläubigern zugutekommt

b) eine Zunahme prekärer Beschäftigungstypen, da die Antizipation der Marktreaktion der Finanzmärkte eine „Ultra-Breathing-Economy“ (absolute Flexibilität) erfordert

c) ein durch die zunehmende ökonomische Kontrollmacht (Lobbyismus) erhöhter Einfluss auf politische Entscheidungen

115 Bei den Lohnkosten handelt es sich um einen harten Standortfaktor, der für viele Unternehmen eine große Relevanz besitzt. Aufgrund sehr niedriger Löhne in China verlagerte eine Vielzahl von Unternehmen vor allem aus Europa oder Nordamerika ihre Produktion in den letzten Jahrzehnten dorthin. Doch seit einigen Jahren steigen die Löhne in China erheblich an, sodass sich für Unternehmen die Frage stellt, ob dieser Standort noch den höchsten Gewinn verspricht. Unter Umständen bietet sich eine (erneute) Produktionsverlagerung in billigere Länder an oder im Falle von Premiumprodukten sogar eine Rückverlagerung in Hochlohnländer mit höher qualifiziertem Personal und höheren Produktionsstandards.

116

Softwareunternehmen	• Verfügbarkeit qualifizierter Arbeitnehmer • Vorhandensein von Forschungseinrichtungen • hohe Lebensqualität vor Ort • positive Arbeitseinstellung der Bevölkerung
Bauholzbetrieb	• niedrige Steuern/hohe Subventionen • Nähe zu Zulieferern • Verkehrsanbindung • Vorhandensein beruflicher Ausbildungseinrichtungen

M 190: Beispiele relevanter Standortfaktoren für unterschiedliche Unternehmen

117 Mit Abstand die meisten befragten Unternehmen schätzen die deutsche Politik als investorenfreundlich ein, der Anteil der Unternehmen, die mit der deutschen Politik unzufrieden sind, ist im Vergleicht zu 2011 um 9 % gesunken. Die allgemein positive Einschätzung der deutschen Politik ist eine gute Grundlage für ausländische Investitionen: Trotz der positiven Einschätzung äußern 68 % der Befragten keine Investitionsabsicht in Deutschland für das Jahr 2016. Ein Grund dafür zeigt sich in der Bewertung Deutschlands hinsichtlich bestimmter Standortfaktoren. Zwar wird eine Reihe von Faktoren überwiegend positiv beurteilt. Doch einer der drei für Unternehmen wichtigsten Standortfaktoren (Arbeitskosten) wird von der Mehrheit der Befragten negativ gesehen. Gerade Faktoren, die direkte Kosten bedeuten (Arbeitskosten, arbeitsrechtliche Bestimmungen, Unternehmensbesteuerung) werden zu maximal 9 % als sehr attraktiv eingestuft. Hier müssen demnach die Bedingungen für Unternehmen verbessert werden. Möglichkeiten wären eine Senkung der Lohnnebenkosten, eine Flexibilisierung der Arbeitsverhältnisse und Steuersenkungen.

Abkürzungsverzeichnis

ADI: Auslandsdirektinvestitionen
ALG II: Arbeitslosengeld II; ugs.: Hartz IV
BA: Bundesagentur für Arbeit
BIP: Bruttoinlandsprodukt
BNE: Bruttonationaleinkommen
EAG: Europäische Atomgemeinschaft, auch: Euratom
ECOFIN: Economic and Financial Affairs Council; dt: Rat für Wirtschaft und Finanzen
ECOSOC: Economic and Social Council; dt. Wirtschafts- und Sozialrat
EDI: Economic Diversification Index; dt.: Index der ökonomischen Verteilung
EEA: Einheitliche Europäische Akte
EFSF: Europäische Finanzstabilisierungsfazilität
EFTA: Europäische Freihandelszone
EG: Europäische Gemeinschaften
EGKS: Europäische Gemeinschaft für Kohle und Stahl
ESM: Europäischer Stabilitätsmechanismus
ESZB: Europäisches System der Zentralbanken
EuGH: Europäischer Gerichtshof
EWG: Europäische Wirtschaftsgemeinschaft
EWR: Europäischer Wirtschaftsraum
EWS: Europäisches Währungssystem
EWU: Europäische Währungsunion
EWWU: Europäische Wirtschafts- und Währungsunion
EZ: Entwicklungszusammenarbeit
EZB: Europäische Zentralbank
G8: Treffen der sieben größten Industrienationen und Russlands
GASP: Gemeinsame Außen- und Sicherheitspolitik
gha: global hectares; dt.: globale Hektar
GIZ: Deutsche Gesellschaft für Internationale Zusammenarbeit
GPI: Genuine Progress Indicator; dt.: Echter Fortschrittsindikator
HDI: Human Development Index; dt.: Index menschlicher Entwicklung
HPI: Happy Planet Index; dt: Glücklicher-Planet-Index
HVPI: Harmonisierter Verbraucherpreisindex
IAB: Institut für Arbeitsmarkt- und Berufsforschung
IGH: Internationaler Gerichtshof

ILO: International Labour Organization; dt.: Internationale Arbeitsorganisation (IAO)
IMF: International Monetary Fund; dt.: Internationaler Währungsfonds (IWF)
NAFTA: North American Free Trade Agreement; dt.: Nordamerikanisches Freihandelsabkommen
NGO: Non-Governmental Organization; dt.: Nichtregierungsorganisation
OECD: Organization for Economic Co-operation and Development; dt. Organisation für wirtschaftliche Zusammenarbeit und Entwicklung
SGB: Sozialgesetzbuch
SGR: Sozial-ökonomische Gesamtrechnung
StabG: Stabilitäts- und Wachstumsgesetz
UGR: Umweltökonomische Gesamtrechnung
UNHCR: United Nations High Commissioner for Refugees; dt.: Flüchtlingshilfswerk
UNO: United Nations Organization, Abk. auch: UN; dt.: Vereinte Nationen (VN)
VGR: Volkswirtschaftliche Gesamtrechnung
VPI: Verbraucherpreisindex
WKM II: Europäischer Wechselkursmechanismus II
WTO: World Trade Organization; dt.: Welthandelsorganisation (WHO)

Stichwortverzeichnis

Bild- und Textnachweis

Titel: © BeholdingEye – Getty Images
M 1: ifo Konjunkturprognose Dezember 2015. Daten nach: Statistisches Bundesamt, Wiesbaden
M 2: © Klaus Stuttmann
M 5: Sander, Wolfgang: Effizienz und Emanzipation. Prinzipien verantwortlichen Urteilens und Handelns, Leske 1984
M 8: Daten nach: Statistische Ämter des Bundes und der Länder, Arbeitskreis »Volkswirtschaftliche Gesamtrechnungen der Länder«. Stand: Februar 2016
M 9: Daten nach : Bruttoinlandsprodukt 2015 für Deutschland. © Statistisches Bundesamt, Wiesbaden 2016
M 11: Daten nach: IWF, World Economic Outlook Database
M 14: Dieter Schütz/pixelio.de
M 15: Daten nach: OPEC, IEA
M 16: The Unicredit Weekly Focus Nr. 14/2012, Nr. 87/2013
M 17: Daten nach: Verbraucherpreisindizes für Deutschland. Fachserie 17 Reihe 7. © Statistisches Bundesamt, Wiesbaden 2016
M 18: Daten nach: Statistisches Bundesamt, Wiesbaden
M 20: Daten nach: Statistik der Bundesagentur für Arbeit, Arbeitslosigkeit im Zeitverlauf
M 22: Daten nach: Statistik der Bundesagentur für Arbeit, Arbeitslosigkeit im Zeitverlauf; Beschäftigtenstatistik
M 23: Daten nach: Bundesagentur für Arbeit: Umfassende Arbeitsmarktstatistik. Arbeitslosigkeit und Unterbeschäftigung. August 2016
M 25: Daten nach: Statistik der Bundesagentur für Arbeit (2016): Arbeitsmarkt in Zahlen, Gemeldete Arbeitsstellen
M 26: Darstellung des Phasenmodells nach Eisenberg/Lazarsfeld (1938)
M 27: IAB (Hrsg.): Aktuelle Daten und Indikatoren. Gesamtfiskalische Kosten der Arbeitslosigkeit im Jahr 2014 in Deutschland. Februar 2016, S. 4
M 28: Bild Adam Smith: http://commons.wikimedia.org/wiki/File:AdamSmith.jpg; Bild David Ricardo: http://commons.wikimedia.org/wiki/File:Portrait_of_David_Ricardo_by_Thomas_Phillips.jpg
M 29: Daten nach: Deutsche Bundesbank: Monatsbericht April 2015
M 30: Daten nach: Außenhandel. Rangfolge der Handelspartner im Außenhandel der Bundesrepublik Deutschland 2015. © Statistisches Bundesamt, Wiesbaden 2016
M 34: Daten nach: Global Footprint Network
M 35: Daten nach: Global Footprint Network
M 37: F. Vester: Der Wert eines Vogels. Ein Fensterbilderbuch, 4. Aufl., München 1987
M 42: ullstein bild – TopFoto
M 44: © Statistisches Bundesamt, Wiesbaden 2014
M 45: Daten nach: EU-Kommission „Statistischer Anhang der Europäischen Wirtschaft“. Stand: November 2015.
M 46: © University of Chicago
M 47: Daten Geldmenge und BIP nach: Eurostat; Daten Inflation nach: EZB
M 48: Daten nach: EU-Kommission, Mai 2016; OECD (Hrsg.), Revenue Statistics 1965 - 2013, Paris 2014
M 49: picture-alliance/dpa-infografik
M 51: Deutsche Bundesbank, Januar 2013
M 52: picture-alliance/dpa-infografik
M 53: Daten nach: Eurostat, Statistisches Bundesamt Wiesbaden, Deutsche Bundesbank
M 54: Daten nach: Europäische Zentralbank

M 55: Daten nach: Statistisches Bundesamt, Wiesbaden, Volkswirtschaftliche Gesamtrechnungen
M 58: Bundeszentrale für politische Bildung, CC BY-NC-ND/3.0/DE
M 61: Darstellung nach Bundesministerium der Finanzen
M 62: Richtlinie 2002-44 EG. In: Die Welt vom 14. 07. 2008
M 63: Daten nach: Europäisches Parlament, Informationsbüro in Deutschland
M 67: Daten nach: Eurostat
M 68: Sachverständigenrat: Nach dem EU-Gipfel. Zeit für langfristige Lösungen nutzen, 2012. Darstellung in Anlehnung an Shambaugh (2012)
M 69: Zusammenstellung nach: Bundesministerium der Finanzen
M 71: picture-alliance/dpa-infografik
M 72: Daten nach: Bundesamt für Migration und Flüchtlinge (Hrsg.): Wanderungsmonitoring. Erwerbsmigration nach Deutschland. Januar bis September 2015. Nürnberg: Februar 2016
M 73: Daten nach: UNHCR: Asylum Trends 2014. Levels and Trends in Industrialized Countries.
M 76: Deutsche Bundesbank (Hrsg.): Monatsbericht März 2016. Nr. 3, 68. Jg, S. 77
M 77: Daten nach: Statistisches Bundesamt, Wiesbaden
M 80: Daten nach: Statistisches Bundesamt (2016), Volkswirtschaftliche Gesamtrechnungen, Fachserie 18, Reihe 1.1
M 81: Daten nach: Leben in Europa (EU-SILC)
M 82: Böckler-Impuls 7/2010, Hans Böckler Stiftung
M 83: Daten nach: Statistisches Bundesamt: Bevölkerung und Erwerbstätigkeit. Bevölkerung mit Migrationshintergrund. Ergebnisse des Mikrozensus. 2014
M 84: Daten nach: Statistisches Bundesamt, Wiesbaden
M 85: Statistik der Bundesagentur für Arbeit
M 86: Statistik der Bundesagentur für Arbeit, Der Arbeitsmarkt in Deutschland – Zeitarbeit – Aktuelle Entwicklungen
M 87: Statistisches Bundesamt, Bildung im Zahlenspiegel
M 88: Statistisches Bundesamt, 13. koordinierte Bevölkerungsvorausberechnung für Deutschland
M 89: Daten nach : Statistisches Bundesamt, Wiesbaden
M 90: Daten nach : Statistisches Bundesamt, Wiesbaden
M 91: Daten nach: Bundesministerium für Familie, Senioren, Frauen und Jugend: Fünfter Bericht zur Evaluation des Kinderförderungsgesetzes. Kurzfassung. Berlin: März 2015
M 92: Daten nach: Statistisches Bundesamt, Wiesbaden
M 93: Daten nach: Statistisches Bundesamt, Wiesbaden
M 94: Daten nach: Statistisches Bundesamt, Wiesbaden
M 95: Statistisches Bundesamt, Mikrozensus, Arbeitstabellen, verschiedene Jahrgänge
M 97: akg-images/Armin Pongs
M 98: Daten nach: Statistisches Bundesamt, Wiesbaden
M 100: Daten nach: Statistisches Bundesamt, Wiesbaden
M 102: Foto: Friedrich Karl Wunder, 1867
M 103: veränderte Darstellung nach Erik Wright, 1985, Übersetzung in Stefan Hradil: Soziale Ungleichheit in Deutschland, VS Verlag für Sozialwissenschaften, 2001.
M 104: VS-Verlag: Geißler, Die Sozialstruktur Deutschlands, 4. Auflage, 2006, S. 98.
M 105: R. Dahrendorf: Gesellschaft und Demokratie in Deutschland, München 1963, S. 105.
M 106: VS-Verlag: Geißler, Die Sozialstruktur Deutschlands, 4. Auflage, 2006, S. 100.
M 108: Daten nach: Statistisches Bundesamt/Wissenschaftszentrum Berlin für Sozialforschung (WZB) (Hrsg.): Datenreport 2010. Ein Sozialbericht für die Bundesrepublik
M 109: SINUS-Institut, Heidelberg 2015

M 110: getty images/Hulton Archive
M 112: Bundesministerium der Finanzen
M 115: Daten nach: Statistisches Bundesamt, Wiesbaden
M 116: Daten nach: Bundesagentur für Arbeit
M 117: Statistik der Bundesagentur für Arbeit
M 118: Sozialbudget 2015, Bundesministerium für Arbeit und Soziales
M 119: Sozialbudget 2015, Bundesministerium für Arbeit und Soziales
M 120: © Klaus Stuttmann
M 121: Daten nach: Rentenversicherung in Zahlen 2016. Statistik der Deutschen Rentenversicherung. Stand: Juli 2016
M 124: Statistik der Bundesagentur für Arbeit
M 126: Daten nach: Heidelberg Institute for International Conflict Research (2016): Conflict Barometer 2015, Heidelberg
M 127: Nach: Johan Galtung: Violence, peace and peace research. In: Journal of Peace Research, Vol. 6, No. 3 (1969), pp. 167-191
M 129: Dieter Senghaas: Wohin driftet die Welt? Über die Zukunft friedlicher Koexistenz, Suhrkamp, Frankfurt/Main, 1994
M 133: World Economic Forum, lizenziert unter CC BY-SA 2.0
M 135: From the United Nations Peacekeeping Operations, by the Peace and Security Section of the United Nations Department of Public Information, © 2016 United Nations. Reprinted with the permission of the United Nations.
M 136: Daten nach: Vereinte Nationen: Millenniums-Entwicklungsziele. Bericht 2015.
M 137: Bundesministerium für wirtschaftliche Zusammenarbeit und Entwicklung/Vereinte Nationen: Agenda 2030
M 139: Daten nach: UNHCR: Global Trends. Forced Displacement in 2015. Genf: 2016
M 140: Daten nach: Vereinte Nationen, IMF, Weltbank, Statistisches Bundesamt
M 141: Hafen Hamburg Marketing e. V.; www.hafen-hamburg.de/de/statistiken/
M 142: Daten nach: UN: Human Development Report 2015
M 144: picture-alliance/dpa-infografik
M 147: Daten nach: WTO, IWF, Statistisches Bundesamt
M 148: Daten nach: Statistisches Bundesamt, Wiesbaden
M 149: picture-alliance/ dpa-infografik
M 151: Hochrechnung auf Basis der Umsätze im April 2010, Quelle: IWF, BIZ, WFE
M 153: Salmen, T.: Standortwahl der Unternehmen. Ein Überblick über empirische Gründe, Prozesse und Kriterien der unternehmerischen Entscheidungsfindung, Tectum Verlag, Marburg, 2001, S. 33
M 154: Daten nach: Deutsche Bundesbank: Bestandserhebung über Direktinvestitionen. Statistische Sonderveröffentlichung 10
M 155: Daten nach: Deutsche Bundesbank, Eurostat, OECD, Statistisches Bundesamt, U.S. Department of Labor, Institut der deutschen Wirtschaft Köln
M 156: Daten nach: Ernst & Young: Kurs halten, Europa stärken. Standort Deutschland 2016.The EY Attractiveness Survey
M 157: https://presse.wdr.de/plounge/tv/das_erste/2013/10/20131017_monitor.thml
M 158: Daten nach: National Bureau of Statistics of China, IWF, DB Research
M 160: Wolfgang Franz, in: www.faz.net/aktuell/wirtschaft/wirtschaftspolitik/gastbeitrag-jugendarbeitslosigkeit-hinterlaesst-lebenslange-narben-12266051.html, 3. 7. 2013
M 168: Richter-Publizistik: http://crp-infotec.de
M 174: Markus Lamprecht, Hanspeter Stamm: Schlussbericht zum Projekt: Soziale Lage und die Differenzierung von Lebensformen, Lebenszielen, Wahrnehmungs- und Wertmustern, Zürich, 1999
M 175: SINUS-Institut, Heidelberg

Notizen

Notizen

Richtig lernen, bessere Noten

7 Tipps wie's geht

1. ***15 Minuten geistige Aufwärmzeit*** Lernforscher haben beobachtet: Das Gehirn braucht ca. eine Viertelstunde, bis es voll leistungsfähig ist. Beginne daher mit den leichteren Aufgaben bzw. denen, die mehr Spaß machen.

2. ***Ähnliches voneinander trennen*** Ähnliche Lerninhalte, wie zum Beispiel Vokabeln, sollte man mit genügend zeitlichem Abstand zueinander lernen. Das Gehirn kann Informationen sonst nicht mehr klar trennen und verwechselt sie. Wissenschaftler nennen diese Erscheinung „Ähnlichkeitshemmung".

3. ***Vorübergehend nicht erreichbar*** Größter potenzieller Störfaktor beim Lernen: das Smartphone. Es blinkt, vibriert, klingelt – sprich: es braucht Aufmerksamkeit. Wer sich nicht in Versuchung führen lassen möchte, schaltet das Handy beim Lernen einfach aus.

4. ***Angenehmes mit Nützlichem verbinden*** Wer englische bzw. amerikanische Serien oder Filme im Original-Ton anschaut, trainiert sein Hörverstehen und erweitert gleichzeitig seinen Wortschatz. Zusatztipp: Englische Untertitel helfen beim Verstehen.

5. ***In kleinen Portionen lernen*** Die Konzentrationsfähigkeit des Gehirns ist begrenzt. Kürzere Lerneinheiten von max. 30 Minuten sind ideal. Nach jeder Portion ist eine kleine Verdauungspause sinnvoll.

6. ***Fortschritte sichtbar machen*** Ein Lernplan mit mehreren Etappenzielen hilft dabei, Fortschritte und Erfolge auch optisch sichtbar zu machen. Kleine Belohnungen beim Erreichen eines Ziels motivieren zusätzlich.

7. ***Lernen ist Typsache*** Die einen lernen eher durch Zuhören, die anderen visuell, motorisch oder kommunikativ. Wer seinen Lerntyp kennt, kann das Lernen daran anpassen und erzielt so bessere Ergebnisse.

schultrainer.de Der Blog, der Schule macht
News
Lernen und Wissen
Schulalltag
Games, Tests & Co.
Studium
Job und Karriere
Du befindest dich hier: Startseite » Blog » Studium » Eignungstests
Kategorie: Eignungstests
Auswahlkriterien für das Medizinstudium
schultrainer.de durchsuchen
Suchen ...